대항적 공존

서울대학교 아시아연구소총서 기초연구시리즈 13

대항적 공존

글로벌 책무성의 아시아적 재생산

초판 1쇄 인쇄 2018년 12월 15일
초판 1쇄 발행 2018년 12월 20일

지은이 김태균
펴낸곳 서울대학교출판문화원
펴낸이 성낙인

출판등록 제15-3호

주소 08826 서울 관악구 관악로 1
대표전화 02-880-5252 | 팩스 02-888-4148
홍보마케팅팀(주문 상담) 02-889-4424, 02-880-7995
이메일 snubook@snu.ac.kr
홈페이지 www.snupress.com

ISBN 978-89-521-2035-9 94300
978-89-521-1475-4 (세트)

이 연구는 2013년도 서울대학교 아시아연구소 아시아기초연구지원사업의 지원을 받아 수행되었음.

서울대학교 아시아연구소총서
기초연구시리즈 13

대항적 공존

글로벌 책무성의 아시아적 재생산

김태균 지음

서울대학교출판문화원

Oppositional Coexistence

The Asiatic Reproduction of Global Accountability

Kim, Taekyoon

Seoul National University Press

머리말

개발원조에 과연 책임이 따르는가? 책임이 뒤따른다면 누가 누구에게 어떤 책임을 져야 하는가? 원조를 받는 국가가 실제로 공여주체에게 원조에 대한 책임을 요구할 수 있을까? 시민사회는 개발원조의 공여 내지 수원의 주체가 아님에도 제3자로서 원조의 책무성을 요구할 자격이 있는가? 이러한 개발원조의 책무성 이슈가 국제적으로 공유된 운영기준이 있음에도 지역별로 또는 행위주체별로 책무성 준수에 차별성이 발생하는 이유는 무엇인가?

국제개발 또는 개발협력의 책무성(accountability)이 화두가 될 때면 자연히 떠오르는 질문들이다. 아니 사실상 책무성 문제는 국제개발 영역뿐만 아니라 특정 정부 및 국제기구가 추진하는 모든 공공정책에 늘 그림자처럼 따라다니는 단골 메뉴이다. 책무성 이슈가 일반적인 책임(responsibility)의 개념에 공공성이 추가로 부가되기 때문에 일반 대중이나 납세자들에게는 더욱 민감하게 다가오게 되는 것이다. 책임을 질 수 없는 개발프로젝트는 원조를 받는 주체뿐만 아니라 원조를 제공하는 주체 모두에게 부정적인 결과를 초래하기 때문에 국제개발의 진정한 정당성과 효과성을 확보하기 위해서는 원조목표의 효율적인 달성과 함께 원조결과에 대한 책무가 동시에 담보되어야 한다.

그러나 이러한 국제개발의 책무성에 관한 이론과 실제가 아직까지 한국의 학계와 개발현장 전문가 모두에게 익숙한 주제는 아니다. 국제개발에 관한 글로벌 거버넌스 연구는 지금까지 한국 학계에 단편적으로 소개되거나 정책 단위의 연구용역들이 대부분이었던 것이 사실이다. 따라서 본 연구는 한국 학계에서 아직까지 본격적으로 다루어지지 않은 국제기구 개발정책의 입안과 집행이 어떻게 책임 있게 제도화될 수 있는가에 대한 분석을 시도한다. 다시 말해, 다자개발은행의 책무성 결핍에 대한 시민사회의 도전과 다자개발은행의 책무성 제고를 위한 대응책을 정치사회학적 관점에서 분석하고 두 행위주체 사이에서 간주관적(intersubjective)으로 형성되는 관계적 책무성의 제도화 과정을 추적한다. 특히, 다양한 다자개발은행 중 아시아개발은행(Asian Development Bank)의 독특한 위치와 특성에 천착하여 아시아지역에서 활동하는 시민사회단체와 아시아개발은행 간에 형성된 특수한 관계성을 책무성 기제 중심으로 분석하고, 궁극적으로 글로벌 책무성 개념과 제도가 아시아라는 시공간에서 어떻게 변형되고 재생산되는가를 추적한다. 아시아개발은행의 사례가 중요한 이유는 여타 다자개발은행보다도 아시아개발은행이 책무성 기제와 시민사회의 결합에 적극적이었으며, 스스로가 시민사회의 요구를 반영하는 등 다자개발은행의 책무성 수준에서 가장 선도적인 위치를 점유하고 있기 때문이다.

아시아개발은행과 아시아 시민사회 간에 사회적으로 구성된 책무성 제도를 해부하면서 본 연구의 중요성을 크게 세 가지 측면에서 강조할 수 있다. 첫째, 글로벌 책무성 연구의 사례분석을 다변화하기 위하여 분석대상을 기존 세계은행(World Bank) 중심의 프레임에서 다자개발은행의 예외적인 성공사례인 아시아개발은행으로 전환한다. 글로벌 수준과 지역수준에 도입된 다수의 다자개발은행 중 아시아개발은행이 어떠한 이유에서 가장 혁신적인 방식으로 책무성 제도를 운영하고 있는가를 분석한다. 둘째, 아시아개발은행의 책무성 제도를 감시하고 개혁을 주문하는 중요한 행위주체로서 아시아 시민사회를 상정하고 시민사회의 대항영역이 확장되는 아시아적 맥락을 정치사회학적으로 재조명한다. 아시아개발은행의 성공적인 혁신적 책무성 제도 도입을 단순히 은행 안에서 동원된 내부적 책무성(internal accountability)에 제한하지 않고 외부에서 지속적으로 아시아개발은행에 압력을 가하는 아시아 시민사회의 정치적 역할에 주목한다. 셋째, 글로벌 책무성의 아시아적 재구성이 특수한 경로를 통해 형성되어 왔다는 사실을 밝히기 위해서 아시아개발은행과 주요 다자개발은행의 책무성 제도 사이에서 발견되는 맥락의 차이에 관한 정치사회학적 비교연구를 시도한다. 아시아개발은행뿐만 아니라 대부분의 다자개발은행은 예외 없이 책무성 결핍 문제로 외부 시민사회로부터 강한 도전을 받고 있기 때문에 시민사회의 외부적 책무성(external accountability) 개입에 노출되어 있다는 동일한 초기조건을 공유하고 있는 반면, 책무성 제도의 실질적 도입과 효과적인 운영이라는 측면에서 다른 다자개발은행보다 아시아개발은행이 월등히 앞서고 있다는 차별적인 결과를 목격할 수 있다.

글로벌 책무성의 아시아적 재생산을 좀 더 정치하게 분석하기 위하여 기존의 정치학과 사회학에서 분석 프레임을 취사선택하고 이른바 개발학적 관점에서 아시아개발은행과 아시아 시민사회와의 관계성을 중심으로 아시아개발은행의 책무성 제도를 분석한다. 아시아개발은행의 통치성(governmentality)과 시민사회의 대항영역으로 대표되는 행위주체 간의 관계성을 이른바 '갈등 정치(contentious politics)' 프레임 안으로 배치하고 이를 책무성 메커니즘과 직접적으로 연결시킴으로써 개발 책무성의 아시아적 재구성에 관한 거시인과분석을 시도한다. 이는 아시아의 개발책무성을 위한 파트너십이 역사적으로 이미 특수한 패턴으로 진화되어 왔다는 해석을 수용하고, 그 맥락의 구조를 역사사회학적으로 그리고 정치사회학적으로 분석하며, 단순히 일차원적인 협의의 개발이 아닌 복합적이고 입체적인 광의의 발전이라는 개념에서 책무성의 아시아적 재구성을 분석한다. 이는 '국제정치사회학

(international political sociology)'이라는 새로운 이론적 접근법으로 통합될 수 있는데, 국제적인 이슈를 정치적 요소와 사회학적 상상력을 토대로 성찰적이면서도 역사적인 프레임으로 입체적인 해석을 도출하는 대안적인 분석틀이다.

이 책의 핵심적인 주장이자 발견은 다자개발은행의 책무성 문제에 도전하는 시민사회가 동형화를 통해 단일한 정상조직을 성공적으로 구축할 경우, 정상조직의 내부전략과 외부전략이 필요에 따라 분리 또는 결합되어 다자개발은행에 대한 도전과 타협이 공존하게 되고, 이는 곧 전방향의 네트워크 확장으로 이어져 약한 연결이 강한 연결로 전환되는 선순환적인 효과가 창출될 수 있다는 것이다. 이 주장이 성립하기 위한 필요조건으로 아시아개발은행같이 시민사회에 개방적 정치기회공간을 지속적으로 제공하는 다자개발은행이 시민사회의 상대 파트너로 배치되어야 한다. 이러한 특수한 관계적 책무성이 곧 아시아적 맥락에서 형성된 개발책무성의 재생산 양식이며, 다시 말해 아시아개발은행과 아시아 시민사회 간에 형성된 '대항적 공존'의 개념으로 특화될 수 있다. 다자개발은행의 책무성 문제로 첨예하게 대립하는 갈등의 정치는 대부분 시민사회가 구축하는 대항영역과 다자개발은행이 구사하는 글로벌 통치성이 맞붙게 되는 전선을 형성하게 된다. 이러한 갈등정치의 시공간에서 아시아개발은행과 아시아 시민사회는 대항적 공존이라는 독특한 관계적 책무성의 생산양식을 구성하게 되는 것이다.

그 결과, 아시아적 맥락에서 아시아개발은행과 아시아 시민사회에 의해 새롭게 재생산된 개발책무성은 기존의 다른 다자개발은행의 모델과 차별성을 보여준다. 가장 보편화된 사례인 세계은행의 책무성 제도는 세계은행이 책무성 문제를 제기하는 시민사회를 압도하고 제한적인 수준에서 책무성 제도를 부분적으로 개방하는 방식으로 평가

된다. 유럽연합의 경우는 이와 반대로 시민사회의 지나친 책무성 비판과 도전으로 인하여 유럽부흥개발은행 등 유럽에서 활동하는 다자개발은행의 책무성 제도가 남용되고 은행의 개발프로젝트가 이에 피해를 입게 되는 사례로 거론되고 있다. 다시 말해, 세계은행과 유럽연합은 시민사회와 다자개발은행 사이에서 진자의 추가 한쪽으로 치우친 경우를 대변한다면, 아시아개발은행은 일정 정도 중도의 포섭과 타협이라는 정치적 해법을 토대로 제3의 개발책무성 모델인 '대항적 공존'을 선보인다. 대항적 공존은 갈등정치에서 부딪히는 아시아개발은행과 시민사회가 대항적 관계를 유지하면서도 상호 공존을 위한 타협과 협의가 동시에 진행될 수 있도록 아시아만의 메커니즘과 관계성을 구성해 왔다는 것을 반증한다.

본 연구를 통해 해외에서 '개발학(development studies)' 또는 '국제개발학(international development)'으로 분류되는 사회과학의 분과가 한국에서 더는 기계적인 정책의 도구가 아닌 독자적인 학문 영역으로 정착되길 바라는 개인적인 소망이 있다. 아직까지 한국에서는 개발학을 독립된 학문 분과라기보다는 기존 사회과학 영역에 종속된 특정 주제로 인식하거나 공적개발원조라는 정책을 효과적으로 집행하기 위한 도구적 지식 정도로 이해하는 경향이 강하다. 이는 해외원조의 역사가 짧은 한국적 풍토에서 당연한 현상일지도 모른다. 하지만 식민지 경영과 제국주의 경험이 있는 서유럽에서는 개발학이 다른 사회과학 분과와 동등한 대우를 받고 있으며, 미국과 일본 등에서도 개발학을 독립된 학문으로 인정하는 분위기가 확산되고 있다. 앞으로 한국이 진정한 의미의 선진공여국으로 거듭 태어나고 협력대상국으로부터 한국의 개발원조가 호평을 받으며 개발담론과 이론에서 국제적인 선도그룹이 되려면, 개발학의 위상이 재정립되어 독립성이 보장되고 연구결과의 심도 있는 토론이 가능한 학문의 생태계가 형성되어야 한다.

마지막으로 이 책이 세상의 빛을 보게 되기까지 많은 분의 도움과 격려가 있었다는 것을 밝히고자 한다. 먼저, 2013년 서울대학교 아시아연구소 기초연구시리즈로 필자의 연구계획서가 선정된 이후 무려 5년이라는 더딘 집필 기간 동안 묵묵히 늘 응원해 주신 아시아연구소의 창립 소장이자 필자의 영원한 스승이신 임현진 교수님, 그리고 2대 소장 강명구 교수님과 3대 소장 박수진 교수님께 심심한 감사의 말씀을 드린다.

필자의 국제개발 연구에 수많은 학문적 영감과 진정한 펠로우십을 깨우치게 해 준 손혁상 교수님, 이일청 박사님을 비롯한 경희대학교 SSK 연구팀에 감사드린다. 이 책이 탈고될 때까지 SSK 연구팀의 지원을 받을 수 있었던 혜택 또한 잊을 수 없는 행복한 기억이다. 더불어, 본 연구의 작은 결과물이 탄생할 때마다 이를 검증받을 수 있게 해 준 유엔개발계획(UNDP), 유엔아시아태평양경제사회위원회(UNESCAP), 한국국제협력단(KOICA), 일본국제협력기구(JICA) 등의 국제기구 및 개발협력 기관들에도 감사의 인사를 표한다.

이 책이 국제정치사회학을 토대로 국제개발 주제를 다루고 있는 만큼, 2011년 한국에 귀국한 이후 한국국제정치학회, 한국사회학회, 그리고 국제개발협력학회에서의 학회 활동을 통해 많은 지식을 얻었고 소중한 학문적 동지들을 만날 수 있었다. 특히, 국제개발협력학회의 신상협·손혁상·이희진 학회장님, 한국사회학회의 이은진·윤정로·정진성 학회장님, 그리고 한국국제정치학회의 김유은·김석우 학회장님께 모든 학회 회원을 대표해서 감사드린다.

그리고 외로운 학문의 길에 언제나 든든한 동반자이자 밝은 등대가 되어 주신 서울대학교 국제대학원 교수님들, 끊임없이 지적 자극을 주신 사회대 교수님들께도 감사드린다. 아울러, 이 책과 관련하여 자료를 수집하는 데 도움을 준 서울대학교 국제대학원 김보경·심예리·

김혜림 박사과정생들에게 감사의 뜻을 표하고 싶다. 특히, 이 책에 수록된 다양한 다자개발은행의 자료 수집뿐만 아니라 탈고 후 교정까지 봐 준 김보경 학생에게 큰 감사를 전한다.

마지막으로 하늘에 계신 아버지, 존경하는 어머니, 사랑하는 아내 황혜정 여사, 두 아들 도엽·도윤 브라더즈, 그리고 가족 모두에게 그동안의 배려와 격려에 감사하며, 출판의 기쁨을 같이 나누고자 한다.

2018년 12월
서울갈터 갓메 기슭에서
김태균 그레고리오

차례

제1장

국제개발, 책무성, 그리고 아시아

1. 문제제기: 책무성의 국제정치사회학

'국제개발학(international development)' 내지 '개발학(development studies)'의 연구 영역은 다학제적 접근법이 요구되는 학문적 복합성을 토대로 구현되고 또한 이러한 복합성에서 (국제)개발학은 그 학문적 정당성을 찾는다.[1] 따라서 이러한 다학제적 성격 때문에 혹자는 개발학을 잡학의 부류로 치부하거나 개발학의 학문적 독자성을 선험적으로 부정하기도 한다. 그럼에도 개발학은 이론적 정합성을 현실 정치의 실천적 경험에서 찾는 독자적인 학문 영역을 구축하고 있으며, 현장을 잃어버

1 국제개발연구가 발달되어 있는 영국을 비롯한 유럽국가들에서는 일반적으로 국제개발학 또는 개발학으로 개발관련 학문적 영역을 통칭하고 있다. 반면, 개발학의 역사가 짧은 한국에서는 '국제개발협력(international development cooperation)'이라는 신조어가 개발학 분야를 대표하고 있는 양상을 보이며, (국제)개발학·개발협력·국제개발협력 등이 혼용되어 사용되고 있다. 따라서 본 연구에서는 (국제)개발학과 국제개발협력을 등가물로 인식하고 한국의 사례를 설명할 경우 국제개발협력의 표현을 사용할 수 있으나 이는 곧 개발협력을 연구하는 (국제)개발학과 동일한 학문 분야를 지칭함을 밝힌다. 이에 본 연구에서는 다양하게 혼용되는 학문의 명칭을 개발학으로 통일하고자 한다.

린 기존 학문의 맹목적인 상아탑을 극복하는 동시에 다양한 이론적 시각을 사회과학 여러 분과에서 취사선택하는 방법론적 다원성을 시현한다(김태균, 2016b; Nederveen Pieterse, 2001). 반면, 개발학의 실천적 경험성을 지나치게 강조하면 현장과 사업 중심의 정책분석을 개발학의 주요 영역으로 인식하게 되고 이론적 분석에 대한 학술적 투자를 불필요한 사치로 여길 가능성이 있다. 이런 맥락에서 개발학의 정체성을 좁은 의미의 소극적인 정책분석에 국한하지 않고, 이론과 실천이 적극적으로 결합되는 광의의 '발전론'으로 환원하는 것이 바람직하다.

미르달(Myrdal, 1974: 729)이 피력했듯이, 사회경제의 개발 또는 발전은 "사회체제의 총체적이고 지속적인 상향운동"으로 정의할 수 있다. 일국의 사회체제를 발전시키기 위해서는 단순히 국가가 주체가 되어 경제발전정책을 추진하는 기존 발전국가론의 공식에서 벗어나 사회구성체의 다양한 이해관계자(stakeholder)가 상호작용하는 총체적 운동방식을 제도화하기 위한 사회발전론의 적극적인 재편성이 필요하다. 아직까지 한국 사회는 개발학의 주된 정책과 결과물을 공적개발원조(official development assistance: ODA)로 수렴시켜 일반화하는 경향이 강하며, 개발협력 사업을 포괄적인 사회발전보다는 경제개발에 주력하는 협의의 개발담론과 발전행정에 매몰되어 있다고 해도 과언이 아니다(김태균, 2016b; 한인섭·김정렬, 2014). 이는 수동적인 국제개발에서 능동적인 사회발전이라는 포괄적이며 포용적인 거시적 담론으로의 전환이 한국 사회에 필요하다는 것을 시사하며, 이런 맥락에서 '개발'이라는 표현을 지양하고 '발전'을 development 해석의 기준으로 공인하는 사고의 전환이 필요하다. 다시 말해, 협력대상국의 특정 분야를 개조하고 근대화하는 공여국의 일방적인 개입에서 탈피하여 협력대상국 고유의 발전계획에 맞춰 총체적인 사회적 전환을 모색하고 쌍방 간에 간주관적(intersubjective)으로 구성되는 사회적 사실(social facts)로 개발원조의 무게중심이 옮겨져야 한다(Preston, 1996; Easterly, 2006; Riddell, 2007).[2]

개발을 발전으로 재인식하는 과정은 거시적 수준에서 포괄적인 개발담론의 거대한 변환을 상정하는 반면, 이 변환을 미시적 수준에서 실현하기 위하여 정교한 제도적 장치의 구축이 요구된다. 일방적이고 단발적인 시혜성 개발이 아닌 지속가능한 발전으로 개발패러다임의 궤도를 수정하기 위한 미시적 제도의 필요조건은 개발원조를 둘러싼 공여국과 협력대상국 간의 상호책무성(mutual accountability)을 핵심적인 운영원칙으로 도입하고 공고화하는 제도적 과정으로 환원된다. 다시 말해, 단기성 개발협력의 개도국 근대화 프로젝트가 지속가능한 사회발전론의 중장기 국가기획으로 확대·재생산되기 위해서는 공여주체와 협력대상국이 개발원조에 관한 위기관리와 실패에 대한 자구책 및 공유된 목표와 가치를 위반하는 주체에게 도덕적·법적·물리적 제재를 가할 수 있는 제도적 토대가 반드시 구축되어야 한다. 이러한 책무성 메커니즘이 제도화되지 않으면 개발파트너십에 관련된 모든 행위자 ―공여주체, 협력대상국 및 다양한 개발관련 이해당사주체들 ―는 개발사업 이행과정에서 문제가 발생하거나 개발 프로젝트 초기단계에서 합의된 내용에 반하는 결과가 초래되었을 경우 다른 파트너에게 책임을 전가하고 자신은 책임을 회피하는 이른바 '책임전가(buck-passing)'

2 한국의 국제개발협력기본법에 따르면 공적개발원조 및 개발협력사업을 받는 개도국 및 빈곤국의 수원주체를 '협력대상국'으로 표현하고 있다. 그러나 학계와 원조기관에서는 흔히 '수원국'이라는 표현으로 통칭하고 있기 때문에 본 연구에서는 협력대상국과 수원국을 맥락에 맞게 병기하기로 한다. 협력대상국의 경우 수원주체와 공여주체가 상호 협력을 위한 동등한 위치에서 사업을 수행하는 것으로 인식하는 반면, 수원국이라는 표현은 수원주체가 빈곤과 질병으로 인하여 원조를 받게 되는 수동적인 이미지가 내포되기 때문에 협력대상국의 표현을 사용하는 것이 보다 개발협력에 관여하는 모든 행위자들의 발전적인 관계성을 강조하는 접근법이라 할 수 있다.

현상이 속출할 가능성이 높다(Goetz and Jenkins, 2005; Gibson et al., 2005). 특히, 국제개발 영역에서는 국내 정치와 달리 중앙집권적 정부가 존재하기 어렵기 때문에 책임전가에 대한 적절한 제재를 부과하는 상호책무성이 제도화되지 않으면, 각 행위자들이 독자적으로 '역의 인센티브(perverse incentives)'를 토대로 합리적 선택을 추구하게 되며 개발원조라는 공공재가 점차 사유화되며 개인화되는 비극을 양산하게 된다(Ostrom, 1990; 김태균, 2013b; Deacon, 2007). 따라서 상호책무성의 제도화는 궁극적으로 개발원조를 통해 파트너 협력대상국의 사회발전과 경제발전이 지속가능하고 안정적으로 추진되기 위하여, 그리고 모든 파트너 행위자들이 개발원조사업을 수행하는 과정에서 상호관계를 포용적으로 규명하기 위하여 반드시 필요한 절차이다. 결론적으로, 국제개발에서 발전의 지속가능성을 목표로 협력파트너 간에 간주관적 상호성을 구축하기 위해서는 개발책무성 논의가 필히 포함되어야 한다.

그러나 상대 협력파트너에게 책무성을 요구하는 행위는 이행당사자들 간에 구축된 개발협력 파트너십이 쉽게 정치화(politicization)되는 현상으로 귀결될 가능성이 높다(Steets, 2010; Mulgan, 2003). 이론적으로는 책무성 보장에 대한 제도의 필요성을 모든 행위자들이 동의할 수 있다. 그러나, 현실적으로는 국가 간에 이동하는 개발원조가 실제로 국가 주권의 경계를 초월하여 책무성 제도를 집행할 경우 파트너 상호간에 정치적으로 부담을 주는 결과를 초래할 수 있다. 현실 정치에서 개발 프로젝트가 협력대상국의 주권침해 문제로 확대되고 책무성을 요구하는 행위를 정치적 개입으로 인식하게 되는 정치화의 부정적인 현상이 발생하게 되는 것이다. 문제의 핵심은 책임전가를 저지하고 위반행위를 통제하기 위한 법적 제재의 강제성과 이러한 글로벌 수준의 통제적 개입에 대한 주권국가의 수용 여부에 있다(Thomson, 1992). 개발파트너십의 지속가능한 거버넌스 체계를 제도화하기 위해서 개발규범을 위반한 주권국가의 행위를 규제하는 초국가적 책무성 제도의 도입이 시급한 상황임에도 불구하고, 실제 글로벌 파트너십 이행과정에서 국가행위자에 대한 책무성 도입이 생략되거나 의도적으로 배제되는 경우가 현실 정치에서는 일반적인 현상으로 목도된다(김태균, 2013b; Kim and Lim, 2017; Barnett, 2015).

그럼에도 책무성의 정치화 문제는 정치화 과정에 관여하는 행위주체 간에 간주관적으로 형성되는 사회적 관계에 의해 차별적으로 재구성된다(Berger and Luckmann, 1967; 김태균, 2012a).[3] 책무성 구축이 글로벌 거버넌스의 민주성과 직결되는 요소라는 측면에서 볼 때, 책무성을 요구하는 특정 주체들의 집합적 행위는 개발파트너십을 장악하고 있는 기존의 권력주체들에 대한 도전이자 새롭게 파트너십의 거버넌스 질서를 재구축하고 거버넌스 운영의 투명성과 민주성을 확보하기 위한 정치적 승인투쟁(struggle for recognition)으로 해석할 수 있다(Caporaso, 2003; Keohane, 2003; Honneth, 1996). 개발파트너십이라는 특정 쟁점영역에서 형성된 공간을 국제레짐(international regime)의 한 형태로 볼 수 있다면, 국제개발레짐에서 제공하는 파트너십 운영에 관한 가이드라인과 규범적 원칙을 준수하도록 주요 행위자인 국가에게 요구되고 각 행위자 간에 형성되는 관계성을 투명하고 민주적인 절차에 의거해 제도적으로 공고화한다. 이러한 과정에서 발생하는 이해관계와 사회적 관계를 레짐 전체의 정체성으로 사회화하는 일련의 과정들이 지속적으

3 사회과학—특히, 사회학—에서 '간주관성(intersubjectivity)'이라는 개념은 집단 또는 개별적 인간 간에 공유된 일련의 이해를 말한다. 인간 개개인은 다양한 현상들에 대한 소속된 집단의 공통된 행위방식과 의미부여 방식을 내면화하면서 성장한다. 그 결과, 세계에 대한 각 인간의 이해는 다분히 공통적인 부분을 지니게 되는데, 이 공통된 부분의 이해를 간주관성이라고 한다.

로 구성되고 재구성된다(Krasner, 1983; Hasenclever et al., 1997).[4] 이러한 국제개발레짐에서 책무성 이슈가 쟁점화되고 책무성 제도 도입에 관하여 행위자 간에 다양한 상호작용을 통하여 특정 이해관계가 제도화되며 책무성을 둘러싼 사회적 관계를 구성하게 된다는 주장은 필연적으로 간주관적 관계성 형성과 연계되기 마련이다. 이는 특정 레짐에 책무성 기제를 도입하고 제도화하는 과정을 레짐 구성원들 간의 상호작용에서 도출된 일종의 사회적 구성의 결과물로 인식할 수 있기 때문이다. 따라서 국제개발에서 책무성 문제는 개발파트너십에 관여하는 행위주체에게 대단히 중요한 정치적 이슈이자 개발파트너십을 유지·관리하기 위한 지속가능발전의 제도적 도구인 셈이다. 국제개발을 주목적으로 하는 대다수의 국제기구 및 개발원조기관이 책무성을 제고하기 위해 제도적 메커니즘을 도입하려는 이유가 바로 이러한 맥락에서 출발한다.

책무성과 이해관계를 접목하려는 개발협력 행위주체는 다양하다. 먼저 유엔기구 및 세계은행(World Bank)과 같은 국제기구는 스스로 책무성의 중요성을 강조하고 조직 내부에 책무성을 전담하는 부처를 신설하는 등 제도적 장치를 강화하고 있다. 이는 국제기구가 자원해서 책무성 기구를 신설하여 조직의 책무성을 제고하는 자발적인 혁신의 움직임일 뿐만 아니라, 다른 행위주체이자 파트너인 회원국과 시민사

4 국제레짐(international regime)에 관한 연구는 크라스너(Krasner, 1983)의 개념화를 토대로 본격화되었고 일반적으로 크라스너의 정의를 국제레짐에 관한 정의로 지금까지도 이용하고 있다. 국제레짐은 특정한 쟁점 영역에서 국가들의 이익과 기대가 수렴될 때 형성될 가능성이 높아지는데, 국가들의 행위기준 및 행위에 관한 규제 규정 — 원칙, 규범, 규칙 및 정책결정과정 등 — 이 국제레짐 개념의 핵심요소로 등장한다. 한편, 영(Young: 1989: 17)은 레짐을 "행위, 재원 또는 지리적 영역에 관한 보다 전문화된 합의"이자 "국제사회 구성원의 부분집합으로 대부분 연결"된다고 설명한다.

회기구(civil society organization: CSO)와 연결되어 있는 복합적 정치현상의 결과물이다. 특정 국제기구의 회원국은 국제기구에 신탁기금 내지 다자성양자원조(multi-bi aid) 방식으로 제공한 재정적 지원에 대한 책무성을 국제기구 본부에 요청할 수 있다. 또한 국내 수준에서 회원국은 국제기구에 제출하는 분담금이 시민들이 낸 세금으로 충당되기 때문에 국내 납세자에게 분담금 용도로 사용된 재정지출에 대한 책무를 지게 된다. 한편, 개발문제를 위해 활동하는 비정부기구인 CSO와 같은 경우 국제개발기구의 개발협력 사업과 활동에 대하여 끊임없는 감시와 도전을 통해 국제기구가 책무성을 제고할 수 있도록 외부적인 압박을 가할 수 있다.[5] 실제로, CSO의 책무성 문제제기는 기존 국제개

5 시민사회 영역에서 자발적으로 형성된 결사체로 정의할 수 있는 '시민사회기구(CSO)'는 아직까지 명확하게 통일된 개념적 용어가 아니다. CSO가 활동하는 분야에 따라 그 개념적 용어가 변화하게 되는데, 특히 개발협력 영역에서 활동하는 CSO의 경우는 시민사회가 스스로 개발주체로 활동할 수 있으며 동시에 다자개발은행을 비롯한 국제기구 및 공여국 정부의 개발원조사업을 감시하고 도전하는 시민운동의 주체로 활동할 수 있기 때문에 그 활동 특성에 따라 개발관련 CSO에 대한 정의를 구체적으로 정교하게 내릴 수 있다(Kim, 2008). 일반적으로 CSO를 학문적으로 정의하는 데 있어 영국에서는 주로 '자원섹터(voluntary sector)'로 통칭하는 경향이 강하고, 일본과 미국에서는 자유주의적 시장경제체제와 가장 잘 부합하는 형태의 시민사회 조직구조가 '비영리기구(non-profit organization)'의 개념으로 특화되어 왔는 데 반해 프랑스와 독일 등 유럽국가에서는 제3섹터(third sector)로 통칭하는 경향을 보인다. 한동안 이러한 개념적 변이를 포괄할 수 있는 '비정부기구(non-governmental organization: NGO)'라는 개념이 통용되었으나 정부영역에 도전하는 시민사회기구를 제외한 비영리기구와 같은 시민사회기구를 포함하기 어렵다는 한계로 인해 다시 세부적으로 구분해서 NGO의 개념적 한계를 극복하는 추세이다. CSO를 정의하기 위해서는 국가와 사회에서 CSO의 위치를 선정하기 위한 시민사회의 영역에 대한 구분이 필요하다. 일반적으로 정부를 지칭하는 공공부문, 경제적 이익을 추구하는 민간부문이 존재하며 이들 두 부문에 대비되는 부문으로 정치권력이나 경제적 이익을 추구하지 않는 시민사회를 제3섹터로 명명하고, CSO는 시민사회로 대표되

발기구, 특히 이른바 '다자개발은행(multilateral development banks)'이라고 통칭되는 특정 개발기구에게 대단히 위협적인 도전으로 인식되면서 CSO는 오랫동안 다자개발은행의 감시자로 활동하며 다자개발은행과 긴장 속에 정치적으로 공생하여 왔다.

개발협력 영역에서 글로벌 거버넌스의 책무성을 둘러싼 행위주체 간에 형성되는 정치적 긴장 관계와 비판적 공생관계를 가장 극명하게 보여주는 사례가 다자개발은행과 시민사회기구 사이에서 발생하는 도전과 균형의 정치학이라 할 수 있다(Kim, 2011; Wade, 2009). 앞서 책무성은 궁극적으로 개발협력에 관련된 모든 파트너 행위자들 간에 간주관적으로 형성되는 사회적 사실이라고 강조하였듯이, 책무성 제고를 위한 제도 확충을 요구하는 CSO의 집요한 도전에 다자개발은행의 대응은 크게 두 가지 상반된 선택에서 일정 정도 타협점을 찾을 것이다. 환언하면, 기존의 낮은 수준의 책무성 기제를 고수하여 CSO의 요구를 무시하거나 책무성 제고를 위한 제도적 개선을 통해 CSO의 개입에 대한 적극적인 반응을 시도하는 전략적인 선택의 기로에 서게 될 것이다. 세계은행을 비롯한 주요 다자개발은행 및 국제금융기구(international

는 제3섹터에 해당한다(김성한·문경연, 2014). 특히, 개발영역에서 활동하고 있는 국내 그리고 국제 NGO의 경우 정부·기업·국제기구 등의 개발원조를 공여하는 주체들에 대한 감시와 도전이 주요 임무라는 측면에서, 일반적인 이익 실현을 추구하는 단체(직능단체, 이익단체 등)와 구분된다. 영리를 목적으로 활동하는 단체를 배제한 공통영역에 해당하는 공공의 이익을 추구하고 개발사업을 직접 운영하거나 정치권력을 추구하거나 사법적 활동의 수행을 목적으로 하지 않으며, 자발적 의사에 의해 조직되고 독립적 재정으로 운영되는 상시적 자원단체로 CSO를 정의할 수 있다(Lewis, 2001; Salamon, 1995). 본 연구에서는 CSO를 이러한 정의에 입각하여 다자개발은행과의 관계성을 분석할 것이다. 또한 CSO 가운데 NGO의 특징이 강하거나 공식적으로 조직의 이름에 NGO를 포함하는 경우는 CSO 대신 NGO의 표현을 사용함을 밝힌다.

financial institutes)는 현재 작동하고 있는 국제개발기구 중 가장 책무성 결핍도가 높아 내부 회원국과 외부 CSO로부터 책무성 제고에 대한 요구를 안팎으로 강하게 받아 왔다(Best, 2005; Fox, 2007a; Fox and Brown, 1998). 반면, CSO의 도전세력은 세계시민사회라는 새로운 공간까지 구축할 정도로 점차 강화되고 있으며, 세계시민사회 개념의 모호성에 대한 비판에도 불구하고 다자개발은행과 국제금융기구를 겨냥한 책무성 요구의 기치를 지속적으로 높이고 있다(Kaldor, 2003; Keane, 2003; Salamon et al., 2004). 이렇게 개발협력의 책무성을 둘러싸고 첨예하게 대립각을 세우고 있는 다자개발은행과 CSO 사이에 구조화되는 사회적 관계성을 이론화하고, 구체적인 사례연구를 통해 그 관계성의 유형을 찾아내는 학술적 연구가 대단히 중요하며 또한 절실히 필요하다. 이는 다자개발은행의 책무성을 제고하기 위한 체계적인 요구가 다자개발은행 내부에서가 아닌 CSO와 같은 외부 주체들에 의해 제기되고 이에 대한 대응의 수위가 다자개발은행에 의해 결정되고 다시 다자개발은행의 내부적 결정이 책무성 기제로 제도화되고 이에 대한 평가를 또 다시 CSO가 반복하는 이른바 환류과정이 정치하게 배태된 사회적 관계성을 의미한다.

이러한 맥락에서 본 연구는 다자개발은행의 책무성 결핍에 대한 세계시민사회의 도전과 다자개발은행의 책무성 제고를 위한 대응책을 발전론적 개발학 관점에서 분석하고 두 행위주체 사이에서 형성되는 간주관적인 책무성 제도화 과정을 도식화하는 목표를 갖고 있다. 다자개발은행의 책무성 제도에 관하여 정교한 연구가 아직까지 한국 사회과학계에 본격적으로 소개되거나 추진되지 못했다는 점에서 본 연구가 가질 학술적 의의는 크다고 평가할 수 있다. 특히, 다양한 다자개발은행 중 아시아개발은행(Asian Development Bank)의 독특한 위치와 특성에 천착하여 아시아에서 활동하는 시민사회조직과 아시아개발은행 간에 형성된 특수한 관계성을 책무성 메커니즘 중심으로 분석하고, 궁극적으로 글로벌 책무성 개념과 제도가 아시아라는 시공간에서 어떻게 변형되고 특수한 맥락을 형성하는가를 연구하는 일은 대단히 새로운 기획 프로젝트이다. 아시아적 맥락에서 글로벌 책무성을 새롭게 재해석하는 작업은 지금까지 세계은행 중심으로 진행되었던 글로벌 책무성 연구에서 아시아개발은행으로 무게중심을 옮겨 기존 연구와 비교·분석하고 더 나아가 아시아의 특수성을 밝혀내는 학문적 성과를 도출할 수 있다(Park, 2014; Uhlin, 2011). 아시아개발은행의 사례가 중요한 이유는 여타 어떤 다자개발은행보다도 아시아개발은행이 책무성 메커니즘과 시민사회의 결합에 적극적이었으며, 아시아개발은행 스스로가 시민사회의 요구를 반영하는 등 다자개발은행의 책무성 수준에서 가장 선도적인 위치를 점유하고 있기 때문이다.

요컨대, 아시아개발은행과 아시아 시민사회 간에 사회적으로 구성된 아시아개발은행의 책무성 메커니즘 선진화 과정을 주요 분석단위로 상정함으로써 우리는 크게 세 가지 측면에서 본 연구가 가지는 중요성을 강조할 수 있다. 첫째, 글로벌 책무성 연구의 사례분석을 다변화하기 위하여 분석대상을 기존 세계은행 중심의 프레임에서 다자개발은행 책무성의 예외적인 사례를 보여주는 아시아개발은행으로 전환한다. 글로벌 수준 및 지역별로 형성되어 있는 다수의 다자개발은행 중 아시아개발은행이 어떠한 이유에서 책무성 제도의 혁신적 방식을 가장 선도적으로 도입하게 되었는가에 대한 분석을 시도한다. 둘째, 책무성 제고를 성취하고 이를 사회적 사실로 제도화하기 위한 중요한 행위주체로서 CSO의 대립(저항)영역을 확장하는 아시아적 맥락을 재조명한다(Kalm and Uhlin, 2015). 아시아개발은행의 성공적인 혁신적 책무성 제도 도입은 단순히 아시아개발은행에 내재된 내부적 책무성(internal accountability) 때문만이 아니라 외부에서 지속적으로 아시아개발은행에 압력을 가하는 아시아지역 시민사회의 정치적 역할이 있어서였음에 주목한다. 셋째, 글로벌 책무성의 아시아적 재구성이 특수한 제도적 경로를 통해 역사적으로 형성되어 왔다는 사실을 밝히기 위해서 아시아개발은행과 주요 다자개발은행의 책무성구조 간 맥락의 차이에 관한 역사사회학적인 비교연구를 시도한다. 아시아개발은행뿐만 아니라 대부분의 다자개발은행은 예외 없이 책무성 결핍 문제로 외부 시민사회로부터 강한 도전을 받고 있어 정도의 차이가 있을지라도 시민사회의 외부적 책무성(external accountability) 개입과 도전에 노출되어 있다는 동일한 초기조건을 공유하고 있는 반면, 책무성 제도의 실질적 도입과 효과적인 운영이라는 측면에서는 다른 다자개발은행보다 아시아개발은행이 월등히 앞서고 있는 예상 밖의 차별적인 결과를 보여주고 있다. 이러한 초기조건의 유사성과 최종산출물의 차별성으로 인하여 발생하는 아시아개발은행의 특수한 책무성 경로를 구별하기 위하여 차이법(method of difference)의 비교방법론을 활용한다. 이를 토대로 아시아개발은행의 통치성(governmentality)과 시민사회의 자원동원론(resource mobilization theory)으로 대표되는 행위주체 간의 이론적 관계성을 이른바 '갈등 정치(contentious politics)' 프레임 안으로 재배치하고 이를 책무성 메커니즘과 직접적으로 연결시킴으로써 개발협력 책무성의 아시아적 재구성에 관한 거시인과분석(macro-causal analysis)을 시도한다(Tilly and Tarrow, 2007; Gordon, 1991; Skocpol and Somers, 1980). 이는 아시아의 개발책무성을 위한 파트너십이 역사적으로 이미 특수한 패턴으로 배태되고 맥락화되었다는 해석을 수용한다. 그리고 그 맥락의 구조를 역사사회학적으로 그리고 정치사회학적으로 천착하여 분석하며, 단순히 일차원적인 협의의 개발이 아닌 복합적이고 입체적인 광의의 발전이라는 개념에서 책무성의 아시아적 재구성에 접근하는 사회발전론의 프레임에 기초한다.

이러한 복합적 분석프레임은 이른바 '국제정치사회학(international political sociology)'이라는 새로운 대안적 접근법으로 통합될 수 있다.[6] 1980년대 후반부터 급부상한 국제정치경제(international political economy)와 유사하게 국제정치사회학은 국제관계를 장기지속(longue durée)의 역사사회학과 국가-사회 중심의 정치사회학을 관통하는 횡단선(transversal lines)의 집합체로 인식하고 분석한다(Basaran et al., 2017). 국제정치사회학은 기존 국제정치이론이 의도적으로 배제한 '사회적(the social)'인 변수를 적극적으로 복원함으로써, 국가 수준의 분석단위에서 해석이 어려운 국가-사회, 국내-국제, 사회-정치 등의 국제관계 현상을 구성주의적으로 수용한다(Bigo and Walker, 2007). 전통적으로 사회학의 힘은 그 상상력에서 비롯되는데, 국제정치사회학이 기반한 사회학적 상상력(sociological imagination)은 역사사회학과 정치사회학의 교집합인 성찰적 총체성(reflexive totality)에 의해 구성되고 거듭 확장된다(Mills, 1959; 김태균, 2016b). 따라서 국제개발의 책무성이라는 국제관계 현상을 특정 지역의 다자개발은행과 시민사회의 정치적 상호작용 및 구성주의적 관계성에 입각하여 분석하는 데 국제정치사회학적 접근법은 대

6 국제정치사회학은 2000년대에 영어권을 아닌 서유럽에서 국제관계에 대한 대안적인 정치사회학 학과와 학술저널에서 태동되었다고 볼 수 있다. 이탈리아의 *Conflitti Globali*와 프랑스의 *Cultures & Conflits*라는 저널이 주도적으로 국제관계와 정치사회학을 접목하는 학문적 공간을 열기 시작하였고, 이에 따라 2000년대 후반으로 넘어가면서 이러한 대안적인 시각이 프랑스의 비고(Didier Bigo)와 캐나다의 워커(R. B. J. Walker)의 선도적인 리더십에 의해 공식적인 학문적 분과로 자리 잡기 시작하였다. 유럽 정치학자와 사회학자들이 중심이 되어 국제정치사회학을 국제정치학회(International Studies Association: ISA)의 독립분과로 창설했으며, 2007년에는 국제정치사회학 분과에서 발행하는 *International Political Sociology*를 ISA 공식저널의 하나로 인정하여 출간하기 시작하였다.

단히 높은 정합성을 보인다고 평가할 수 있다.

2. 다자개발은행의 책무성 문제

다자개발은행의 책무성에 대한 비판적 도전은 근래에 돌연히 수면에 부상한 문제가 아니다. 1980년대 이후 영국·미국과 같은 강대국의 개별 국가 경제정책 사조로 등장한 신자유주의적 세계화(neoliberal globalization) 현상이 국제경제와 국제개발을 위한 글로벌 거버넌스의 핵심 사조로 부상한 이후 다자개발은행은 개발 관련 프로젝트와 프로그램을 신자유주의적 처방에 근거한 효율성 중심으로 관리·운영해 왔다. 대표적으로 구조조정정책(structural adjustment program)과 같은 무리한 원조조건(conditionality)을 개도국 및 취약국에게 '굿거버넌스(good governance)' 구축이라는 목표하에 획일적으로(one-size-fits-all) 처방하는 세계은행의 행태가 효율성 중심의 일방적인 원조 공급자의 협력대상국 개입 양상을 적나라하게 보여준다(Deacon, 2007; Park, 2010).[7] 굿거버

7 다자개발은행이 부과하는 원조조건(aid conditionality)은 보통 국제금융기구(international financial institutions)인 세계은행과 국제통화기금이 대출, 채무변제 또는 양자원조를 경제위기를 맞이한 회원국에게 제공할 경우 부과되는 조건을 지칭한다(Koeberle et al., 2005). 원조조건의 유형은 크게 사전조건(ex-ante conditionality)과 사후조건(ex-post conditionality)으로 나눌 수 있는데, 사전조건은 회원국이 원조를 받기 전에 구비해야 할 조건들로서 보통 구조조정과 관련된 조건들로 구성되는 반면, 사후조건은 원조지원이 종료된 후에 준수해야 할 조건들로 구성된다(Killick, 1998). 또한 세계은행과 국제통화기금은 브레턴우즈 체제의 양대 축으로 상호 원조조건을 교차적으로 승인하기 때문에 회원국이 어느 한 기관으로부터 원조를 받을 경우 두 기관의 조건을 모두 만족해야 한다는 이중조건을 실시하고 있다. 원조조건 중 우리에게 잘 알려진 사례가 1997년 아시아 외환위기 때 한국도 경험한 사전

넌스에 관한 학술적 논쟁은 차후에 자세히 소개하겠지만 간단히 요약하자면, 현지 거버넌스의 투명성과 법치, 부패척결 등의 보장을 원조조건으로 제도화하고 협력대상국에게 경제제도개혁을 먼저 단행하도록 종용할 때 원조효과성이 제고되는 긍정적인 결과를 도출할 수 있다는 단순하지만 강력한 논리가 담겨 있다(Cornwall, 2007).[8] 그러나 굿거버넌스를 통한 지나친 효율성 강조는 2005년 파리선언(Paris Declaration) 5대 원칙 중 하나인 '상호책무성(mutual accountability)'을 간과하는 결과를 초래하며 공여주체인 다자개발은행이 일방적으로 협력대상국에게만 책무성을 요구하는 불균등한 현상까지 야기할 수 있다(Kim, 2011; Grindle, 2007). 따라서 다자개발은행의 책무성 결핍을 굿거버넌스와 연결하여 비판의 수위를 높일 경우, 세계은행을 '제국주의적(imperial)' 국제기구로 19세기의 식민화 과정에 뛰어든 열강들과

조건으로서의 구조조정일 것이다. 구조조정은 다음과 같이 크게 두 가지 유형으로 구분된다. 첫째, 전형적인 안정화(stabilization) 방식으로 이는 (1) 평가절하를 통한 국제수지 적자감축, (2) 증세와 정부지출 축소를 통한 재정적자 감축, (3) 대외부채 구조조정, (4) 정부적자를 지원하는 금융정책 도입, (5) 식량보조금 삭제, (6) 공공서비스 가격 제고, (7) 임금 감축, (8) 국내 신용장 감축 등으로 구성된다. 둘째, 장기구조조정 정책은 (1) 가격제도를 보장하기 위한 시장의 자유화, (2) 국유기업의 사유화 및 매각, (3) 새로운 금융기구 신설, (4) 거버넌스 개선과 부패척결, (5) 해외투자자 권리를 국내법으로 보장, (6) 직수출과 자원추출에 경제성과 집중, (7) 투자안정화 증진 등으로 이루어진다. 이러한 구조조정의 조건부는 이른바 '워싱턴 컨센서스'로 대표되는 신자유주의적 처방으로 아직 저개발국이나 중소득국가 수준에 머물러 있는 회원국들에게는 대단히 부담스러운 사전조건으로 작동하게 된다(Rapley, 2007; Riddell, 2007).

8 굿거버넌스(good governance)에 대한 기존 학술연구에서 사용된 용어 해석은 하나로 통일되지 못하고 다양하게 이루어져 왔다. '선정', '좋은 거버넌스', '착한 거버넌스', '바람직한 거번너스' 등 통일된 용어로 이용되지 않고 있어서 본 연구에서는 원어 의미 그대로 사용하기 위하여 '굿거버넌스'로 통일함을 밝힌다.

비유하는 해석도 나오는 것이다(Cahn, 1993; Goldman, 2005).

다자개발은행의 책무성 문제는 협력대상국과의 관계성에서도 목도되지만, 무엇보다도 내부 정책결정과정의 투명성 결핍이라는 비민주성에서 발생한다(Abrahamsen, 2000). 세계은행을 비롯한 다자개발은행이 집행이사회(Executive Board)의 이사 선출과정에서 운영하고 있는 이른바 '일화일표(一貨一票)' 원칙에 의거하여 다자개발은행의 재정적 지분을 많이 보유한 회원국일수록 더 많은 투표권이 부여되는 방식이 책무성 문제의 핵심으로 부각되고 있다(Park, 2010; Bissell and Nanwani, 2009; Held and Koenig-Archibugi, 2005; Best, 2005; Keohane, 2003; Woods, 2001). 중국과 브라질 등의 신흥경제국가들은 1940년대 후반 이후 브레턴우즈 체제가 당대 국제질서를 반영하여 책정한 세계은행과 국제금융기금의 지분배분비율이 2000년대 이후 들어 변화하는 회원국의 경제규모를 반영하지 못하고 있다는 비판과 함께 해당 지분비율을 현재의 상황에 맞게 재조정할 것을 주장해 왔다. 이렇듯 브레턴우즈 체제의 내부적 책무성이 유연하게 내부 회원국의 요구에 부응하지 못한 상황은 BRICS가 주체가 되어 BRICS 국가의 이해관계를 반영하는 '신개발은행(New Development Bank)'을 출범시키는 계기가 되었다(Stuenkel, 2015). 유엔기구의 경우 모든 회원국이 동등하게 투표권을 부여받는 '일국일표(一國一票)' 체제를 고수하고 있기 때문에 이른바 내부적 책무성이라는 시각에서 볼 때 유엔의 내부 정책결정과정의 투명성과 책무성에 문제가 없으며 이는 다자개발은행과의 중요한 차별성을 갖는다는 것이 중론이다(Deacon, 2007).

따라서 국제개발금융기구 중 다자개발은행의 책무성을 개선하고 제고하기 위한 방안을 제시하는 연구가 시작되었고 실제로 많은 다자개발은행이 책무성을 제고하기 위하여 대내외적으로 제도장치를 도입하는 적극적인 노력을 보여 왔다(Reinisch, 2001; Nye, 2001; Woods, 2001).

다자개발은행의 책무성 제고를 위한 가장 근본적인 처방은 궁극적으로 내부적 책무성에 대한 개혁방안으로 수렴되며, 비민주적 집행이사회 선출 등의 내부 집행부 선출과정과 정책결정과정의 투명성 제고를 위한 제도적 수술이 대표적인 개혁항목으로 거론되어 왔다. 그럼에도 불구하고, 내부적 책무성을 대표하는 투명한 선출방식과 정책결정과정에 대한 개선 및 개혁을 성공적으로 추진한 다자개발은행의 사례는 아직 확인되지 않고 있으며, 이는 곧 다자개발은행 내부에 천착되어 있는 금권정치의 힘과 권력의 위계질서 구조가 내부적 책무성을 저해하고 이를 개선하려는 시도까지 무의미하게 만들고 있는 것으로 해석될 수 있다(Kim, 2011; Clark, 2003).

이렇게 내부적 책무성 개선이 회원국의 재정권력과 긴밀하게 연계됨에 따라 그 개선 가능성은 사실상 매우 낮다고 평가되는 한편, 이에 대한 차선책으로 내부적 책무성 개념을 대신하여 이른바 외부적 책무성이라는 아이디어를 대부분의 다자개발은행이 차용하게 된다(Campbell, 1998; Sechooler, 2009). 내부의 수직적인 투명성을 제고하는 것이 아니라 외부의 행위자들과의 관계성을 개선함으로써 책무성 전체를 개선하겠다는 야심찬 기획으로서, 외부적 책무성을 전담하는 기구의 개념을 구체화하고 다자개발은행 내부 조직요소로서 제도화하는 과정이 1990년대 이후 지속적으로 시행되어 왔다.

실제로, 1994년 세계은행이 책무성 기제를 제도화하기 위하여 최초로 '조사패널(Inspection Panel)'을 세계은행 내부에 설치한 이후 모든 다자개발은행이 이와 유사한 책무성 제도를 내부적으로 도입하여 운영하고 있다. 이는 세계은행이 시행하는 원조사업에 대한 일종의 법적 사정기관을 내부조직 기관으로 설치하는 것을 의미하며, 세계은행 조사패널에 심사를 의뢰하는 주체는 주로 세계은행 사업으로 인하여 피해를 보는 협력대상국 시민 개개인 내지 시민사회기구로 세계은행 외부에 위치한 행위자들이다(Shihata, 2000; Fox, 2000). 따라서 외부적 책무성에 초점을 맞춘 조사패널 혹은 이와 유사한 내부 법적기관을 설치하여 운영하는 방식의 책무성 개선은 필연적으로 외부행위자인 협력대상국 시민사회 및 국제NGO를 주요 파트너로 상정해야 한다. 그렇게 되면 내부의 강력한 집행위원회와 재정적으로 강한 회원국을 책무성 개선의 대상으로 상정하는 어려움을 회피하고, 외부에 포진한 시민사회를 책무성 개선의 조력자로 끌어들이는 대체효과가 나타나며, 이러한 외부적 책무성 기제 도입으로 세계은행은 책무성 제고에 대한 외부의 비판과 압력을 피해갈 수 있게 된다(김태균, 2012b). 이런 이유로 다자개발은행의 책무성 문제는 단순히 다자개발은행 자체의 제도 개선에 국한된 문제가 아니라 외부 시민사회단체와 연결되고 상호작용하는 개발파트너십을 논해야 하는 복잡한 문제로 발전한다.

센(Sen, 1999)의 표현을 빌리자면, 국제개발에서 책무성 이슈는 궁극적으로 개발원조의 효과성을 보장 및 제고하기 위하여 필수조건으로 거론되는 제도적 목표(ends)이자 수단(means)으로 간주할 수 있다. 그러나 책무성 보장의 정도는 다자개발은행을 포함한 다양한 국제개발협력기구의 특성에 따라 다르다. 더 나아가 국제개발협력기구가 외부행위자인 국내외 CSO와 어떤 관계성을 조성하는가에 따라 책무성의 유형과 개선을 위한 노력의 변형 정도를 비교·확인할 수 있다.

책무성에 특화된 국제NGO인 'One World Trust'가 2007년에 *Global Accountability Report*를 통해 집계한 개발협력 행위자 — 국제정부간기구, 국제비정부기구, 초국가기업 — 들의 책무성 순위를 [표 1-1]에서 확인할 수 있다(Lloyd et al., 2007). 국제정부간기구의 순위를 보면 대부분 유엔기구가 상위에 위치해 있지만, 흥미로운 현상은 아시아개발은행이 책무성 순위에서 2위를 차지하고 있다는 것이다. 세계은

[표 1-1] 국제기구 및 기관의 책무성 순위 집계

국제정부간기구	%	순위
유엔개발계획(UNDP)	88	1
아시아개발은행(ADB)	81	2
유엔환경계획(UNEP)	74	3
유엔세계식량계획(WFP)	70	4
미주개발은행(IDB)	68	5
유럽회의(Council of Europe)	59	6
이슬람개발은행(IsDB)	53	7
아프리카연합(African Union)	40	8
유럽안보협력기구(OSCE)	30	9
국제형사경찰기구(Interpol)	22	10
국제비정부기구	**%**	**순위**
크리스천 에이드(Christian Aid)	81	1
국제회계기준위원회(IASB)	69	2
국제아동구제협회(International Save the Children Alliance)	61	3
아가칸재단(Aga Khan Foundation)	54	4
국제인권감시기구(Human Rights Watch)	52	5
국제표준화기구(ISO)	52	6
국경없는 의사회(MSF International)	51	7
머시 말레이시아(Mercy Malaysia)	48	8
그린피스(Greenpeace International)	42	9
국제축구연맹(FIFA)	37	10
초국가기업	**%**	**순위**
제네럴일레트릭(GE)	65	1
글락소 스미스클라인(GSK)	59	2
타타그룹(TATA Group)	57	3
코카콜라(The Coca-Cola Company)	56	4
페트로브라스(Petrobras)	53	5
GDF 수에즈(GDF Suez)	47	6
HSBC 지주회사(HSBC Holding)	41	7
딘코퍼 인터내셔널(DynCorp International)	36	8
프라이스워터하우스쿠퍼 인터내셔널 (PwC International Limited)	18	9
구글(Google)	17	10

자료: Lloyd et al. (2007: 7).

행과 유럽부흥개발은행(EBRD) 등 주요 다자개발은행들이 10위 밖으로 순위가 밀려나 있기 때문에 다자개발은행 중 이례적으로 아시아개발은행이 책무성 상위 순위에 위치한 것에 대한 정밀한 분석이 필요하다.[9] 앞서 논의했듯이 다자개발은행에서 의미하는 책무성 제고는 주로 외부행위자인 CSO와의 관계설정이 관건이라는 측면에서 시민사회의 아시아개발은행에 대한 책무성 도전에 관한 연구가 동시에 필요하다. 또한, 아시아개발은행과 함께 미주개발은행(Inter-American Development Bank)과 이슬람개발은행(Islam Development Bank)도 국제정부간기구의 책무성 순위에서 각각 5위와 7위에 책정되어 있다는 점에서 다자개발은행 중 지역개발은행이 글로벌 수준의 개발은행보다 책무성 문제에서 더 긍정적인 성과를 올리고 있는 것을 알 수 있다. 지역수준에서 활동하는 다자개발은행이 글로벌 수준의 개발은행보다 책무성 분야에서 경쟁력을 보이는 이유에 대하여 다양한 각도에서 분석이 가능할 것이다. 이러한 맥락에서 지역개발은행 중 책무성 성과가 가장 높은 아시아개발은행에 초점을 맞추어 개발협력의 책무성 문제를 아시아 시민사회와의 관계성에서 풀어 나가는 것이 대단히 중요하다.[10]

9 [표 1-1]에서 확인할 수 있듯이, 국제정부간기구 책무성 순위에서 10위 밖으로 밀릴 경우 책무성 지표가 22% 이하로 떨어진다. 이는 세계은행이 1994년 선도적으로 감사패널을 도입하여 책무성 개선에 제도적인 노력을 했음에도 아직까지 그 성과가 긍정적으로 평가되지 않음을 의미한다. 이에 반해, 아시아개발은행의 경우 상당한 성과를 보이고 있다는 측면에서 아시아개발은행의 자체적인 책무성 개선 노력과 이와 관련된 아시아 시민사회의 도전에 관한 정치한 연구가 필요하다.

10 마지막으로, [표 1-1]에 책무성 순위에 포함되지 않은 중국을 비롯한 인도·러시아·브라질·남아프리카공화국 등 이른바 BRICS 중견국들이 기존 다자개발은행 지형에 도전하는 대안적인 개발은행을 출범시키고 있는 데 반해, 새로운 형태의 다자개발은행에 대한 책무성 논의는 아직 거론조차 되지 않고 있다. 글로벌 수준에서는 2014년 7월 브라질에서 BRICS의 신개발은행

다자개발은행 중 아시아개발은행이 다른 개발은행보다 독보적으로 책무성 제도를 개선할 수 있었던 원인을 명확하게 찾아내기 위해서는 '아시아적 맥락'이라는 거시적 맥락화 안에서 다양한 행위자들이 상호 관계성을 어떻게 형성하고 있는가에 대한 비교사회학적인 분석 작업이 필요하다. 아시아적 맥락화는 아시아개발은행과 아시아 시민사회와의 관계, 아시아 시민사회의 대응체계가 보유하고 있는 특수성, 아시아개발은행의 책무성 제고 노력에서 아시아적인 맥락의 성찰적 고려 등 지역의 제반 조건에 따라 아시아개발은행과 아시아 시민사회 간에 간주관적 관계성이 차별적으로 형성되는 거시인과분석을 의미한다(Park, 2014; Curtis, 2004). 비록 내부적 책무성을 개혁하는 것이 아니라 외부적 책무성 개선에 한계성을 보이고 있지만, 신자유주의적 정책기조로 개발사업의 책무성보다 효율성 제고에 치중해 온 아시아개발은행이 어떤 이유로 책무성 분야에서 선도적인 위치에 오를 수 있었는가에 대한 거시인과분석은 지금까지 연구가 시도되지 않은 글로벌 거버넌스의 미개척지라 할 수 있다. 따라서 본 연구는 이에 천착하여 아시

이 출범하였고, 아시아 지역에서는 2013년에 중국 시진핑이 주창한 아시아인프라투자은행(Asian Infrastructure Investment Bank)에 관한 논의가 2014년부터 본격적으로 확대됨에 따라 기존의 아시아개발은행을 대체할 수 있는 위협적인 존재로 부상함으로써, 글로벌 수준과 아시아 지역의 다자개발은행 간의 경쟁이 앞으로 심화될 가능성이 높다. 이에 반해, 새롭게 형성되는 중견국 중심의 다자개발은행에 대한 책무성 분석은 전무한 상태이며 차후 신개발은행과 아시아인프라투자은행에 관한 책무성 문제가 첨예하게 대두될 가능성은 농후하다. 특히, 2016년 7월 신개발은행의 부총재이자 최고재무책임자(CFO)인 레슬리 마스도르프(Leslie Massdorp)가 신개발은행의 회원국 자격을 전 세계 모든 국가에게 개방하겠다고 발언함으로써 신개발은행의 개방성과 맞물려 책무성과 투명성에 대한 논의는 더욱 중요하게 대두될 예정이다. 신개발은행과 아시아인프라투자은행에 관한 거버넌스 분석은 제4장에서 자세하게 설명한다.

아개발은행과 주요 파트너인 시민사회가 책무성 문제를 중심으로 아시아라는 맥락에서 어떠한 관계적 책무성을 형성하는가를 분석한다. 또한 아시아개발은행의 독보적인 책무성의 궤적은 여타 다자개발은행이 투입하고 있는 책무성을 위한 제도개혁 노력의 수위를 넘어서고 있으며 이는 일반적으로 수렴하고 있는 제도적 동형화 과정을 이탈하는 탈동조화(decoupling) 현상으로 해석할 수 있기 때문에 사회학적 제도주의가 주요 분석틀로 활용될 수 있다(Meyer and Rowan, 1977; Meyer et al., 2006).

3. 시민사회의 책무성 도전

다자개발은행의 책무성 기제에 대한 연구에서 그 절반에 해당하는 시민사회의 도전에 관한 분석은 전체 그림에 대한 완전한 해석을 위하여 반드시 수반되어야 하는 전제 조건이다. 시민사회 영역에 관한 분석의 중요성은 다자개발은행의 굿거버넌스라는 개념적 함정에서 쉽게 확인될 수 있다. 세계은행이 신자유주의적 효율성 중심의 사업방식을 고수하는 데 가장 중요한 사상적 토대가 된 굿거버넌스의 논리는 일면 타당해 보이지만 대단히 위험한 논리적 함정을 품고 있다. 이러한 함정을 정확하게 파악하고 논리의 부조리에 도전하는 핵심 주체가 현재로서는 시민사회라고 평가할 수 있다. 시민사회에서 형성된 도전세력이 다자개발은행 외부에서 활동하기 때문에 다자개발은행은 내부적 책무성보다는 외부적 책무성 영역에서 더 강도 높은 개혁을 추진하고 외부의 직접적인 이해관계자인 CSO와의 관계개선에 집중하게 된다. 다자개발은행의 책무성 결핍에 대한 도전세력으로서의 CSO 역량은 그 활동범위와 연대가능성에 따라 편차가 발생하지만, 사회발전 문제에 천착하는 CSO라면 주로 '주창(advocacy)' 역할에 조직역량의 무게중심을 두고 굿거버넌스의 논리에 도전하는 대응전략을 책무성 중심으로 기획하게 된다(김태균, 2017).

다자개발은행이 처해 있는 함정의 핵심은 집합론의 '항진명제(tautology)'와 유사한 동어반복적 효과를 굿거버넌스 논리가 내포하고 있다는 문제에서 비롯된다(Riddell, 2007; Kim, 2011; Abrahamsen, 2000). 굿거버넌스의 논리는 협력대상국 정부가 사전에 투명하고 책임 있는 제도와 정책을 구비하고 있다면 개발원조가 투입될 경우 원조효과성이 증대될 가능성이 높다는 당연하면서도 동어반복적 논리의 순환구조의 함정에 빠져 있다. 원조효과성을 제고할 수 있는 근본적인 요인은 협력대상국 국내 제도와 정책의 초기 조건에 있으며, 초기 조건이 갖추어지지 않은 개도국에서는 공여주체가 원조의 규모를 늘리고 원조의 질을 개선한다고 해서 반드시 원조효과성이 제고되는 것은 아니다라는 논리이다. 다시 말해, 부패와 비민주적 제도로 점철된 협력대상국에는 원조의 효과성을 기대할 수 없다는 주장이다. 이 논리를 거꾸로 뒤집어보면, 개발원조는 원조가 투명하게 이행될 수 있는 파트너 국가에게만 제공되어야 한다는 원칙으로 뒤바뀐다. 굿거버넌스 논리대로 협력대상국이 이미 투명하고 책임 있는 제도와 정책을 보유하고 있다면 어느 정도 경제·사회발전의 수준에 도달했을 가능성이 높고, 발전을 위한 내치가 이미 기반을 다진 상태라면 굳이 공여국에게 개발원조를 요청할 필요가 없을 것이다. 역설적으로, 협력대상국 대부분의 경우 제도의 미성숙·정치의 불안정·법지배의 후진성 등으로 굿거버넌스가 요구하는 조건을 만족하기 어려운 상황이고, 또한 이를 시정하기 위한 협력대상국 정부의 역량이 부족하기 때문에 실제로 개발원조가 절실히 필요한 것이다. 따라서 다자개발은행이 원조조건으로 굿거버넌스를 협력대상국에 부과하는 것은 원칙적으로 합당할 수 있으나, 원조

현장에서는 공여국의 책무성 회피와 협력대상국에게 책임을 전가하는 다분히 위험한 덫으로 변질될 수 있다. 그린들(Grindle, 2004; 2007)은 이러한 맥락에서 굿거버넌스의 논리를 비판하고 이를 다소 희화화한 'good enough governance'라는 개념을 새로이 소개한다. 이 개념을 토대로 굿거버넌스를 요구할 수 있는 발전 단계는 협력대상국 상황에 따라 차별화되기 때문에 원조의 집행에서 굿거버넌스를 일관되게 모든 단계에 적용할 수 없으며, 더 나아가 협력대상국 발전을 위한 원조효과성을 발전의 모든 단계에서 일괄적으로 기대할 수 없다고 주장한다.

본래 1980년대 후반 세계은행이 굿거버넌스 논리를 개발할 당시의 개념적 의미는 원조를 받는 주체인 개도국에 만연한 부패, 민주적 정통성의 결여, 시민의 정치참여 배제, 그리고 '자원의 저주'와 같은 심각한 거버넌스 문제를 적극적으로 해결하기 위한 국제사회의 대응전략으로 출발하였다(World Bank, 1989; Leftwich, 1993). 유엔의 경우, UN 사무총장이었던 코피 아난(Kofi Annan)이 [표 1-2]에 열거된 내용을 굿거버넌스 개념의 주요 구성요소로 공식화하면서 유엔에서는 개도국 및 취약국의 내부 거버넌스 개혁을 발전의 중요한 요인으로 인식하고 있다는 것을 알 수 있다(Weiss, 2011). 이와 유사하게 세계은행은 굿거버넌스의 구성요소로 크게 (1) 정치레짐의 유형, (2) 발전을 위하여 통치권의 경제사회자원을 관리하는 과정, (3) 정책의 효과적인 입안과 이행을 위한 정부의 역량을 강조하고 있다([표 1-2] 참조). 유엔에 비해 세계은행의 굿거버넌스 요건이 정치레짐유형·재원관리과정·정부역량 등으로 구체화된 평가의 기준으로 구성되어 있다는 점에서 협력대상국 입장에서는 세계은행이 공격적으로 굿거버넌스를 원조조건으로 요구하였을 때 이를 국내 주권에 대한 개입으로 인식하기가 쉽다는 문제가 발생한다(Goldman, 2005). 실제로 세계은행의 기록에 의하면 이러한 굿거버넌스가 원조조건으로 부과된 개발프로젝트가 지속적으로 증가

[표 1-2] 국제연합과 세계은행의 굿거버넌스 구성요소 비교

국제연합	세계은행
· 합의 중심(consensus-oriented) · 참여성(participatory) · 법의 지배(rule of law) · 효과성/효율성(effective and efficient) · 책무성(accountable) · 투명성(transparent) · 응답성(responsive)	· 정치레짐 유형(type of political regime) · 통치권의 개발(발전)을 위해 경제사회자원을 관리하는 과정(process) · 정책의 효과적인 입안과 이행을 위한 정부의 역량(capacity of governments)

자료: 저자 정리.

하는 추세에 있으며, 굿거버넌스의 논리가 협력대상국의 비효율적인 경제와 정치레짐을 개혁하고 대체하는 하나의 보편적인 모델로 자리 잡고 있다는 것을 알 수 있다(Khan, 2004).[11]

그러나 굿거버넌스의 보편화는 앞서 설명한 항진명제의 동어반복 문제와 함께 서구의 자유민주주의를 지구상 가장 성공한 모델로 신화화함으로써 개도국의 다양한 사회적·문화적 맥락을 무시한 채 세계은행과 대부분의 공여주체가 굿거버넌스를 강조하게 되는 제도적 동형

11 원조조건으로서 굿거버넌스의 확산은 신자유주의적 경제자유화가 어느 정도까지 제3세계에 확대되는가와 직결된다(Abrahamsen, 2000). 세계은행의 경우, 60개 협력대상국에 대한 구조조정 유상원조 사업이 1980년과 1990년 사이 7개에서 187개 사업으로 그 수가 대폭 확장되었다. 구조조정 원조의 규모도 세계은행 전체 예산의 4분의 1로 확대된 것으로 집계되었다(World Bank, 1990). 국제통화기금(International Monetary Fund)도 협력대상국의 구조조정을 조건으로 진행된 원조사업이 1980년대 초반부터 대거 확대되었다. 1980년에 32억 7,600만 특별인출권(Special Drawing Right: SDR)이었던 규모가 1983년에는 141억 2,100만 SDR 규모로 4배 정도 증가하였다. 사유화 현상도 1980년대 이후 가속화되었는데, 1988년과 1991년 사이 13억 7,800만 달러에 상응하는 국유자산(항공사, 시멘트산업 등)이 25개국 이상에 걸쳐 사유화가 이루어졌다.

화 현상으로 부정적인 궤적을 밟고 있다(Poluha and Rosendahl, 2002). 이러한 제도적 수렴화 현상은 협력대상국 정부역량의 '좋음' 정도를 측정하고 재단하는 인류 공통의 보편적인 기준치로 서구의 자유민주주의와 시장경제를 강요하고, 국제사회에서 제시하는 외생적 표준에 의해서 협력대상국 국내 거버넌스 구조를 재편하는 일련의 비민주적 정치화와 통약화(commensuration) 과정을 야기하고 있다(Abrahamsen, 2000; Weiss, 2000; 김태균, 2016a; 2013a).[12]

이러한 굿거버넌스의 논리를 세계은행 및 다자개발은행의 특정 회원국이 내부적으로 비판하고 한계를 극복하기는 대단히 어려울뿐더러, 내부 정치공학으로 인하여 회원국이 내부적 책무성을 제고하는 시나리오를 실제 개혁안으로 추진하는 것은 불가능하다. 반면, CSO는 이러한 내부 제도적 구속에서 상대적으로 자유롭기 때문에 다자개발은행 외부에서 굿거버넌스에 대한 맹목적인 신뢰를 지속적으로 비판해올 수 있었으며, 때로는 CSO 간의 연대를 통해 다양한 유형의 사회운동 방식을 동원기제로 활용함으로써 현실정치에서 다자개발은행의 굿거버넌스 한계를 지적하고 원조의 책무성을 제고할 수 있도록 압력을 가해 왔다. 세계은행의 경우 다양한 국적의 시민사회단체와 지역·

12 통약화에 관한 논의는 획일화된 평가(evaluation)와 가치부여(valuation)를 통하여 다양한 주체의 질적 차이를 무시하고 단일한 척도로 통일하는 평가주체의 일방적이고 폭력적인 사회화 과정을 말한다(Espeland and Stevens, 1998; Lamonte, 2012; Sauder and Espeland, 2009). 통치성의 한 부분인 지식·권력의 생산과 통제가 통약으로 환치될 수 있으며, 통약성의 현실적 가치는 평가기제 내지 순위를 상징자본화하여 비교할 수 없거나 비교가 불가능한 내용들을 상호 비교할 수 있도록 강제하는 결과를 창출한다는 점이다. 따라서 통약성은 강제된 사회적 약속이며, 권력관계에 따라 약속을 고안하는 주체와 일방적으로 받아들이는 주체가 구분된다. 통약화에 대한 개념적 논의는 제3장에서 더욱 자세하게 설명할 예정이다.

글로벌 수준의 CSO 연대 협의체의 도전을 오랫동안 받아 왔으며, 특히 효율성을 지나치게 강조한 신자유주의적 처방에 대한 비판과 재정정책 중심의 구조조정 압박에 도전하는 사회운동을 시민사회가 조직해 왔다(Clark, 2002; Fox and Brown, 1998).

세계시민사회와 지역별로 자생한 시민사회의 다자개발은행에 대한 도전과 저항의 정도는 CSO의 종류와 특성에 따라 다양하게 구성된다(Lewis, 2001; Kendall, 2003). 시민사회 도전의 강도를 측정하기 위해서는 시민사회가 주도하는 정치기회구조(political opportunity structure)라 할 수 있는 이른바 '대항영역(oppositional field)'을 CSO가 확대하려는 노력이 다자개발은행과의 관계성 속에서 어떻게 사회적 사실로 인정받는가를 추적하는 과정이 필요하다(McAdam et al., 2001; Kalm and Uhlin, 2015). 대항영역은 다양한 수위에서 범주화될 수 있고 그 확장력 또한 반대영역의 주요 CSO 행위자가 취하는 역할과 특징에 따라 다층적으로 구성될 수 있다.

우선, CSO가 활동하는 영역의 분석수준에 따라 대항영역의 구성과 지형을 구분하여 인식할 수 있다. 주로 국가별·지역별·글로벌 수준으로 구분하여 다자개발은행에 대한 CSO의 세력공간이 특정 국가에서 지역으로, 최종적으로 글로벌 수준까지 확장되는 패턴을 상정할 수 있다. 이는 개도국의 토착 CSO가 지역국가에서 활동하는 CSO와 연대하고 더 나아가 국제수준의 CSO와 협력하여 그 세력공간을 점차 증대하는 상향식 대항영역 확장으로 유형화할 수 있다. 한편, 글로벌 수준에서 활동하는 국제CSO가 지역수준으로, 더 나아가 개도국 현지에서 활동하는 CSO와 연대하여 대항영역을 구축하는 하향식 유형도 가능하다.

또한 대항영역의 구성방식은 특정 CSO가 담보하는 역할에 따라 유형화할 수 있다. 일반적으로 CSO의 사회정책 및 공공정책 영역에서의 주요 역할은 크게 주창활동과 서비스 제공, 그리고 연구 및 시민교육으로 세분화할 수 있다(Lewis, 2001; Anheier and Kendall, 2001; Kim, 2008; 김성한·문경연, 2014). 주창 및 애드보커시를 주요 의제로 책정하는 CSO는 다자개발은행을 비롯한 국제기구 및 공여국 원조기관의 원조정책과 이행과정을 감시하고 협력대상국 수혜자의 입장을 옹호하는 역할을 중심으로 대항영역을 구축한다. 따라서 주창 중심의 CSO는 공여주체의 책무성 문제에 직접적으로 비판의 목소리를 내게 되며, 이에 다자개발은행은 외부적 책무성 제고의 주요 파트너로 주창활동의 CSO를 상정하게 된다(Peruzzotti, 2007; Scholte, 2011; 김태균, 2017).

한편, 서비스제공 위주로 활동하는 CSO는 정치적 방향성보다는 원조공여주체들과 협력하여 협력대상국에 제공하는 다양한 원조 프로젝트에 참여하고 효과적인 파트너십을 구현하는 데 집중하는 경향이 강하다(Kendall, 2003). 이러한 조직성향은 외부 행위자가 다자개발은행의 조력자 역할을 수행하면서 협업의 가능성을 높이게 되고, 이에 따라 CSO의 정치적 대항영역은 축소되는 결과를 초래한다. 재원을 제공하고 원조활동의 프레임을 제공하는 다자개발은행과 실제 서비스를 제공하는 CSO는 서로 공생관계를 형성하기 때문에, CSO가 원조사업의 발주기관에게 책무성 문제를 제기할 가능성은 낮아진다.

마지막으로 연구 및 시민교육을 위주로 하는 CSO의 경우, 정치기회구조의 스펙트럼은 주창활동과 서비스제공 사이에 광범위하게 포진하게 된다. 연구와 시민교육의 성향이 주창활동과 밀접하게 결합될 수 있는 반면, 서비스제공과도 마찬가지로 결합의 고리가 형성되기 때문이다. 그러므로 연구와 시민교육에 집중하는 CSO를 운영하는 주체의 정치적 성향에 따라 다자개발은행에 대한 책무성 도전의 정도가 차별적으로 표출될 수 있다(Pallas, 2013).

본 연구에서는 시민사회의 대항영역 범주를 다자개발은행에 대항하여 주창 중심으로 움직이는 CSO에 초점을 맞춘다.[13] 따라서 본 연구는 개발원조의 공적 기관이 대리인으로서 제도적 자유를 무한대로 확장하여 대리인의 의무와 책임을 다하지 않고 정치권력을 오남용하는 다자개발은행 중 책무성 성과가 가장 좋은 아시아개발은행과 이를 상대로 주창활동을 전개하는 CSO 간의 상호관계성을 해부하는 것을 주목적으로 한다(Barnett, 2015; Kim, 2011; Wade, 2009; Clark, 2003; Fox and Brown, 1998). 즉, CSO가 다자개발은행을 상대로 어떻게 갈등 정치의 프레임을 구성하고 다자개발은행의 책무성 제도에 도전하는가, 그리고 다자개발은행은 CSO의 책무성 도전에 어떻게 대응하는가를 아시아 사례를 중심으로 재구성한다(Tilly and Tarrow, 2007).

글로벌 거버넌스에서 글로벌시민사회의 구성과 확장으로 인하여 기존 국가 중심의 국제관계가 보다 규범적이고 평화적으로 전환되고 있다는 긍정적인 진단이 있다(Boli and Thomas, 1997; Meyer et al., 2006). 또한, 세계화에 대한 글로벌 수준의 저항은 이미 여러 시간과 공간에서 목도되어 왔으며, '뒤틀린 세계화'일지라도 시민사회의 성공적인 도전과 저항은 지속적으로 이어져 왔다(임현진·공석기, 2014; McMichael, 1996). 그러나 지역화에 대한 시민사회의 조직적 저항은 쉽게 찾아보기가 어렵다는 것이 중론이다(Hirsch, 2001; Kelly, 1997). 거대한 세계화 물결 속에서 유엔을 비롯한 국제기구가 개발과 발전의 새로운 대안으로 지역화를 강조하고 있지만, 지역수준으로 통합의 단위를 낮출수록 시민사회의 결집도가 낮아지고 집합행위(collective action)의 수준도 분

13 옥스팜(Oxfam), 월드비전(World Vision) 등과 같이 실제로 옹호활동과 서비스제공을 명확하게 구분하기 어려운 국제CSO의 경우, 본 연구는 이를 주창범주의 CSO에 함께 포함하여 순수하게 옹호활동에 집중하는 CSO와 복합적인 성격을 띠는 CSO 간에 내부적으로 발생하는 갈등과 협력의 정치동학을 분석한다(Giugni and Passy, 1998).

절적일 가능성이 높아진다(Mittelman, 2011). 이는 지역수준에서 제도화되는 개발이슈와 초국경문제에 대한 개입을 국내 수준에서 공론화하고 시민사회를 동원하는 수위와 범위는 국가마다 차이가 있기 때문이며, 국제CSO가 지역단위로 활동하는 CSO 내지 국별 단위의 CSO와 연대할 수 있는 통로가 글로벌 수준보다 명확지 않고 다양한 이해관계가 중첩되면서 연대기제가 약화되기 때문이다. 따라서 다자개발은행을 대상으로 책무성 결핍문제를 강조하고 개혁의 목소리를 개진하는 주체가 지역수준에서 동원될 경우 그 시민사회가 구축할 수 있는 대항영역의 범위는 제한적으로 형성될 가능성이 농후하다. 실제, 아시아에서도 아시아개발은행의 메콩유역 개발사업에 대한 각 국별 CSO의 반응과 도전의 강도는 차별적으로 표출되었다. 태국과 필리핀의 경우, 지역다자개발은행의 개발사업을 국내 사회에 영향을 미치는 요인으로 강조함으로써 국내 시민사회세력을 결집하고 아시아개발은행에 대항하는 일종의 '규모확장(scaling-up)' 전략을 추진하였지만, 라오스의 경우는 국내의 시민사회가 활성화되지 않은 이유로 지역은행의 개발프로젝트에 대항하지 않고 수동적인 협업이라는 반대의 정황이 발생하였다(Boulding, 2012; Hirsch, 2001).

국제개발을 위한 거버넌스 정비와 책무성 제고라는 이슈는 분석수준에 따라 항상 보편성과 특수성의 관계를 주의해야 한다. 세계화와 지역화 그리고 국가 수준까지 이어지는 다층적인 관계성에는 보편성과 특수성이 복합적으로 연계되어 있기 때문에 책무성을 둘러싼 다자개발은행과 다양한 수준(글로벌·지역·국가 수준)의 CSO 간에 상호관계성도 복합적으로 구성되게 된다(Chhotray and Stoker, 2009). 이러한 측면에서 아시아개발은행과 아시아 시민사회의 상호관계성은 두 가지 지점에서 다른 일반적인 사례와 차별성을 보인다.

첫째, 지역 수준에서 시민사회의 집합행위 결집이 다른 지역보다 강한 면모를 보이고 있으며, 국별로 시민사회의 조직화에 차이가 있을지라도 아시아개발은행 사업에 대한 책무성 요구에서 높은 강도의 지역 연대를 이끌어내었다는 특징에 주목해야 한다. 특히, 1995년에 아시아개발은행이 자체적으로 책무성 기제를 도입하게 된 계기와 2003년 아시아개발은행의 책무성 메커니즘이 질적 전환을 시도하는 계기 또한 아시아 시민사회의 개입과 무관하지 않으며 아시아 시민사회의 특수성이 다자개발은행의 보편적인 관행을 허물고 이를 아시아적 맥락으로 특수화시키는 효과를 창출하였다는 평가가 가능하다(김태균, 2013b).

둘째, 아시아개발은행에 대한 아시아 시민사회의 전략적 접근 방식이 특수한 아시아적 맥락에 입각한 고유의 '아시아적 대항영역'을 구축하여 시민사회의 정치기회구조를 확장하는 데 중요한 역할을 했다는 사실이다. 그렇다면, 어떠한 역사적인 중대시점(critical juncture)에서 어떤 구체적인 사건에 의해 다자개발은행에 대한 전략적 대응방식을 아시아 시민사회가 구축할 수 있었는가에 대한 심도 있는 분석이 필요하다.[14] 중대시점의 역사적 검토를 통해, 우리는 아시아 시민사회가 아시아개발은행에 대한 정치기회구조를 두 개의 대항영역 전선으로 확장하고 아시아개발은행은 시민사회의 개입을 두 전선에서 조우하게 된다는 사실을 알게 된다. 두 개의 전선은 아시아 시민사회의 내부전략(inside)과 외부전략(outside)으로 나누어 형성되고, 이 두 전략은

14 대표적으로, 대메콩유역(Greater Mekong Subregion) 교통망 구축을 위하여 아시아개발은행이 장기간 투자하고 있는 철도개발사업 중 '캄보디아 대메콩유역 철도재건(Greater Mekong Subregion Rehabilitation of the Railway in Cambodia)' 사업이 이러한 중대시점을 분명하게 이해할 수 있는 사례이다(Asian Development Bank, 2013; Han, 2017; 이상국, 2015; 이준표, 2015; 이승은, 2015).

1998년부터 1999년에 걸쳐 필리핀 CSO 중심으로 아시아 시민사회 연대체로 탄생한 '아시아개발은행 NGO포럼(NGO Forum on ADB, 이하 NGO포럼)'에 의해 통합적으로 운영되었다.[15] 내부전략은 아시아개발은행의 책무성 제고를 위하여 아시아개발은행 내부의 협의채널에 적극 참여하는 방식의 시민사회 개입을 의미하고, 외부전략은 시민사회의 요구를 관철하기 위한 아시아개발은행 외부의 장외투쟁방식을 의미한다(Kalm and Uhlin, 2015). 아시아지역 CSO의 집합권력을 확장하기 위해 두 전략이 하나로 통일된 연대체인 NGO포럼에 의해 조율되고 총괄된다는 사실이 다른 지역의 시민사회 연대체와는 차별되는 특징이라 할 수 있다.

본 연구는 아시아 시민사회가 아시아개발은행 정책과 사업을 감시하고 책무성 문제를 제기하는 데 기폭제 역할을 한 NGO포럼에 분석의 초점을 맞추고 아시아지역에 퍼져 있는 다양한 CSO를 조율하는 NGO포럼의 대항영역 구축과 대항전략을 분석하여 아시아적 맥락에서의 관계적 책무성이 어떠한 특수성을 띠게 되는가에 주목한다. 갈등 정치의 구성요소를 아시아 시민사회가 보유한 대항영역의 확장성과 이에 대응하는 아시아개발은행의 거버넌스 전략으로 환치함으로써, 분석수준을 아시아 지역으로 국한하고 시민사회 진영의 주요 행위자로 아시아지역의 토착 CSO와 이들 간의 연계성을 포함한 포괄적인 시민사회 지역연대체인 NGO포럼을 분석한다. 그러나 본 연구의 핵심이 아시아 시민사회의 확장성뿐만 아니라 시민사회와 아시아개발은행 간의 관계성 분석에 있기 때문에, 아시아 시민사회의 대항영역 확장과 더불어 아시아개발은행이 시민사회의 도전에 대응하기 위해 준비한

15 〈http://www.forum_adb.org/inner.php?sec=0&id=2. 검색일: 2017년 5월 9일〉

전략과 전술을 동시에 검토한다. 그리고 이에 따라 다자개발은행의 책무성을 둘러싸고 형성되는 두 행위주체의 상호관계성이 어떻게 사회적 사실로 아시아적 맥락에서 인식되고 승계되어 왔는가를 분석한다. 이는 아시아 시민사회가 대항영역을 확장하기 위하여 여러 방식의 전략을 구사하더라도 아시아개발은행이 이를 전략적으로 포용하지 않으면 갈등 정치에서 실질적인 영향력을 행사하기 어렵다는 중요한 시사점을 제공한다. 또한 아시아개발은행이 스스로 아시아지역의 NGO포럼과 시민사회단체에 전략적으로 접근하여 시민사회의 대항영역 확대를 선제적으로 유도함과 동시에 이를 통해 아시아개발은행의 책무성을 확보하려는 타협(compromise)과 포섭(cooptation)의 적절한 배합을 시민사회 대응전략의 근간으로 운용했다는 가정이 가능하다. 따라서 아시아에서 시민사회와 국제기구 간에 형성되어 온 상호관계성과 이에 조응하는 책무성 정치를 사회적으로 구성된 결과물로 인식하는 것이 중요하다.

4. 설명의 영역과 방법

본 연구의 분석단위는 다자개발은행 중 아시아개발은행과 이에 맞서는 시민사회의 집합체로서 아시아지역에서 자생한 NGO포럼이다.[16]

16 물론 본 연구에서 아시아 시민사회를 논할 때 NGO포럼에만 국한하여 시민사회의 활동을 제한하는 것은 아니고, 아시아 지역에 분포되어 있는 다양한 지역 CSO를 전반적으로 포괄하는 것을 상정한다. 다만, 아시아 CSO를 대표하면서 아시아개발은행을 상대로 책무성 문제를 주창하는 구심적 역할을 NGO포럼이 주로 담당해 왔기 때문에 NGO포럼을 중심으로 분석대상을 선정하고 다른 여타 CSO는 부가적인 설명과 차별적인 사례가 필요할 경우 보

아시아개발은행과 NGO포럼 간에 형성되어 온 긴장관계 혹은 전략적 공생관계가 역사적으로 어떻게 형성되어 왔으며, 어떠한 계기를 통해 아시아개발은행의 책무성 제도가 다른 다자개발은행의 책무성 기제보다 선도적으로 개선될 수 있었는가를 아시아라는 제한적 시공간에서 재해석하는 작업이다. 역사적으로 책무성 기제가 아시아개발은행의 내부 동력에 의해 자체적으로 확장되어 왔는지, 아니면 외부행위자인 NGO포럼을 비롯한 아시아 시민사회의 강한 도전에 의해 제도개선이 이루어졌는지에 대한 문제의식을 아시아개발은행 또는 NGO포럼 중 특정 행위주체 중심으로 분석하는 것이 아니라, '역동적인 상호작용'을 중심으로 갈등의 정치공간에서 표출할 수 있는 입체적인 관계성 해석에 주목한다(McAdam et al., 2001).

분석수준은 주로 아시아에 초점을 맞추어 진행한다. 그러나 지역수준에 맞춰진 아시아 시민사회의 대항영역과 아시아개발은행의 대응전략 간 상호관계성 분석과 함께 아시아개발은행의 책무성 개혁과 관련되어 추가적으로 설명이 필요한 글로벌 수준의 행위주체 또는 국별 단위의 행위주체에 대한 논의가 병행되기 때문에 아시아 이외의 다른 분석수준이 배타적으로 배제되는 것은 아니다. 아시아 중심의 분석수준은 글로벌 수준의 책무성 패러다임 변화와 국별 수준의 시민사회 대응을 포괄적으로 하나의 프레임에 담을 수 있다는 중범위(middle-range) 연구의 편이와 효과를 배가한다(Thelen, 1999; Esser, 2010). 이를 통해 다자개발은행의 책무성 제도 연구에서 아시아개발은행 사례를 중심으로 아시아적 특수성을 맥락화하고 전 세계적으로 공통적인 현상인 책무성 제고가 아시아에서는 어떠한 방식으로 재생산되는가를 비교·연구

완적인 분석대상으로 동원한다.

할 수 있다.

마지막으로 아시아 시민사회의 분석범위는 주창활동 중심으로 국한시킨다. 주창 중심의 CSO에는 주창활동만을 의제로 삼는 CSO뿐만 아니라 주창과 더불어 서비스제공을 주요 활동영역으로 의제화한 CSO까지 포함한다. 이는 개발 또는 발전을 위한 책무를 특정 원조주체에 묻는 행동 자체가 정치성을 띤다는 측면에서 시민사회 고유의 영역인 주창활동에 참여하는 CSO를 정확하게 '주창'이라는 하나의 행동방식으로 범주화하기 어렵다는 것을 의미한다(Deakin, 2001).

본 연구는 다음과 같이 구성된다. 본 장에서는 개발협력 책무성의 아시아적 재생산을 분석하기 위한 문제의식과 주요 행위자, 그리고 행위자 간 간주관적으로 구성되는 상호관계성에 내재된 역동적인 상호작용 메커니즘을 설명함으로써 전체 연구가 지향하고자 하는 방향성을 개관한다(제1장).

이를 토대로 먼저 개발학에서 정의하는 책무성 개념과 세부적인 작동방식, 그리고 책무성 이론을 설명하고 지금까지의 책무성 연구의 한계를 짚어 보았던 연구가 보완할 수 있는 개념적·이론적 지형을 제시한다(제2장). 지금까지의 책무성 개념은 학술적이기보다 다분히 개발정책의 집행과 관련한 현실정치와의 정합성 차원에서 양성된 측면이 강하기 때문에 이론적 발전단계가 정교한 여타 사회과학의 개념과 같은 수준에서 평가하기 어렵다. 본 연구에서 우리는 글로벌 개발협력 분야에서 흩어져 있는 책무성과 관련된 개념과 이론의 조각들을 최대한 결합하여 개발책무성에 대한 개념적 이해와 이론적 지평을 확장한다.

다음은 이러한 개념적 이해를 바탕으로 본 연구주제를 분석하기 위한 이론적 설명틀을 제시한다(제3장). 이론적 프레임은 총 4단계로 사회학과 국제정치학 중심의 다학제적 설명틀로 구성되는데, 1단계로 다자개발은행과 시민사회가 책무성 문제를 놓고 상호 다른 방식의 정치적 행위를 통해 자신의 이해관계를 관철시키려는 과정에서 발생하는 갈등과 경합의 정치적 공간과 역동적인 상호작용에 관한 이론적 배경을 제시한다(Tilly and Tarrow, 2007). 2단계는 국제사회(international society)에서 흔히 강대국, 다자개발은행 및 국제원조기구의 행태로부터 목도되는 현상으로, 강한 행위자가 글로벌 권력을 강화하거나 유지하기 위한 전략적 목적으로 갈등의 정치를 압도하거나 관장하려는 고도의 정치적 기술을 '글로벌 통치성(global governmentality)'이라는 개념으로 이론화한다(Hurrell, 2007; Buzan and Zhang, 2014; Foucault, 1991). 3단계에서는 글로벌 통치성의 대항기제로 다양한 수준의 시민사회 연대체가 대항영역을 확장하려는 사회운동을 이론적으로 정리함으로써 2단계에서 강조한 공여주체의 권력에 도전하는 시민사회, 특히 아시아의 시민사회를 분석하는 데 일조한다. 4단계에는 글로벌 통치성을 앞세운 다자개발은행과 대항영역을 앞세운 시민사회가 경합의 정치를 벌이는 과정에서 유사하게 수렴되어 발견되는 상호관계성을 동질화(homogenization)가 아닌 동형화(isomorphism)로 인식하고 세계사회론(world society)에서 강조하는 제도적 동형화와 탈동조화 요인으로 아시아지역의 특수한 맥락을 설명할 수 있는 비교사회학적 프레임을 구축한다(Meyer et al., 2006; Giddens, 1984; 임현진, 2011).

다음은 제3장의 이론적 프레임 중 글로벌 통치성에 해당하는 부분으로 전 세계에서 활동하고 있는 다양한 다자개발은행의 책무성 제도를 글로벌 수준, 지역수준, 그리고 남남협력 범주로 분류하여 다자개발은행 전체를 관통하는 특징과 차별성을 비교·분석하여 아시아개발은행의 특수성을 강조하기 위한 밑그림을 제공한다(제4장). 이는 제5장과 제6장에 걸쳐 아시아에서의 책무성 문제에 관하여 아시아개발은행과 시민사회가 구성하는 특수한 관계구조를 설명하기 위한 배경 역할을 한다.

제5장은 본격적으로 아시아개발은행의 책무성 기제를 분석하고 아시아개발은행 고유의 특수한 제도적 절차와 역사적 형성에 대한 고찰을 심도 있게 기술한다.

반면, 제6장은 아시아 시민사회 도전세력이 NGO포럼을 중심으로 형성하는 대항영역의 확장성을 역사적으로 분석하고 아시아적 맥락에서 시민사회의 특수성을 아시아개발은행과의 관계성 속에서 재조명한다.

제7장에서는 아시아지역 다자개발은행인 아시아개발은행의 책무성 기제가 다른 지역과 글로벌 수준의 다자개발은행보다 혁신성에서 진일보했다는 특수한 사실을 아시아 시민사회와의 관계성에서 재해석하고 이를 토대로 책무성 영역에서 갈등의 정치 유형 중 하나로 아시아적 유형을 일반화할 수 있는지 그 가능성을 타진한다. 특히, 글로벌 수준에서 다자개발은행의 책무성 패러다임과 제도적 기제의 주요 사례들이 일정 정도 동일한 방향으로 수렴되는 경향을 보이는 동형화 현상을 보이는 데 반해 아시아개발은행 중심의 아시아 사례는 글로벌 경향과 달리 고유의 독립된 특징인 대항적 공존을 역사적으로 재생산해 왔다는 사실에 주목한다.

이 연구에서 아시아개발은행과 NGO포럼의 정책결정과정 및 상호작용에 관하여 필요한 자료는 각 기관에서 제공하는 문서와 현지조사라는 두 가지 방법으로 수집하였다. 본 연구는 통계기법을 사용한 양적 방법론보다는 역사적 발전의 궤적과 비교사례연구에 기반한 질적 방법론을 주요 연구방법론으로 채택하고 있기 때문에, 아시아개발은행과 NGO포럼, 그리고 NGO포럼에 참가한 아시아지역 CSO에서 발간하는 공식문서 및 연구문헌을 중요한 1차 자료로 이용하여 아시아개발은행의 책무성 제도 변화와 아시아 시민연대의 대항영역 확장

간의 상호작용을 역사적으로 추적한다. 또한 2차 자료로서 기존 학계에서 출간된 주요 연구논문과 단행본을 토대로 지금까지 주류화된 아시아개발은행의 책무성 논의를 정리하고 문헌연구를 통해 이 연구가 추진하려는 방향성과 문제의식을 정당화하고 기존 연구의 한계를 보완하는 데 일조한다.

접근가능한 문헌과 내부문서를 통해 파악할 수 없는 영역은 주로 현지조사 및 전자메일을 통해 수정·보완하였다. 아시아개발은행의 경우는 주로 책무성 기제 담당부서에서 직무를 수행했던 관계자들과 온라인 교신채널을 이용하여 본 연구에서 발생하는 질문과 문제점을 공유하고 해결의 실마리가 되는 정보를 받을 수 있었다. 한편, 아시아지역 CSO가 구체적으로 아시아개발은행에 대응한 사실을 확인하기 위하여 아시아지역의 주요 핵심 CSO의 관계자와 인터뷰를 행하고 자문을 구하였다. 이를 통해 아시아 시민사회의 대항영역 확장을 위한 전략과 전술을 이해할 수 있었다.[17]

마지막으로 본 연구주제를 가지고 국제학술대회 및 유엔총회의 부대행사에 발표자로 참석하여 국제기구의 책무성을 연구하는 학자와 관련 실무책임자, 그리고 실제 시민사회단체 활동가로부터 본 연구에 도움이 되는 의견과 조언을 받았다.[18] 따라서 다양한 연구방법론을 동

17 아시아지역의 CSO 가운데 아시아개발은행과 국제기구를 상대로 가장 활발하게 활동하고 있는 아시아지역 시민사회기구를 찾아서 이 기구들을 대표하는 주요 관계자와 면담을 통하여 현장 활동에 관한 정보를 수집하였다. 면담조사를 시행했던 대표적인 단체는 다음과 같다. 방글라데시의 Voices for Interactive Choice & Empowerment (Voice), 인도네시아의 International NGO Forum on Indonesian Development (INFID), Asian Development Alliance (ADA), 캄보디아의 Enrich Institute, 일본의 Japan NGO Center for International Cooperation (JANIC), NGO포럼.

18 국제학술대회로는 2013년 7월 한국정치세계학술대회(World Congress for

원하여 아시아의 다자개발은행과 시민사회 사이에서 형성되는 대립구조 및 공생관계를 정치사회학적으로, 그리고 역사적 총체성(역동적 상호작용의 입체성)을 중심으로 분석한 간주관적인 결과가 지금까지 개척되지 않았던 글로벌 책무성의 아시아적 재생산이라는 이름으로 새롭게 유형화된다.

Korean Politics and Society)와 2014년 7월 세계정치학학술대회(World Congress of the International Political Science Association) 등에서 발표하였으며, 유엔총회 부대행사로는 2014년 9월 22일 제69차 유엔총회의 부대행사로서 뉴욕 소재 열린사회재단(Open Society Foundation)이 주최한 'Open Forum of Justice and Governance in Post-2015 Development Agenda'에서 지속가능발전목표(sustainable development goals) 중 16번 목표의 중요 요소로서 책무성에 관한 발표를 하고 주요 국제NGO 참가자로부터 도움이 되는 피드백을 받았다.

제2장

개발책무성의 이론과 실제

아시아적 맥락에서 다자개발은행의 책무성을 논하기 위해서는 우선적으로 개발학에서 의미하는 개발책무성(accountability for development)의 개념적 정의와 이론적 논의가 필요하다. 개발학에서 책무성 문제를 논의하기 위해서는 기본적으로 개발협력 관련 정책과 사업을 시행하는 데 관련된 행위자들, 행위자들이 처해 있는 환경과 맥락, 그리고 행위자들이 준거해야 할 원칙과 제도에 대한 설명이 필요하다. 개발협력에 관여하는 모든 행위주체는 개발프로젝트가 높은 효율성을 창출할 수 있도록 목표를 세우는 동시에, 반대로 일정 정도 투명성과 책무성을 제고할 수 있도록 제도적 장치를 준비해야 하는 이중성을 갖게 된다(Cronin and Regan, 2002). 따라서 개발과 관련된 행위주체가 어떠한 환경에 처해 있는가에 따라 또는 개발사업 파트너의 수와 특성에 따라 책무성의 강도에 차이가 발생할 수 있지만, 공통적으로 모든 행위자는 개발 활동을 하는 동안 예외 없이 일정 정도 책무성에 대한 압박을 느끼게 되고 개발효과성을 제고하기 위한 노력을 강구하게 된다(Moehler, 2008).

책무성의 필요성은 개발의 역사적인 현장에서 다양하게 표출되었다. 1970년대까지 유행했던 인프라구축 중심의 빅푸쉬(big-push) 방식의 원조형태가 원조실패라는 부정적인 결과물을 양산해 내자, 여기서 발생하는 원조피로(aid fatigue)를 축소하기 위한 대응책으로 대규모의 원조투입을 지양하고 협력대상국이 가장 필요로 하는 '기본수요(basic needs)'를 지향하는 원조방식으로 전환되었다(Rapley, 2007; Riddell, 2007; Hjertholm and White, 2000). 원조피로를 줄이는 장치로서 국제원조사회는 이른바 원조조건을 부과하기 시작했고 공여국의 국민을 위해 원조의 투명성과 책무성을 제고하는 제도적 장치를 강구하게 되었다. 또한 기존 대량의 원조를 제공하고 원조 결과에 대한 평가가 제대로 이루어지지 않았던 역사적 경험들에 대한 반성을 토대로 결과중심의 평가방법론이 유행하게 되었다. 납세자의 권리로서 대외원조가 제대로 이행되어 협력대상국의 빈곤과 질병을 퇴치하는 데 일조하고 있는가를 추적하고 평가하는 투명성과 책무성이 중요한 원조효과성의 변수로 부상하게 된다. 한편, 국제기구 및 원조공여국들은 원조정책의 대국민 홍보전략으로 책무성 요소를 강화하게 되었고, 전략적으로 책무성 기제를 협력대상국에게 강조함으로써 원조사업의 책임소재를 공여주체가 아닌 수원주체에게 전가하는 이중 플레이도 보이고 있다.

책무성의 필요를 인지함에도 불구하고, 책무성에 대한 개념적 정의가 아직까지 학술적으로 합의되지 못하고 있으며 대부분 개발현장과 개발정책에서 사업이행이나 사업평가에 반드시 고려해야 하는 하나의 필수항목 정도로 책무성을 취급하는 한계가 있다(Kim and Lim, 2017). 정치하게 개념화되지 않은 책무성 표현이 때로는 개발현장과 정책이행, 그리고 학술연구에서도 무분별하게 남용되고 공여주체 원조의 정당화를 담보하기 위한 전략용어로 오용되기도 한다(Dubnick, 2002). 본 장에서는 지금까지 개발 및 발전이라는 맥락에서 책무성 개념이 어떻게 진화하여 왔는가에 초점을 맞추어 책무성의 개념·이론·기능에 관한 다양한 접근법을 설명하고, 책무성의 주요한 유형과 책무성 개념의 다양한 맥락화와 적용방식을 분석한다.

1. 책무성의 개념적 정의와 기능

개발학에서 책무성을 중요한 가치이자 원조효과성의 주요 원칙으로 공식화하기 시작한 것은 그리 오래되지 않았다.[1] 글로벌 개발영역에서 책무성이라는 표현이 공식적으로 선언 내지 결과문서에 사용되기 시작한 것은 2005년 원조효과성 제고를 위한 제2차 고위급포럼(High-Level Forum on Aid Effectiveness)에서 합의된 파리선언(Paris Declaration)의 5대 원칙 중 '상호책무성'으로부터 시작된다고 볼 수 있다. 상호책무성은 나머지 4대 원칙들(주인의식, 일치, 조화, 성과관리)과 동떨어진 독립된 원칙이라기보다는 상호 연결되어 있으며, 특히 성과관리와는 모니터링과 평가(M&E)와 함께 투명성(transparency)이라는 밀접한 연결고리를 공유하고 있다.[2] 이는 효과적인 성과관리를 위해 정확한 측정을 위

1 Accountability라는 단어의 기원적 의미는 회계학에서 장부의 입금과 출금을 정확하게 맞추는 작업에서 시작되었으며, 입출금의 기록을 정확하게 정보화하고 이에 대한 평가까지 포함한 회계장부의 명확한 보고 체계를 의미한다(Hayne and Salterio, 2014). 따라서 책무성의 핵심적인 역할은 정보를 투명하게 공개하고 이를 위한 평가체계의 구축으로 수렴되며 이러한 기본적인 역할은 본래 회계학 전통에서 발생되었다고 평가할 수 있다.

2 2005년 파리에서 개최된 제2차 고위급포럼에서 선포된 파리선언은 다음과 같이 5개의 원칙을 포함하고 있다. 제1원칙은 흔히 '주인의식(ownership)'이라 해석하는데, 경제협력개발기구 개발원조위원회(OECD DAC)에서는 협력대상국의 구체적인 개발실행전략 수립을 강조하면서 빈곤감축 전략을 포함한 국가발전전략을 지니고 있는 국가의 수를 측정하여 2010년까지 최소 75% 이상을 달성하는 것을 목표로 정하였다. 제2원칙은 '원조일치(alignment)'로서, 협력대상국의 국가 시스템과 공여국의 원조정책을 일치시키려는 일련의 정책적 조율을 의미한다. 협력대상국의 조달 시스템과 공공재정관리시스템을 활용하여 공여국의 수와 원조자금비율, 원조 예측가능성을 제고하기 위해 합의된 일정에 따라 집행된 원조의 비율, 비구속성 양자간 원조의 비율 등을 측정하여 원조일치의 정도를 가늠한다. 제3원칙은 '원조조화(harmonisation)'로서, 원조 공여국 간에 정책적 조율과 협의의 중요

한 지표가 필요하고 채택된 지표를 활용하여 모니터링과 평가를 수행하여 개발협력을 투명하게 이행하는 과정이 최종적으로는 개발협력에 관련된 행위자들의 행동에 책임을 물을 수 있는 상호책무성 제고와 직결되기 때문이다(Blagescu and Lloyd, 2006). 파리선언 이후, 2008년 가나의 수도인 아크라에서 개최된 제3차 고위급포럼에서 선포된 '아크라행동계획(Accra Agenda for Action)'은 직접적으로 책무성을 아크라행동계획의 4대 의제에 포함하지는 않았지만 '성과배출(delivering results)'을 강조함으로써 책무성의 중요성에 간접적으로 힘을 실었다.[3] 2011년 서울에서 개최된 제4차 고위급포럼에서도 다시 한 번 상호책무성에 대한 중요성이 강조되었는데, 이는 [그림 2-1]에서 확인할 수 있듯이 '부산

성을 강조한다. 이를 측정하기 위하여 공여국 간의 공통의 합의와 절차 활용도, 그리고 공동의 사업분석 활용을 지표로 사용한다. 제4원칙은 '성과관리(managing for results)'로, 투명하고 모니터링 가능한 성과측정계획을 지닌 국가 수를 중심으로 성과계획을 측정하고 이를 책무성과 연결하여 강조한다. 마지막으로, '상호책무성(mutual accountability)'이 제5원칙으로 포함되어 있는데, 원조효과 지표이행 정도를 공동으로 측정하는 협력대상국의 수를 상호책무성의 지표로 삼고 2010년까지 100% 이행을 목표로 정하였다. 〈http://www.oecd.org/dac/effectiveness/34428351.pdf. 검색일: 2017년 2월 26일〉

3 아크라행동계획은 파리선언의 이행을 강화하고 그 성과에 대하여 심도 있게 논의하기 위하여 기획되었으며, 특히 파리선언에서 목표했던 의제의 진행과정을 검토하고 성공적인 성과를 축적·공유하는 중간점검의 정치적 기회를 제공하였다. 아크라행동계획은 다음과 같이 원조효과성에 관한 4가지 원칙을 재확인하였다. 첫째, 협력대상국인 개도국/최빈국은 원조조달을 위하여 자국의 시스템을 적극 활용하고 개발정책결정과 원조조율과정에 리더십을 발휘하고 적극적으로 참여하는 주인의식을 강화한다. 둘째, OECD DAC의 선진공여국, 협력대상국, 그리고 재단과 시민사회 등의 비정부단체 공여주체를 포함한 포용적인 파트너십을 도모한다. 셋째, 개발결과의 영향을 측정할 수 있도록 성과중심의 관리가 필요하다. 넷째, 미래의 개발을 개도국 스스로 주도하고 이행할 수 있도록 국가의 역량을 배양한다. 〈http://www.oecd.org/dac/effectiveness/34428351.pdf. 검색일: 2017년 2월 26일〉

[그림 2-1] 책무성 관련 원조효과성 고위급포럼 의제 설정 및 변화

파리선언 (Paris Declaration)		아크라행동계획 (Accra Agenda for Action)		부산결과문서 (Busan Outcome Document)
• 주인의식(ownership) • 원조일치(alignment) • 원조조화(harmonisation) • 성과를 위한 관리(managing for results) • 상호책무성(mutual accountability)	➡	• 주인의식(ownership) • 포용적 파트너십(inclusive partnerships) • 성과배출(delivering results) • 역량발전(capacity development)	➡	• 주인의식(ownership of develop-ment priorities by developing countries) • 성과중심(focus on results) • 포용적 개발파트너십(inclusive development partnerships) • 투명성과 상호책무성(transparency and accountability to each other)
제2차 원조효과성 고위급포럼(2005)		제3차 원조효과성 고위급포럼(2008)		제4차 원조효과성 고위급포럼(2011)

자료: 저자 정리.

결과문서(Busan Outcome Document)'에 4대 원칙 중 하나로 투명성과 함께 책무성을 명확히 포함시켜 '개발효과성(development effectiveness)'으로 새롭게 패러다임 전환을 시도한 한국 정부에게 부산결과문서가 파리선언과 지속적인 연계성을 띠고 있다는 측면을 강조하는 데 도움을 주었다(박은하, 2011).[4] 경제협력개발기구(OECD) 중심의 원조효과성 고위

4 2011년 부산에서 개최된 제4차 원조효과성 고위급포럼의 손익계산서 중 부산총회의 성공적인 공헌은 무엇보다도 개발협력의 패러다임 전환에서 찾을 수 있다. 부산총회 이전에는 개발원조의 최종산출물에 대한 평가가 원조가 효과적으로 전달되고 본래 계획대로 사용되었는가를 판가름하는 공여국 시각 중심의 원조효과성에 의존하였다. 반면, 부산총회에서 한국 정부는 야심차게 원조효과성에서 '개발효과성'으로의 패러다임 전환을 시도하였고, 이는 공여국 중심의 효과성 분석과 단순한 원조의 개념을 넘어서 협력대상국과 공여국이 동등하게 원조의 효과성 제고를 위하여 노력하는 포용적인 개념으로의 질적 전환을 의미했다. 이를 토대로 부산총회는 국제사회의 호응을 얻어 '효과적인 개발협력을 위한 글로벌 파트너십(Global Partnership for Effective Development Cooperation)'이라는 국제개발협력 플랫폼을 구축하는 성과를 올렸다(김태균, 2015).

급포럼 이외에도 무수한 유엔 내지 유엔관계기관의 중요 문서에서 책무성 기제는 포스트-2015 개발시대에 필수적으로 요구되는 모든 제도의 중핵적인 플랫폼이자 이행수단(means of implementation)으로 강조되고 있다(United Nations, 2013a; 2015). 개발협력을 위한 글로벌 거버넌스에서 책무성 기제는 이제 더 이상 선택사항이 아니라 필수적으로 개발파트너들이 준비하고 이행해야 하는 기본적인 제도이자 국제사회에서 공고하게 합의된 정치적 가치로 안착되었다고 평가할 수 있다.

그럼에도 불구하고 상호책무성 개념은 파리선언의 5대 원칙 가운데 가장 주목받지 못하고 현실 원조산업에서 구체적으로 활용되지 못했다는 국제사회의 비판적 인식 때문에 파리선언의 5대 원칙 중 상대적으로 중요하지 않은 원칙, 즉 일종의 개발행위자에 의해 버려진 '고아(orphan)'라는 오명을 갖고 있다(Egan, 2008; Kim and Lim, 2014). 2011년 부산에서 종료된 경제협력개발기구 개발원조위원회(OECD DAC) 중심의 원조효과성을 위한 고위급포럼 4차 회의도 책무성 확립과 적극적인 실천이라는 측면에서는 '반쪽의 성공'이라는 비판을 모면하기 어렵다(김태균, 2011).[5] 유엔의 경우, 책무성 기제를 유엔문서에 언급할 때

5 부산 세계개발원조총회에 관한 긍정적인 평가 이면에는 비판의 어두운 그늘이 항상 위협적으로 따라다닌다(김태균, 2011). 우선, 부산결과문서 4대 원칙의 내용을 보면 2005년 파리선언과 크게 차이가 없이 재차 강조에 방점을 두고 있다는 비판이 압도적이다. 파리선언의 재탕이기 때문에 '부산선언'으로 명명되지 못하고 선언보다 한 단계 낮은 '부산결과문서'로 결정되었다는 평가가 있다. 또한 부산총회의 공헌으로 선전되고 있는 중국을 비롯한 남남협력을 포용하는 성과가 사실상 원조규범을 위반하는 개도국의 남남협력 원조방식을 일정 정도 인정하는 대가로 이루어졌다는 정치적 비판에 노출되어 있다. 또한 부산총회가 이른바 '다중이해관계자(multi-stakeholder)'라는 행위주체에 대한 포용적인 접근법을 적극적으로 강조함에 비해, 다양한 이해관계자들을 어떻게 효과적으로 연계시킬 것인가, 특히 복합적인 관계성에서 발생하는 개발사업에 대한 상호책임의 소재를 분명히 할 수 있는 대응

마다 대부분 원칙적인 수준에서 개발과 발전을 위한 국제사회 노력의 중요한 제도적 토대로 책무성을 개념화하고 있다. 특히, 2000년 새천년개발목표(Millennium Development Goals: MDGs)에서 2015년 '지속가능 발전목표(Sustainable Development Goals: SDGs)'로 전환하는 과정에서 책무성은 다시 한 번 SDGs를 달성하는 데에 절대적으로 필요한 핵심적인 제도적 장치로 신화화되고 있다. 책무성 결핍은 모든 인류의 정치·경제·사회문제의 근원이 되고 인권 중심의 사회권(social rights)을 보장하고 빈곤퇴치를 성공적으로 추진하는 데 반드시 필요한 원천기술과 같이 인식되고 있다(Holland et al., 2009, Kim, 2013; United Nations, 2013b).[6] 그러나 높은 수준의 인지도에 비해 책무성에 대한 명확한 개념적 실체와 실제로 현실에 운용하는 데 필요한 원칙과 가이드라인에 대하여 보편적으로 통용되고 있는 구체적인 원칙이나 사례는 찾아보기 힘들다. 그만큼 책무성 개념을 실제 개발현장에 적합한 원칙으로 전환시키는 데 어려움이 있다는 것을 시사한다. 또한 책무성이 담고 있는 주요 내용 자체가 권력을 위임한 주체가 대리인에게 책임을 묻는 정치적 관계로 환원되기 쉽기 때문에, 책무성 요구가 주권국가들 사이에서

방안에 대한 후속논의가 없었다는 비판을 받고 있다(김태균, 2012a). ODA Watch와 같은 시민사회단체에서는 진정한 의미에서 포괄적인 개발파트너십을 CSO와 동등한 입장에서 정부가 추진해야 한다는 비판을 더했다. 〈http://www.odawatch.net/8936. 검색일: 2017년 11월 10일〉

6 서구 유럽에서 인권으로서 사회권의 개념은 시민권의 역사적 발전단계에서 찾아볼 수 있다(Marshall, 1964). 첫 단계는 18세기 유럽에서 나타난 법 앞에 만인이 평등하다는 시민으로서 권리(civil rights)에서 시작하여, 19세기에 들어와 국가에 정치적 권한을 투표로 행사하는 민주적 제도를 구축하였다는 정치적 권리(political rights)로, 마지막 단계에는 20세기 모든 시민이 사회적 참여를 통하여 개인의 삶을 영위할 수 있는 충분한 수단을 제공받게 되는 사회적 권리(social rights)로 귀결된다.

— 특히, 남남협력(South-South Cooperation)에 주로 의존하는 제3세계 국가들에서 — 급진적으로 정치화된 원조조건 내지 주권침해로까지 인식될 가능성이 크다(Herbert, 2012; Mulgan, 2003; Gruber, 2000; Kim and Lim, 2017).

개념적·경험적 단점에도 불구하고 책무성이 글로벌 개발협력 패러다임의 중요한 축으로 인정받기 시작한 이유는 글로벌 거버넌스에 참여하는 행위주체에 따라 각각 나름대로의 현실주의적 이해관계가 책무성을 둘러싸고 달리 형성되기 때문이다. 우선, 선진공여국의 입장에서 본 책무성 문제는 국내 납세자와 협력대상국이라는 두 개의 전선에서 발생하는 책무성에 동시에 대응해야 하는 공여국 정부의 이중고에서 비롯된다(Mavrotas and Villanger, 2006). 조세로 징수된 정부 예산의 일부를 해외원조로 사용하기 때문에 원조의 효과성에 대하여 알권리를 주장하는 국내 납세자에게 당연히 민주국가의 정부라면 투명하게 응답해야 할 책무가 있다. 마찬가지로 선진공여국은 개도국에게 제공된 원조가 협력대상국 정부에 의해 효과적으로 이행되고 빈곤에 시달리는 개도국 국민들에게 실제로 도움이 되었는가를 판단하기 위하여 협력대상국에게 개발책무성을 요구할 권한이 있다. 결국 선진공여국은 대국민 책무성 보장을 통하여 역으로 대외원조의 정당성을 확보할 수 있는 반면, 책무성을 전략적으로 이용하여 협력대상국에게 원조효과성에 대한 책임을 추궁·전가함으로써 대상국을 규제할 수 있거나 공여국 스스로 책무성을 정치적으로 회피할 수 있다는 점에서 책무성은 공여국에게 대단히 유용한 정책카드로 인식될 수 있다(Tilley, 2014; Hood, 2014; 김태균, 2013b).

한편, 협력대상국은 공여국 원조이행의 대리인으로서, 또한 자국 국민들의 복지를 책임지는 대리인으로서 국내외 안팎으로 개발원조의 책무를 동시에 진다. 따라서 공여주체가 책무성을 요구할 때, 그리고 국내 시민사회가 정부의 책무를 요구할 때, 개도국 정부는 정치적으로 민감할 수밖에 없고 민주주의가 국정관리 원리로 제도화되지 못한 정치시스템에서는 더욱 책무성에 대한 도전이 정치적인 위협으로 느껴질 가능성이 크다. 이런 이유로 대부분의 개도국 정부가 원조효과성보다는 책무성에 대한 논의에 불편함을 표시하는 것이 사실이다(Kim and Lim, 2014). 그럼에도 개도국은 역사적으로 공고해져 온 세계자본주의 체제가 식민주의 유산에서 작금의 신자유주의적 세계화까지 지속적으로 이른바 '중심부(core)'가 '주변부(periphery)'를 착취하는 왜곡된 종속관계를 양산하고 있다고 비판하고 이에 대한 책무를 중심부 공여국에게 요구할 수 있다(Cardoso and Enzo, 1979; Wallerstein, 2004). 이러한 현상은 최근 2015년 7월 에티오피아에서 개최된 제3차 유엔개발재원국제회의(UN International Conference on Financing for Development)에서 '아디스아바바행동계획(Addis Ababa Action Agenda)'을 도출하는 과정에서 나타난 개도국과 공여국 간의 책임소재를 둘러싼 논쟁과 갈등에서 여실히 확인할 수 있다.[7]

시민사회를 비롯한 비정부행위자의 경우는 국제개발을 위한 글로벌 거버넌스의 책무성을 적극적으로 주창하고 주요 공여주체들에게 책무성 문제를 끊임없이 환기시키는 감시자이자 도전자로서의 역할을 수행하고 있다(Clark, 1991). 시민사회 자체의 책무성 문제에 대한

7 2015년 아디스아바바 개발재원회의에서 표출된 개도국과 공여국 간의 갈등은 선진국 중심의 '공동의 책임(shared responsibility)'론과 개도국 중심의 '공동이지만 차별화된 책임(common but differentiated responsibility)'론으로 요약할 수 있다. 특히, 후자에 대한 논의는 아디스아바바에서 처음 제기된 주장이 아니라 1992년 제1차 리우(Rio)회의 때부터 환경에 대한 책임논쟁이 시작될 때 개도국 진영을 대표하는 기조로서 선진국에게 적극적으로 표출된 개도국의 집합행동이었다. 〈https://sustainabledevelopment.un.org/getWSDoc.php?id=4086. 검색일: 2017년 6월 6일〉

논쟁이 아직 숙제로 남아있기는 하지만, 다자개발은행 및 주요 공여주체 내부의 책무성 제도를 개혁하려는 정치적 의지의 부족으로 인하여 외부적 책무성 요구를 효과적으로 추진할 수 있는 유일한 외부주체가 CSO라 할 수 있으며, 공여주체들 또한 CSO와의 협조를 통해 외부적 책무성을 제고함으로써 내부적 책무성 문제를 해결하려는 경향이 강하다. 대칭적으로 다자개발은행을 포함한 국제원조기구도 책무성 문제를 해결하기 위하여 내부적 프로세스를 개혁하기보다는 외부적 책무성을 강화하기 위하여 CSOs와의 협력을 제도화하고 최소한의 책무성 개선을 위한 자구책을 강구한다.

이러한 글로벌 책무성의 주요 행위자 그룹인 공여주체(공여국과 국제기구 포함), 수원주체(협력대상국), 그리고 시민사회(제3섹터)가 글로벌 거버넌스의 민주성 제고를 위한 도전과 대응의 상호작용을 발현하는 정치적 공간이 점차 다층적으로 확대되고 있다. 대표적인 예로, 2015년 9월 제70차 유엔총회에서 통과된 SDGs는 개도국에게 한정되었던 MDGs와 달리 모든 유엔 회원국에게 공히 적용되어 매년 국내 이행과정과 성과를 유엔고위급정치포럼(UN High-Level Political Forum)에 보고해야 되는 제도적 환경을 조성하였는데, 이러한 정치적 공간을 각 개발주체 간에 의견 개진이 가능한 일종의 개발책무성에 관한 공론장(public sphere)으로 간주할 수 있다(김태균·김보경·심예리, 2016; Habermas, 1989).[8] 또한 SDGs의 국내이행에서 2016년 3월 유엔통계위원회가 발

8 공론장(또는 공공영역)이란 사회구성원 간의 합리적 토론을 통해서 구성원들의 보편적 이익에 관한 사회적 합의를 도출하는 담론적 공간을 의미한다. 공론장 개념은 하버마스(Habermas, 1989)에 의해 구체화된 것으로서 하버마스의 의사소통이론 및 인간의 이성에 대한 신뢰를 바탕으로 한 사회의 합리적 기획과 밀접한 관련을 갖으며 공론에 근접하는 합의에 도달할 수 있는 사회적 삶의 영역을 포괄한다. 공론장은 이성에 입각한 토론을 통해 사회 전

표한 글로벌지표에 따라 지역별·국별 지표를 각 국가가 새롭게 구축해야 하고 이에 따라 SDGs의 각 목표 이행에 대한 좀 더 정확한 성과를 측정하여 유엔에 보고하게 함으로써, 글로벌 수준에서 국별 수준까지 일련의 일관된 규칙을 제도화하고 있다. 따라서 글로벌 수준의 유엔고위급정치포럼에서 갈등 정치가 가능한 정치적 공간이 조성되는 것과 유사하게 국별 수준에서도 정부와 시민사회 간에 상호 정치기회구조를 적극 활용하려는 치열한 세력경쟁이 예상된다. 이러한 개발협력의 전 과정에서 이행주체들 간에 민주성을 확보할 수 있는 유일한 기제가 바로 책무성이라 볼 수 있기 때문에 다양한 경합정치의 시공간이 형성되더라도 공통적으로 책무성에 대한 도전과 전략적 대응이 항상 상수로 동반되기 마련이다(김태균·김보경, 2015).

1) 책무성의 정의와 구성요소

행위주체의 현실적 이해관계와 이에 관련된 정치적 공간의 형성이 책무성의 이용가치와 다양하게 연결될 수 있으나, 공통의 가치척도로서 책무성의 정의는 다음과 같이 광의의 맥락에서 개념화될 수 있다.

> "책무성은 일반적으로 투표권자가 특정 정당의 활동에 관하여 투명한 정보에 접근할 수 있고, 정당의 활동을 근거로 제재 또는 보상을 주는

체에 보편적으로 통용되는 규범과 가치에 대한 합의를 창출하며 국가 권력에 대한 합리적 정당화를 제공하는 공간이다. 이러한 공론장의 형성을 통해서 사회구성원 개개인은 중세의 절대적 국가권력 앞에 무기력한 피동적 객체로서의 지위를 극복하고, 근대 시민사회의 적극적 구성주체이자 스스로 국가권력의 정당성 여부를 결정지을 수 있는 주체로서의 지위를 획득하게 된다.

정당한 행위"(Stokes, 2005: 316).

"대리인의 행위에 대한 정확한 정보를 제공하고 특정 기준과 규칙 및 사회적 기대에 맞게 행위를 평가함으로써, 대리인이 자신의 행위에 대한 책임을 인정하게 만드는 과정"(Steets, 2010: 15).

"소수의 정책입안자가 특정 정책을 결정하고 실행할 때 그 정책으로 인해 영향을 받게 될 사회구성원에게 그 정책의 실행이 왜 정당한가 그리고 실행이 제대로 이행되었는가에 대해 책임을 져야 할 의무가 있다는 것을 의미하며, 이는 곧 정책결정자가 누리는 통치의 자율성이 위임자에 대한 책무성으로 인하여 언제든지 제한되고 통제될 수 있다는 가능성을 열어놓게 된다."(김태균, 2013b: 262).

이러한 책무성의 정의가 현실정치에서 실현되기 위해서는 공통적으로 책무성 보장을 공공재로 인식하는 사회적 합의가 수반되고 책무성이 사회적 공공재로서 보편화되기 위해서 선거와 같은 정치적 평가 기제를 통하여 정부에게 위임된 권한을 통제하는 민주적 제도가 선행되어야 한다(Behn, 2001; Collier, 2009; 2010). 개발협력과 관련된 모든 행위주체가 책무성 문제에서 자유로울 수 없으며, 행위주체는 개발사업 이행과정에서 권한을 다른 행위자에게 위임하기도 하고 대리인의 자격을 위임받기도 한다. 민주주의 사회에서는 민주적 절차에 의해 권한이 위임된 대리인이 그 사회가 공유하는 표준적인 가치와 행위기준을 준수하고 이 기준에 맞춰 위임된 책무를 수행할 수 있도록 위임자가 제어할 수 있어야 한다. 대리인의 경우 특정 표준행위기준에 자신의 성과를 맞추기 위한 노력을 취하게 되고 이러한 노력을 위임자에게 설명하기 위하여 지속적으로 성과와 관련된 정보를 제공한다. 이러한 정보를 위임자가 평가하여 최종적으로 대리인이 위임된 책무를 수행하지 못할 경우 위임자가 대리인에게 합당한 제재 및 처벌을 부과하게 된다(Keohane, 2003; Fearon, 1999; Schedler, 1999). [그림 2-2]에서 확인할 수 있듯이, 이러한 일련의 책무성 과정이 유기적으로 연계되어 성공적으로 제도화될 때, 사회구성원들이 정부의 권위를 인정하게 되고 정부의 공공정책에 협조하게 되며, 이로써 정부는 사회구성원으로부터 진정한 대표성을 갖게 되는 이른바 합법적인 '정통성'을 보유하게 된다(Scharpf, 2003; Weber, 1978).[9]

대리인의 성과를 평가하고 적절치 않은 경우에 법적·재정적 제재를 가할 수 있다는 제도적 장치는 그 자체만으로도 대리인에게는 대단히 부담스러운 존재로 작동한다([그림 2-2] 참조). 권한위임자가 제재수단을 보유하고 제도적으로 제재를 가한 역사적 기록이 축적될 경우, 위임자가 대리인의 행위를 규제하는 데 기준이 되는 산출적 성과와 함께 적절한 투입 및 추진과정에 걸친 전 과정에 관하여 정통성을 구축할 수 있게 되지만 민주주의 사회에서 흔히 활용되는 책무성 기제의 적절한 패턴은 대부분 투입과 관련된 책무성을 일컫게 된다(Scharpf, 1999; Risse, 2006).

투입은 일반적으로 대리인의 행위로 발현된다. 이러한 행위로 가시화된 성과(산출)를 권한위임자인 대중에게 공개하고 이에 관한 정보를 공유하는 과정이 대리인에게 부여된 책무이다. 이러한 책무가 사회적 기대와 행동기준에 부합하지 못할 경우에는 민주적 절차에 따라 제

9 베버(Weber, 1978: 212-216)는 일찍이 국가가 '합법적인 통치(legitimate rule)' 또는 '정통성(legitimacy)'을 얻게 되는 방식을 크게 세 가지로 구분하였는데, 전통적(traditional) 정통성, 카리스마적(charismatic) 정통성, 그리고 합법적(legal-rational) 정통성으로 구성된다.

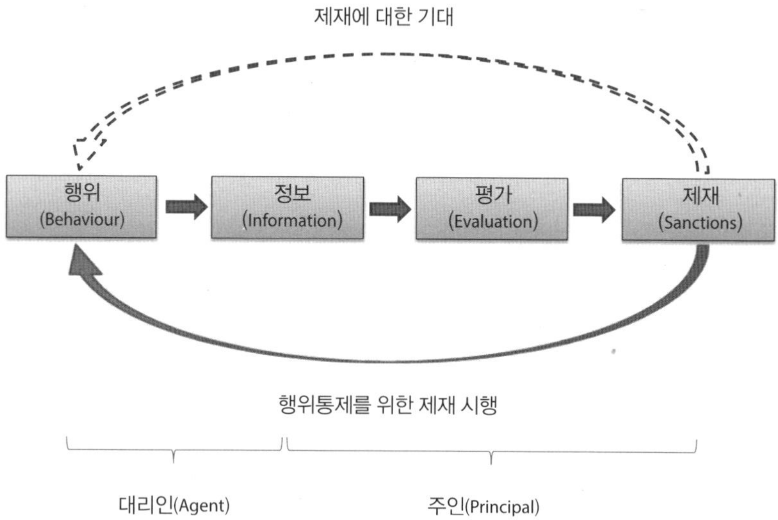

[그림 2-2] 책무성과 제재효과

자료: Steets (2010: 16).

재를 물리적으로 직접 가하거나 제재를 가할 수 있는 가능성이 있다는 간접적인 제재효과로써 대리인의 행위를 평가하게 된다. 따라서 책무성이 하나의 온전한 제도로 정착하기 위해서는 제재라는 요소가 직간접적으로 권한위임자와 대리인의 정상적인 관계를 유지 및 관리할 수 있는 필수적인 장치가 되어야 한다.

그러나 앞서 설명한 책무성의 정의는 국가 수준에서 그 사회의 민주적 제도가 일정 정도 성숙한 단계라는 이상적인 가정하에 만들어진 개념적 원형이기 때문에, 글로벌 수준의 국제개발 영역에 책무성이 적용될 때 발생하는 제반 조건은 어느 정도 달리 해석되어야 한다. 따라서 개발협력을 위한 책무성의 개념을 정의하기 위해서는 최소한 다음과 같이 네 가지 구성요소를 공통적으로 포함할 것을 강조한다. 네 요소는 책임성·응답성·강제집행성·민주참여성으로 구성되는데, 특히 앞의 세 구성요소는 일반적으로 국별 수준 및 글로벌 수준의 책무성을 분석하는 기존 연구에서 흔히 공통적으로 발견할 수 있는 내용을 정리한 것인 데 반해 마지막 요소인 민주적 참여성은 본 연구에서 새롭게 추가하고자 기획한 책무성의 구성요건이다(Kim and Lim, 2014; 김태균, 2013b; United Nations, 2013b; Weisband and Ebrahim, 2007; Goetz and Jenkins, 2005; Held and Koenig-Archibugi, 2005; Ackermann, 2005; Mulgan, 2003; Keohane, 2003; Newell and Bellour, 2002; Schedler, 1999). 다시 말해, 민주참여성은 책무성을 정치적 기회공간으로 재인식하고 권리중심적(rights-based) 접근법과의 절충을 시도하기 위하여 기존 세 요소의 성숙도를 측정하는 매개변수(parameter) 역할로서 책무성을 개념적으로 완성하는 데 필요한 구성요소라 할 수 있다.

(1) 책임성(responsibility)

사실상 책무성과 책임성의 엄밀한 차이를 인식하기에는 두 개념을 명확하게 구별하기 어렵다. 그럼에도 책무성은 책임성보다 좀 더 공적인 관계성이 강하다 할 수 있으며 책임성보다 적용범주가 포괄적이고 책임의 무게가 위중하다. 개발학에서 책무성을 정의하는 데 필요한 책임성은 주로 개발에 관한 책임소재를 적절히 그리고 명확하게 분배하는 과정에 초점이 맞춰진다. 책임소재를 명확하게 결정하기 위해서는 행위자가 파트너로서 개발사업을 이행하기 위해 맡은 바 책임에 최선을 다하는 것과 이러한 행위의 과정과 성과에 관한 정보를 공개적으로 공유하도록 의무화하는 것을 제도화하는 과정이 수반되어야 한다.[10] 따라

10 책임소재의 배분과 책임수행의 의무화에 대한 이론적 배경을 마샬(Marshall, 1964)이 이론화한 시민권의 사회권(social rights)에서 찾고 이를 토대로 인권중심적 사고를 주류화하려는 시도가 유엔 내부에서 부각되고 있다(United

서, 책임소재의 명확화와 함께 개발파트너의 수행기준을 제공함으로써 차후 개발행위자의 산출물을 평가하는 기준을 준비하는 과정과 연계된다(United Nations, 2013b). 그러나 책임소재 배분과 평가기준 준비라는 책임성의 특징은 책무성 전체에서 볼 때 초기 단계의 성격이 강하며, 책무성 실현을 위한 가장 근본적이며 기초적인 단계로서 다음 단계인 응답성과 강제집행성을 집행하기 위한 사전 과정이라고 해석할 수 있다.

개발정책 내지 실제 개발프로젝트에서 높은 수준의 책무성을 보장할 수 있기 위해서는 공히 개발파트너십에 참여하는 모든 파트너 행위자 간에 정확한 역할이 합리적으로 배분되어야 하고, 더 나아가 이러한 역할분담이 법적으로 인정받을 수 있을 정도의 공식적인 절차와 이를 증명하는 문서가 필요하다. 일반적으로 '양해각서(memorandum of understanding)'가 대표적인 공식문서이며, 양해각서를 통해 개발프로젝트 파트너들의 책임소재가 어느 정도 공식화되고 이를 바탕으로 사업을 추진하기 때문에 양해각서는 최종적으로 사업을 평가하는 데 공식적인 기준으로서 역할을 수행하게 된다. 또한, 다자개발은행의 경우 '세이프가드(safeguards)'라는 보호 장치를 통해 다자개발은행이 사업 수행 시 반드시 지켜야 할 원칙들을 최후의 보루로 공유하고 있다(김태균, 2012b). 세계은행을 비롯하여 다양한 종류의 다자개발은행들은 대단히 유사하거나 거의 동일한 세이프가드를 공유하고 있는데, 공유된 세이프가드 원칙은 주로 환경, 인권, 사회문화 부문으로 세분화된다. 특히, 다자개발은행의 개발프로젝트로 인하여 환경이 파괴되거나 현지 주민의 인권이 침해되는 경우, 그리고 협력대상국의 고유문화가 파괴되는 경우를 방지하기 위한 최소한의 보호 장치로 세이프가드가 작동하는

Nations, 2013b: 11).

것이다.[11] 다자개발은행은 협력대상국의 국내 시스템을 다자개발은행

11 세계은행은 이른바 '환경사회세이프가드(Environmental and Social Safeguards)'라는 프레임 아래 제도화된 10대 세이프가드 정책을 세계은행 개발 프로젝트에 적용하여 왔으며, 10대 세이프가드에 환경·인권·지역문화의 요소가 모두 반영되어 있다(Jha et al., 2010). 아래와 같은 10대 보호 장치는 세계은행뿐만 아니라 아시아개발은행과 다른 형태의 다자개발은행이 공유하고 있는 세이프가드의 공통 토대가 되고 있다. 다자개발은행의 사업이 10대 세이프가드 중에 위반되는 사항으로 현지 주민에게 부정적인 영향을 미칠 경우 주민 내지 CSO의 제소를 토대로 해당 사업에 대한 감사가 진행될 수 있다.

- 환경평가(Environmental Assessment): 세계은행이 이행하는 프로젝트의 환경적·사회적 건전성과 지속가능성을 보장할 수 있도록 지원하고, 정책결정과정에서 환경적·사회적 측면을 통합적으로 고려할 수 있도록 지원.
- 자연서식거주지(Natural Habitats): 자연서식거주지와 자연서식의 기능에 대한 보호·보전·관리·재생을 지원함으로써 환경 분야에서 지속가능발전을 촉진.
- 병충해관리(Pest Management): 살충제 사용과 관련되어 환경과 건강에 위험을 주는 요소를 최소화할 수 있도록 관리하며, 안전하고 효과적이며 환경적으로 건전한 병충해관리를 지원·촉진.
- 물리적 문화자원(Physical Cultural Resources): 물리적 문화자원은 고고학적·고생물학적·역사적·건축학적·종교적(묘지 및 매장터 포함)·미학적·문화적 중요성을 가진 자원을 의미하며, 물리적 문화자원 보존과 문화자원 파괴 및 침해의 방지를 지원.
- 재정주 강요(Involuntary Resettlement): 재정주를 강요하는 행위를 방지하거나 최소화하며, 강압적인 재정주를 방지하는 것이 불가능한 지역에서는 재정주 이전 수준에 준하는 실질단위 생계와 생활수준을 향상시키거나 최소한 복원할 수 있도록 강제추방자를 지원.
- 토착민(Indigenous Peoples) 인권: 토착민의 존엄·인권·문화적 특수성을 존중하는 차원에서 개발프로젝트를 기획하고 이행하며, 토착민은 (1) 문화적으로 양립가능한 사회경제적 혜택을 받아야 하고, (2) 개발프로세스 중에 부작용으로 고통 받지 않도록 보호.
- 삼림(Forests) 보호: 지속가능한 방식으로 빈곤을 감소할 수 있는 삼림의 잠재성을 인식하고, 삼림을 지속가능한 경제발전에 효과적으로 통합시키며, 지역수준과 글로벌 수준에서 삼림의 중요한 환경적 서비스와 가치를 보호.

의 세이프가드 정책을 추진하는 데 활용할 수 있는가를 타진하고 이와 관련된 정보에 접근하는 것을 공식화하며 더 나아가 세이프가드 원칙을 지키지 못하거나 부실한 성과를 올리는 사업은 세계은행의 조사패널과 같은 다자개발은행의 감사기능을 수행하는 책무성 제도에 회부될 수 있다(Park, 2014).

책임성을 실제로 책무성 제도의 구성요소로 제도화하기 위해서는 양해각서 및 세이프가드와 같은 공식적인 절차와 문서가 필요한 동시에, 책임성에 공식적인 요소를 배양하기 위해서는 다양한 비공식 채널의 동원이 또한 필요하다(Kim and Lim, 2014). 비공식 채널의 대표 사례로 '실사절차프로그램(due diligence programme)'이 주로 소개된다. 실사절차프로그램의 사전적 의미는 어떠한 개발프로젝트 기획에서 의사결정 이전에 적절한 주의와 철저한 조사와 계획을 통해 프로젝트가 결정되어야 한다는 공식적 절차 이외의 책임을 일컫는다. 공여주체가 사업이행을 결정하는 데 따르는 위험 또는 문제점을 양해각서에 서명하기 전에 파악하는 절차이기 때문에 실사절차프로그램을 소정의 절차에 따른 조사행위라고 해석할 수 있으며, 공식 절차와 문서가 성립할 수 있도록 가교역할을 한다는 측면에서 책임성의 비공식 채널로 분류할 수 있다. 또 다른 비공식 채널은 주로 정책대화(policy dialogue)와 신뢰

- 댐 안전(Safety of Dams): 새로운 댐의 기획과 시공에서 안전과 양질을 보장하고, 기존의 댐 복원을 지원.
- 국제수로에서의 사업(Projects on International Waters): 국제수로에서 수행되는 프로젝트에 관한 국제문제를 최대한 빠른 기회를 포착하여 해결하고 수로지역의 거주민에게 개발프로젝트의 자세한 내용을 공지.
- 분쟁지역에서의 프로젝트(Projects in Disputed Areas): 분쟁지역 이해당사자의 개발프로젝트에 대한 반대를 방지하거나, 이해당사자가 반대 또는 부분승인을 하는 경우에도 특수한 상황 때문에 세계은행의 프로젝트 지원이 타당하다는 것을 보장.

구축(trust building)에서 이루어진다. 개발협력을 구체적인 사업으로 이행하기 위하여 공여주체와 협력대상국 및 여타 개발주체들이 정기적인 정책대화를 통하여 상호간의 신뢰를 구축하는 것이 책임을 배분하고 서로 사업수행 정보 및 의견을 교환하고 공유하는 데 큰 도움이 된다. 정책대화와 신뢰구축이 확장되면 최종적으로 양해각서 체결로 이어질 가능성이 높기 때문에 책임성을 공식적인 제도로 안착하는 데 비공식적인 채널의 역할이 대단히 중요하다고 평가할 수 있다.

(2) 응답성(answerability)

일반적으로 개발학에서 투명성과 책무성을 동일시하거나 투명성과 책무성이 상호보완적이라고 인식하는 것이 실제 주류적 현상임을 부인할 수 없는 동시에 이는 논리적인 결함을 가지고 있다는 사실 또한 부인하기 어렵다.[12] 원칙적으로 투명성은 책무성을 완성하기 위한 책무성의 일부분으로 해석하는 것이 바람직하며, 이는 투명성을 응답성의 부분집합으로 재분류하고 응답성을 책무성의 4대 요소 중 하나로 재인식함으로써 가능하다(Fox, 2007b). 응답성은 개발프로젝트를 이행하는 주체들이 사업의 필요성과 정책결정, 그리고 성과 기대치를 국내사회구성원뿐만 아니라 협력대상국 및 국제기구를 상대로 합리화하고 정당화하기 위하여 제공하는 각종 정보·데이터·평가방식을 총망라한 집합체라 할 수 있다. 이는 공여국 정부와 국제공여기구가 납세자인 자국 시민 및 회원국과 더불어 개발정책에 의해 영향을 직접적으로

12 책무성과 투명성을 동일시하는 국제개발의 관행은 다양한 국제적인 선언과 국제기구의 문서에서 확인할 수 있다. 대표적으로 2005년 파리선언과 2011년 부산결과문서에서 책무성과 투명성을 같이 나열함으로써 책무성이 투명성을 포괄하는 개념이 아니라 두 개념 모두 상호보완적이라는 인식이 강했다고 해석할 수 있다.

받을 협력대상국 시민과 정부에게 공여주체의 행위와 사업을 모니터링할 수 있는 공간을 열어 주고, 이를 위한 정보의 수집·확인·공유를 보장하며, 공여주체에게 이러한 응답의 책무가 있다는 것을 의미한다(United Nations, 2013b). 요약하자면, 개발프로젝트의 특정 이해관계자가 사업이행과정과 결과에 대한 정보 공개를 요청하거나 사업성과에 대한 공동평가를 요구할 경우 공여주체와 개발파트너들은 언제든지 이에 적극적으로 응답할 의무가 있다는 의미이다.

책무성의 구성요소로서 응답성의 실제 사례는 정보의 수집부터 평가에 이르기까지 폭넓게 분포되어 있는데, 모든 사례들에서 발견되는 공통된 특징은 개발프로젝트의 투명성을 보장하기 위한 개발주체의 노력과 내부와 외부의 투명성 요구에 항상 응답할 수 있도록 준비하고 있는 개발주체의 자세로 요약된다. 이러한 공통점을 토대로 실제 현장에서 응답성에 해당하는 구체적인 사례를 크게 정보수집 및 공유, 모니터링과 평가(M&E), 그리고 글로벌 규범으로서의 원조투명성으로 구분하여 단계화할 수 있다.

첫째, 정보수집 및 공유 단계에서는 흔히 데이터베이스 공유를 통해 각 원조기관별로 수집한 정보와 데이터를 상호 공유하고 더 나아가 일반 대중에게 공개하는 투명성을 확산시킨다. 특히, 유엔이 2015년 SDGs를 준비하면서 정보와 데이터 문제를 접근하는 기본적인 프레임으로 '지속가능발전을 위한 데이터혁명(data revolution for sustainable development)'을 강조함에 따라 기존의 데이터공유 수준에서 한 단계 진보한 데이터혁명(data revolution)으로 응답성의 책무는 더욱 확장·강화되었다.[13] 빅데이터와 데이터 관리를 위한 새로운 기법의 도입은 개발

13 데이터혁명이라는 신조어는 2012년 반기문 유엔사무총장이 조직한 26명의 개발전문가로 구성한 '포스트-2015 개발의제를 위한 고위급패널(High-

협력을 지속가능하고 응답성을 제고하는 근거기반(evidence-based)의 실천 및 평가가 배태된 책무성 보장을 가능하게 만든다. 데이터혁명과 더불어 개발원조에 특화된 데이터베이스를 구축하고 전문적으로 '개발원조데이터베이스(development assistance database)'를 체계화하여 공적개발원조의 투명성과 책무성을 제고하려는 응답성의 노력도 주목할 만하다.[14]

두 번째 단계는 공유된 정보와 보고된 성과를 바탕으로 모니터링과 평가를 시행함으로써 개발원조의 투명성을 제고하고 동시에 일반 대중이 개발원조 결과를 객관적으로 이해할 수 있도록 응답성의 책무를 수행하는 과정이다. 국제개발에서 평가는 응답성의 핵심적인 요소로 작동함과 동시에 평가의 결과중심성으로 인하여 평가에서 도출

Level Panel on the Post-2015 Development Agenda)'에서 처음으로 언급되었으며, 그 이후 SDGs를 합의하는 과정에서도 지속적으로 새로운 개발목표에 부합하는 진일보한 방식의 통계방식과 데이터 관리에 대한 필요성에 동의하였다. 각론에서는 차이가 발생하겠지만, 적어도 거시적인 맥락에서는 데이터혁명이 포스트-2015 개발시대를 맞이하여 복합적인 개발의제에 적극적으로 대응, 데이터 관리능력의 차이 때문에 발생하는 개도국과 선진국 차이의 폭 축소, 데이터 제공 및 사용방식의 혁신, 스몰데이터(small data)와 빅데이터 분석에 관한 역량 제고, 데이터수집체계의 근대화, SDGs의 새로운 목표와 지표 개발, 그리고 투명성과 책무성을 촉진하기 위한 데이터의 자유화라는 목표를 성취하기 위한 새로운 방법론이라는 의견에 대부분의 국가들이 동의하였다. 〈http://www.undatarevolution.org/data-revolution. 검색일: 2017년 10월 21일〉

14 개발원조데이터베이스는 본래 Synergy International Systems라는 정보통신기술회사가 개발한 '원조정보관리시스템(Aid Information Management System)'으로, 개발원조 및 공적개발원조를 체계적으로 추적하고 관리하여 원조의 투명성을 제고하는 목적을 표방한다. 이러한 개발원조데이터베이스는 이미 전 세계적으로 35개국 이상이 채택하고 있으며, 유엔개발계획과 긴밀한 협조 관계를 유지하고 있다. 〈http://www.synisys.com/products/development-assistance-database. 검색일: 2017년 11월 1일〉

된 결과를 바탕으로 제재조치를 취할 수 있기 때문에 강제집행성의 근거로도 그 역할을 수행한다(Kusek and Rist, 2004). 평가의 방식은 그 수준에 따라 (1) 미시적인 사업평가와 거시적인 메타평가, (2) 평가시기와 영향력에 따라 즉각적인 산출(output)평가, 단기적인 성과(outcome)평가, 중장기적인 임팩트(impact)평가, (3) 평가주체에 따라 공여주체와 수원주체가 동시에 서로를 평가하는 상호평가(mutual assessment)와 사업의 성과를 공여주체들이 공동으로 또는 공여주체와 수원주체가 같이 평가하는 공동평가(joint evaluation) 방식으로 구분할 수 있다(Imas and Rist, 2009).[15] 또한, 다양한 평가방식 이외에 선진공여국 간의 응답성을 높이기 위하여 OECD DAC를 중심으로 상호간 4-5년 단위로 이루어지는 '동료검토(peer review)'와 여기서 발생하는 공여국 간의 '동류집단 압력'이 주요한 응답성의 원천이 된다. OECD 동료검토는 DAC 회원국일 경우에 한하여 공적개발원조의 질적 개선과 국제개발 규범의 실천성을 같은 DAC 회원국이 검토하여 검토대상 회원국에게 권고하는

15 실제로 어떤 방식의 평가라도 사업을 시행한 주체가 그 사업결과에 대하여 자체평가를 하는 것은 자의적이고 객관적이지 못한 평가 결과가 나올 가능성이 농후하기 때문에 개발평가는 기본적으로 독립된 평가기관에서 독자적으로 운영되는 평가전문가들이 수행할 수 있도록 제도화되어야 한다. 그럼에도 불구하고 평가기관의 가장 모범적인 사례로 거론되었던 스웨덴의 독립평가기관인 '스웨덴개발평가원(Swedish Agency for Development Evaluation)'이 2006년에 창립, 2012년에 폐지됨으로써 평가기관의 독립성 보장이 얼마나 어려운 사안인가를 짐작할 수 있다. 2012년 12월 스웨덴개발평가원이 폐지되기 전의 스웨덴 개발평가 체계가 (1) 스웨덴국제개발원(Swedish International Development Agency)이 자체적으로 지원한 개발사업을 스스로 평가하는 방식과 (2) 스웨덴개발평가원이 독립된 평가기구로서 스웨덴 정부가 시행한 모든 개발사업을 평가할 수 있는 방식으로 구성되어 있었는 데 반해, 현재는 스웨덴국제개발원의 평가기능만이 주요 스웨덴 개발협력 평가정책으로 추진되고 있는 상황이다. 〈http://openaid.se/sadev-evaluations. 검색일: 2017년 8월 2일〉

과정이기 때문에 법적으로 구속력이 발생하는 것은 아니나, 국가의 명예와 국제적 신뢰에 관한 문제와 직결되기 때문에 회원국의 '자발적인 이행'이 뒤따를 가능성이 높다.

응답성의 마지막 단계는 응답의 책무가 글로벌 규범으로 확장되는 과정을 의미하며, 글로벌 수준으로 전환된 응답의 책무는 각 행위 주체의 개발원조 행위에 일정 정도 일반화된 제도적 기준과 조건을 제공하며 이렇게 표준화된 프레임을 충족시키는 개발협력 행위모델을 보편화하여 장려하는 효과를 창출한다(Barnett and Finnemore, 2004). 가장 대표적인 응답성의 글로벌화 사례는 최근 2012년 부산 세계개발원조총회의 주요 후속과제의 하나로 합의된 '국제원조투명성이니셔티브(International Aid Transparency Initiative: IATI)'에서 찾을 수 있으며, IATI 가입은 가입에 합의한 국가의 정부가 모든 개발원조에 관한 데이터와 정보를 자국민뿐만 아니라 협력대상국 등에게 공개한다는 원칙에 동의하는 것을 의미한다. 현재 영국의 NPO인 Publish What You Fund가 2013년 이후 매년 IATI에 가입된 국가들의 원조기관을 대상으로 원조투명성 정도를 비교·평가하여 순위를 발표함으로써 투명성과 정보공개라는 목표를 글로벌 수준에서 주요 선진공여국에게 관철시키기 위한 압력을 제공하고 원조투명성을 하나의 글로벌 규범으로 제도화하는 효과를 만들어 내고 있다.[16] 그럼에도 불구하고 이 또한 자발적인

16 대한민국 정부도 공적개발원조 선진화 방안 차원에서 2014년 한국국제협력단(Korea International Cooperation Agency: KOICA)과 수출입은행 경제개발협력기금(Economic Development Cooperation Fund: EDCF)이 IATI 옵저버로 공동가입하고 2015년 하반기 IATI에 정식 회원국으로 가입을 의결하였다. 그러나 Publish What You Fund가 발표하는 원조투명성지수(Aid Transparency Index)에 따르면 2016년 기준 총 46개 기관 중 KOICA는 41위로 2013년 이후 계속 'poor' 단계에 속하는 오명을 남겼으며 EDCF는 아예 집계에 포함되지 않았다. 〈http://ati.publishwhatyoufund.org. 검색일: 2017

이행이라는 한계성을 갖고 있기 때문에 가입국 정부에 따라 이행속도와 강도에 차이가 발생하며 특히 유상원조기관으로부터 정보공개에 대한 반발을 사고 있어서 응답성의 책무를 강제집행하지 못하고 국가의 주권에 의해 글로벌 규범이 상쇄되는 경향을 보여준다.

정보공유·M&E·글로벌 규범을 포함하는 복합적인 의미의 응답성은 원조투명성을 토대로 공여주체에게 다양한 채널을 통해 응답의 책무 이행을 강조하고 협력대상국에게는 원조산업에서 발생하는 폐해를 최소화하기 위한 안전장치를 제공한다는 측면에서 대단히 중요한 책무성의 핵심 요소라 할 수 있다. 응답성을 원조산업에 실제적인 제도로 정착시키는 작업을 공여주체가 자발적으로 추진했다기보다는 개발CSO 및 세계시민사회의 끊임없는 투명성 요구와 제도개혁을 위한 도전에 대한 반대급부로서 공여주체가 타협한 결과물로 보는 것이 더 합당하다. 이러한 응답성의 책무는 정보와 평가를 다루는 투명성의 의제인 동시에 이와 관련된 다양한 기술적인 평가기준과 표준화 과정이 앞서 언급한 이른바 '통약성'이라는 통제와 규제 장치로 환원된다. 이는 평가방식의 통일화, 개발사업 결과보고의 상설화 및 획일화로 표현되며 이렇게 통일된 정보와 평가의 프레임 안에서 통용되는 기술과 용어, 그리고 통계치를 공유하고 사용하지 않으면 동질한 집단의 구성원으로 인정받지 못하고 결국 통제의 대상으로 주변화되는 푸코(Foucault)의 글로벌 통치성 맥락과 밀접한 관계에 있다(Carlsson et al., 1994; 김태균, 2016b).

년 7월 31일〉

(3) 강제집행성(enforceability)

책무성의 구성요소 중 강제집행성은 책무성 이행에서 가장 핵심적인 근간이 되는 필수조건임에도 불구하고, 현실적으로 제도화하기 가장 어려운 요소이기도 하다(Grant and Keohane, 2005; Nye, 2001; Tetlock, 1992). 국내 정치에서는 — 민주주의 사회라는 가정하에 — 대리인이 권한위임자의 기대치를 만족시키지 못하거나 대리인의 정책과 노력에 대한 부정적인 평가가 수렴될 경우 기존의 제도적 장치와 프로세스를 통해 대리인에게 제재를 부과하는 것이 가능하다. 민주주의 사회에서 제재가 적법한 절차에 의해 강제적으로 집행될 수 있는 이유는 권한위임자와 대리인의 구분이 명확하고 대리인의 책무성을 규정하는 기준이 제도적으로 정착되어 있으며 기준에 부합하지 않는 경우에 법적 책임을 부과하는 독립된 사법기관과 제도적 장치가 구비되어 있기 때문이다(United Nations, 2013b). 그러나 이러한 강제집행성이 글로벌 수준으로 상향조정될 경우 그리고 국제개발이라는 복잡한 주인-대리인 관계가 상정될 경우, 공인된 행위기준을 표준화하기 어려우며 기준에 부합하지 않아도 국가 주권의 문제로 인해 국제적으로 통용되는 제재수단을 구축하기가 어렵다는 문제가 발생한다. 따라서 국제개발 영역에서의 강제집행은 다분히 자의적으로 해석하기 쉬우며 공여주체의 국제적 지위와 권력에 따라 강제집행의 수위가 조절되거나 자국의 이해관계에 따라 차등적으로 해석되고 집행될 가능성이 높다.

강제집행성 측면에서 볼 때, 현재 국제개발과 관련된 국제기구 및 개별 공여국이 완전한 의미에서의 책무성 기제를 도입하고 실행하는 사례는 전무하다고 해도 무방하다. 다만, 앞서 책임성에서 설명된 다자개발은행의 세이프가드 정책과 이와 연관된 책무성 기제가 현재로서는 강제집행과 가장 유사한 경향을 보이는 사례로 분류할 수 있다. 세계은행의 조사패널과 아시아개발은행의 규정준수검토패널의 경우 세이프가드를 정하고 이에 준하지 않는 개발프로젝트에 대한 심사의뢰에 따라 감사를 수행하고 감사결과에 따라 자체적으로 제재사항을 조치하는 패턴의 간접적인 강제집행성을 담보하고 있다. 물론 이러한 다자개발은행의 책무성 기제가 제3의 독립된 사법기관의 기능을 수행하지 못하고 내부적 책무성을 대체할 수 있는 자구책으로 외부적 책무성을 제도화하는 일종의 불완전한 방식의 내부 자정기능이라는 비판적인 해석이 가능하다(김태균, 2013b; Woods, 2001). 그럼에도 불구하고 다자개발은행의 책무성 기제는 책무성을 둘러싼 글로벌 거버넌스 시스템에서 강제집행성과 가장 근접한 성격을 띠고 있는 제도이다. 또한 이 기제는 외부의 CSO 및 비정부주체들이 다자개발은행의 개발사업을 비판적으로 검토하고 직접 소통하여 시민사회의 목소리를 관철시킬 수 있는 중요한 대화채널이라는 점도 상기하여야 한다(Clark, 2002; Bissell, 1997).

(4) 민주적 참여성(democratic participation)

앞서 기술한 책임성·응답성·강제집행성 3요소의 강도와 깊이를 결정하는 또 하나의 변수가 공여주체 이외에 다른 비정부행위자가 어느 정도까지 민주적으로 정책결정과정과 개발이행과정, 그리고 평가와 제재조치과정에 개입하고 참여할 수 있는가에 관한 민주적 참여성이다(Moehler, 2008). 그러나 아직까지 민주참여성에 대한 연구가 심도 있게 진행되지 않았으며 다자개발은행의 외부행위자로서 CSO가 어떤 방식과 전략으로 다자개발은행의 책무성 제고에 기여하고 있는가에 대한 단발적인 연구가 대부분을 이루어 왔다. 그럼에도 불구하고 책무성을 확장하고 제고하는 임무가 단순히 합법적인 권한을 넘어서 인권 차원에서 조명되어야 하며, 인간의 권리보장의 원천으로서 책무성의 정치적 기능을 재해석해야 한다는 새로운 접근법이 부각되고 있다(Newell and Wheeler, 2006; Sen, 1999). 또한, 유엔에서도 인권보장을 위한 핵심요건으로 책무성을 인식하는 적극적인 노력이 반영된 문서들을 소개하고 있다(United Nations, 2013b). 책무성의 기존 3요소를 극대화하기 위해서 개발원조 기획과 이행과정에 이해관계자들의 민주적인 참여를 적극적으로 보장하는 제도의 도입이 중요하며, 민주적 참여도에 따라 책무성의 최종적인 결과가 좌우된다. 환원하면, 민주적 참여성과 책무성 보장의 연관성이 정비례 관계라고 가정할 경우 개발원조의 전 과정에 공여주체·수원주체와 함께 CSO를 비롯한 외부행위자의 참여가 지속적으로 보장될수록 책임성·응답성·강제집행성의 강도와 확장력이 강화될 것이라는 긍정적인 결과를 기대할 수 있다(Horn, 2013; Cornwall and Coelho, 2006; Pateman, 1970).

민주적 참여성과 다른 구성요소와의 관계를 설정하는 노력은 궁극적으로 책무성의 각 단계에서 책임성·응답성·강제집행성의 성숙도를 결정할 수 있는 표축으로 민주적 참여성을 인식하는 방향으로 수렴한다. 이는 책무성의 개념을 더욱 정치하게 정의하려는 새로운 시도로서 기존의 3대 구성요소를 좀 더 입체적으로 조명할 수 있는 일종의 매개변수로 민주적 참여성을 활용하는 것을 의미한다. 다시 말해, 책임성·응답성·강제집행성이 각각의 영역에서 어느 수준까지 도달해 있는가를 행위자의 참여도와 상호관계의 민주성 관점에서 측정하는 새로운 구성요소로서 민주참여성을 책무성의 개념적 정의에 포함하는 것이다. 실제로 일부 개발현장에서 책임성 영역에는 지역주민의 참여를 적극 보장하지만 응답성이나 강제집행성에서는 주민의 참여가 극히 제한되는 사례가 있을 수 있는 반면, 책임성에서는 정부 또는 공여주체의 통제가 강하지만 응답성 영역에서는 시민사회의 도전에 적극적으로 대응하여 개발사업의 정보를 공개하는 사례가 발생할 수도 있다. 따라서 각 요소의 영역에서 책무성이 어느 정도까지 발현될 수 있는가에 대한 가능성을 측정하는 공통적인 평가치가 민주적 참여성을 토대로 구성되기 때문에, 시민사회를 포함한 개발주체들의 민주적 참여를 매개변수로 포함하지 않은 책무성은 핵심내용이 배제된 맹목적인 개념화라는 문제에 봉착할 수 있다. 이렇게 민주참여성을 책무성 구성요소의 매개변수로 인식하는 것은 개발책무성의 외부행위자인 시민사회가 효율성만을 추구하는 공여주체의 대항마로서 원조산업에 개입할 수 있는 개념적인 공간을 공식적으로 열어 주는 효과를 낳는다. 유사한 개념으로 세계은행도 일반 시민과 시민사회가 책무성 제고에 직간접적으로 참여할 수 있는 기회가 확장되어야 한다는 이른바 '사회적 책무성(social accountability)'을 적극적으로 도입하고 있다(World Bank Institute, 2005; Malena et al., 2004). 결론적으로, 시민사회를 국제개발의 주요 행위자이자 책무성 분석에 반드시 필요한 상수로 인지하고 시민사회가 배제된 책무성 연구는 책무성을 완전하게 담지할 수 없다는 점을 시사한다.

결국, 책임성·응답성·강제집행성·민주참여성의 4대 구성요소를 종합적으로 연결하고 체계화할 때 책무성 개념이 최종적으로 완성된다. [그림 2-3]이 도식화하고 있듯이, 개발협력 책무성의 시간 축에 따라 초기단계에 책임성을, 중기단계에 응답성을, 그리고 최종 완성단계에 강제집행성을 배치하고, 각 단계에서 그 성숙도를 판단하는 매개변수로 민주적 참여성을 설정한 두 개의 축으로 책무성 개념요소를 상호 연계할 수 있다. 개발프로젝트의 초기단계 또는 개발파트너십의 초기단계에서는 책무성 구성요소 중 책임성에 집중하는 것이 바람직하며 현실적으로도 책임성 문제를 해결하는 것이 가장 긴급한 사항이다. 국제개발 속성상 강제성이 동원되기 어렵기 때문에 강제성을 배제하면서도 이에 준하는 효과를 만들 수 있는 제도적 장치와 책임분담을 개발협력 초기 단계에 모든 행위주체들의 합의하에 설정하는 것이 중요

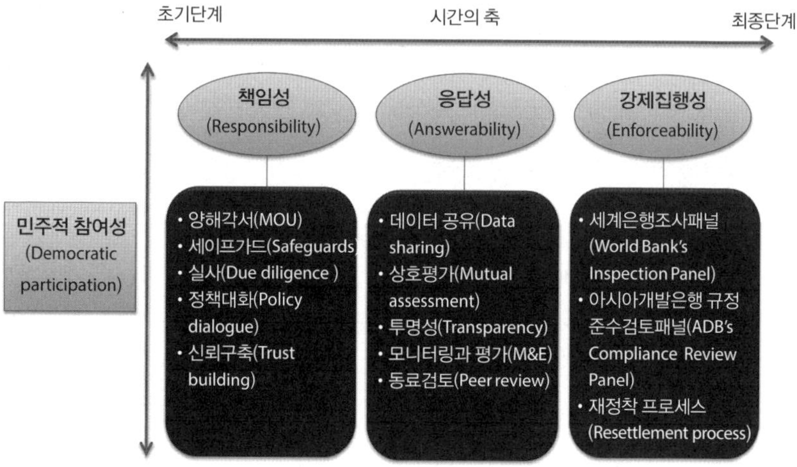

[그림 2-3] 책무성 구성요소의 상호연계도

자료: Kim and Lim (2014: 32). 수정 및 보완.

하다. 이는 상호 행위주체 간에 명확한 책임소재를 분담하는 것으로 강제성을 수반하지 않을지라도 다음 단계인 응답성에서 행위주체들에게 압박을 가할 수 있는 유효한 제도적 토대가 된다. 또한 협력대상국이 자의적으로 개발프로젝트에 대한 책임을 다하지 않거나 부패 등 협력대상국의 국내 거버넌스 문제에서 파생되는 외부효과를 통제할 수 있는 중요한 수단이기도 하다. 따라서 초기단계에서 책임성 의제를 확실하게 합의하는 것이 관건이며, 책임성 문제만이라도 구체적인 제도로 정착되고 개발주체 간에 합의가 된다면 개발사업의 책무성이 차후에 성공적으로 관리될 가능성이 높다.

책임성을 성공적으로 담보하게 되면 응답성 단계의 성공 가능성은 상대적으로 손쉽게 확장된다. 물론 이론적으로는 책임성과 응답성이 개발협력 과정에서 독자적인 영역을 구축하여 개별적인 단계로 추진되는 것이 바람직하나, 현실에서는 책임성과 응답성이 동시에 진행될 가능성을 배제할 수 없다. 그럼에도 응답성보다는 책임성이 선행되어야 하는 이유는 책임성이 먼저 해결되어야 투명성과 평가가 동반되는 응답성의 성공률이 배가되기 때문이다. 구체적인 책임성 논의가 생략된 채 응답성으로 무게중심을 옮기게 되면 평가를 할 대상 그리고 투명하게 공개할 정보의 실제적인 내용이 없이 응답성의 책무가 진행되기 때문에 논리적으로도 문제가 발생된다. 따라서 책임성과 응답성 사이에 시간상 순서의 전후는 명확하기 때문에, 동시에 두 구성요소가 추진된다고 하더라도 응답성 논의가 책임성 완료 이후에 이어질 수 있도록 체계와 순서를 배치하는 것이 중요하다.

강제집행성은 책무성의 맨 마지막 단계이자 책무성의 완전체에 최후의 정점을 찍는 구성요소인 반면, 실제 개발프로젝트 운영에서 현실화하기가 가장 어려운 제도적 요소이기도 하다. 앞서 논의했듯이, 현재 실제로 운영되는 강제집행성과 유사한 방식의 책무성 기제가 다자개발은행의 세이프가드와 조사패널에 국한되어 있을 정도로 국제개발에서의 강제성은 민주주의 사회에서 구축된 책무성 제도의 강제성과 비교할 때 큰 차이가 있다. 국가 간에 이루어지는 국제개발의 특성 때문에 공여국이 협력대상국에, 반대로 협력대상국이 공여국을 대상으로 개발원조에 대한 통제 및 제재를 부과하기 어려우며, 다자개발은행과 같은 국제기구의 경우는 책무성 기제를 스스로 내부 제도로 도입함으로써 협력대상국과 CSO의 압박을 희석시키는 방향으로 책무성에 대한 도전에 대응하고 있다. 결론적으로 책무성의 시간축 위에 강제집행성은 가장 마지막 단계에 배치될 수밖에 없으며, 강제집행 수단의 제도화가 개발책무성의 완성이라고 평가해도 무방하다.

마지막으로, 민주참여성은 시간축에 따라 배치되는 책임성·응답성·강제집행성에 공통으로 적용되며 각각의 책무성 구성요소가 보여주는 이행정도를 측정하고 비교할 수 있는 매개변수 역할을 수행한다.

앞서 강조했듯이, 민주적 참여성을 이행하기 위해서 공여주체의 열린 자세도 중요한 변수이지만 더욱 중요한 변수는 시민사회의 CSO가 국제기구 및 공여국에 접근하는 방식과 강도이다. 시민사회의 도전에 따라 참여적 거버넌스와 개발파트너십의 성격이 좌우되고 민주참여성의 강약이 조절되며 결국 각각의 책무성 요소의 강약과도 연계된다. 따라서 개발CSO를 비롯하여 시민사회 전반에 걸쳐 다자개발은행 책무성 의제에 도전하기 위한 민주적인 참여가 얼마나 제도적으로 보장되고 있는가에 대한 후속연구가 필요하다.

2) 주인-대리인 이론과 책무성

지금까지 논의한 개발책무성의 개념적인 설명이 '주인-대리인 이론(principal-agent theory)'의 프레임을 통해 다시 한 번 재조명되면 책무성의 역할에 관한 상이 더욱 선명하게 잡힌다. 주인-대리인 모델은 주로 경제학·행정학·정치학 등에서 위임정치와 통치시스템, 선거과정, 관료제도 등을 연구하기 위한 분석프레임으로 널리 사용되는 고전적인 이론 중의 하나이다. 주인-대리인 이론의 핵심내용은 '누가 누구에게 책임을 져야 되는가(who is accountable to whom)'를 규명하는 것이다(Gailmard, 2014; Miller, 2005). 권한을 위임하고 책임을 요구하는 주인-대리인 관계가 설정되기 위한 또 하나의 핵심내용으로 대리인이 위임을 맡을 때 제공되는 인센티브가 어떻게 구성되어 있는가에 주목해야 한다. 이는 특정 공공정책을 입안하고 집행하는 데 있어 권한을 위임한 주체가 있고 이를 대행할 만한 충분한 인센티브를 제공받는 대리인이 공공성을 띤 임무를 수행하는 것을 의미한다. 또한 권한을 위임받은 대리인이 권력을 남용하고 오용하는 위험을 통제하고 주인이 본래 의도하고 기획했던 방향으로 공공정책이 집행되고 관리되는 것을 목적으로 한다. 따라서 누가 주인이고 누가 대리인인가, 더 나아가 어떤 특성의 주인-대리인 관계성이 어떤 사회적 맥락에서 구성되는가를 추적하는 것이 주인-대리인 모델에서 중요한 분석대상이다. 주인-대리인 모델의 중심에는 대리인에 대한 동기부여와 주인의 책임성 요구가 상존한다.

주인과 대리인 관계는 다층적으로 형성된다. 대리인에게 인센티브를 제공하는 구조가 일반적으로 계약 형식으로 이루어지는 경향이 강하고 또한 계약에 따라 대리인에게 책임을 묻게 되기 때문에 계약이론에 근거하여 주인-대리인 모델링을 하는 경우가 주된 흐름이다(Bolton and Dewatripont, 2004). 계약 체결을 통해 책임의 경계선을 사전에 명확하게 합의하지 않으면, 특정 공공정책에 관여하는 행위자가 개인에서부터 단체·법인 등으로 복합적으로 구성될 경우 책무성을 담당할 행위주체를 선별하기가 어렵게 되며 다수의 대리인들이 쉽게 책무성 의무를 회피하고 무책임한 행동을 취할 가능성이 높다(Thompson, 1980: 905). 그러므로 계약은 책무성 이행에서 대단히 중요한 요소이며 이는 곧 책무성의 4대 요소 중 책임성과 직접적으로 연결된다. 대리인이 체결하는 계약의 형태와 조건에 따라 주인의 대상이 결정되고 주인과 대리인 간의 관계도 차별적으로 형성된다. 사실, 대리인의 선정보다 적절한 주인을 선정하는 것이 더 어려운 난제라고 평가된다(Steets, 2010: 20). 복수의 주인이 동일한 공공정책에서 대리인을 공유할 경우, 관련된 주인들 모두가 인센티브 제공방식과 대리인의 행동 평가방식을 협의하고 공유하지 않으면 대리인의 입장에서 볼 때 주인 개개인마다 각각의 상이한 모니터링과 평가방식, 그리고 이에 관한 정보수집에 개별적으로 대응해야 한다는 부담과 이와 관련된 추가적 비용이 발생한다(Freeman, 2001).

[그림 2-4]에서 보여주듯이, 책무성을 둘러싼 주인-대리인 모델

[그림 2-4] 주인과 대리인 관계의 다층적 형성

자료: Dubnick (2002: 3); Steets (2010: 21).

에서 주인의 지위를 받는 행위주체는 크게 세 형태로 분류할 수 있다. 첫째, 입법기관 내지 재정관련 공공기관에 의해 법으로 인센티브와 책임의무 및 제재사항이 정의되는 방식에 의해 계약관계가 성립되고, 위임권한에 만족스러운 성과를 올리지 못하거나 위임범위를 넘어서는 권력남용이 발생할 경우 주인은 법으로 정한 제재로 대리인을 처벌할 수 있는 유형이다(Carrubba and Clark, 2012). 선거권을 소지한 시민이 피선거권 후보자들 중 적합한 대리인을 선택하는 대통령선거제도와 의회정치에서 유권자의 위임을 받은 의원내각제의 경우가 이에 해당한다(Huber and Shipan, 2002; Dewan and Myatt, 2010). 둘째, 공식적인 계약체결을 통해 정의된 의무와 제재사항으로 연결된 공식적인 주인(formal principal)과 대리인의 방식을 구성할 수 있다. 이는 반드시 법으로 정해진 계약관계가 아니더라도 공식적인 계약을 통해 주인이 대리인에게 인센티브를 제공하고 이에 상응하지 않는 결과에 제재를 가할 수 있는 방식으로, 비즈니스 산업에서 모회사가 자회사에게 특정 업무를 위임하고 공식적인 주인으로서 모회사가 인센티브와 제재사항을 자회사와 체결하는 계약관계가 대표적인 사례이다. 마지막으로, 공식적인 계약이 아닌 비공식적인 관계성에 의하여 생성된 비공식적인 주인(informal principal)이 명시적으로 계약관계가 아닌 대리인에게 책무성을 요구하고 제재를 시도하는 경우이다. 대리인은 주인이라고 표방하는 비공식적 행위주체를 배제하려 하고 비공식적 주인은 합리적인 정당성을 주장하며 권리를 행사하려 하기 때문에 비공식적 주인과 대리인 사이에서 의무와 제재사항에 대한 갈등이 발생할 수밖에 없는 구조이다. 개발협력 분야에서 이러한 비공식적 주인이 양산되는 것을 목도할 수 있는데, 시민사회단체와 같이 명확하게 가시적으로 계약에 의해 공여주체와 관계를 맺지 않은 상태에서 공여주체의 책무성 결핍을 비판하고 도전하는 경우가 이에 해당한다. 암묵적으로 CSO는 조직에 내재된 공공성을 비공식적 주인의 정당한 근거로 내세우게 되는 반면 다자개발은행과 같은 공여주체는 계약에 기반하지 않은 주인의 등장을 반가워하지 않는다. 그럼에도 불구하고 글로벌 거버넌스에서는 공식적인 계약에서 발생하는 책무성 의무와 함께 비공식적인 주인에 대한 보편적인 책임이 국제기구 및 다자개발은행의 중요한 이슈로 부각되고 있어서 글로벌 시민사회의 책무성에 대한 도전을 단지 계약에 근거하지 않는다는 이유로 무시하기 어려운 상황이다(김태균, 2013b). 오히려 다자개발은행에게는 법적 계약을 토대로 발생하는 내부적 책무성보다 비공식적인 행위자를 공식적인 주인으로 전환하여 외부적 책무성으로 대체하는 방식이 상대적으로 간편하고 부담이 적을 수 있다. 따라서 비공식적 주인과 이에 상응하는 책무성의 질적 전환이 시민사회와 다자개발은행 간에 형성되는 새로운 정치적 기회구조이자 갈등의 정치공간으로 변모될 수 있다.

지금까지 주인-대리인 모델은 행위주체 간의 관계성을 규정하는 하나의 포괄적인 가설로 인식되기보다는 주로 합리적 선택이론과 같은 일반이론의 측면에서 주인과 대리인으로 지정된 행위자가 어떻게 균형 상태에 이르는가를 분석하는 게임이론적 성격이 강하다(Gailmard,

2014; Morrow, 1994). 일반이론을 토대로 이루어지는 주인-대리인 모델은 행위자의 집합(set)을 설정하여 상대행위자의 행동 결과를 평가하고 영향력을 행사하는 비협력적인 게임이론을 주로 상정한다. 따라서 주인은 대리인의 행동에 영향력을 행사하려 하는 반면 대리인도 마찬가지로 주인에게 영향력을 행사하려고 노력하게 된다. 따라서, 도덕적 해이(moral hazard)와 역선택(adverse selection) 경우에서와 같이 비협력적 게임이론으로서의 주인-대리인 모델은 대리인이 주인에게 무한책임을 지는 관계가 아닌 주인과 대리인을 상호 견제와 경쟁의 관계로 상정하고 있기 때문에 일반적인 책무성 개념과 관계를 설명하는 데 근본적인 한계가 있다(Steets, 2010).[17]

그러나 주인과 대리인이 비협력적 관계라는 제한적 가정에도 불구하고, 게임이론의 기대보수(pay-off)를 이용하여 최종적으로 주인과 대리인이 상호간 책무성을 생산하고 촉진하는 동기부여를 공유하게 되는 과정을 도식화할 수 있다([그림 2-5] 참조). 본 게임은 두 단계로 구성되는 간단한 게임 모형이다. 첫 단계에서 대리인은 본인의 이익을 추구하거나 주인의 이익을 대변하는 두 가지의 선택에서 한쪽 방향을 결정해야 한다. 다음 단계에서는 첫 단계에서 대리인이 선택한 결정과 이에 따른 행동결과에 대하여 제재를 가할 것인가에 대한 선택을 주인이 하게 된다. [그림 2-5]에 나와 있는 기대보수 구조를 보면, 대리인 입장에서 가장 최적의 결과는 대리인의 이익 추구와 동시에 주인이 제

17 거래의 두 당사자 중 한 당사자가 모르는 사실은 다른 당사자는 알고 있는 상황을 비대칭적 정보(asymmetric information)가 개입된 상황이라고 부른다. 역선택(adverse selection)의 상황은 한 쪽 당사자의 감춰진 특성(hidden characteristics) 때문에 거래의 효율성을 저해하는 상황을 말한다. 도덕적 해이(moral hazard)는 일방 당사자의 감춰진 행동(hidden action) 때문에 거래의 효율성을 저해하는 상황이다.

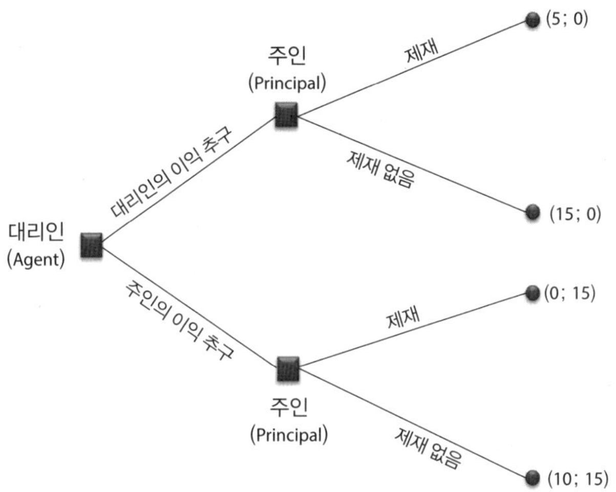

[그림 2-5] 책무성을 위한 제재와 주인-대리인 기대보수

자료: Morrow (1994)의 3장에서 차용.

재를 가하지 않는 경우인 (15; 0)에 해당된다. 그러나 주인은 대리인이 주인의 이익 추구를 선택할 수 있도록 유도하기 위하여 제재의 위협을 가시화할 것이며, 실제로 대리인의 이익 추구와 주인의 제재로 구성되는 기대보수가 (5; 0)으로 극감하기 때문에 이는 절대로 대리인에게 유리한 선택지가 아니다. 따라서 대리인이 본 게임에 참여하지 않을 경우보다 임할 경우가 본인에게 돌아오는 혜택이 더 크다는 전제하에, 대리인 스스로가 자유를 남용하지 않고 자제하는 행동을 취하게 되고 이는 어떤 방식으로든 결국 책무성을 강화하는 노력과 연결된다. 또한 주인의 이익을 선택하지 않으면 곧바로 제재를 받게 될 것이라는 압박감으로 인하여 주인의 이익 추구를 선택하는 것이 대리인에게 현명한 결정이 되며, 이에 따른 행동결과에 대한 주인의 제재를 피하기 위하여 대리인은 주인의 기대치와 선호도를 명확하게 요구하고 주인에게 대리인의 성과에 관한 정확한 정보를 전달하려고 노력하게 된다(Ferejohn, 1999: 148). 특히, 대리인이 주인의 기대수준에 준하는 결과를 도출하는 데 실패할 경우 이에 대한 제재가 가해진다는 예상을 충분히 하는 상황에서는 스스로의 행동을 제어하고 원래의 목표를 달성하기 위하여 자발적으로 노력하는 이른바 '적극적인(proactive)' 또는 '예방적인(preventive)' 책무성을 선택할 가능성이 높아진다(Steets, 2010: 26). 대리인이 책무에 충실하게 만들기 위해서는 대리인에게 제공하는 제재의 위협 수준과 주인의 이익에 반하는 행동을 하지 않도록 반대급부를 제공하는 이른바 '대리인 비용(agent costs)'을 주인이 지속적으로 관리할 필요가 있다(Jensen and Meckling, 1976).

게임이론에 근거한 주인-대리인 모델을 개발원조의 맥락에 적용할 경우 일반적으로 국내 정치사회에서 발견되는 주인-대리인 모델과 차별성을 갖게 된다. 가장 근본적인 차이는 국내-국제 연계의 복합성이 개발협력 맥락에 천착되었다는 사실에서 기인한다(Keohane and Milner, 1996; Evans et al., 1993). 다시 말해, 주인과 대리인의 주체가 국내와 국제 조건에 따라 언제든 서로 뒤바뀔 수 있으며, 이에 따라 역할이 전환되거나 중복되는 메커니즘을 보여주는 이른바 '역할전환(role reversal)' 현상이 빈번하게 발생한다(Weisband and Ebrahim, 2007). [그림 2-6]이 보여주듯이, 국제개발의 책무성 구조는 복합적인 다단계 구조로 구성되어 있는 주인-대리인 관계성에서 찾아야 한다. 글로벌 책무성의 복합성은 공여국 국내수준과 협력대상국 국내수준, 공여국과 협력대상국 간의 관계, 그리고 더 확장하면 공여국과 협력대상국 사이에 개입하는 국제기구와 국가정부 간의 관계에서 발생하는 복잡다단한 권한위임과 제재, 그리고 책무성 이행을 위한 인센티브 형성 등의 이슈가 쟁점화되는 가운데 형성된다(김태균, 2012a). 우선, 공여국 내부를 살펴보면 공여국 정부는 납세자인 시민들의 세금으로 국제개발정책을 이행하기 때문에 자동적으로 정부는 대리인으로서, 납세자는 주인으로서의 역할을 수행하게 된다. 이 공간에서는 정부가 국민의 세금을 남용하거나 오용할 경우 시민에 의하여 제재를 받을 수 있는 제도적 장치가 작동한다. 양자원조의 경우 공적개발원조를 제공하는 공여국 정부가 주인의 역할을, 원조를 제공받는 협력대상국 정부가 대리인의 역할을 갖게 되며, 권한위임을 받은 협력대상국 정부에게 책임을 묻는 제도는 공여국 국내수준에 비해 정착되기가 어렵지만 앞서 설명한 강제집행성 요소에 해당하는 세부장치들이 동원될 수 있다([그림 2-3] 참조). 다자원조의 경우도 공여국 정부의 재정지원이 국제기구로 유입되고 국제기구가 공여국 정부를 대신해서 협력대상국 정부와 개발협력 사업을 수행하기 때문에, 공여국 정부는 국제기구를 상대로 주인 역할을, 국제기구는 대리인 역할을 수행하게 되며 마찬가지로 국제기구와 협력대상국 정부 간의 관계에서는 국제기구가 주인 역할을 수

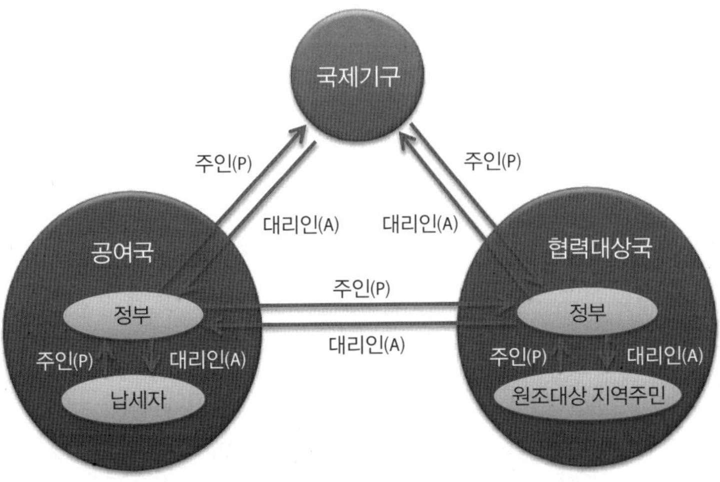

[그림 2-6] 국제개발에서의 주인-대리인 관계

자료: 저자 작성.

행하고 협력대상국 정부가 대리인 역할을 수행한다. 여기서 확인할 수 있듯이, 공여국 정부와 국제기구 간에는 상황에 따라 주인과 대리인의 역할이 전환되거나 교차되는 역할전환 현상이 형성된다. 반면, 협력대상국 정부는 어떤 상황에서도 주인이 아닌 대리인으로 역할이 고정되어 있다는 사실에 주목할 필요가 있다. 협력대상국 국내수준으로 주인-대리인 모델을 좁혀서 적용해 보면 공여국이나 국제기구로부터 제공된 국제개발 프로젝트의 최종 수혜자가 협력대상국 시민 중 빈민 및 지역커뮤니티이기 때문에 이들은 원조를 받을 권리가 있는 주인인 데 반해 협력대상국 정부는 이를 전달할 의무가 있는 대리인이 된다는 중요한 사실을 확인할 수 있다. 국제개발의 핵심적인 문제 중의 하나가 대리인인 협력대상국 정부가 대리인 역할을 제대로 수행하지 않고 부패와 실정, 정실인사 등의 내부 거버넌스 문제로 개발원조가 최종대상자에게 전달되지 않게 되어 전체적인 주인-대리인 관계의 선순환적인 연계가 끊어진다는 점이다. 이와 같은 이유로, 협력대상국 내의 정부와 원조의 최종대상인 빈민과 지역커뮤니티 사이에 어떻게 주인-대리인 모델을 적용할 것인가가 논쟁의 핵심에 있다. 그럼에도 부인할 수 없는 사실은 협력대상국 정부가 어떠한 경우에도 대리인 역할을 맡게 된다는 것과 이에 따라 철저하게 굿거버넌스에 의거한 개혁이 실시되고 정부의 본래 역할과 정치력을 복원할 수 있도록 지원하고 관리해야 한다는 사실이다(Moore et al., 2003; Harriss, 2003).

이러한 역할 전환의 역동성과 더불어 국제개발 현장에서의 책무성 형성이 주인-대리인 모델로 적확하게 설명되지 않게 만드는 또 다른 변수가 있다. 다자원조와 양자원조의 정책이행에서 공여주체가 협력대상주체를 시민사회로 책정하지 않고 전통적인 방식으로 협력대상국 정부로 정하는 경우, 외부행위자로서 CSO는 개발사업을 위임하는 주인이 아니며 개발사업을 시행하는 대리인도 아닌 제3의 행위주체로 주인과 대리인에게 책무성 제고를 동시에 요구하거나 주인을 대신해서 대리인에게 책무성 준수를 압박하는 새로운 역할을 수행하게 된다. 이러한 제3의 행위자 역할은 앞서서 기술한 책무성 구성요소 중 민주적 참여성의 요소와 직결되고 동시에 일종의 비공식적 주인으로서 재해석이 가능하다. CSO가 책무성을 견지하는 주인과 대리인을 넘어선 제3의 영역을 구축하는 외부행위자로 자리매김하면서 다른 어떤 주체보다 자유롭고 독자적인 목소리로 책무성 제고를 위해 활동하고 국제기구와 공여주체 및 협력대상국 정부에게 도전할 수 있다. 본 연구에서는 이러한 변형된 주인-대리인 모델을 다자개발은행인 아시아개발은행과 아시아 시민사회 간의 관계성에 대입하여 책무성 제고를 위한 갈등과 협력의 관계가 아시아적 맥락에서 어떻게 구성되는가를 심층적으로 분석한다.

3) 책무성의 기능

지금까지 개발학에서 논의되어 온 책무성의 역사적 변천과 개념적 정의에 대한 새로운 접근을 여러 각도에서 시도하였다. 국제개발 영역에서 책무성은 개념적 기능과 더불어 실질적 기능의 측면에서 더욱 현실적인 정책과 제도적 장치에 관한 중요한 시사점을 제공한다. 책무성의 기능은 다양한 영역에서 확인될 수 있지만, 여기서는 다자개발은행과 시민사회 간의 관계성 연구에서 필요한 책무성의 실질적인 기능을 크게 두 가지 측면에서 고찰하고자 한다.

첫째, 책무성과 효율성 간의 관계를 중심으로 개발협력의 합법성과 정당성을 구축하기 위한 균형추로서의 책무성 역할을 찾을 수 있다 (Woods, 2007; 김태균, 2013b). 개발협력사업의 주된 목적은 협력대상국의 빈곤을 감소하고 경제사회발전을 촉진할 수 있도록 지원하는 데 있기 때문에 설정된 목표를 어느 정도까지 달성할 수 있는가의 결과가 이행 과정보다 중요하고 빈곤감소와 발전전략을 수행하는 프로세스에서 책무성보다는 효율성을 강조해 온 것이 사실이다. 특히, 신자유주의 노선에 있는 다자개발은행의 경우 빈곤퇴치 달성의 결과가 중요한 것이지 이행과정에서 발생하는 문제들에 관한 피해자들의 책임 요구에 대해서는 상대적으로 관대한 입장을 취하여 왔다(Weaver, 2008; Goldman, 2005).

[그림 2-7]과 같이 책무성과 효율성을 대치시켜 동일한 스펙트럼 선상에 배치하면 양 극단으로 갈수록 책무성과 효율성이 서로를 배제하는 상반된 특징을 보인다. 책무성이 완전히 배제된 채 효율성만 강조하는 개발협력 프로젝트를 가정한다면, 효율성 중심의 사례는 비용 대비 성과가 대단히 높고 생산적이지만 이행과정에서 발생하는 인권남용, 불투명한 거버넌스, 환경파괴 등과 같은 개발협력에서 파생되는

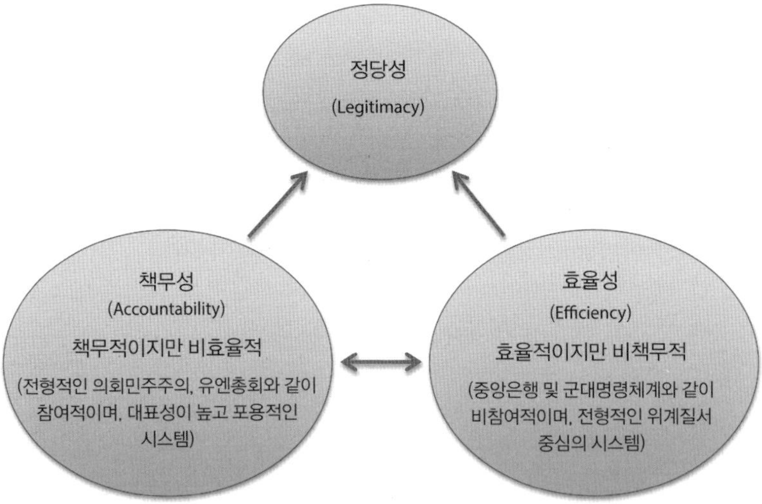

[그림 2-7] 개발협력에서 책무성과 효율성 간의 관계

자료: Woods (2007: 31). 일부 수정.

문제들에 대한 책임을 소홀히하는 경향이 강하다. 실제 사례로 국가의 중앙은행이나 군대의 하향식 명령체계를 들 수 있는데, 일괄적으로 상부조직에서 중요한 원칙과 정책방향을 결정하고 이를 일사불란하게 이행할 수 있도록 하부조직의 의견수렴보다는 위계질서를 강조함으로써 비민주적이지만 효율적인 정합성을 보여준다. 반면, 효율성을 의도적으로 배제하고 책무성만 강조하는 경우는 모든 행위주체의 민주적인 참여가 보장되고 대리인의 대표성이 민주적으로 위임되며 구성원의 요구에 대한 포용성이 높은 이상적인 민주정치체제를 상정할 수 있다. 고대 아테네의 전형적인 직접민주주의와 일국일표의 유엔총회와 같은 이상적인 형태의 집단체제에서 책무성의 대표적인 사례를 찾아볼 수 있다. 그럼에도 지나치게 책무성 중심의 시스템을 구축할 경우 구성원에게는 이상적인 민주주의 체제로 인식될 수 있으나, 구체적인 정책과 사업을 추진함에서 비효율성의 문제를 양산할 가능성이 높다. 따라서 개발협력의 정당성을 가진 모델로서 효율성과 책무성 배합방식 중 어느 한쪽만을 합법화하고 다른 쪽을 완전히 배제하기는 어렵다.

문제의 핵심은 효율성과 책무성의 배합을 어떻게 만들 것인가에 있다. 현실적으로 모든 개발협력정책과 사업이 효율성 또는 책무성 중 어느 한쪽을 완전히 배제하고 다른 쪽 가치만을 추구하는 것은 불가능하다. 또한 효율성과 책무성의 가치가 모두 적절한 수준에서 배합될 때만이 개발협력의 합당한 목적을 달성하고 대중의 지지를 얻을 수 있는 정치적 기회가 확장된다. 따라서 국제개발정책을 입안하고 사업을 기획하는 과정에서 책무성을 주요 핵심가치이자 원칙으로 포함하는 것이 중요한 반면, 자칫 지나치게 책무성을 강조하다 보면 효율성이 논의에서 완전히 배제되는 편향성을 인지하고 두 가치 사이에서 중화된 균형을 유지하는 것이 관건이다(김태균·김보경, 2015). 결론적으로,

책무성의 주요 기능적 역할은 기존의 경제성장론 중심의 개발인식을 극복하고 효율성의 한계를 상쇄하여 빈곤퇴치와 직결되는 원조의 결과를 도모하기 위하여 반드시 필요한 가치이자 조건으로 책무성을 인지하는 과정에서 구현되는 것이다(Fox, 2007a). 특히, 세계은행 등의 다자개발은행은 책무성보다는 효율성에 무게중심을 두는 경향이 강하기 때문에 다자개발은행의 원조효과성 논의에서 책무성이라는 독립변수를 반드시 포함하는 것이 균형 잡힌 평가와 분석을 위하여 대단히 중요하다. 또한 효율성 중심의 경제성장이론이 세대별로 진화하고 그 이면에서 발견되는 한계점을 성찰하는 데에도 책무성이 중요한 프레임으로 기능한다는 사실과 연계된다(Hansen and Tarp, 2000; Best, 2005).

둘째, 책무성은 이른바 '사마리아인의 딜레마(samaritan's dilemma)'로 대표되는 합리적 선택의 남용과 여기서 발생하는 역의 인센티브 문제를 예방하거나 규제하는 역할을 수행한다(Kim and Lim, 2017). 이는 2000년 MDGs 8번 목표와 2015년 SDGs 17번 목표에도 지속적으로 강조되어 왔던 개발협력 효과성을 위한 '글로벌 파트너십(global partnership)'을 원활하게 운영하기 위한 필수조건 중의 하나로 책무성의 제도적 정착을 강조하는 것과 일맥상통한다. 또한 공공정책 및 개발협력 정책을 추진하는 데 있어서 협력방식·주관기관·정책이행과정·평가 등 정책과정에서 발생하는 다양한 이슈의 혼선을 방지하는 제도적 장치로서 책무성을 강조한다(Olsen, 2014). 특히, 이러한 혼선은 국제개발의 주인-대리인 모델에서 쉽게 발견할 수 있다. 주인-대리인 모델은 개발주체들을 주인과 대리인으로 구분하고 대리인이 주인에 의해 통제되거나 대리인이 주인의 규제를 준수한다는 핵심 가정 이외에, 주인-대리인 관계 외부에서 형성되는 정치적 변수에 따라 행위자가 잠재적으로 애매한 행동을 취하여 주인-대리인 프레임에 혼선을 가져올 수 있다는 가정을 고려하지 않는 경우가 많다. 이러한 잠재된 혼선은 개발프로젝트가 책임 있게 이행되기 어렵게 만드는 책무성의 '적'으로 인식되고 있으며, 이러한 애매성을 통제하기 위한 제도적 장치로 책무성이 적극 활용되어야 한다는 주장이 강하다(Gailmard, 2014). 이러한 문제의식은 아래 [그림 2-8]과 같이 간단한 게임이론을 통해 확인할 수 있으며, 책무성의 기능을 사마리아인의 딜레마 게임에서 발생하는 역의 인센티브를 제어하는 전략적 제도로 재조명할 수 있다.

사마리아인의 딜레마 게임은 1970년대 뷰캐넌(Buchanan, 1977)이 제시했던 합리적 선택이론에 기초한 게임에서 출발한다. 공여주체와 수원주체 모두 합리적 선택에 기반한 행위자라는 가정하에, 수원주체인 협력대상국 정부가 공여주체인 선진공여국으로부터 가능한 한 대규모의 원조를 받기 위하여 노력을 기울이는 정도와 사마리아인으로 정의되는 공여주체가 원조를 제공할 것인가의 여부로 게임의 두 기준을 설정하고 이 두 선택이 상호교차하는 지점에서 행위자 간에 전략화된 결과로 나타나는 보수행렬(pay-off matrix)을 만들어 낼 수 있다.[18] 게임이론은 행위자가 자신의 전략과 상대방의 전략을 고려해 최선의 보수를 얻는 게임을 체계화한 이론이기 때문에, 각각의 행위자들이 자신에게 가장 유리한 결과를 최적화하기 위하여 전략적이면서 합리적인 선택을 추구한다고 가정한다. 위 게임에서 보여주는 수원주체와 사마리아인 공여주체 간의 보수를 비교해 보면, 수원주체의 노력에 상관없

18 뷰캐넌의 사마리아인의 딜레마 게임은 그 자체로 완벽하게 국제개발 현장에서 벌어지는 공여주체와 수원주체 간의 관계성을 설명하지는 못한다는 한계가 있다. 특히, 공여주체를 이른바 '사마리아인'으로 규정하고 있기 때문에 모든 공여주체가 순수한 이타심에 기반한 인도주의적 원조를 수행한다는 무리한 가정을 한다고 평가할 수 있다. 공여주체는 언제나 사마리아인의 기준을 갖고 원조에 임하는 반면, 수원주체는 역의 인센티브에 노출될 수 있다는 논리는 개도국이나 협력대상국에 대한 근본적인 의구심에서 본 게임이 시작된다는 비판을 받을 수 있다.

		수원주체의 노력	
		높음	낮음
사마리아인 공여주체	중단	2, 2	1, 1
	지원	4, 3	3, 4

[그림 2-8] 사마리아인의 딜레마 게임

자료: Buchanan (1977: 170).

이 공여주체가 지원을 선택할 경우의 보수가 중단할 경우의 보수보다 공여주체에게는 예외 없이 항상 크다는 것을 확인할 수 있다. 이러한 현상을 '우월전략(dominant strategy)'이라고 표현하는데 공여주체에게는 어떠한 경우에도 원조를 제공할 때 제공하지 않을 때보다 보수가 높은 반면, 수원주체의 입장에서는 어떠한 경우에도 공여주체로부터 원조를 제공받을 수 있기 때문에 원조규모 및 집행방식을 협상할 때 상대적으로 적극적인 책임을 표방할 이유가 줄어든다. 그러므로 수원주체는 전략적으로 원조의 규모를 확장하기 위하여 자신이 취할 수 있는 최선의 노력을 다할 필요를 느끼지 못하게 되고 최소한의 노력으로 대규모의 원조를 공여주체로부터 받아내려는 비정상적인 의도를 갖게 된다. 그리하여 바로 수원주체의 부패 및 도덕적 해이로 이어지는 의도적인 '역의 인센티브'가 발생하게 되는 것이다(Gibson et al., 2005). 더 나아가 원조사업에서 목표로 삼은 결과물이 성공적으로 달성되지 못할 경우 공여주체와 수원주체가 책임을 물을 수 있는 기준이나 원칙이 부재한 상황에서는 서로 책임을 미루는 책임전가 현상이 빈번하게 나타날 가능성이 높다(Goetz and Jenkins, 2005).

이러한 딜레마를 제어하거나 최소화하기 위해서는 두 행위자 간에 제도적 약속을 도입하는 것이 대단히 중요하다. 제도의 중요성은 익히 많은 사회과학자들에 의해 다양한 방식으로 강조되어 왔다(Mahoney and Rueschemeyer, 2002; Thelen, 1999; Rothstein, 1998; Goodin, 1996; DiMaggio and Powell, 1991).[19] 수원주체의 역의 인센티브를 억제하고 책임전가에 대한 제재를 가하기 위해서는 특정 제도의 도입이 필요하며, 국제개발이라는 특수한 맥락에서는 책임성·응답성·강제집행성·민주참여성이 확보되는 상호책무성이라는 제도가 적극적으로 도입되어야 한다. 책무성이 보장되지 않으면 개발주체가 독자적으로 합리적 선택에 근거한 역의 인센티브를 추구하게 되어 최종적으로 공동자원(common-pool resources)이 사유화되는 비극을 미연에 방지하기 어렵게 된다(Hardin, 1968; Ostrom, 1990; 김태균, 2013b; Deacon, 2007). 이상적으로 책무성의 4대 요소가 온전한 하나의 통합된 제도로서 작동한다면, 공여주체와 수원주체 간에 책임을 정하는 명확한 약속이 선행되고 이를 모니터하고 평가하는 과정과 동시에 상호간의 약속을 위반한 행위에 대해서 제재를 가하게 되는 일련의 제도적 기능이 제대로 보장되고 수원주체의 도덕적 해이로 나타나는 역의 인센티브를 공여주체가 제도적 절차를 통해 적절하게 통제할 가능성이 높아진다. 사회적 딜레마 상황에서 합리적인 개인들은 사회적으로 최적한 결과를 달성하지 못

19 역사적 제도주의에 입각한 경로의존성(path-dependency)을 분석하기 위하여 주요 역사적 이벤트를 중심으로 전후에 운영된 제도를 비교하는 경로의존분석에서부터, 거시적 맥락인 사회구조와 미시적 행위자 간을 연계할 수 있는 주요 매개체로서 제도를 중범위화하는 중범위이론까지 제도주의적 연구는 다양하게 수행되어 왔다.

한다는 것이 일반적인 이론적 예측인 데 반해, 현실의 많은 사회적 딜레마에서 발생되는 집합행위문제가 책무성의 제도적 기능을 통한 행위주체들의 자발적인 협력에 의해 극복될 수 있다(이명석 외, 2004; 정영신, 2016). 역의 인센티브를 억제하는 책무성의 기능은 개발협력 현장에서 순기능적인 원조효과성을 창출하는 데 일조하고 관련 행위주체 간의 건설적인 파트너십을 조성하는 데 도움이 된다.

결론적으로 책무성의 순기능은 효율성의 반대가치로서 그리고 역의 인센티브의 억제장치로서 제도화될 때 작동된다는 것을 확인할 수 있다. 본 연구에서 다룰 다자개발은행의 경우에도 이러한 현상이 유사하게 발견될 수 있지만, 책무성의 기능이 제대로 작동하도록 요구하는 주체가 다자개발은행이나 수원국이 아닌 대부분 외부의 제3행위자인 시민사회단체라는 사실에서 아시아개발은행과 아시아 시민사회 간에 형성되는 책무성 기능은 일반적인 책무성의 기능과 차별된다.

2. 책무성의 유형화

국제개발의 책무성은 국내 정치에서 흔히 볼 수 있는 책무성 문제와 다른 동학을 가지고 있다. 앞에서도 강조했듯이, 국내 정치는 중앙집권적인 권력체가 강력한 국가권력을 행사하고 있는 반면, 민주적 제도를 통해 국가권력을 수행하는 대리인을 선임하거나 교체할 수 있는 막강한 주인으로서의 권한은 시민이 보유하고 있다. 따라서 국가는 시민사회를 중요한 협력 파트너로 인식하게 되고 대리인으로서 위임된 권한을 자의적으로 남용하지 못하게 된다. 그러나 국제개발의 글로벌 거버넌스로 분석수준을 높이면 국내 정치에서 적용되던 책무성 메커니즘이 동일하게 적용되기 어렵다는 것을 쉽게 확인할 수 있다. 국내와 달리 국제사회에는 공권력을 보유한 세계정부가 존재하지 않기 때문에 유사권력을 가지고 있는 다자개발은행 등의 국제기구와 강대국이 스스로 책무성을 주창하고 개선할 리는 만무하며 이를 대신해 협력대상국과의 상호책무성을 강조하는 데에도 익숙지 않다. 따라서 개발프로젝트를 시행하는 행위주체들이 직접 책무성을 실천하기 어려운 구조에서는 글로벌 수준과 지역수준에서 활동하는 CSO가 유일하게 공여주체와 수원주체에게 책무성을 요구하는 대안적인 세력이 될 수 있다. 글로벌 책무성이 국내 책무성의 전형적인 모델과 동일하게 또는 유사하게 형성되지 못할지라도 다양한 각도에서 책무성의 종류와 관계성을 유형화할 수 있다. 다음은 지금까지 개발학 연구에서 논의되어 왔던 책무성의 다양한 유형을 정리한 것이다.

1) 내부적 책무성과 외부적 책무성

내부적 책무성과 외부적 책무성은 개발책무성을 유형화할 때 기존 연구에서 가장 많이 이용해 온 구분법이다(Fox and Brown, 1998; Woods, 2001; Weisband and Ebrahim, 2007; Knapp and Feldman, 2012). 이는 책무성을 주창하는 주체가 다자개발은행 내부에 있는가 아니면 외부에 있는가에 따라 책무성 성격을 구분한다. 내부적 책무성에 대한 요구가 원조기관 내부에서 시발되면 상대적으로 책무성을 위한 혁신과정이 원활하게 진행될 수 있으며, 특히 내부적 요구가 진정성을 담보하고 적극적인 개혁을 추진할 경우 책무성 향상이 성공적으로 이루어질 확률이 높아진다. 그러나 다자개발은행과 같은 국제원조기관에서 내부적 책무성 개혁의 목소리가 자생적으로 표출되기 어려운 거버넌스 구조가 지배적이라는 현실적인 문제가 있다. 내부적 책무성을 제도화하기 어려울 경우 책무성의 진공상태를 채울 수 있는 유일한 대안이 외부에서 책무성에 대한 도전과 요구를 동원하는 것이다. 외부적 책무성은 주로 시민사회에 의해 동원되며, 외부적 책무성이 확장되어 구조적 압력 수준에까지 이르면 원조기관의 내부 관계자들이 심각한 개혁 압박에 노출되어 스스로 내부적 책무성 개선을 발동할 가능성도 있다(Buntaine, 2014; Scholte, 2011). 우즈(Woods, 2001)가 강조하였듯이, 외부적 책무성이 다자개발은행의 내부적 책무성을 완전히 대체할 수는 없으며, 가장 확실한 책무성 제고 방법은 내부적 책무성을 투명하게 제도화하는 것이다. 그러나 현실적으로 내부적 책무성을 자발적으로 이끌어내기 어렵다는 점을 고려해 볼 때, 외부 CSO가 책무성 요구를 극대화하여 내부적 책무성 개혁에 우호적인 다자개발은행 내부 세력과 연대하고 반대세력에는 압력을 행사하는 전략을 취하는 것이 중요하다.

개발협력의 원조기관이 기관 내부에서 내부적 책무성과 외부적 책무성을 명확하게 구분하여 책무성 유형이 상호 중첩되거나 혼재되는 것을 인위적으로 방지하는 것은 불가능하다. 다시 말해, 원조기관의 책무성은 본질적으로 조직 내부기관을 대상으로 하는 책무성과 조직 밖 대상과의 관계에서 발생하는 책무성이 동시에 공존하는 특징을 가진다. 따라서 다자개발은행은 동시에 내부적 책무성과 외부적 책무성 문제에 노출되며 두 책무성을 함께 다루어야 함에도 내부적 책무성을 최소한으로 축소하려고 노력하는 한편, 외부적 책무성으로 외부행위자를 포섭하고 이를 내부적 책무성과 환치하려는 이중적 잣대로 혼합된 거버넌스의 양태를 보인다(Kim et al., 2011; 김태균, 2013b).

이는 비단 다자개발은행에만 국한된 현상이 아니라 NGO의 경우에도 외부적 책무성과 내부적 책무성이 혼재되어 나타나는 것을 확인할 수 있다. [표 2-1]과 같이 NGO 책무성의 주요 요소를 구체적으로 분류할 수 있는데, 책무성의 주요 요소는 사회적 목적과 공헌, 민주적 의사결정, 재정건전성, 효율적 자원배분, 투명한 회계, 프로그램의 적

[표 2-1] NGO 책무성의 주요 요소

주요 요소	내용	대상
사회적 목적과 공헌	단체가 추구하는 목적이 공익과 관련이 있고 조직 활동이 사회적 발전에 기여하여야 한다.	기부자, 정부, 회원, 일반시민 등 모든 대상
민주적 의사결정	시민운동을 전개하고 단체의 목표를 달성하는 과정에 조직구성원의 참여를 강화해야 한다.	피신탁인, 기부자, 직원, 회원, 자원봉사자, 일반시민
재정 건전성	외부로부터 받는 재정지원이 너무 과도하거나 단체의 자율성과 독립성을 침해해서는 안 된다.	직원, 회원, 일반시민
효율적 자원배분	단체의 재정을 낭비하거나 비용에 비해 성과가 적어서는 안 된다.	피신탁인, 기부자, 회원, 일반시민
투명한 회계	재정사용에 대한 체계화된 예산제도와 회계기준을 가지고 내부통제와 감사제도가 확립되어야 한다.	피신탁인, 기부자, 정부, 직원, 회원, 일반시민
프로그램의 적절성	사업이 법적 · 도덕적으로 정당하고 일상생활과 밀접하며 시민참여를 촉발하여야 한다.	피신탁인, 기부자, 정부, 회원, 일반시민
사회문제 해결능력	각종 사회문제에 대해 내부 전문성과 외부 연대활동을 통해 효과적으로 해결할 수 있어야 한다.	피신탁인, 기부자, 회원, 파트너, 일반시민
서비스의 질	비가시적이고 사소하지만 일상생활에 필수적인 서비스를 제공하고 고객의 만족을 얻어낼 수 있어야 한다.	피신탁인, 기부자, 수혜자, 일반시민
고객에 대한 반응	외부인에게 개방적이고 변화에 유연하게 적응하며 고객의 요구에 적극적으로 대응해야 한다.	회원, 수혜자, 일반시민

자료: 박상필(2011: 264).

절성, 사회문제 해결 능력, 서비스의 질, 고객에 대한 반응 등 아홉 가지로 구성되며, 이는 내부적 책무성과 외부적 책무성으로 나누어 구분할 수 있다(박상필, 2011). 민주적 의사결정, 재정건전성, 효율적 자원배분, 투명한 회계 등 4가지 요소는 내부적 책무성을 위한 기준이며, 사회적 목적과 공헌, 프로그램의 적절성, 사회문제 해결 능력, 서비스의 질, 고객에 대한 반응 등 4가지는 외부적 책무성을 위한 기준에 해당된다고 정리할 수 있다. 그러나, 8가지 기준들 모두 내부적·외부적 책무성의 요소를 어느 정도 포함하고 있다. 결론적으로 내부적·외부적 책무성은 책무성의 대상에 따라 달리 개념화되는 것으로 개발협력의 모든 행위주체들에게 혼재되어 발견된다는 점에서 그 특징을 찾을 수 있다. 또한 다자개발은행의 경우 내부적 책무성을 개선하고 강화하기보다 외부적 책무성을 내부적 책무성의 대안으로 활용하는 경향이 강하고 다자개발은행 내부의 권력구조를 개선하기보다는 외부행위자와의 타협과 포섭에 무게중심을 두는 경향이 뚜렷하다는 특징이 있다.

2) 수평적 책무성과 수직적 책무성

내부적-외부적 책무성과 함께 자주 등장하는 또 하나의 책무성 유형은 국제개발 주체 내부에서 분화되는 수평-수직 관계에 기초한다(Weisband and Ebrahim, 2007; Goetz and Jenkins, 2001). 개발주체의 내부에서 조직을 총괄하는 집행이사회를 선발하는 과정에서 주인과 대리인 관계가 형성되는 책무성 유형을 수직적 책무성(vertical accountability)이라 개념화한다. 더 나아가 수직적 책무성 개념은 국가와 시민 간의 관계로 확대될 수 있으며, 권력분배에서 불균형이 발생하지만 선거·시민사회·대중매체 등의 민주적 장치를 통해 일반 시민이 정부에 책무성을 요구하고 불신임을 동원하는 방식까지 포괄한다(O'Donnell, 1999). 따라서 다자개발은행과 최종적으로 다자개발은행 사업의 수혜자인 개도국 시민 간에 수직적 책무성이 발생할 수 있다. 반면, 정부조직 내에서와 같이 다자개발은행 내부 부처 간의 균형과 견제에서 발생하는 관계성을 보통 수평적 책무성(horizontal accountability)의 대표적인 사례로 설명한다. 완전한 형태의 책무성은 조직 내의 수직적 책무성과 수평적 책무성이 제도적으로 보장되고 원활히 상호교차할 경우에 가능하다. 그러나 세계은행과 같은 다자개발은행의 경우 자금출자가 많은 회원국일수록 조직 내의 발언권 내지 집행이사로서 권한이 강화된다는 일화일표 원칙이 강하기 때문에 일반회원국이 주인으로서 집행이사회에 책임을 묻는 수직적 책무성이 보장되기가 어렵다는 평가가 지배적이다(Pallas, 2013; Kim, 2011; Park, 2010; Weaver, 2008; Birdsall, 2006; Goldman, 2005; Woods, 2001; Cahn, 1993). 또한 국내 정치의 사법부·행정부·입법부가 상호 견제하고 균형을 잡는 삼권분립 원칙이 세계은행의 경우에는 조사패널·집행이사회·집행관리부(Management)의 삼부제 구조에 동일하게 적용될 수 있으나 집행이사회의 막강한 권력으로 인하여 수평적 책무성이 국내 정치와 유사한 방식으로 보장되기는 어렵다.

그럼에도 불구하고 최근 세계은행에서 강조하고 있는 이른바 '사회중심 수평적 책무성(society-driven horizontal accountability)' 개념은 이러한 내부의 구조적 문제를 극복하려는 노력의 일환에서 제기된 것으로 이해할 수 있다(Malena et al., 2004). 이 개념은 세계은행이 최근 시행하고 있는 사회적 책무성에서 시발되었는데, 일반 시민 개개인 또는 시민사회단체가 직간접적으로 책무성 제고에 참여함으로써 사회적으로 수평적인 이해관계자들이 민주적으로 참여하고 개입하는 책무성 개념으로 확산되고 있다(Ackermann, 2005). 그러나 엄밀한 의미에서 사회적 책무성은 세계은행 내에서 형성되어야 할 내부 조직 간 수평적 책무성의 범위를 벗어나서 조직 외부에서 활동하는 행위주체를 내부 프로세스에 끌어들여 세계은행 내·외부 사이의 수평적 책무성으로 확장하고 있다. 또한 이렇게 수평적-수직적 책무성의 프레임을 계속해서 확장하다 보면 내부적-외부적 책무성의 프레임과 유사한 현상이 나타나게 되어 수직적 책무성을 내부적 책무성과, 그리고 수평적 책무성을 외부적 책무성과 동일한 유형으로 인식하게 된다(Deacon, 2007). 수평적 책무성의 과도한 팽창은 외부적 책무성과 혼동하는 상황을 유발하지만 현실에서의 다자개발은행은 CSO와의 관계개선과 전략적 협력, 그리고 책무성 제고라는 두 가지 목적을 수평적 책무성의 확장을 통해 동시에 달성하고자 한다.

3) 절차적 책무성과 관계적 책무성

기존 책무성의 유형화 방식 중 주류적 위치에 있는 수평적-수직적 책무성(또는 내부적-외부적 책무성) 프레임의 문제점과 한계를 지적하고 현실적으로 협력대상국의 국내적 상황에 보다 적실한 프레임을 제시하는 접근법을 '절차적-관계적 책무성(procedural-relational accountability)'의 유형에서 찾을 수 있다. 절차적 프레임은 행위 규제를 목표로 작동하는 구체적이고도 명확한 제도적 장치에 의존하기 때문에 공식적인 계약관계를 중심으로 이루어지는 협의의 거버넌스 방식을 상정한다. 한편, 관계적 책무성은 미시적인 맥락을 넘어서 광의의 사회체계와 정치·사회적 관계를 중심으로 비공식적·함축적·내재적·우연적인 책무성 규칙과 기준에 주목하고 법으로 제정할 수 없고 지표로 측정할 수 없는 역량발전(capacity development)에 집중한다(Tilley, 2014). 다시 말해, 관계적 책무성은 본질적으로 개발협력과 관련된 모든 상호작용의 토대가 되는 내재적 프로세스에 천착하여 보다 거시적인 수준의 권력관계가 전재(全在)적으로 형성되는 현상에 설명의 무게중심을 둔다(Moncrieffe, 2011). 따라서 기존의 수평적-수직적/외부적-내부적 책무성을 분석하기 위해서 관계적 책무성은 기계적인 절차적 책무성과 다른 방식의 대안적인 분석틀을 제공한다. 절차적 책무성은 전형적인 주인-대리인 모형에 근거하여 공식적 계약관계를 규명하는 기계적인 분석방법이며, 대부분의 경우 개발프로젝트 사업이행과 관련해서 발생하는 절차적인 문제로 국한된다. 반면, 관계적 책무성은 시행단계를 넘어서 개발행위에 연계된 다양한 행위자와 사회적 상호작용이 보다 거시적으로 복합되어 있는 사회체계와 체계 내에서 형성되는 사회적 관계성에 주목하기 때문에 미시적인 행위와 결과보다는 '사회적인 것(the social)'을 규명하는 원조의 장기적 영향에 무게중심을 둔다(Eyben, 2008). 아래 [표 2-2]는 다양한 측면에서 절차적 책무성과 관계적 책무성의 차이를 비교하여 정리한 것이다.

책무성의 전형적인 정의에 필요한 구성요소가 앞서 설명한 책임성·응답성·강제집행성·민주참여성이라 한다면, 이러한 구성요소들은 절차적 책무성의 중요한 기준치가 된다. 이에 근거하여 수직적-수평

[표 2-2] 절차적 책무성과 관계적 책무성 비교

	절차적 책무성 (Procedural accountability)	관계적 책무성 (Relational accountability)
맥락	• 구체적 · 명확한 · 협소한 맥락 중심	• 광의의 사회체계 중심 • 사회정치관계 중심
초점	• 행위 규제를 목표로 작동하는 제도적 기제	• 후견적 관계(clientelistic relations)
규칙	• 계약 중심(contractual) • 공식적(formal)	• 비공식적(informal) • 복합적(complex) • 함축적 · 내재적(implicit) • 우연적(accidental)
측정	• 재정과 거버넌스 지표로 측정	• 측정불가
권력관계	• 계약적 관계[예: 성과측정프레임워크(performance-assessment framework)] • 자원(resource)으로서 권력 • 제한적 의미의 권력	• 모든 상호작용의 토대가 되는 내재적 프로세스 • 무제한적(unlimited) · 전재(全在)적(ubiquitous) 의미의 권력 • 법으로 제정할 수 없는 역량(capacity)
문제해결 주요접근법	• 주인-대리인 접근법 중심	• 집단행위 접근법 중심 • 집단행위 접근법 안에서 주인-대리인 관계 분석

자료: Tilley (2014: 9); Eyben (2008).

적/내부적-외부적 책무성의 개념과 분석이 기술적으로 그리고 절차적으로 가능하다. 그러나 협력대상국이라는 특수한 정치적 공간에서 명확한 계약을 통한 책무성 이행과 성과를 측정하여 규제 및 제재를 가할 수 있는 절차적 책무성을 시행하는 데는 많은 제약이 따른다. 협력대상국으로 범주화되는 개도국과 최빈국의 경우 아직까지 책무성과 관련된 제도와 정책 요구를 충족하기에 역부족이며 기술적으로도 각 구성요소를 측정할 수 있는 정확한 데이터를 제공하기에는 정부역량에 한계가 있다. 이와 더불어 절차적 책무성은 측정가능한 부분만 취합하여 이를 책무성 전체로 해석하는 경향이 있어 공식적인 계약을 통해 공여주체와 수원주체를 규제하려는 본래 취지와 달리 제한된 측정데이터로 인한 왜곡된 처방을 제시하게 되는 방법론적인 한계성을 보이게 된다(Booth, 2012).

따라서 이러한 절차적 책무성의 기계적인 한계를 극복하고 협력대상국과 공여주체 간의 거시적·복합적·포괄적 관계를 포착하여 책무성을 둘러싸고 형성되는 집합행위 내에서 주인-대리인 관계를 맥락적으로 분석하는 것이 현실적으로 타당한 책무성 해법이다. 관계적 책무성은 책무성 자체를 사회적 구성의 구조적인 결과물로 인식하고, 책무성을 둘러싼 아시아개발은행과 아시아 시민사회 간의 갈등 정치를 정치사회학적 맥락에서 이해할 수 있는 개념적 프레임을 제공한다. 책무성에 관한 다자개발은행과 시민사회와의 관계성은 결국 갈등과 협치 사이에서 구성되는 거시적 수준의 정치화된 맥락 또는 통합적 타협의 산물이라 할 수 있다. 본 연구는 아시아개발은행과 아시아 시민사회 간에 형성되는 절차적 책무성에 기초하여 아시아 시민사회의 대항영역과 아시아개발은행의 책무성 기제가 어떻게 관계적 책무성을 구성하는가에 집중하는 통합적인 분석에 초점을 둔다.

4) 경성적 책무성과 연성적 책무성

원조효과성을 제고하기 위하여 협력하는 모든 행위주체가 책임성·응답성·강제집행성·민주참여성에 입각한 완전한 형태의 책무성 달성을 목표로 삼고 이에 각각의 책무성 요소를 최적화시키는 유형을 '경성적 책무성(hard accountability)'이라고 개념화한다. 반면, '연성적 책무성(soft accountability)'은 기존의 책무성 구성요소를 모두 갖추지 못하더라도 유사한 강도 또는 저강도로 개발협력의 책무에 대한 압박을 가할 수 있는 경우에 해당된다(Fox, 2007b; Schedler, 1999). 특히, 연성적 책무성에서 주로 배제되는 책무성 구성요소가 강제집행성이라는 사실을 우리는 쉽게 예상할 수 있다. 그러나 강제집행성을 배제함에도 불구하고 연성적 책무성에는 개발파트너들이 책무의 압력을 받게 되어 일정 수준의 책무성이 보장될 수 있다는 전제가 내포되어 있다. 사실상, 현실정치에서 4가지 책무성의 구성요소가 완벽하게 만족될 가능성은 매우 낮고, 행위주체를 법적으로 구속할 수 있는 제도적 장치의 철저한 운영은 대단히 비현실적이다. 엄밀하게 평가하자면, 기존의 개발협력 현장에서 발견되는 모든 책무성은 경성적 책무성이 아닌 일정 정도 연성적 책무성의 성격을 띠고 있다고 일반화해도 큰 무리가 없다.

연성적 책무성은 민주주의 시스템이 공고하게 제도화되지 못하고 이른바 굿거버넌스가 구축되지 못한 협력대상국일수록 자주 발생한다. 실제로, 책무성의 4대 요소 중 하나 이상을 이행하지 못하는 정치적·사회적 환경을 외생조건으로 갖고 있는 개도국의 경우에 연성적 책무성의 적용이 보다 효과적이고 객관적일 가능성이 높다. 대부분의 개도국 현장 조건이 이러한 미완의 책무성 프로젝트일 가능성이 높다는 점에서 경성적 책무성은 연성적 책무성을 대체할 만한 개념적 설명력과 이론적 타당성을 상실하게 된다. 따라서 책무성 연구에서 경성적 책무성을 반드시 이행해야 한다는 당위적인 결론보다는 연성적 책무성을 통해 보다 현실적인 실태분석과 대응방안을 제시하는 점진적인 결론이 바람직할 수 있다. 특히, 개도국 간에 원조를 교환하는 남남협력의 경우는 연성적 책무성을 적용하기에 최적의 역사적 맥락을 제공한다(Kim and Lim, 2017; Mawdsley, 2012). 남반구에 위치한 개도국 간에 역량강화·자금지원·지식공유 등 기술협력 방식의 원조가 주류를 차지하는 남남협력은 반둥회의 정신을 계승한 상호존중·연대의식·비동맹주의를 중심으로 조직된 정치적 파트너십에 기초한다(Chakrabarty, 2005; Prashad, 2012; Stuenkel, 2015). 남남협력에 참여하는 남반구 개도국들은 북반구 공여국들이 주장하는 경성적 책무성에 대한 이해도가 대단히 낮거나 정치적 개입으로 인식하여 의도적으로 거부하는 경우도 빈번하다. 따라서 남남협력의 경우는 서구 공여국 중심으로 형성된 경성적 책무성 개념을 수정 없이 그대로 적용하기에 무리가 따른다. 실제로 남남협력에 참여하는 개도국 간에는 책무성 개념이 전혀 논의되지 않고 있다는 사실이 이를 반증한다. 남남협력에서 통용될 수 있는 책무성 개념으로는 경성적 방식에서 탈피한 상대적으로 변형된 방식의 연성적 책무성이 더 적절하다고 평가할 수 있다.

5) 제재중심 책무성과 신뢰중심 책무성

공공정책 및 공공재와 관련된 사업을 추진함에서 본래 설정했던 목표를 최종적으로 달성하기 위한 제도적 장치로 책무성을 활용할 경우 책무성의 어떤 특징에 방점을 두는가에 따라 '제재중심 책무성(sanction-based accountability)'과 '신뢰중심 책무성(trust-based accountability)'으로 유형을 구분할 수 있다(Mansbridge, 2014). 공공사업과 마찬가지로 개발협력에서도 사업을 이행하는 과정에서 발생하는 문제에 대한 책임을 어떠한 방식으로 부과할 것인가에 따라 제재중심과 신뢰중심으로 책무성을 나누어 적용할 수 있다. 제재중심 책무성은 다분히 기존의 경성적 책무성, 그리고 절차적 책무성과 그 궤적을 같이하기 때문에 처음 약속했던 내용들이 집행되지 않을 경우 계약에 따라 적절한 제재를 가하게 되는 기계적인 프로세스를 전제로 한다. 반면, 신뢰중심 책무성은 개발협력에 참여하는 파트너들 간에 조성되는 신뢰를 바탕으로 이른바 '사회적 자본(social capital)'과 같은 행위자 공동의 네트워크에서 발산되는 압박을 통해 책무성을 관철시키는 유형이다(Evans, 1996; Fukuyama, 1995). 따라서 신뢰중심 책무성은 앞서 설명한 관계적 책무성 및 연성적 책무성과 맥락을 유사하게 공유한다. 책무성 부과는 참여주체들 간에 구성되는 관계성에 기초한다는 전제하에 계약에 따른 명료한 책임과 이에 따르는 제재가 적용되는 것보다 행위자 간에 신뢰가 얼마만큼 조성되어 있는가에 따라 책무의 성격과 속도가 조정되는 연성적 특징을 보유하게 된다. 결론적으로 책무성은 개발협력 사업을 기획하고 이행하는 과정에서 자연스럽게 사회적으로 구성되는 결과이지 계약에 의해 위로부터 일방적으로 부과되는 의무사항으로 간주하기 어렵다.

이와 같이 책무성은 다양하게 해석할 수 있는 무형의 변형체이다. 기술적으로 책무성은 특정 목적과 방법에 따라 그 용도가 변형된다. 재정적 관계에 초점을 맞출 경우는 재정적 책무성(financial accountability), 규칙 준수라는 제도적 틀에 방점을 둘 경우는 규칙준수 책무성(accountability for compliance with rules), 그리고 개발협력 사업 결과에 초점을 맞출 경우에는 결과 책무성(accountability for results)이라는 표현이 가능할 정도로 책무성 개념은 필요에 따라 자의적으로 변형될 수 있다(Hayne and Salterio, 2014; Hood, 2014; Olsen, 2014; Steets, 2010). 국내 사회와 같이 책무성을 가늠하는 제도적 장치와 사회적 합의가 민주적으로 운영되지 않는 글로벌 수준의 국제개발 영역에서는 더더욱 책무성은 맥락에 따라 유형이 손쉽게 변형되고 재생산될 수 있다. 책임성·응답성·강제집행성·민주참여성의 4대 요소로 구성되는 책무성의 정의를 행위자 간에 명확하게 상호 공유한다 하더라도 이를 기계적으로 개발협력 현장에 적용하는 것은 또 다른 문제이다. 특히, 개도국 간에 개발협력 프로젝트를 이행하는 남남협력 내지 국제기구와 개발CSO 간에 발생하는 책무성 문제일 경우 계약에 의한 기계적인 책무성을 적용하게 되면 행위자들의 반발과 정치적 저항으로 인하여 현실적으로 제도로 정착되기 어렵다. 따라서 국제개발 영역에는 무리하게 책무성 원칙과 기계적인 계약을 원용하기보다 현장의 조건과 환경에 맞게 책무성을 융통성 있게 적용하는 것이 바람직하다. 이렇게 하면 국제개발에서의 책무성을 연구할 때 기계적 원칙을 준수하는 절차적 분석보다는 맥락화를 중심으로 행위자 간의 관계적 책무성에 무게중심을 둠으로써, 정치사회적이고 복합적인 관계성에 배태되어 있는 책무성 기제 내부의 동력과 실질적인 작동 메커니즘을 파악하기 위하여 보다 효과적이고 적절한 방법론을 채택할 수 있다.

[그림 2-9]에서 확인할 수 있듯이, 책무성의 유형은 크게 절차적 책무성으로 대표될 수 있는 유형과 관계적 책무성으로 대표될 수 있는 유형으로 양분할 수 있다. 상호 대립적인 분석방법을 취하고 있다는 점에서 중간지대를 찾기가 어렵지만 두 유형이 모두 수직적-수평적 내지 내부적-외부적 책무성을 분석하기 위한 틀을 제공한다는 점에서 공통점을 찾을 수 있다. 이에 따라 본 연구는 수직적-수평적 그리고 내부적-외부적 책무성은 절차적 책무성과 관계적 책무성의 공통분모로 간주하고 아시아개발은행의 책무성 분석을 두 공통분모에 초점을 맞추어 진행한다. 아시아개발은행의 수직적-수평적 및 내부적-외부적 책무성이 경성적 시각에서 절차적 책무성 특징을 보이는 부분

[그림 2-9] 책무성 유형의 이분법적 대립구조

자료: 저자 정리.

과 연성적 시각에서 관계적 책무성으로 분석이 가능한 부분을 교차적으로 종합한다면 더욱 입체적인 분석이 가능하다.

그럼에도 불구하고 아시아개발은행과 아시아 개발CSO 간에 조성되는 책무성 문제는 절차적 책무성에서 일반적으로 강조하는 4가지의 구성요소 및 기계적인 계약관계가 발견되기 어려운 조건을 갖고 있다. 무엇보다 아시아 시민사회가 구축하는 연대체와 네트워크를 전통적인 주인-대리인 모델에 입각하여 일대일 대응관계로 분석하기에는 무리가 따른다. 따라서 관계적 책무성에서 강조하는 정치사회적 맥락과 사회구성적 복합성에 의해 조성되는 개발행위자 간의 집단적 관계성에 주목해야 한다. 책무성의 유형 중 본 연구에서 주로 사용할 유형은 관계적 책무성이고 절차적 책무성은 보조적인 역할을 수행한다. 관계적 책무성을 토대로 아시아지역에서 형성된 아시아개발은행과 개발CSO 간의 구조적 네트워크와 관계성에 천착하여 수직적-수평적 책무성과 내부적-외부적 책무성의 메커니즘을 추적하고 관계적 책무성의 집단적 프로세스를 절차적 책무성의 기계적 기능으로 보완하는 방식을 채택한다. 다시 말해, 아시아 맥락에서 형성되는 책무성 정치를 아시아 시민사회의 대항영역과 아시아개발은행의 글로벌 통치성에 입각한 갈등 정치의 시공간으로 재배치하고 이를 관계적 책무성으로 해석함으로써 절차적 책무성에서 나타나는 맹점을 보완하고 보이지 않는 숨은 사실을 밝혀낸다.

3. 책무성의 다원적 수용성: 현실정치의 적용 사례

책무성이라는 표현을 적확하게 명시하지는 않았어도 기존의 많은 학자들이 책무성과 유사한 개념을 자신의 논리와 주장을 전개하기 위한 방법론적 수단으로 사용해 왔다. 대표적으로 후쿠야마(Fukuyama, 2004)의 강한 국가(strong state) 대(對) 강한 사회(strong society) 프레임은 다양한 국가의 책무성 기제와 근대국가 형성과정을 비교하는 분석틀로 사용되었다. 미그달(Migdal, 1988)도 유사한 방식의 강한 사회(strong societies)-약한 국가(weak states) 프레임으로 근대화 과정에 있는 제3세계 국가들의 법제도와 사회정책의 형성과정을 비교·분석하였다. 또한 구해근(Koo, 1993)은 한국의 근대화 과정을 강한 국가(strong state)와 도전적인 사회(contentious society)의 갈등관계로 해석을 시도하였다. 이러한 책무성에 관한 유사 역사사회학적 접근은 현실정치에서 책무성의 실제적인 적용을 대부분 절차적 책무성의 범주를 벗어난 거시적이면서도 구조적인 개념과 특성으로 활용하고 있다는 것을 알 수 있다.

이렇듯, 실제로 책무성에 관한 기존 문헌연구는 거시적 맥락에서 분석의 프레임을 시작하는 경우가 많다. 특히, 국가와 사회의 관계성에서 발생하는 책무성의 문제를 역사사회학적으로 또는 역사적 제도주의에 입각하여 다양한 맥락과 사례연구에서 분석하려는 시도들이 이어져 왔다. 근대국가 형성과정에서 민주주의 혹은 권위주의와 같은 정치체제의 성격과 상관없이 정권을 보유한 정부가 권력의 모체인 국민에게 책무를 최대한 제공할 수 있다면 그 정부 및 국가는 안정적으로 발전할 수 있는 제도적 토대를 갖추게 된다는 해석이 있다(Fukuyama, 2011; 2014). 근대유럽에서 발생한 전쟁으로 인하여 국가가 부과한 조세제도와 징병제도에 상응하는 정치적·경제적 혜택을 국민에게 제공하는 기제로서 책무성을 인식하는 경우도 있다(Tilly, 1990; Steinmo, 1993). 이러한 근대국가 형성과정의 국가성(statehood) 수립은 국가가 시민에게 시민권을 부여하고 재산권을 인정하는 방식으로 국가의 책무성을 확보하는 연구로 이어진다(Marshall, 1964; Poggi, 1978). 국가의 책무성은 빈곤퇴치와 경제발전을 위한 근원적인 요소인 주인의식, 권한강화, 그리고 역량발전을 보장하고 권장하는 민주주의적 책무라는 매력적인 주장도 제기된다(Sen, 1981; 1999). 따라서, 개발 또는 발전이라는 논의의 범주를 거시적으로 확대하고 근대국가 형성과정과 저발전국가의 근대화에 다양한 제도의 확립을 설명하기 위하여 책무성의 개념이 다원적으로 수용되어 왔음을 확인할 수 있다.

거시적 역사사회학적 연구와 달리 개발학에서 글로벌 수준의 개발책무성 연구는 보다 현실적인 정책수행 및 개발패러다임과 관련된 주제에 분석의 초점을 두고 있다. 이러한 상대적으로 미시적이고 현실적인 책무성 연구가 국제개발에서 형성되는 책무적 관계를 분석하는 출발점이 되어야 하며 차후 거시적인 맥락과 연계하기 위한 매개체 역할을 수행해야 한다. 개발현장에서 특정국가 내부에서만 인정되고 글로벌 기준의 책무성 조건을 벗어나는 요소들은 즐비하다. 개발학의 현장성과 여기서 발생하는 현실정치의 맥락이 무엇보다 책무성 연구의 중요한 분석 조건이자 다원적 수용의 시작점이다. 여기에서는 기존 책무성 개념을 개발의 현실정치에 적용할 수 있는 대표적인 두 사례—남남협력과 조세제도—를 간략하게 소개하고 그 정치화 과정을 설명한다.

1) 남남협력의 책무성

올센(Olsen, 2014)이 피력했듯이, 책무성은 사회적 관계에서 흔히 발생하는 애매한 불확실성을 제한하고 예측가능한 관계로 전환하는 데 필요한 제도적 장치이다. 이러한 책무성 기능은 다양한 실제 개발협력 현장에서 수시로 적용이 가능하며 이는 곧 개발협력의 민주적 관리를 위한 필요조건이다(de Renzio and Seifert, 2014; Steets and Blattner, 2010; Guy Peters and Pierre, 2010). 그럼에도 앞서 언급했듯이 남남협력의 경우는 전형적인 책무성 개념이 적용되기 어렵다. 이는 남남협력에 참여하는 남반구 국가들이 선진공여국의 서구식 책무성을 수정 없이 받아들일 때 발생하는 주권침해에 대한 국내정치 세력의 반발을 무마하기 어렵기 때문이다. 개도국 입장에서는 책무성 이슈 자체를 개발프로젝트에 대한 책임을 개도국에 전가하고 강요하는 서구 공여국의 일방적인 개입으로 인식하기 쉽고, 따라서 개발원조를 빌미로 주권을 침해하는 서구 제국주의의 연장선에서 책무성을 이해하게 된다. 또한 많은 경우 실제로 남남협력에 참여하는 개도국들은 책무성 기제의 필요성을 느끼지 못하기 때문이기도 하다. 역사적으로 남반구 개도국들에게 남남협력은 상호 연대를 강화하기 위한 도구적 기능으로 인식되어 왔기 때문에, 연대와 협력의 틀 안에서 서로에게 책임을 묻는 엄격한 제도적 장치를 도입하는 행위는 남남협력에 참여하는 개도국에게 서로의 관계를 어색하게 만드는 불필요한 주문이자 구속 장치에 불과한 것으로 치부된다.

그러나 남남협력이 지속가능하기 위해서는 이른바 연성적 책무성과 같은 방식의 대안적인 책무성 기제가 제도화되는 것이 필요하다. 남남협력의 맥락에서 책무성이 요구되는 정당성을 찾기 위해 [그림 2-10]과 같이 참여행위자 수와 개빌협력사업의 성격에 따라 발생하는

	양자협력	다자협력
기술협력 (Technical Cooperation)	신뢰구축 (Trust Building)	즉자적 책임전가 (Ad hoc Buck-Passing)
인프라 중심 (Infrastructure-Centered)	전략적 동맹 (Strategic Alliance)	조직적 책임전가 (Organized Buck-Passing)

[그림 2-10] 남남협력의 행위자 수와 협력방식에 따른 책무성 문제의 다양성

자료: Kim and Lim (2014: 24).

책무성 결핍을 분석한다.

우선 남남협력의 행위자 수가 두 국가인 경우인 양자협력과 두 국가 이상 복수의 행위자가 파트너로서 개발파트너십에 참여할 경우인 다자간 협력으로 구분할 수 있다. 개발프로젝트는 남남협력의 주류인 저비용의 기술협력 중심 프로젝트와 비주류인 고비용의 인프라 중심 프로젝트로 나눌 수 있다. 개발협력에서 참여 행위자의 수가 증가할수록 파트너십을 유지하고 관리하기가 복잡해진다는 부정적인 견해가 있으며(Brinkerhoff, 2002), 개발파트너십을 명확하게 특정 방식으로 규정하기가 어려워질 정도로 복수의 파트너가 개발사업에 참여할수록 책임의 경계가 모호해진다는 연구결과가 있다(Helgesson, 2010; Mulgan, 2003). 행위자 수와 사업종류를 격자로 교차시키면 4가지의 시나리오가 만들어진다. 첫째, 양자협력과 기술협력이 교차하는 지점에는 특정 두 개도국이 남남협력을 통해 저비용의 기술협력을 추진하는 방식으로 구체화될 수 있는데, 이는 남남협력 제공자가 특정 협력대상국에게 신뢰구축과 같은 친선의 정치적인 목적으로 일대일 관계를 활용할

가능성이 높다. 기술협력은 상대적으로 비용이 적게 들기 때문에 특정 공여국가가 수원국가에게 협력기제로서 쉽게 접근할 수 있으며 수원주체도 공여주체의 원조 프레임에 큰 부담을 느끼지 않는다. 따라서 양자협력과 비용에 부담이 적은 기술협력일 경우 남남협력 참여국가가 서로에게 느끼는 책임의 정도가 대단히 미약할 수밖에 없고 남남협력을 상호 전략적인 목적에 부합하도록 해석하고 기획하게 된다. 양자협력이기 때문에 서로 간의 비신사적인 행위가 즉각적으로 상대방에게 노출될 가능성이 높은 반면, 다자간협력의 경우는 비용이 낮은 기술협력일지라도 복수의 파트너 간에 발생하는 역의 인센티브를 정확하게 파악하기 어렵다(Stokes, 2005). 행위자 수가 증가할수록 책임 소재를 명확하게 분배하기가 어려워지고 때로는 의도적으로 책임을 다른 행위자에게 전가할 수도 있다. 책임 소재가 불분명하게 배분됨에도 불구하고 기술협력 프로젝트에 필요한 재정적 비용이 큰 부담이 되지 않기 때문에 파트너 국가들 사이에 책무성에 대한 요구가 심각한 수준으로까지 발전하기 어렵다. 그러나 이러한 역의 인센티브와 책임전가가 계속해서 반복되고 정치화되는 과정이 지속되면 개발프로젝트 집행에 문제를 방지하기 위하여 남남협력의 경우에도 어느 정도의 책무성 기제를 도입할 필요가 있다.

인프라 중심 프로젝트의 경우는 남남협력의 책무성 양상이 다르게 나타난다. 이는 인프라 구축이라는 사업의 특성에서 발생하는 것으로 인프라 프로젝트는 기본적으로 고비용으로 대규모의 재원 투입이 필요하기 때문에 인프라 프로젝트를 제공하는 공여주체는 사업의 성과에 민감해지고 파트너 국가에게 기술협력보다 책무성 문제에 심각하게 접근하게 된다. 또한 협력대상국도 인프라 프로젝트에 자국의 책임에 관한 문제에서 자유롭지 못하므로 연성적이나마 책무성 기제의 제도화 필요성을 느끼게 된다(Kim and Lim, 2017). 양자협력 방식의 인프라 프로젝트는 상대적으로 참여 국가에게 책무성의 의무를 반감시킬 수 있다. 최근에 중국이 주로 사용하는 방식인 양자 인프라 협력은 대부분 공여국이 전략적으로 선택한 남남협력 대상국에 대규모의 투자 형식으로 이루어지고 있다. 특히 '일대일로(一帶一路: One Belt One Road)'를 표방하면서 중국 본토에서 중앙아시아 유럽까지 연결하는 대규모 개발프로젝트에 관련 국가와 양자협력 방식의 인프라 투자를 실시하고 있는 정책이 대표적인 사례이며 이러한 양자협력의 인프라 프로젝트에서는 책무성 문제보다는 전략적인 동맹관계를 공고히 하는 데 보다 개발사업의 목적이 있다고 해석할 수 있다(Cooley, 2016). 그럼에도 대규모 투자로 인하여 사업이 실패할 경우를 대비한 책무성 기제가 연성적으로 작동할 가능성을 배제할 수 없다.

남남협력에서 가장 심각한 책무성 장애가 발생할 수 있는 경우는 복수의 남남협력 참가국이 인프라 구축 관련 사업에 관여할 때이다(Kim and Lim, 2017). 대규모 원조가 필요한 인프라 구축 사업에 공여국과 협력대상국 이외에 다양한 이해관계국이 다수로 참여할 경우, 그리고 본 프로젝트에 참여하는 파트너 국가들 사이에 명확한 책임이 위임되지 않을 경우, 본 사업의 실패를 다른 파트너에게 넘기는 책임전가가 조직적으로 발생할 가능성이 농후하다(Steets, 2010). 인프라 구축은 고비용을 요구하는 재정적 투자가 동반되기 때문에 사업 실패에는 책임을 묻는 과정이 반드시 뒤따르게 되며, 피해 규모가 클수록 책임 소재에 대한 민감성도 확장된다. 양자협력보다 다자협력에서 책임전가 현상이 심각하게 발생할 수 있으며 이를 방지하기 위해서는 남남협력이라는 독특한 맥락에 맞게 책무성이 연성적으로 작동할 수 있도록 제도화되어야 한다. 앞서 연성적 책무성에 대하여 상술하였듯이, 책임성·응답성·강제집행성·민주참여성과 같이 기계적인 책무성의 요소들이 모두 포함되지 않더라도 남남협력에서 가장 필요한 책임성 요소만이라도 참여 국가들이 공유하고 제도화한다면 책임전가라는 역의 인센티브를 어느 정도 제어할 수 있다.

2) 개도국의 조세개혁

책무성 제도의 현실정치 적용은 국가발전계획이 포함하는 조세개혁과 이와 관련된 시민권의 정치화 현상에서 여실히 찾아볼 수 있다. 전통적으로 근대국가 형성과정에서 시민권이 발현되고 시민의 목소리가 공공정책에 반영되는 과정의 필수적인 제도혁신인 조세행정과 조세순응, 그리고 조세협상의 관계성을 추적함으로써 책무성이 개도국 시민의 정치세력화와 자발적 참여를 위한 정치적 기제로 활용된다는 것을 확인할 수 있다(Bräutigam, 2008; Moore, 2004; Levi, 1988). 조세제도는 시민이 납세자로서 시민권을 복원하고 정당한 주장을 정부에게 전달할 수 있는 대표성의 제도적 근거로서 작동한다(Prichard, 2015). 개도국과 최빈국에서 납세자로서의 시민권 확보는 단기적으로는 납세자의 조세저항과 대중 참여라는 정치적 대응성을 제고하는 효과를 창출하고, 장기적으로는 시민의 정치적 역량이 강화되는 긍정적인 결과를 이끌어 낸다(Chazan, 1988; Whitehead and Gray-Molina, 2003; Moore, 2008).

개도국의 경우 선진국에서 흔히 예상할 수 있는 민주적 절차에 따라 조세 당국과 납세자 간에 재정계약(fiscal contracts)이 형성된다는 가정을 적용하기가 어렵다(Levi, 1988). 특히, 천연자원이 풍부한 자원국가일수록 이른바 '자원의 저주'라 불리는 국가발전의 악순환이 반복되면서 조세를 통한 재정확보에 실패하고 납세를 통한 시민권 보장이라는 계약관계의 제도화가 불가능해진다. 그러나, 아프리카의 국가들에서 조세개혁을 통한 납세자의 정치적 역량강화를 이끌어 내고 최종적으로 납세자 요구에 적극적으로 대응하는 정부의 변화를 도모하여 책무성을 제고하는 사례를 찾아볼 수 있다(Prichard, 2015; Ahmad and Stern, 1991; Moore, 1998). 이는 탄자니아, 보츠와나와 같은 동아프리카 국가에서 주로 나타나는 현상으로, 대중으로서 납세자가 납세를 거부하는 소극적인 조세저항과 대중 참여 형식의 적극적 집합행동을 통해 정부의 조세정책에 직접적으로 관여할 수 있다. 이러한 대중의 개입은 정부가 직접 납세자와의 조세협상에 나서도록 유도하고, 궁극적으로 납세자의 정치세력화를 도모하여 정부의 조세행정 개혁을 통한 책무성 제고를 가능하게 한다(Gehlbach, 2008; Bird and Vaillancourt, 1998; Juul, 2006; Moore, 2007). 또한 납세자의 성공적인 개입은 정부와의 직접 협상을 통해 재정계약 체결을 성사시키고, 이런 결과를 지속적으로 반복하면서 국가의 재정분권화를 제도화시키며 일상생활에서는 시민권을 확보하는 순기능적 역할을 수행한다. 따라서 조세개혁을 통한 책무성 제고에서 책무성 요구의 주체는 납세자라는 시민이 되고 책무성 보장의 주체는 정부가 된다. 조세행정에 대한 책무성이 확보되면 순차적으로 납세자의 조세순응이 확보되고 조세제도가 경제발전과 사회발전을 위한 재정적 토대로서 순기능적인 역할을 수행하게 된다.

이러한 개도국의 조세개혁은 남남협력을 통한 기술협력과 조우할 때 더욱 긍정적인 효과가 창출될 가능성이 높다는 연구 결과가 최근에 주목을 받고 있다(Organization for Economic Co-operation and Development, 2013: 62-63). 서구의 선진화된 조세개혁 프로그램이 기술협력 방식으로 개도국에 도입될 경우 재정계약조차 제도화되지 않은 조세환경에서 조세행정의 급격한 개혁이 오히려 조세저항을 유발하거나 개도국 정부에 의해 납세자의 권리가 침해되는 역효과가 발생할 가능성을 배제할 수 없다. 선진적인 조세제도의 무리한 수입보다는 발전의 수준이 비슷한 개도국 중 조세제도를 원활하게 운영하고 있는 국가의 노하우와 지식을 공유하여 단계별로 조세행정의 선진화를 추진하는 것이 보다 효과적이라는 분석이다. 남남협력 또는 삼각협력을 적극 활용하여 성공적인 조세개혁을 유도한 대표적인 사례로 라틴아메리카 지역의 '미주조세행정센터(Inter-American Center for Tax Administrations: CIAT)'[20]와 '아프리카조세행정포럼(African Tax Administration Forum: ATAF)'을 꼽을 수 있다.[21]

조세개혁과 관련된 사회적 맥락에 책무성 기제를 적용하는 사례는 남남협력에서 확인했던 것과 마찬가지로 책무성이 현실정치에 다양하게 적용되고 작동한다는 사실을 보여준다. 비록 두 가지 사례만을 검토해서 책무성의 다원적 적용에 대한 일반론적 함의를 유도할 수는 없지만, 적어도 다원적 적용이 기계적인 절차적 책무성보다는 사회정치적 맥락과 복합적 관계성에서 기인한다는 관계적 책무성 프레임의 분석적 타당성을 강조할 수 있다.

20 CIAT는 1967년에 설립되어 현재 파나마에 본부를 두고 총 40개국이 회원으로 활동하고 있는 라틴아메리카 지역 중심의 남남협력 기구이다. 주요 역할은 라틴아메리카 개도국의 조세행정을 근대화하기 위한 기술협력과 지식공유 및 역량강화 프로그램을 제공하고 있다. 〈https://www.ciat.org/?lang=en. 검색일: 2018년 5월 9일〉

21 ATAF는 2008년에 남아프리카공화국 프레토리아에 본부를 두고 34개국을 회원으로 하여 창립되었다. 아프리카 지역의 조세개혁을 전문으로 하는 남남협력 기구이다. ATAF의 주요 목표는 아프리카 회원국의 조세정책과 행정역량을 강화하기 위하여 동료학습과 지식개발을 통해 아프리카 맥락에 맞게 조세개혁의 우선순위를 설정하고 모범적인 성공사례를 공유한다. 또한 ATAF는 조세개혁을 위한 자원동원을 강화하고, 탈세를 방지하며, 조세행정의 전문성을 강화하기 위한 기술협력을 확대할 뿐만 아니라, 시민사회 및 납세자들과 조세개혁을 위한 직접 대화의 창구를 확대·개편하는 프로젝트를 진행하고 있다. 〈https://www.ataftax.org/en/. 검색일: 2018년 5월 9일〉.

4. 책무성 딜레마

지금까지 살펴본 책무성 개념과 현실정치의 다원적 적용은 다자개발은행인 아시아개발은행과 아시아 시민사회 간의 관계적 책무성을 분석하기 위한 전초전이다. 아시아개발은행과 시민사회의 관계는 일반적인 국내사회에서 발생하는 국가와 시민사회 관계와는 전혀 다른 양상을 보인다. 무엇보다 아시아 시민사회는 아시아개발은행 자체를 구성하는 내부 구성인자가 아니다. 따라서 국가의 구성원인 시민사회가 정부를 상대로 책무를 요구하는 전형적인 주인-대리인 프레임을 아시아개발은행과 아시아 시민사회 관계에는 적용할 수 없다. 내부가 아닌 외부행위자로서 아시아 시민사회가 아시아개발은행에게 책무성을 요구하는 국제사회의 책무성 프레임은 기본적으로 책무성을 개혁하는 과정에서 패러독스를 생산한다. 국제개발 영역에서 책무성 이슈는 책무성의 당위적인 필요성과 현실적 이행문제로 인하여 딜레마에 빠지게 되며, 딜레마를 최소화하기 위해서 주어진 맥락과 조건에서 행위주체 간에 현실적인 타협점을 찾아야 한다. 이는 궁극적으로 책무성과 관련하여 발생하는 딜레마 때문에 주요 행위주체 간에 갈등의 정치공간이 형성되고 여기서 발생하는 긴장과 해법은 주로 이 공간에서 만들어진다는 것을 의미한다. 이러한 맥락에서 아시아개발은행 사례를 통한 개발책무성 연구는 책무성 고유의 딜레마를 인정하고 딜레마를 극복하기 위한 아시아적 책무성 양식의 재생산을 분석하는 데 의의가 있다. 국제개발 분야에서 책무성의 딜레마는 다음과 같이 4가지 차원에서 구체적으로 정리할 수 있다.

첫째, 책무성 관리 및 집행의 불균형이 초래하는 민주성 결핍(democratic deficit) 문제이다(Keohane, 2003; Nye, 2001; Deacon, 2007). 책무성 문제와 그 해결책을 제안하는 규칙제정자(rule-setter)와 이를 직접 시행하고 따르는 규칙준수자(rule-taker) 간의 간극에서 민주성 결핍이 발생한다(Woods and Narlikar, 2001). 다시 말해, 어떤 유형의 책무성을 시행하더라도 공통적으로 부딪히는 장애물은 책무성을 제안한 주체와 책무성을 이행하는 주체가 분리되는 현실적 괴리에 기인한다. 보통 규칙제정자는 공여국일 가능성이 높고 규칙준수자는 협력대상국일 가능성이 높다. 개도국에게만 적용되는 책무성은 무리한 통제기제로 사용될 공산이 크고 책무성 요건이 공여국에게도 적용될 경우 규칙제정자가 이를 회피하려고 한다면, 이는 책무성 관리와 집행에서 힘의 불균형에 의하여 민주적 절차가 모든 당사자에게 균등하게 적용되는 것이 거부되고 책무성이라는 제도적 장치가 일종의 정치적 수사에 그치는 딜레마에 빠지게 된다(Steets and Blattner, 2010). 따라서 개도국은 국제사회의 책무성 요구를 정치적 공세 내지 통제수단으로 인식하게 되고 개발협력에 관한 국제규범과 담론을 논할 때 책무성 논의를 배제하려는 의도를 정치적으로 강하게 표출하게 된다.

앞서도 언급했듯이, 책무성의 제고가 효율성 감소로 이어지는 상쇄관계의 문제가 두 번째 딜레마라 할 수 있다(Behn, 2001; Ebrahim, 2005; Steets, 2010; Mörth, 2008). 책무성을 강조할수록 개발협력 정책에서 또 하나의 중요한 축인 경제적 효율성이 위축되는 반비례 함수관계가 조성되고, 그 반대의 경우인 지나친 효율성 강조가 책무성 감소로 연결되는 사례도 개발 현장에서 목도될 수 있다. 따라서 전통적으로 개발 효율성에 중점을 두어 온 다자개발은행은 지나친 책무성 제고가 기관이 추구하는 본연의 목표와 어긋나는 결과를 초래할 수 있다는 강박 때문에 다자개발은행 스스로가 책무성 문제(특히, 내부적 책무성)를 적극적으로 개진하기 어렵게 된다(김태균, 2013b). 이런 이유로 다자개발은행의 책무성 제고를 요구하는 주체는 보통 다자개발은행 외부에서 활동하는 개발CSO일 가능성이 높으며, 이는 외부적 책무성의 특징을 띠게 되고 기계적 구성요소를 중심으로 움직이는 절차적 책무성보다 시민사회와 국제개발기구 간에 형성되는 맥락을 중심으로 관계적 책무성의 접근방식을 취하게 된다. 다자개발은행의 책무성을 개혁하기 위해서는 수직적 책무성 또는 내부적 책무성을 기관 스스로가 주체적으로 추진하는 것이 가장 효과적인 데 반해, 실제 책무성 개선 노력은 내부가 아닌 외부에서 시작되기 때문에 그 강도와 효과성이 반감되는 딜레마에 빠지게 된다.

셋째, 책무성 딜레마는 다자개발은행뿐만 아니라 CSO 내부의 책무성 문제에서도 발생한다. 시민사회단체 내부 딜레마의 핵심은 CSO가 자체 활동에 대한 책임을 누구에게 어떠한 방식으로 져야 하는가에 대하여 입장에 따라 다른 해석을 내놓고 있어 충돌과 갈등을 빚고 있다는 데에 있다(김태균·박명준, 2010; Trent, 2016). 주류적 입장은 개발CSO의 자원주의와 자기제어 기능을 CSO 조직행위의 기본원칙으로 인식하고 CSO의 활동 자체가 이미 정제된 투명성을 지니고 있다고 판단하기 때문에 책무성의 문제를 CSO에 적용하는 것 자체를 부적절하다고 해석한다(Pallas and Guidero, 2016). 반면, 정부 및 국제기구와 마찬가지로 CSO도 내부적-외부적 책무성에 대한 평가와 이에 따른 조건부 재정지원 등에 대한 심층적인 검토가 필요하다는 주장이 있다(Jordan and van Tuijl, 2006). CSO의 책무성 딜레마는 바로 이러한 인식의 불합치에서 기인한다. 이러한 딜레마를 정확하게 이해하기 위해서는 개발CSO의 자율성과 배치되는 자기개혁이 내부적으로 얼마나 가능할 것인가와 CSO에 재정적으로 기여하는 외부 공여기관과의 주인-대리인 관계를 기존 개발주체에서 발견되는 주인-대리인 관계와 얼마만큼 다르게 해석할 수 있는가에 대한 정치한 분석이 필요하다. 외부후견인이 특정 CSO에게 재정지원을 하는 이유가 CSO가 제공할 수 있는 서비스에 대한 정당한 구매행위라고 해석하는 경우에 외부적 책무성 이슈는 CSO의 맥락에서 큰 문제가 되지 않는다. 반대로 외부후견인이 재정지원을 통해서 CSO가 추진하는 본연의 목적과 원칙에 위배되는 사업이 진행되거나 CSO가 자원주의에 어긋나는 행위를 비자발적으로 행할 경우는 책무성 문제가 심각하게 대두되게 된다(Salamon, 1995; Lewis, 2001; 김태균, 2017). 그럼에도 불구하고 서비스 제공자 역할이 아닌 정책옹호의 역할에서는 상대적으로 책무성 담지자로서의 위치보다는 다른 원조기관의 책무성을 제기하는 주창자로서의 위치를 강조할 수 있기 때문에 개발CSO가 내부 책무성의 딜레마에서 더 자유로울 수 있으며 이에 따라 본 연구에서는 주창자로서의 CSO 역할에 더 방점을 둔다.

마지막으로, 국제개발의 책무성 연구에서 절차적 책무성과 관계적 책무성의 경계선이 현실세계에서 명확하게 표면화되기 어렵다는 한계가 있다. 기계적인 책무성의 주요 구성요소를 포함하고 있는 절차적 책무성은 책임성·응답성·강제집행성·민주참여성 등 미시적 가치의 복합체로 대표된다. 법적인 계약에 의해 개발협력에 참여하는 모든 당사자들이 특정 범위의 업무 위임과 이와 관련된 법적 책임을 부과하는 기계적 통제기제로서 책무성을 인식할 경우 절차적 책무성을 기준으로 국제원조기구의 내부적-외부적 책무성 내지 수평적-수직적 책무성을 좁은 의미로 분석할 수 있다. 그러나 국제개발을 둘러싼 국제사회의 제반 환경이 민주주의 통치레짐인 국내 환경과 유사한 조건을 공유하지 않으면, 국제개발의 개발파트너들이 절차적 책무성을 자발적으로 준수하거나 다른 행위주체에게 절차적 책무를 종용할 수 있는 법적·제도적 장치를 보유할 수 없다. 따라서 개발협력 행위주체 간 형성되는 파트너십과 책무성 분석을 정치사회학적 맥락을 중심으로 복합적 관계성이라는 거시적 프레임 안에서 해석하려는 대안적 접근법이 이러한 문제를 해결할 최선의 방법이 될 것이다. 책무성이 내재적으로 지닌 딜레마를 극복하기 위하여 기술적인 절차적 책무성을 포함한 사회적 맥락과 정치적 관계를 토대로 구성되는 관계적 책무성을 전면에 내세우고 내부적-외부적 책무성 및 수평적-수직적 책무성을 절차적 책무성과의 공통분모로 활용하는 방식이 바람직하다. 이를 토대로 다음 장에서는 아시아개발은행과 아시아 시민사회 간의 관계적 책무성 연구를 위한 이론적 분석틀을 4단계로 구성하고 단계별로 논리적인 정합성을 시도한다.

제3장

글로벌 책무성을 위한 이론적 분석틀

본 장에서는 지금까지 설명한 책무성의 개념적 이해를 바탕으로 아시아개발은행과 아시아 시민사회 간에 구성되는 글로벌 책무성의 아시아적 재생산에 관한 이론적 분석틀을 제시한다. 아시아개발은행뿐만 아니라 다자개발은행으로 구분될 수 있는 모든 국제원조기관은 아시아개발은행과 유사한 방식의 책무성 기제를 운영하고 있다. 앞서 1장에서 문제를 제기했듯이, 논의의 핵심은 다자개발은행의 아킬레스건이라 할 수 있는 책무성 결핍이 다자개발은행에게는 일반적인 현상임에도 불구하고 유독 아시아개발은행만이 예외적으로 책무성 개선에 성공적으로 대처하고 있다는 점이다. 또한 이 이면에는 아시아 지역에 퍼져 있는 시민사회의 적극적인 대응이 자리하고 있다는 특징이 있다. 따라서 이를 분석하기 위한 이론적 프레임은 다자개발은행과의 초기조건을 공유한다는 유사성에서 출발한다. 그리고 최종적으로 차별적인 책무성 기제를 생산한다는 논리적 흐름을 따르기 때문에 아시아개발은행의 특수한 책무성 경로를 거시비교연구를 통해 구별짓기하는 최대상이체계분석(most different system design)을 위한 차이법에 그 방법론적 기초를 둔다(Tilly, 1984; 한국비교사회연구회, 1990).

아시아개발은행의 특수한 사례에 관한 글로벌 책무성 연구는 다분히 정치사회학적이다. 이는 책무성 자체가 특정 맥락에서 간주관적으로 구성되는 사회적 관계성에 기초한 사회적 사실이기 때문이다(Badie and Birnbaum, 1983). 유사한 맥락에서 일부 국제정치학자들은 다자개발은행의 책무성 기제 제도화를 국가 중심의 현실주의적 해석보다는 책무성이라는 규범적 가치가 책무성 개선을 위한 제도로 구조화되는 사회구성주의적 시각을 제시하고 있다(Best, 2005; Blyth, 2002; Hobson and Seabrooke, 2007; Sharman, 2006). 다자개발은행의 책무성 기제 도입은 대부분 자발적인 동기에서 시작된다기보다 시민사회와 같은 외부 행위주체에 의한 압박에서 비롯된다. 따라서 아시아개발은행의 내부적-외부적 책무성과 수평적-수직적 책무성을 제고하기 위한 아시아개발은행과 시민사회의 끊임없는 갈등을 정치적으로 풀어 나가는 과정을 추적하는 관계성 분석이 필요하다. 또한 아시아개발은행과 아시아 시민사회가 각각의 내재화된 논리와 원칙으로 상호 관계를 맺고 경합하기 때문에 두 행위주체가 형성하는 구조적 환경과 집합행동으로서의 전략 등을 비교하는 맥락의 대조(contrast of contexts)가 필요하다.

정치사회학적 비교연구와 더불어 아시아 맥락에서의 책무성 연구는 역사적인 접근법을 토대로 한다(김태균, 2016b; Skocpol, 1984). 아시아개발은행의 책무성 제도는 단번에 도입된 우발적인 결과물이 아니라 지속적으로 아시아 지역의 개발CSO와의 상호작용을 통해 구성된 역사적인 축적물이다. 실제로 아시아개발은행의 책무성 제도는 질적인 전환을 이룬 특정 시점이 있고 이를 전후로 비교해 보면 시민사회의 깊숙한 개입이 배후에 있음을 인식할 수 있다. 이로써 아시아적 맥락에서 다자개발은행이 책무성 제도를 어떠한 방식으로 도입하고 발전시키게 되는가에 대한 역사적 궤적을 추적하는 과정이 이론적 분석틀에 반영되어야 한다. 제도주의적 동형화이론이 책무성 제도의 역사적 발전경로를 설명하는 이론적 프레임 역할을 할 수 있다.

또한, 아시아개발은행의 책무성 연구를 위한 이론틀은 총체적인 시각을 제공해야 한다(김태균, 2016b; Wallerstein, 1974). 특정 민주주의 국가에서 국내적으로 시행되는 절차적 책무성을 분석대상으로 삼는 것이 어렵다는 전제조건하에서, 거시인과분석을 통해 아시아개발은행과 집단주체로서 아시아 시민사회의 관계적 책무성을 주요 분석대상으로 상정해야 한다. 이는 계약에 의하여 책무성의 주요 구성요소를 만족하고 있는가가 책무성 연구의 주요 분석대상이 아니라, 거시적인 맥락에서 어떠한 관계성이 형성되고 있으며 갈등의 정치라는 프레임에서 다자개발은행인 아시아개발은행과 대항세력으로서 아시아 시민사회가 어떠한 통치성과 자원동원 메커니즘을 구사하고 있는가에 대한 총체적인 접근이 요구된다.

이를 바탕으로 본 연구의 이론적 프레임은 네 단계로 구성된다. 제1단계에서는 다자개발은행과 시민사회가 서로 다른 방식의 책무성 제도를 관철하기 위하여 정치적으로 대립하는 '갈등의 정치'를 소개한다. 2단계에서는 다자개발은행이 원조 제공주체로서 발산하는 고도의 정치적 기술인 글로벌 통치성을 이론화하여 책무성 기제에 내재화되는 권력화 현상을 분석한다. 3단계에서는 글로벌 통치성의 대항기제로 다양한 수준의 시민사회 연대체가 대항영역을 확장하려는 사회운동을 이론적으로 정리한다. 마지막 단계에서는 다자개발은행이 전략화하는 글로벌 통치성과 시민사회의 대항기제인 자원동원전략이 갈등정치 공간에서 책무성 제도화로 귀결되는 정치적 관계성을 일종의 동형화 현상으로 이론화하고 이에 내재된 탈동조화 현상을 아시아적 맥락으로 재해석하는 작업을 시도한다.

1. 역동적 상호작용으로서 갈등의 정치

이론화의 첫 번째 단계로 책무성 결핍의 표적이 되는 아시아개발은행과 책무성 문제에 도전하는 아시아 시민사회가 상호 조직적으로 조우하고 대응하며 경합하는 공간적 프레임을 정치사회학의 '갈등의 정치(contentious politics)'로 개념화한다. 선택된 특정 행위주체를 중심으로 단편적인 현상을 합리적 선택으로 해석하여 일반화하는 기존 사회과학의 주류 모델링 방식을 비판하고, '역동적인 상호작용(dynamic interaction)'의 입체적인 집합행위가 갈등하고 교차하며 정치적으로 공존할 수 있는 물리적 공간을 정치사회학자들은 갈등의 정치로 통칭한다(Tilly and Tarrow, 2007; McAdam et al., 2001). 갈등의 정치는 정치현상을 일괄적으로 포괄하는 일반론적인 법칙을 찾으려는 접근법이 아니라, 다양한 정치적 갈등 현상을 관통하는 원인과 결과의 개별적인 관계성 가운데 공통점을 찾으려는 노력의 집산체이다. 따라서 갈등의 정치라는 공간의 성립은 갈등과 협력의 다양한 관계방식에 공통적으로 유사하게 적용되는 연계 메커니즘과 동원의 프로세스를 확인하고 식별하는 과정을 통해 가능하다.

갈등국면으로 발전하는 쟁점영역에서 표출되는 정치적 집합행위는 다양한 이유와 맥락에서 형성되지만, 대부분은 그 표현방식이 수렴되는 경향을 보인다. 갈등정치에 관여하는 주체들은 공통적으로 국가기관 및 권력체에 도전장을 내밀고, 공적인 행동을 활용하며, 레퍼토리(repertoires)라 불리는 집합행위의 특정한 행동방식 목록을 공유하거나 새로운 방식을 도입하고, 여타 강력한 주체들과 전략적 연대를 추진하며, 기존의 정치적 기회구조를 전략적으로 십분 이용하고, 주장을 관철시키기 위하여 제도적 및 비제도적 경로를 최대한 동원한다는 점에서 공통점을 찾을 수 있다. 따라서 갈등정치는 특정 이익집단의 이해관계가 투영된 집합행위의 조율을 통해 공공의 권력체에 집단의 주장을 관철시키는 과정에서 나타나는 역동적 상호작용으로 이해할 수 있다. 이러한 갈등의 정치는 [그림 3-1]과 같이 사회생활세계의 주요 구성요소인 갈등(contention), 집합행위(collective action), 정치(politics)의 세 영역으로 구성되며 각 영역이 상호 교차하는 공간에서 갈등의 정치가 성립된다(Tilly and Tarrow, 2007: 4-7).

첫째, 갈등의 영역은 특정 행위자가 자신(또는 조직)의 이해관계와 전략적 목표를 담보하고 관철시키려는 노력에서 비롯된다. 갈등은 일반적으로 일상생활에서 쉽게 발생하는 작은 경합이나 긴장관계에서 시작될 수 있고, 집단이익과 대정부 저항을 목표로 동원된 대규모의 사회운동 방식으로도 표출될 수 있다. 또한 정부 및 권력기관을 상대로 정치적인 갈등을 표출하는 행위가 아닌 정치 영역 밖에서 발생하는 일상적인 삶의 비정치적 또는 몰정치적인 경우도 포함한다.

둘째, 집합행동의 영역은 집단 내부의 공유된 이해관계 또는 집

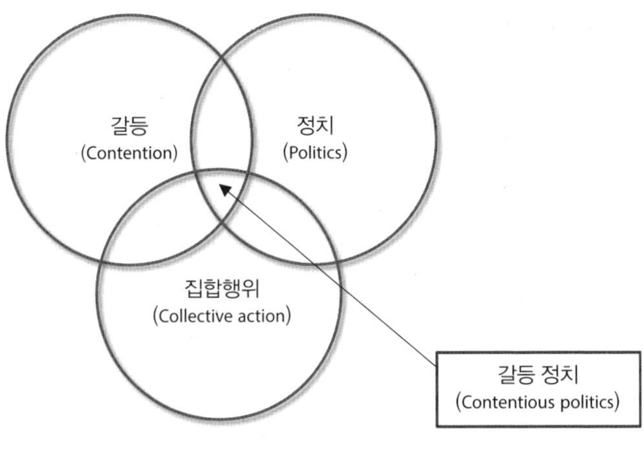

[그림 3-1] 갈등의 정치 구성도

출처: Tilly and Tarrow (2007: 7).

단 전체의 프로그램을 추진하기 위하여 조정·조율된 집단 노력의 집합체를 의미한다. 집합행위의 대부분은 갈등과 무관하게 발생할 수 있으며, 정부개입과 같이 정치적인 문제와 연계되지 않는 경우도 포함한다. 다시 말해, 집합행위는 갈등의 정치 밖에서 발생할 수 있다는 의미이다. 이러한 집합행위 영역은 특정 방식의 주장과 요구를 표출하는 행동을 레퍼토리로 축적하게 되는데, 이와 관련해 다양한 사회운동의 레퍼토리를 대표적인 사례로 제시할 수 있다(Tarrow, 1994; Tilly, 2004).

마지막으로, 갈등과 집합행위의 두 영역이 정치적 현상과 무관하게 형성되는 경우를 갈등의 정치 공간에서 배제하기 위하여 갈등과 집합행위가 반드시 정치의 영역과 교차해야 한다. 정치 영역은 갈등의 주체가 어떤 방식으로든 공권력을 보유한 정부 및 정부관련 기관, 또는 국제기구와 같은 글로벌 권력체와의 상호작용에 노출되어 있을 때 비로소 성립된다. 정치적 권력체와의 상호작용은 특정 주체가 대정부 정책에 직접 개입하는 방식과 우회적인 방법을 통해 간접적으로 개입하는 방식으로 구분할 수 있다. 그러나 어떤 경우에도 갈등 영역에는 공권력을 지닌 권력체와의 상호작용을 통한 정치적 요소가 반드시 요구되고 동시에 이를 위한 도전세력의 집합행위가 동원되어야 한다.

결론적으로 정치 영역에서 정부 또는 권력체의 존재 유무는 갈등의 정치를 구성하기 위해 대단히 중요한 필요조건이며, 이는 다음과 같은 세 가지 이유에서 그 중요성을 재확인할 수 있다(Tilly and Tarrow, 2007: 5-6). 우선 정부를 지배하고 조정하는 집단은 피지배층인 일반 시민을 통제할 수 있는 제도적 무기와 유리한 정치적 위치를 선점하고 있다. 비록 정부의 지배력이 약하고 정통성이 부족하더라도 세금부과, 자원분배, 행위규제 등의 기존 공적 제도를 통해 국민의 집합행위를 통제하고 인위적으로 갈등을 축소시킴으로써, 시민사회와의 갈등 국면을 정부에 유리한 정치환경으로 전환시키는 데 대단히 능숙하다.

그럼에도 불구하고, 시민들에 의해 동원되는 대정부 경합과 갈등은 국가권력에 의존하고 있는 정치지도자 및 권력층에 도전하는 효과를 창출하게 되고 이로써 결국 국가와 시민사회 간에 적용되는 기존 정치시스템과 힘의 균형에 균열과 변화가 발생하는 단초를 제공하는 역할을 한다. 둘째, 정부는 갈등과 경합을 관리하고 제재하는 규범·규칙을 만드는 합법적 권력을 보유하고 있다. 국가권력을 점유한 정부기관들은 사회구성원 중 특정 집단이 어떠한 주장을 어떤 방식을 통해, 그리고 어떤 성과를 목적으로 조직하고 있는가에 대한 정보관리부터 실제 대응까지 규범적 차원에서 법적인 제도를 활용할 수 있다. 아무리 국가권력이 취약한 정부일지라도 영토 내에서 정부를 대체하거나 도전하려는 시도를 적극적으로 제재할 수 있는 제도적·법적 장치를 보유하고 있다. 셋째, 정부는 군대·경찰·법원·수감제도 등을 비롯한 실질적인 사회통제장치를 이미 체계적으로 관리·통제하고 있다(Foucault, 1995). 이러한 정부의 강제성은 정치영역에서 발현되는 대규모 폭력시위와 사회운동을 정치영역에서 배제시키고 정치성을 통제하는 비정치화 과정으로 수렴되는 반면, 정부의 강제적 개입과 지나친 통제는 비정치영역에서 형성되었던 집합행위를 정치영역으로 끌어들임으로써 정치화 과정이 더욱 강화되는 역설적인 결과로 귀결되기도 한다.

요컨대, 갈등과 집합행위, 그리고 정치가 상호 중복·수렴되는 교차영역에서 갈등의 정치가 구성되고 활성화된다. 갈등과 집합행위의 주창은 주로 국내외 비정부기관에 의해 제시되지만, 갈등과 집합행위는 반드시 정부 및 국제기구와 같은 권력체에 도전하는 정치성을 수반해야 갈등의 정치 조건을 만족시킬 수 있다. 갈등정치이론을 설파한 틸리(Tilly, 2004)와 태로(Tarrow, 1994)에 따르면, 갈등·집합행위·정치로 구현되는 갈등정치에서 갈등의 국면을 정치화하고 집단적으로 확산하기 위해서 동원되는 대표적인 레퍼토리가 대부분 사회운동의 형식을 띠고 있다.[1] 따라서 갈등정치의 동원 및 확산에서 사회운동의 성격과 역사적 배경, 그리고 구성과 운영원칙에 관한 정치한 분석은 대단히 중요한 요건이 된다.

그러나 사회운동 자체가 갈등정치에서 양산되는 주요 레퍼토리의 집합체임에도 불구하고, 사회운동의 동원과 확산을 모든 갈등정치에서 보편적으로 확인할 수 있는 상수로 간주하기보다 우연적인 사건으로 구성되는 역사적 실재로 이해하는 것이 좀 더 현명한 접근법이다. 갈등정치가 제공하는 특수한 정치적 기회구조는 역사적으로 사회운동의 정치적 저항과 타협의 정도에 따라 그 성격과 적용가치가 변화가능하며, 이는 곧 사회운동 주체와 정부 및 국가권력 간의 갈등과 협력의 관계성이 역사적으로 구성되고 끊임없이 변화할 수 있음을 의미한다(Kitschelt, 1986; Kitschelt and Wilkinson, 2007).[2]

1 사회운동의 유형은 다양하게 분류할 수 있지만 흔히 구사회운동과 신사회운동으로 크게 구분한다. 구사회운동은 기존의 계급갈등에서 비롯된 노동조합운동이 대표적이며, 계급을 토대로 노동자와 고용주 간의 갈등관계가 작업장에서 일종의 사회운동으로 조직화되는 경향이 주된 유형이다. 한편, 신사회운동은 1960년대 서유럽을 중심으로 전개되었다. 구사회운동에서 이탈한 새로운 방식의 사회운동으로서 계급갈등을 초월한 초계급주의와 탈물질주의를 바탕으로 인권·평화·여성·환경·소수자와 같은 특정 이슈영역에 따라 시민들이 자유롭게 이합집산하는 운동의 자기제어적 동원방식을 특징으로 한다(Kitschelt, 1990; Dalton and Kuechler, 1990; della Porta and Diani, 1999). 한국의 경우는 노조중심의 구사회운동과 초계급적인 신사회운동이 혼재한 전환기라고 평가되고 있으며, 이는 민주주의가 공고화되는 과정에서 나타나는 사회운동의 혼합적 거버넌스에 배태된 양상이라는 평가도 있다(권태환·임현진·송호근, 2001; Kim et al., 2011; Ringen et al., 2011).

2 갈등정치 내부의 사회운동은 다음과 같은 측면에서 재정의할 수 있다. 즉, 사회운동은 특정 주장을 지속적으로 이어가는 조직적인 캠페인과 이러한 주장을 옹호하는 행위의 반복, 그리고 운동의 가치·전통·통합·연대·네트워크 등을 반복적으로 홍보하는 레퍼토리를 체계적으로 구축함으로써 갈등정치의 주요 행동기제로 자리매김할 수 있다(Tilly and Tarrow, 2007: 8).

특정 국가수준을 넘어서 갈등정치는 글로벌 단계의 초국가적 갈등정치라는 새로운 분석수준으로 발전하고 있다(임현진·공석기, 2014; Tarrow, 2001). 초국적 갈등정치라는 글로벌 공간에서 사회운동기반이 초국적 사회운동 또는 세계시민사회로 확장되며 국제NGO와 지역NGO가 유기적으로 결합하여 국제기구 및 국가기관에 도전하는 글로벌 거버넌스의 새로운 정치적 기회구조가 열리게 된다(Avant et al., 2010; Tarrow, 2005). 초국가적 갈등정치 프레임을 활용하여 아시아개발은행과 아시아 시민사회가 상호 다른 전략적 입장에서 갈등관계를 형성하고 집단행위를 동원하며 정치화 과정을 심화시키는 역동적 상호작용의 궤적을 추적하고 분석할 수 있다. 갈등정치의 이론틀을 아시아개발은행과 아시아 시민사회의 관계성에 적용하여 아시아 시민사회가 어떻게 사회운동을 통하여 집합행위의 레퍼토리를 동원하고 아시아개발은행의 책무성 문제에 도전하는가를 맥락화한다. 이는 다자개발은행의 책무성 문제를 아시아라는 특수한 맥락에서 재조명하고 아시아에서 조성된 시민사회가 아시아개발은행과의 상호작용에서 형성하는 관계적 책무성을 절차적 책무성과 더불어 분석함으로써 갈등의 정치라는 거시적인 이론틀이 제공하는 공간적 유용성을 확보한다.

2. 국제사회의 글로벌 권력을 위한 통치성

갈등정치라는 공간적 배경을 글로벌 수준으로 확장하고 사회운동으로 대표되는 집합행위를 동원하여 아시아개발은행의 책무성 문제에 정치적으로 도전하는 아시아 시민사회의 존재론적 가치와 정체성이 갈등정치의 정치적 기회구조 안에서 시민사회가 자발적으로 선택하고 생산하는 독자적인 결과물은 아니다. 이는 아시아개발은행과 같은 다자개발은행이나 특정 국가의 정부가 강압적으로 시민사회에 제시하는 규범적·제도적 관계성에 대하여 시민사회가 피력하는 반대급부이자 환류작용의 결과물이 상호 혼합된 구성체이다. 따라서 이른바 '국제사회'에서 작동하는 글로벌 권력의 구조와 운영기제에 관한 이론적 분석틀이 필요하고 아시아개발은행을 포함한 국제사회 주요 주체들이 제공하는 푸코식의 '통치성'에 관한 논의가 긴요한 역할을 한다. 국제사회의 글로벌 권력을 위한 통치성 프레임을 빌려 아시아개발은행이 아시아지역의 개발문제를 다루는 규범과 작동기제를 분석할 예정이다.

'국제사회론' 또는 '영국학파(English School)'의 개념과 개발학을 접목하거나 이를 통해 국제개발 및 사회발전를 재조명하는 작업은 지금까지 거의 없었다고 해도 과언이 아니다(김태균, 2016a). 그럼에도 불구하고 국제사회론은 다자개발은행을 비롯한 국제공여기관이 보유한 통치성과 글로벌 권력화 현상을 분석하는 데 중요한 이론적 토대를 제공한다. 이는 흔히 미국 중심의 국제정치이론에서 강조하는 무정부 상태의 국제체제에서 생존하기 위한 국가 중심의 현실주의적 접근법을 넘어 신자유주의적 제도주의와 사회구성주의를 포괄하기 위하여 방법론적 다원성을 지향하는 거시적이며 역사사회학적 인식론이다(Buzan, 2014: 20). 국제사회의 개념적 정의는 "어떤 공통의 이익들과 공통의 가치들을 의식하는 일단의 국가들이 다른 집단에 속한 국가와의 관계에서 스스로 공통의 규칙에 의해 구속받는 것으로 인식하고 공통의 제도의 운용에 함께한다는 의미에서 하나의 사회를 형성할 때"에 존재하는 "국가들로 구성된 하나의 사회(a society of states)"를 의미한다(Bull, 1977: 13). 국제사회를 구성하는 국가들은 이론적으로 공통의 가치와 제도, 정체성을 공유하게 되고, 국가 단위로 구성되는 현실주의적 국제체제(international system)에 '사회성'을 추가하여 간주관적인 국제사회는 질서(order) 중심의 현실과 정의(justice) 중심의 규범 사이에서 진자 운동을 반복하게 된다(Hurrell, 2003).[3] 국제사회론이 국제개발의 책무성을 둘러싼 복합적인 행위자 간의 관계성을 분석하는 데 적절한 이론적 프레임으로 간주할 수 있는 이유는 아래와 같이 세 가지 측면에서 설명할 수 있다.

첫째, 국제사회론은 방법론적 다원성과 절충주의를 허용한다(Buzan, 2014, 2001). 기존 국제정치이론은 국제체제에 국한되어 국제관계를 이론화하여 왔고 사회학은 국내 사회에서 형성되는 다양한 사회관계와 사회문제에만 분석수준을 맞추는 이른바 '일차사회(first-order societies)'의 이론화에 매몰돼 왔다. 이에 반해 국제사회론은 '이차사회(second-order societies)'라는 집합체(collectivities)로서의 정체성과 행위의 준거틀을 공유하는 국제사회를 일차사회와 차별화하여 이론화한다(Buzan and Albert, 2010; Alexander and Colomy, 1990). 이차사회를 토대로 국제사회론은 현실주의로 대표되는 국제체제, 합리주의하에 질서와 정의가 공존하는 그로티우스적 국제사회, 그리고 국가가 더 이상 분석단위가 아닌 인류보편의 칸트적 세계사회(world society)라는 세 가지의 독립적인 개념을 존재론적으로 구분하는 동시에 세 개념이 통합적 시각에서 상호 연계되어 있다고 인식함으로써 다원성과 절충주의를 동시에 추구한다. 국제체제와 국제사회의 명확한 구분에 대한 회의적인 시각에도 불구하고, 국제사회론은 국제사회 영역에서 다원주의(pluralism)와 연대주의(solidarism)라는 두 가지 국가행위 방식을 주류화하고 다원

3 국제사회론이 보유하고 있는 인식론적 가치라는 스펙트럼의 양 극단에 위치한 질서와 정의를 왓슨(Watson, 1992)은 질서와 독립(independence)으로 달리 표현하고 있다. 질서와 독립은 상호 존립을 위하여 서로를 배제하지 않고 양 극단에서 적절한 균형을 찾기 위하여 경쟁하는 개념들이다.

주의에서 발현되는 질서와 연대주의에서 형성되는 정의 간의 적절한 균형을 모색하는 절충주의적 관계성에 주목한다(Keene, 2002; Finnemore, 2001). 불(Bull, 1966)이 처음 개념화한 다원주의와 연대주의는 국제사회 영역의 주변경계와 접속하는 담론적 통로로 각각 역할이 설정되는데, 다원주의는 국제사회 중 국제체제와 긴밀도가 높은 경계영역을 맡게 되고 연대주의는 세계사회와의 연계성이 높은 경계선을 담당하게 되어 각각 국제체제와 세계사회와 인접하고 소통하게 된다. 다시 말해, 국제사회에 위치한 개별 국가가 국익에 맞게 선택한 정책과 전략의 다원성을 인정할수록 국제사회는 현실주의의 국제체제와 유사한 특징을 공유하기 쉬우며, 반대로 인류보편의 가치와 인도주의적 방향성을 보유한 연대주의를 강조할수록 세계사회와 유사한 국제정의를 국제사회가 모색할 가능성이 높아진다는 것을 의미한다.

이와 같은 국제사회의 절충주의가 갖는 이중성은 합리주의(rationalism)로 대표되는 국제사회가 다원주의와 연대주의 또는 질서와 정의 간의 적절한 균형을 구축함으로써 현실주의(realism)의 국제체제와 혁명주의(revolutionism)의 세계사회를 부분적으로 모두 포괄하는 양면성이 공존하도록 허용하고 있다(Wight, 1991).[4] 방법론적 다원화를 통해, 국제사회론은 행위자의 도구적 합리성에 근거하는 현실주의적 전통과 연결할 수 있는 이론적 공간을 확보하고 기존 미국식 국제정치이론으로는 설명하기 어려운 국제협력의 이슈영역을 적극적으로 포용한

4 와이트(Wight, 1991)는 국제체제, 국제사회, 세계사회를 이른바 '3R'이라는 다른 방식의 구분법을 사용하였는데, 국제체제는 현실주의(realism), 국제사회는 합리주의(rationalism), 그리고 세계사회는 혁명주의(revolutionism)로 표현하였다. 이 중 국제사회가 속하는 합리주의는 현실주의와 혁명주의 속성이 혼합되어 있으면서도 합리성을 바탕으로 표준화된 국가 행위가 공유되는 사회로 인식하였다.

다(Little, 2000). 주권국가의 전통적 역할을 수용하는 반면, 국제사회에 발생하는 다양한 이슈를 해결하고 체제 질서를 유지하기 위한 공통의 규범을 창출·제도화하는 사회성을 동시에 강조하기 때문에 질서와 정의 사이에 공존하는 다양한 집합행위를 설명할 수 있는 방법론적 유용성을 보유하고 있다. 따라서 질서 중심의 국가행위와 정의 중심의 규범적 제도를 동시에 담고 있으며 현실주의 및 자유주의의 한 쪽 시각으로 설명이 어려운 글로벌 수준의 집합행위를 분석하는 데 국제사회론은 절충적인 분석이 가능한 공간을 제공한다. 주로 국제기구와 국제법, 국제규범이 전통적으로 국제사회의 필요성과 효용성을 설득하는 데 활용되었던 이슈영역이었다면, 국제개발의 영역도 질서와 정의가 교차하는 공간에서 형성되는 국제사회의 전형적인 발로라고 간주할 수 있다(김태균, 2016a).[5] 국제개발 영역에서 나타나는 다양한 행위주체들 간의 국익과 조직의 이익을 위한 전략적 행보는 질서를 선호하는 국제체제의 특성이 반영된 현상이라면, 인도주의에 입각하여 빈곤퇴치와 이에 대한 책무성을 강조하는 행위는 정의를 강조하는 국제규범의 특성이 교차하고 있다고 해석할 수 있다. 따라서 아시아개발은행과 아시아 시민사회 간의 개발책무성을 둘러싼 갈등과 경합의 관계성이 형성되는 공간을 국제사회 영역 안으로 재배치함으로써 거시적인 맥락에서 국제사회론이 제공하는 방법론적 다원성을 활용할 수 있다.

둘째, 국제사회는 끊임없이 변화한다는 역사성을 토대로 특정 국제사회의 권력구조와 운영기제가 어떻게 변천해 왔는가를 추적할 수 있다(Watson, 1984). 유럽에서 시작된 국제사회의 모태는 역사적으로 다

5 불(Bull, 1977)은 국제사회에서 통용되는 집단행위의 사례로 국제기구, 국제법, 국제규범만 강조한 것이 아니라, 현실주의적 선택으로서 전쟁 또한 중요한 국가행위자가 국제사회에서 취할 수 있는 집단행위로 간주하고 있다.

른 지역으로 전파·이식·정복 방식으로 확장되어 왔다. 부정적으로는 유럽근대주권국가의 기본틀에 공통의 규범과 문명을 이식하는 일종의 표준화 작업이 문명화·식민지화·세계화 과정을 통해 다른 세계로 일방적으로 전이되는 현상이라고 설명할 수 있다(Keal, 2003). 반면, 긍정적으로는 특정 국가군에서 공유되었던 규범적 질서가 지속적으로 다른 문명의 국가들과 접촉하면서 확장되어 온 역사적 사회성의 팽창이라고 다른 각도에서 해석할 수 있다(Hobden, 2002). 국제사회론자들은 유럽 방식의 국제사회를 제3의 문명지역에 적용하여 상호 구성하는 과정을 분석하려고 노력해 왔으며, 이는 동북아시아의 일본, 중국, 한국에서도 그 시도를 확인할 수 있다(Watson, 1992; Suzuki, 2005; Zhang, 1991; 신욱희, 2008; 마상윤, 2008; 장인성, 2009). 이러한 의미에서 국제개발규범을 통한 개도국, 특히 취약국에 대한 문명화 과정에서 개발원조의 제도적 영향력을 유추할 수 있다. 더욱이 아시아개발은행은 국제사회의 경제성장과 문명화 정책의 최전선에서 척후병 역할을 하고 있다는 점에서 서구와 일본 중심의 경제개발 신자유주의 담론과 정책을 아시아지역 국가들에게 전파하고 있고 개발협력사업을 매개로 경제성장 중심의 표준화 작업을 아시아 개도국에게 전이하고 있다고 해석할 수 있다. 따라서 역사적 현상으로서 아시아개발은행이 문명화 과정에서 동원하고 있는 메커니즘의 경로의존에 관한 분석은 아시아개발은행을 둘러싼 책무성 이슈와 이에 대응하는 아시아 시민사회와의 관계성 형성에 대단히 중요한 의미를 시사한다.

셋째, 국제사회론은 현실주의의 국가이성(raison d'Etat) 대신 체제이성(raison de système)을 강조한다(Watson, 1992: 14). 현실주의의 국제체제를 유지하는 자기목적의 존재로서 국가를 지탱하는 법칙과 행동기준으로서 국가이성이 정의된다면, 체제이성도 국가이성과 마찬가지로 국제체제가 체제이기 위하여 이를 유지·강화해 가는 데 필요한 법칙과 행동기준을 의미한다. 국제사회는 국가이성이 아닌 체제이성의 기초 위에서 형성되고 역사적으로 진화하게 된다. 국제사회의 존재가 이성화되고 합리화되는 과정에서 중요한 구성주의적 요소가 체제이성이라 볼 수 있는데, 다른 각도에서는 체제이성이 앞서 언급한 문명의 표준(standard of civilization)을 통한 강압적 사회화를 정당화하고 국제사회 영역 밖에 위치하여 아직 미개한 집합체로 머물러 있거나 국제사회의 질서와 정의를 거부하는 주권국가 및 비정부기관을 국제사회 영역으로 인도하고 계몽하는 이성적 규범의 역할을 수행한다고 해석할 수 있다(Linklater, 2016; Elias, 1994).

환언하면, 국제사회에서 통용되는 가치·규범·행동기준 등을 포괄하는 체제이성을 부정하고 수용하지 않는 국가와 이에 준하는 집합체를 국제사회에서 배제시키는 문지기 역할을 체제이성이 수행하는 것이다(Gong, 1984; Kingsbury, 1999; Fidler, 2000; Bowden, 2009). 즉, 체제이성은 국제사회의 존재이유를 제공하고 실질적인 행동기준과 구조적인 운영기제를 제도화할 수 있는 이론적 토대를 구축하는 부르디외식의 아비투스(habitus)에 해당한다(Bourdieu, 1977).[6] 국제사회의 다자개발

6 부르디외(Bourdieu, 1977; 2005)에 따르면, 아비투스는 계급의 관행을 생산하고 재생산하며 생성력을 계속 유지시키는 사회적 토대이자 원칙을 말한다. 기본원습이라고 번역될 수 있으며 일련의 '분류적 틀'과 '궁극적 가치'로 구성된다. 아비투스는 사회의 운용에서 가장 근원적인 원칙으로 작동하기 때문에 사회에서 통용되는 의식이나 언어보다 더 근본적이며, 자신의 이익에 유리한 방식을 부과하면서 집단이 계승하는 수단들이다. 아비투스는 역사적, 사회적으로 위치 지워진 조건에 의해 정해지지만, 고정된 방식으로 특정 집단에게 지속적으로 계승되는 것이 아니라 새로운 형식과 행동을 허용하기 때문에 변화의 가능성이 항상 존재한다. 그러나 변화가 가능하다고 해서 기존의 아비투스가 완전히 파괴되고 무조건적으로 새로운 것을 창조하는 단절의 변화를 허용하지는 않는다.

은행이 공유하고 있는 체제이성이 개발협력사업의 효율성을 배가하고 책무성을 회피하는 목적에 적극적으로 부합한다면 다자개발은행들은 체제이성의 아비투스를 거부하고 도전하는 세력들을 통제하고 강압적으로 사회화하려는 행동기준을 고안하여 제도로 고착시킬 것이다.

이는 곧 아시아개발은행과 시민사회 간에 발생하는 관계적 책무성 분석에서 아시아개발은행이 다른 다자개발은행과 공유하고 있는 체제이성적 아비투스가 무엇인가를 추적하고 분석하는 데 일조한다. 국제사회론이 국제개발과 연계된 주체들의 집합행위를 거시적인 수준에서 설명하는 분석틀로서 다원주의/연대주의와 질서/정의 프레임, 역사성, 그리고 체제이성 등 절충주의적 방법론을 제공하고 있는데, 이 가운데 특히 체제이성은 어떻게 국제사회에서 활동하는 개별 국가와 국제기구, 그리고 비정부기관이 특정 프레임에 의해 표준화된 행동기준과 규범을 수용하게 되는가에 대한 사회화 과정과 직결된다.

국제사회의 체제이성이 보유한 거시적인 프레임에 푸코(Foucault, 1991)의 통치성으로 대표되는 권력이론의 미시적인 개념이 접목될 때, 국제사회론은 관계적 책무성의 다자개발은행 부분을 분석하는 데 핵심적인 역할을 하게 된다. 특히, 통치성은 국제사회의 권력을 지식과 주체화라는 개념으로 재구성하고 국제사회의 통치화를 위하여 동원되는 미시적인 작동기제를 추적하며 갈등의 정치공간에 배태된 권력구조를 해부한다(Gordon, 1991; Rose et al., 2006; Li, 2007). 따라서 통치성의 미시적 프레이밍 효과에 관한 이론화 작업을 국제사회론이라는 거시적인 구조 하에서 진행함으로써 다자개발은행이 국제사회에서 시민사회를 통치·관리하기 위하여 고도의 정치적 전술로 권력화하는 통치성을 효과적으로 분석할 수 있다(김태균, 2016a).

결국, 통치성(gouvernementalité) 개념은 푸코의 권력이론에서 거시적 권력구조와 미시적 개별 주체를 잇는 가교 역할을 수행한다.[7] 푸코에 의하면, 통치성은 권력체로서의 국가가 사회 구성원 개개인의 행동을 관찰·평가·조성·통제하기 위하여 고안된 '권력과 지식의 기술(techniques of power/knowledge)'을 재구축하고 이를 토대로 사회의 운영질서를 안정적으로 관장하며 사회구성원이 자발적으로 국가의 통치방식을 따르게 만드는 고도의 사회공학적 도구라 할 수 있다(Gordon, 1991: 3-4; Garon, 1997; McKinlay and Taylor, 2014). 넓은 의미의 통치성은 지배권력이 피지배층을 대상으로 피력하는 특정 지식과 전문성, 그리고 재현(representation)이 일상생활에 지속적으로 침투하는 현상과 동일시하는 반면, 좁은 의미의 통치성은 그 구현방식이 보다 구체적인 제도·절차·분석·성찰·전술·전략 등으로 구성되는 지식권력의 합주로 인식하고 특정 대상을 겨냥하여 고안된 복합적이지만 특화된 권력으로 인식한다(Dean, 1999: 16; Foucault, 1991: 102). 같은 맥락에서 푸코의 통치성은 에치오니(Etzioni, 1975)가 주장한바 국가가 시민으로 하여금 법과 제도, 명령을 따르게 만드는 '준수(compliance)'의 세 가지 유형 중 '계획적(calculative) 준수'와 '도덕적(moral) 준수'의 특징을 모두 내포하고 있다고 볼 수 있다.[8] 통치성의 이러한 고도의 사회공학적 요소는 국

7 더욱 확장된 의미에서 통치성의 개념은 주체와 구조의 관계성을 사회적 구성으로 풀어가는 기든스(Giddens, 1984)의 사회구조화이론(social structuration theory)과도 일정 정도 맥을 같이한다고 해석할 수 있다. 물론 공정한 방식으로 사회구조와 개별 주체 간의 힘겨루기로서 통치성이 다루어지지 않고 다분히 구조적 권력이 개별 주체를 통제하고 특정 방향으로 사회화하는 제도적 기제로서 통치성이 활용되고 있는 것이 사실이다.

8 에치오니(Etzioni, 1975)의 '준수' 유형의 세 가지는 (1) 강압적(coercive) 준수, (2) 계획적 준수, (3) 도덕적 준수로 구성되어 있다. 강압적 준수는 국가정책에 개인이 저항할 수 있는 권력이 전적으로 부족한 경우에 국가정책을 수동적으로 따르는 유형을 일컫는다. 계획적 준수는 국가의 개입이 개인의

내 수준에서 국가 및 정부가 시민에게 지속적으로 제공하는 규범과 행동규칙으로 구체화되고, 글로벌 수준에서는 다자개발은행을 포함한 국제기구 또는 강대국이 제시하는 국제규범과 행동규칙으로 구체화되어 개별 국가와 국제CSO 등 통제대상이 이를 자발적으로 수용하게 만드는 효과를 창출한다.

개별 국가 수준을 넘어선 통치성 개념을 글로벌 통치성이라 명명하고 본 연구에서는 주로 아시아개발은행이 아시아지역에서 지원대상국과 아시아 시민사회를 다루기 위한 고도의 정치적 전술을 아시아지역에 국한된 글로벌 통치성으로 인지한다(Larner and Walters, 2004).[9] 아시아개발은행이 권력화할 수 있는 규범적 지식과 권력은 상호작용하는 복합체로서 여기서 파생되는 통치성은 일종의 연결망처럼 관련 행위주체들을 그 영향권 안에 포섭하고 아시아개발은행 방식의 행동규칙에 동화시킨다(Gruber, 2000). 여타 다자개발은행과 마찬가지로 아시아개발은행도 책무성 결핍에 대한 내·외부의 도전에 대응하기 위하여 책무성 기제를 새로이 도입하되 최소한의 개선조치로 제한하거나 아예 책무성 문제에 대응조치를 취하지 않는 등 통치성의 강압적 측면을 강화하고 책무성 개혁에 소극적인 자세를 보일 가능성이 높다. 그러나 제1장에서 확인했듯이 아시아개발은행이 국제기구 책무성 평가에서 전체 2위를 차지할 정도로 책무성 개선에서 뛰어난 성과를 보여주었다는 점에서 아시아개발은행의 글로벌 통치성은 기존의 다자개발은행

이해관계와 어느 정도 일치할 경우 개인의 계산적 결정으로 국가정책을 준수하는 유형이다. 마지막으로 도덕적 준수는 개인이 국가정책을 자발적으로 강하게 신뢰하기 때문에 적극적인 지지와 준수가 이루어지는 유형이다.

9 '글로벌 통치성'이라는 표현은 하트와 네그리(Hardt and Negri, 2000)의 제국주의 연구에서 사용된 '세계화된 통치성(globalized governmentality)'과 동일한 의미로 사용되고 있다.

의 통치성과는 다른 원칙과 운영방식으로 구성되고 있다고 가정해 볼 수 있다. 이에 따라 아시아개발은행의 글로벌 통치성에 대한 면밀한 분석을 통해 아시아개발은행의 책무성 거버넌스를 가늠하는 접근법이 필요하다.

아시아개발은행 사례의 특수성은 다자개발은행의 일반적인 통치성 연구와 달리 추가적으로 고려해야 할 중요한 이론적 쟁점에 있다. 통치성은 기존 권력체에 의해 권력과 질서, 그리고 안정을 위한 정치공학적 도구로 활용되는 동시에, 기존 권력에 도전하는 대응세력이 다자개발은행의 통치성을 저항의 표적으로 인식할 수 있다. 즉, 국제사회의 체제이성에서 비롯되는 글로벌 통치성이 위압적인 위계질서하에 일방적으로 기획되는 사회공학적 프로젝트일지라도 대응세력의 저항강도에 따라 통치성의 성격과 대응방식이 변화하게 되는 쌍방향적 관계성을 완전히 배제할 수 없다는 의미이다. 따라서 아시아개발은행의 책무성 제고 성과가 긍정적으로 평가되는 이유를 명확하게 분석하기 위해서는 아시아개발은행 내부의 책무성 제고를 위한 개혁노력과 이를 정치적으로 합리화하는 통치성, 그리고 아시아개발은행 외부의 또 다른 반쪽인 시민사회의 저항 수위까지 총체적으로 고려해야 한다(김태균, 2013b). 국제사회의 갈등정치 공간에서 표출되는 저항기제로서 시민사회의 대항영역이 아시아개발은행의 글로벌 권력을 위한 통치성과 어떤 방식의 관계적 책무성을 구성하는가에 대한 균형 있는 분석이 필요하다.

3. 글로벌 통치성의 저항기제로서 시민사회 대항영역의 확장성

다자개발은행에 의해 글로벌 통치성의 영향력이 일방적으로 결정되고, 통치 대상이 되는 객체들은 이를 수용해야 하는 불평등한 권력관계가 국제사회의 개발협력 영역에서 항상 성립하는 것은 아니다. 이러한 반론을 제기할 수 있는 이유는 글로벌 통치성의 일방적인 개입에 저항하는 대항영역(oppositional field)이 나름대로 객체들에 의해 구축되고 확장될 수 있기 때문이다. 이미 주어진 구조적 제약을 불가항력으로 인정하지 않고 행위주체에 의해 구조의 변경이 가능하고 궁극적으로 사회체제가 변동된다는 접근법은 기존 사회과학의 연구에서 찾아볼 수 있다(Sztompka, 1993). 대표적으로, 사회학에서는 기든스(Giddens, 1984)의 사회구조화 이론에서, 그리고 국제정치이론에서는 웬트(Wendt, 1999)의 사회구성주의에서 공통된 이론적 시각을 발견할 수 있다. 또한 허쉬만(Hirschman, 1970)의 유명한 테제인 '이탈(exit)·항의(voice)·충성(loyalty)' 프레임을 시민사회의 대항영역에 적용하여 개발CSO가 취하는 전략적 행동에 대한 분석을 시도할 수 있다. CSO가 아시아개발은행의 책무성 문제에 대하여 취할 수 있는 선택은 책무성에 관한 아시아개발은행과의 논의에서 완전히 이탈하여 의도적으로 회피하거나 아니면 그 논의에서 지속적으로 문제를 제기하고 저항하는 항의로 양분할 수 있는데, 두 선택 모두 행위자의 조직에 대한 충성도에 따라 그 수위와 강도가 달라진다. 따라서 아시아개발은행의 개발정책에 대하여 책무성 문제를 제기하며 항의의 뜻을 보이지 않는 CSO는 대항영역에서 활동하는 주요 행위주체로 상정하기 어렵다.

본 연구에서는 글로벌 통치성의 저항기제로서 시민사회의 대항영역을 확장하고 저항세력의 조직력 강화와 제도화를 모색하는 대항전략 및 그 메커니즘을 분석한다.[10] '대항(opposition)'은 기존 시민사회의 주요 집합행위 레퍼토리인 사회운동의 범주를 넘어서는 포괄적인 갈등정치의 레퍼토리 집합체를 의미한다. 국내정치 수준에서는 "다양한 집합행위를 통해 조직적인 행위주체에 의해 공론장에서 정부 및 정부정책, 정치엘리트 또는 정치레짐 전체에 대한 불인정"이라고 정치적 대항의 사전적 정의를 내릴 수 있다(Brack and Weinblum, 2011: 74). 한편, 본 연구의 목적에 맞게 아시아개발은행의 책무성이라는 맥락에서 볼 때, 대항의 의미는 '아시아개발은행의 개발정책에 개혁을 요구하는 CSO의 전략적 도전의 총합'이라는 조작적인 정의로 확장될 수 있다. 이로써, 조직화되고 집합적인 대항세력과 이러한 대항세력이 활동하는 대항영역이 본 연구의 주요 분석대상이 되고, 개별적이고 즉자적인 대항의 유형은 분석대상에 포함되지 않는다(Helms, 2004).[11] 시민사회의 대항영역은 외부적으로는 다자개발은행의 글로벌 통치성에 조직적

10 정치학과 사회학 분과에서 '대항'에 관한 기존 연구는 주로 비교적 관점에서 근대 민주주의 체제하에 정당정치와 대정부 견제활동에 주요 연구초점이 맞춰져 왔다(Dahl, 1968; Barker, 1971; McLennan, 1973; Sartori, 1966). 따라서 대항이라는 표현을 시민사회 및 비정부기관과 정부/정당 간의 경합과 갈등이라는 프레임에 적용한 연구는 많지 않다.

11 글로벌 거버넌스의 국제무대에서 CSO의 등장은 더 이상 주요 행위주체로 전통적 시각의 주권국가만이 아닌 다양한 비정부 행위자 역할이 중요해지고 있다는 것을 반증한다(Lipschutz, 1992; Kaldor, 2003). 세계화 시대에 글로벌 거버넌스라는 정치적 공간이 점차 중요해지고 이 공간에서 활동하는 주요 행위주체가 개별 국가를 넘어서 시민사회단체 및 민간부문까지 그 범주가 확대되어 감에 따라 세계시민사회라는 새로운 개념까지 등장하였다. 그럼에도 불구하고, 국제무대에서 CSO의 확장된 역할을 인정함과 동시에 이를 베스트팔렌체제의 주권국가 간 권력투쟁의 산물로 해석하거나 CSO의 개입이 아직까지는 전통적인 현실주의적 국제정치관에 심각한 도전이 되지는 못한다고 비판하는 시각도 주류적 해석 중 하나이다(Drezner, 2007; Sassen, 2007).

으로 저항하고 시민사회와 다자개발은행의 관계성을 재구성하려는 목적을 공유하고 있는 동시에, 내부적으로는 대항영역에 참여하는 다양한 행위주체 간에 구축되는 조직 내부의 정체성과 전략선택과정을 분석하는 목적에 부합한다.[12]

앞서 갈등정치에서 이미 설명했듯이, CSO가 대항영역에서 선택하고 전략화하는 집합행위의 레퍼토리는 주로 사회운동의 형태로 수렴된다. 그러나 대항영역의 프레임은 전통적인 사회운동 이외의 CSO의 저항을 효과적으로 표출하는 전략과 상호작용 모두를 대항영역에 포함시킬 수 있다(Kalm and Uhlin, 2015; Uhlin, 2011; Gerlach, 2001). 시민사회가 갈등정치에서 대항기제로 동원할 수 있는 모든 전술과 수단을 대항영역에 포함한다면 사회운동과 더불어 자원동원이론 또는 권력자원론(power resources theory)으로 대표되는 정치적 자원의 합리적 조직화와 동원에 따른 합목적적 전략이 필요하다(Korpi, 1978; O'Connor and Olsen, 1998; 정철희, 2003; Lee and Kim, 2018).[13] 자원동원이론 및 권력자원론을

12 초국가적 CSO의 활동에 대한 기존 연구는 전략적 행동에 대한 설명요인으로 다음과 같이 다양한 변수를 소개하고 있다. 예를 들어, 규범과 가치의 구성주의적 요소(Keck and Sikkink, 1998; Risse et al., 1999), 도구적 물질적 재원(Cooley and Ron, 2002; Prakash and Gugerty, 2010), 거시적 정치기회구조가 제공하는 기회와 제약(Joachim and Locher, 2009), 다른 이슈에 집중하는 CSO와 연대과정 중 적대적 관계 형성(Bob, 2012), 조직 내 정체성 문제(Barakso, 2010; Fogarty, 2011), 그리고 정치적 이슈의 특성(Beyers, 2008) 등이 주요 변수로 사용되어 왔다.

13 자원동원이론은 사회운동조직의 역할과 한계를 규명하는 이론으로, 사회적 항의를 사회운동조직이 대중의 인지와 정당성을 획득하기 위해 사용하는 일차적인 방법의 하나로 인식한다. 사회운동의 성패는 조직원 충원과 자금조달, 그리고 적절한 조직구조를 개발할 수 있는 능력에 달려 있으며, 사회운동이 성공하기 위해서는 조직원들의 집합적 정체성 형성을 돕고 이것을 토대로 자원의 헌신을 이끌어 낼 수 있는 환경의 조성이 필요조건으로 작동한다. 그러나 자원동원을 위하여 외부자원에 의존함으로써 조직의 자율성과

토대로 대항영역이론이 특정 사회운동에 참여하지 않는 CSO까지 포함하여 시민사회 대항력의 전반적인 관계성을 추적한다는 측면에서 사회운동에 참여하는 행위자의 관계에 초점을 맞추는 기존 연결망분석과 차별성을 지닌다(Fligstein and McAdam, 2011). 같은 맥락에서 최근 대항영역의 권한과 정치적 영향력을 CSO뿐만 아니라 노동조합, 그리고 정당정치까지 포함한 확장된 관계성에서 찾는 이른바 시민사회의 국가에 대한 도전과 경합을 '사회정치학(social politics)'으로 새롭게 이론화하는 연구 결과가 있다(Lee and Kim, 2018).

권력자원론 및 자원동원이론과 같이 시민사회의 개입을 공공정책의 개선으로까지 연결하기 위해서는 시민사회의 정치기회구조를 확장하기 위한 권력체의 정무적 판단과 개혁 의지가 대단히 중요하다. 또한 국가의 개혁의지가 통치역량(governability)과 책무성 등의 안정적인 제도화로 연계될 때 시민사회 개입의 실질적인 효과성은 배가된다(Ringen, 1987; 2013). 환언하면, 시민사회의 대항영역에 대한 명확한 이해와 분석을 위해서는 결국 시민사회와 국가 간의 관계 분석이 선행되어야 하며, 국가-사회관계라는 거시적인 분석틀하에서 시민사회가 대항영역에서 파생되는 주요 레퍼토리를 동원하여 국가 또는 국제기구에 도전하는 과정을 분석하는 것이 중요하다는 의미이다. 아시아 맥락에서는 아시아개발은행의 책무성 문제에 대한 분석이 아시아개발은행

역동성이 약화될 수 있다는 부정적인 비판이 있다. 한편, 권력자원론은 노동계를 비롯한 좌파진영이 복지국가 건설을 선도한다고 해석한다. 그러나 노동조합이 개별 기업 수준에서 독자적으로 활동할 경우, 고용주와 기업별 노조는 사회 전체의 복지수준보다는 단기적 이익에 집중할 가능성이 크다. 노동조합의 단체협상 수준이 높아질수록 복지국가가 발전하는 정비례 관계가 성립한다. 따라서 권력자원론은 특정 이익집단이 자신의 이해관계를 관리하기 위하여 정치집단과 연대하거나 영향력을 미치는 과정을 설명하는 이론적 자원을 제공한다.

을 국내의 국가 역할로 재인식하고 아시아 개발CSO를 국내의 시민사회로 대체함으로써 전체적으로 국가-사회관계를 아시아개발은행-아시아시민사회 관계로 환치할 수 있다. 아시아 시민사회의 아시아개발은행에 대한 도전은 전 세계 어느 지역보다 조직적이고 체계적으로 이루어지고 있다는 점에서 더더욱 시민사회의 대항영역에 대한 아시아개발은행의 대응방식과 이 과정에서 형성되는 아시아지역 특유의 아시아개발은행-아시아시민사회 관계성에 관한 정치한 분석이 요구된다. 따라서 아시아개발은행이 전략적으로 시민사회에게 어떤 수준의 정치적 기회구조를 제공하고 아시아개발은행 내부와 CSO를 연계하며 주기적으로 CSO와 소통하는 제도를 운영하는가에 따라 아시아 CSO가 조직하는 대항영역의 범주와 강도에 상당한 영향을 준다는 것을 상정할 수 있다.

지금까지 설명한 대항영역의 구조적인 분석은 행위자 요소로서 CSO의 대항기제와 구조적 요소로서 다자개발은행이 제공하는 정치적 기회구조와 접근성으로 이루어진다. 마지막으로, 이러한 구조-행위자의 관계성과 함께 CSO가 선택하는 전략의 유형과 결과에 대한 논의가 필요하다. CSO가 특정 국제기구에는 그 정당성을 인정하고 이에 상응하는 집합행위의 레퍼토리를 준비하는 한편, 어떤 기구와는 갈등 관계를 확장하면서 저항 수위를 높이는 전술과 전략을 준비하게 된다. 시민사회의 전략적 선택의 문제는 CSO가 국제기구를 상대할 때 어떤 기준으로 갈등 관계와 저항 수위를 선택하고 조정하는가라는 질문과 직결된다. 이에 대한 해답은 앞서 제1장에서 언급되었던 시민사회의 내부전략과 외부전략이라는 두 개의 대항영역 전선을 어떻게 운영하는가에 달려 있다(Grugel and Uhlin, 2012; Steffek and Nanz, 2008). 시민사회의 내부전략은 국제기구의 정책과 활동영역에 CSO가 어느 정도 친화성을 갖고 국제기구의 역할을 인정하는 경우 시민사회가 스스로 책무성 개선을 요구하는 저항을 절제하려는 전략적 선택을 의미한다(Betsill and Corell, 2008; Chalmers, 2011; Dellmuth, 2012). 내부전략을 선택하는 CSO는 국제기구에 대한 대항의 수준을 낮추거나 심지어는 갈등 관계를 원하지 않을 가능성도 배제할 수 없다. CSO 내부에 공통의 목표 내지 집합적 정체성이 형성되어 있지 않기 때문에 국제기구와의 대항영역을 스스로 확장하려는 노력에 조직의 에너지를 투입하려 하지 않는다. 따라서 CSO의 내부전략의 레퍼토리는 주로 로비활동과 같이 적극적으로 국제기구가 제공하는 소통기제와 접근통로를 최대한 활용하여 긍정적인 관계성을 구축하려고 한다. 반면, 시민사회의 외부전략은 특정 국제기구와 갈등 국면을 명확히 설정하고 내부적으로 비공식적인 네트워크를 적극 활용하며 집합적 정체성을 공유하는 CSO의 전략으로서 대체로 대항영역의 수위가 높고 도전적이며 공격적인 전략을 선택하는 경향이 강하다(O'Brien et al., 2000; della Porta and Tarrow, 2005; Tarrow, 2005; Smith, 2008). 주로 사회운동이 외부전략의 주요 레퍼토리로 선택되는데, 일례로 다보스포럼, G20 정상회의 및 각종 유엔회의 등 글로벌 회의에 참여하여 대안적인 해법을 제안하거나 시위 및 쟁의행위를 동원해서 기존 글로벌 거버넌스 방식에 변화를 추진하는 '아래로부터의 세계화(globalization-from-below)'라는 운동방식을 채택하는 경우 등을 들 수 있다(Falk, 1997; 임현진·공석기, 2014; 김의영, 2013; 임현진, 2011; della Porta and Diani, 1999).[14]

대항영역의 대상이 되는 글로벌 기관에 공조를 추진하는 내부전

14 특히, 개발협력 영역에서는 원조효과성 내지 책무성 문제를 다루기 위하여 OECD 개발원조위원회가 주최하는 고위급회담이 개최될 때마다 시민사회단체들이 적극 참여하고 대안적인 개혁안을 제시하는 등 시민사회의 외부전략을 강화해 왔다(김태균, 2015; 손혁상, 2015; 김의영·홍지영, 2014).

략과 갈등의 전선을 명확히 세우는 외부전략 사이에서 CSO의 대항영역 성격을 규정하는 전략적 선택이 절충적으로 결정된다. 현실에서는 CSO가 외부전략을 선택하고 내부전략을 배제하거나 내부전략만 고수하고 외부전략을 포기하는 경우는 흔치 않으며 내부전략과 외부전략을 일정 정도 혼용하는 양동작전을 채택할 가능성이 높다. 또한 두 전략이 적절하게 혼용될 경우 CSO가 대항영역과 이를 운영하는 레퍼토리를 가장 최대치로 확장할 수 있다. 이러한 대표적인 사례가 아시아개발은행과 아시아 시민사회의 관계이다(Kalm and Uhlin, 2015).

[그림 3-2]가 보여주듯이, 지금까지 설명한 시민사회의 대항영역에 관한 이론적 프레임을 다음과 같이 세 가지 수준에서 정리할 수 있다.

첫째, 메타이론적 차원에서 볼 때 시민사회는 대항영역에 위치한 CSO 간에 관계성을 전략적으로 형성하기 위한 방법으로 동일한 목표를 공유하고 대항적 관계성을 조직화된 공통의 정체성으로 승화시킨다. CSO의 목표와 조직의 정체성에 따라 최후의 외부전략과 내부전

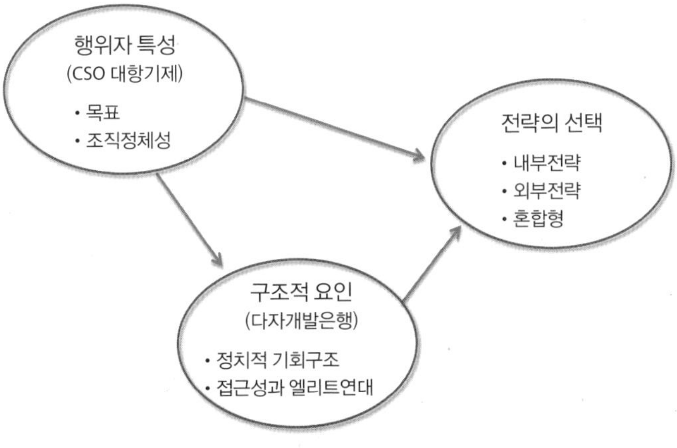

[그림 3-2] 행위자 특성, 구조적 요인, 전략선택

자료: Kalm and Uhlin (2015: 66).

략 사이에서 어떠한 전략을 선택하는가에 대한 방향이 결정된다(Kalm and Uhlin, 2015: 11). 조직의 목표와 정체성을 기준으로 달(Dahl, 1968: 314-344)은 비구조적 대항(non-structural opposition), 제한된 구조적 대항(limited structural opposition), 그리고 주류적 구조적 대항(major structural opposition)으로 대항의 유형을 구분하여 대항유형을 조직의 전략적 선택에 영향을 미치는 주요 변인으로 간주하였다. CSO의 다자개발은행에 대한 접근성은 CSO가 로비활동과 같은 내부전략을 선택할 때 대단히 중요한 판단의 기준이 된다. 이는 다자개발은행이 개발프로젝트를 이행함에서 시민사회를 효율적인 파트너로 이용할 수 있다는 오래된 경험을 갖고 있기 때문에 가능하며, 동시에 현지에 대한 상세한 정보와 경험이 다자개발은행에게 CSO의 이용가치를 높이기 때문이기도 하다(Long, 2001; Green, 2008). 따라서 다자개발은행의 책무성 문제에 CSO가 접근하여 개입할 수 있는 공간이 확장될수록 CSO는 로비활동과 같은 내부전략을 선택할 가능성이 높아지고 반대로 갈등의 가능성이 확장될수록 CSO는 집단적 저항을 시도하는 외부전략의 선택 가능성이 높아진다.

둘째, 상술한 행위자 중심의 접근법을 구조중심의 접근법인 정치적 기회구조로 보완함으로써 '제도적 접근성'과 '엘리트와의 연대'를 주어진 구조하에서 정치적 기회로 활용한다(Eisinger, 1973; Fogarty, 2011). 이러한 구조적 요인을 제공하는 주체는 CSO가 아니라 다자개발은행과 같은 글로벌 통치성을 보유한 글로벌 주체이다. 비구조적 대항과 제한된 목표를 선택하는 CSO일수록 상대적으로 다자개발은행에 접근할 수 있는 정치적 기회구조가 확장되는 반면, 구조적 대항을 주류화하여 체제에 도전하는 CSO의 경우는 다자개발은행의 내부 엘리트들과 접촉할 수 있는 정치적 기회가 축소된다.

셋째, 행위자 중심의 접근법과 구조중심의 접근법을 종합적으로 고려하여 CSO가 최종적으로 내부전략, 외부전략, 그리고 혼합전략 중에서 대항영역의 주요 전략을 선택한다. 이러한 최종적인 시민사회의 전략적 선택이 시민사회의 대항영역 분석의 종속변수라 할 수 있다.

이러한 단계로 선택된 CSO의 특정 전략은 다자개발은행과의 상호작용을 통해 대항영역의 다양한 유형으로 발전한다. 대항영역의 프레임을 통해 아시아지역 시민사회가 아시아개발은행에 대항하는 방식과 전략을 분석하여 구체적인 대항의 유형과 외부전략·내부전략의 선택방식과 전략적 활용의 연결고리를 찾는 것이 중요하다. 기존 비교정치학 분야에서 대항에 대한 전통적인 경험적 연구는 대항의 해석중심으로 이론화를 시도하거나 기계적인 유형론이 대부분이었다. 그럼에도 불구하고, 달(Dahl, 1968)의 대항전략에 관한 분석은 대항유형과 시민사회단체 성격 간의 관계성에 배태되는 이른바 '시스템 속성(system characteristics)'에 초점을 맞추고 있다는 점에서 주목할 필요가 있다.

이를 토대로 본 연구에서 분석하려는 CSO 대항영역의 대항전략을 [표 3-1]과 같이 세 가지로 유형화할 수 있다. 달의 유형론을 차용하자면, 대항의 구조적 측면을 기준으로 '비구조적 대항-정책중심 CSO', '제한된 구조적 대항-급진적/개혁적 CSO', '주류적 구조적 대항-체제전환적 CSO'로 유형화할 수 있다. 대항영역이 비구조적이고 구조적 요소가 제한적일수록 다자개발은행과 연결될 수 있는 채널들이 늘어나고 CSO가 활용할 수 있는 정치적 기회공간이 줄어들기 때문에, CSO가 취하는 대항전략이 구조적인 문제를 다루지 못하고 다분히 정책중심으로 전환되며 CSO가 급진적 내지 개혁적 성향을 갖기가 어려워진다. 환언하면, 대항영역이 구조적인 문제를 거론하기 꺼려하며 다루는 문제의 범위가 제한적일수록 CSO가 최종적으로 선택하는 대항전략은 다자개발은행의 조력자와 소통하는 내부전략으로 귀결될

[표 3-1] 다자개발은행에 대한 시민사회 대항의 목적 비교

대항의 유형	다자개발은행의 운영방식 변화	특정 정책 및 프로젝트 변화	정치구조 변화	사회경제적 구조 변화	예시
비구조적 대항(non-structural opposition): 정책중심 CSO	Yes 또는 No	Yes	No	No	특정정책을 위해 로비 활동을 벌이는 환경CSO; 프로젝트에 영향을 받은 현지인들의 지역저항운동
제한된 구조적 대항(limited structural opposition): 급진적-개혁적 CSO	Yes 또는 No	Yes 또는 No	Yes: 다자개발은행 개혁	Yes: 글로벌 경제 개혁	유엔과 옥스팜 등의 개혁을 위한 캠페인
주류적 구조적 대항(major structural opposition): 체제전환적 CSO	N/A	Yes 또는 No	Yes: 다자개발은행 폐지/전환	Yes: 글로벌 사회경제 전환	글로벌 정의운동의 급진적 부분

자료: Dahl (1968: 342); Kalm and Uhlin (2015: 61). 수정 보완.

가능성이 높아진다. 따라서 [표 3-1]이 보여주듯이, 비구조적 대항은 정책중심의 CSO가 주로 선택하는 대항전략이 되고, 제한되나마 구조적인 문제에 도전하는 CSO는 급진적·개혁적인 성향을 띠게 되며, 구조적 문제를 주류화하는 CSO의 경우 개혁성을 넘어서 체제전환적인 전략을 모색하게 되는 것이다. CSO의 시스템 속성에 따라 다자개발은행의 운영방식 변화, 특정 정책 및 프로젝트 변화, 정치구조 변화, 사회경제적 구조 변화라는 변수에 차등적으로 대항전략이 접목되고 구조적인 문제에 대한 해법도 차별화된다.

다자개발은행의 글로벌 통치성과 마찬가지로 시민사회의 대항영역도 상대파트너인 다자개발은행과의 관계성에서 그 강도와 방향성이 결정된다. 따라서 대항 자체는 종속변수가 되고 이를 분석하기 위한 독립변수가 다자개발은행과 시민사회 간의 접근성·갈등·정치기회구

조·엘리트연대 등으로 구성되는 관계성이라 할 수 있다(Blondel, 1997: 463). [표 3-1]에서 시도한 유형론을 CSO 대항영역의 정체성과 다자개발은행의 정치적 기회공간과 연결하여 관계성을 중심으로 다시 정리하면 [그림 3-3]과 같이 시민사회의 대항영역이 취하는 대항전략을 다른 방식으로 재구성할 수 있다. 대항조직의 구조적인 저항성에 따라 CSO의 정체성을 비구조, 제한된 구조, 주류화된 구조로 구분하고 각각의 유형을 전문적(professional)인 목표와 민중적(grassroot)인 목표로 다시 세분화함으로써, CSO를 구성하는 주요 성원의 정체성이 전문성을 갖춘 전문가 집단인가 또는 민중을 대표하는 개혁집단인가에 따라 시

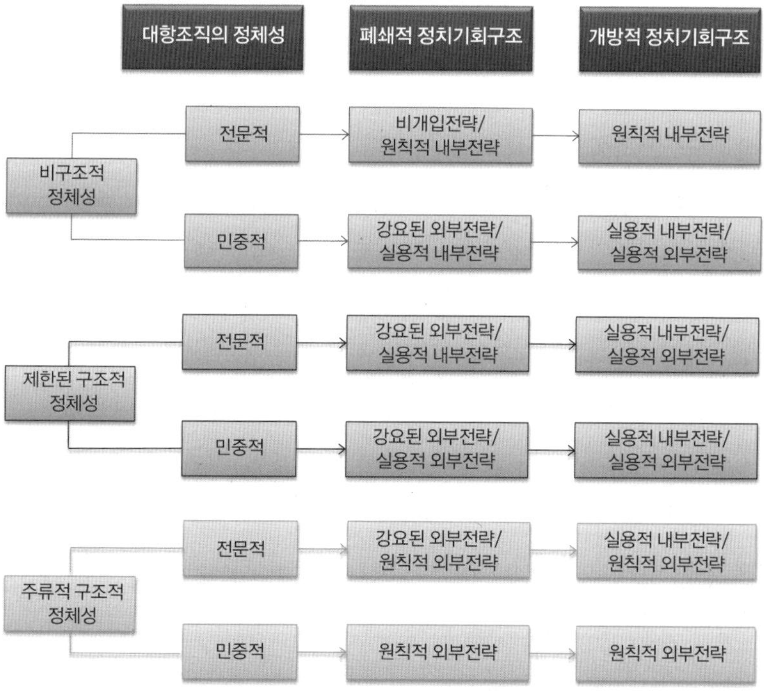

[그림 3-3] 대항조직의 정체성과 정치적 기회구조

자료: 저자 작성.

민사회의 대항전략을 보다 정밀하게 추적할 수 있다. 전문적인 CSO가 보다 비정치적이고 다자개발은행과의 전문적인 협력을 원하기 때문에 풀뿌리 민중의 요구를 대변하는 민중적인 CSO보다 내부전략을 선택할 가능성이 높은 반면 민중적 성향이 강한 시민사회단체는 대항전략을 주로 외부전략에서 선택함으로써 운동방식을 정치화한다는 특성에 천착할 수 있다. 여기에 정치적 기회공간을 폐쇄형과 개방형으로 분리하여 접합하게 되면 CSO가 취하게 되는 대항영역의 정체성과 운동전략 간의 관계성을 더욱 정밀하게 세분화하여 분석할 수 있다(Kalm and Uhlin, 2015).

[그림 3-3]에서 가장 극단적인 두 유형은 비구조적 목표를 지향하는 CSO가 전문성이라는 정체성을 가질 경우와 구조문제를 주류화하는 CSO가 민중성의 정체성을 접목하는 사례라 할 수 있다. 전자는 책무성에 대한 구조적 개혁을 목표로 상정하지 않고 또한 다자개발은행과의 전문적인 이슈에 대한 협의를 전제로 하기 때문에 폐쇄적 정치기회구조에서는 비개입전략 내지 원칙적으로 내부전략을 선택하고 개방적 정치기회구조에서는 원칙적으로 내부전략을 준용하는 경향이 강하다. 반대로, 후자는 다자개발은행의 책무성 문제를 구조적으로 인식하고 개혁을 주장하며 이를 민중의 시각에서 정치화하기 때문에 정치기회구조의 폐쇄성 및 개방성과 무관하게 원칙적으로 외부전략을 선택한다는 가설이다. 다른 유형들은 이 두 극단적인 사례를 연결하는 스펙트럼 안쪽 선상에서 적절한 위치를 잡게 되고 대항영역의 정체성과 목표, 그리고 정치기회구조 간에 어느 수준에서 절충하는 다양성을 보인다.

결국, 지금까지의 시민사회 대항영역의 확장성에 대한 논의는 아시아 시민사회의 아시아개발은행에 대한 전략적인 접근 방식이 아시아 맥락에 입각하여 특수한 '아시아적 대항영역'을 구축했는가, 그리고 아시아적 대항영역이 시민사회의 정치기회구조를 확장하는 데 중요한 역할을 했는가에 대한 이론적 분석틀로 활용될 것이다. 베이츠(Bates, 2010)가 강조하듯이, 개발과 발전의 이슈는 국내외 정치적 변수를 고려치 않으면 맹목적인 희망과 인도주의로 포장된 정치기회구조가 개발을 정치화하는 세력에 의해 조정되고 더 나아가 개발 본연의 포부는 경제적 번영이라는 거대한 목표에 의해 사장되고 왜곡될 가능성이 높다. 따라서 개발 책무성을 둘러싼 갈등정치에 개입하는 정치적 변수와 행위자를 인식하고 관계적 책무성을 분석하기 위한 도구로서 시민사회의 대항영역을 아시아개발은행과의 관계성에 적용하는 것이 중요하다.

다시 말해 아시아 시민사회가 어떠한 방식으로 대항영역을 확장하고 정치적 기회공간을 유리하게 전략화하는가를 이해하고 최종적으로 아시아 시민연대의 내부전략과 외부전략을 공론화하는 것이 관건이다. 아시아 시민사회의 대항전략 방식이 내부전략과 외부전략을 동시에 추진하고 있다는 특징과 구조적 대항·민중적 대항을 적절하게 내부와 외부 전략에 배치하고 있다는 점은 아시아적 맥락에서 발견되는 독특한 양상이라 할 수 있다. 이는 궁극적으로 개발책무성의 아시아적 재구성을 가능케 하고 여타 다자개발은행과 달리 아시아개발은행이 스스로 책무성 문제에 민감하게 반응하여 다자개발은행 중 가장 선도적으로 책무성 제도를 발전시키는 예외적인 현상으로 귀결된다(김태균, 2013b). 아시아개발은행이 자발적으로 먼저 아시아 CSO에 접근하여 시민사회를 위한 정치적 기회공간을 확장하고 아시아개발은행의 책무성을 스스로 제고하려는 전략적인 행보도 아시아 시민사회가 취하는 대항전략과 밀접한 관계가 있다. 아시아개발은행의 경우 시민사회의 대항영역에서 발생하는 아시아 CSO의 정치적 저항(외부전략)과 NGO포럼과의 전략적 제휴(내부전략)가 양존한다는 점에서, 아시아

시민사회가 하나의 주요한 주체로서 아시아개발은행의 책무성을 사회적으로 재구성할 수 있는 독립된 역량과 권한을 보유하고 있다고 평가할 수 있다.

4. 글로벌 책무성의 동형화와 구조화

구조적 요인으로서 다자개발은행의 통치성과 국제사회의 체제이성, 그리고 행위자 요인으로 시민사회의 대항영역이 상호 관계성을 형성하고 이러한 '구조-행위자(structure-agent)' 관계가 다자개발은행의 책무성 이슈에 배태된 갈등정치의 프레임에 적절히 부합한다면, 구조로서 아시아개발은행과 행위자로서 아시아 시민사회 간에 발생하는 구조-행위자 프레임이 아시아적 맥락에서도 유효한 분석틀로 적용될 수 있다([그림 3-4] 참조).

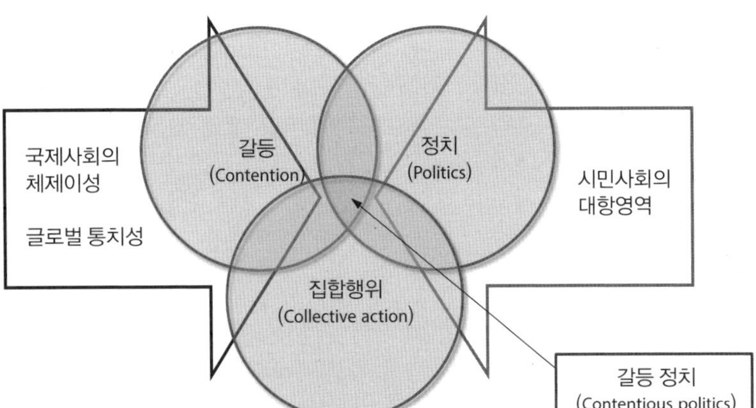

[그림 3-4] 관계적 책무성의 구조화와 제도적 동형화 과정

자료: 저자 작성.

아시아적 맥락에서의 개발책무성 문제가 다른 지역 사례와 차별성을 가지는 이유는 행위자–구조 프레임 자체의 차이에서 기인하는 것이 아니라 동일한 프레임하에서 시민사회가 선택하는 대항전략의 특성과 아시아개발은행이 대응하는 통치성 방식, 그리고 대항전략과 통치성의 상호연계방식에서 차이가 발생하기 때문이다. 지금까지 논의한 갈등정치, 글로벌 통치성, 시민사회 대항영역은 아시아개발은행의 책무성 이슈에 대한 아시아 시민사회의 개입방식과 저항전략을 다자개발은행이 강제하는 구조적 압력의 일방성에 구속되는 소극적 대상이 아니라 다자개발은행의 구조적 통치성에 도전하고 저항하는 적극적인 주체로 환치해야 한다. 이러한 새로운 시각은 글로벌 개발책무성을 아시아라는 특정 맥락에서 아시아개발은행과 시민사회 간에 사회적으로 구성된 결과물로 간주하는 인식론적 전환을 요구하며, 사회학이론에서 기든스의 사회구조화론과 스탠포드학파(Stanford School)의 제도적 동형화론(institutional isomorphism)이 강조하는 구조와 행위자의 총체적인 프레임에 주목할 필요가 있다.

무엇보다 정도의 차이는 있겠지만 다자개발은행의 통치성 및 국제사회의 체제이성과 시민사회의 대항영역이 조우하고 경합해서 형성되는 관계성이 갈등정치의 공간에서 제도화되고 관례화된다면, 다자개발은행의 책무성 이슈는 행위자와 구조 간에 간주관적으로 구성되는 관계적 책무성으로 수렴된다는 일반화가 가능하다. 계약관계에 근거하여 기계적인 책무성을 요구하기보다 사회정치적 맥락에 부합하는 관계적 책무성의 관점에서 갈등정치를 해석하는 방식이 주류화되고, 합리적 행위자 중심의 주인-대리인 관점에서 벗어나 사회구성주의 중심의 구조-행위자 관계로 분석의 무게중심이 옮겨져야 한다.

국제사회의 다자기구 책무성 문제에 배태된 관계적 책무성의 제도적 수렴화 과정을 보면 사회학의 신제도주의학파가 제시하는 제도적 동형화 이론과 유사하다는 것을 인지할 수 있다.[15] 신제도주의학파가 주장하는 세계사회는 동일한 유형으로 통일되는 세계체제의 동질화 현상이 아니라 유사한 방식으로 수렴하면서 동시에 다변화되는 동형성 특성에 주목한다(임현진, 2011: 49; Meyer et al., 2006; Meyer et al., 1997). 제도적 동형화는 특정 국가군 내지 사회집단이 지속적으로 독특한 제도를 연이어 구축하고 관리하게 되는 이유가 제도의 동형을 복제하는 현상으로 설명된다는 사회학이론으로, 제도적 특징을 공유하고 동형태를 복제하여 경제적 활동의 국가적 형식으로서 구체적인 사회제도적 메커니즘이 창출되며 상대적으로 구조화가 덜 된 상황에서는 개인의 행동이 좀 더 구조화된 상황에 관한 의사결정을 따르게 된다는 논리를 제공한다(DiMaggio and Powell, 1983). 다자개발기구의 책무성 문제에 도전하고 대처하는 방식의 낯선 상황에서 CSO는 이러한 낯선 조건과 가장 유사한 상황을 설정하고 최상으로 조직된 제도하에 자신의 행동이 어떠한 양식으로 구체화될 것인가를 유추하여 결정하게 된다. 이러한 과정이 반복되면서 글로벌 책무성을 둘러싸고 형성되는 다자개발은행과 시민사회 간의 경합과 대항관계는 일종의 정향개

15 사회학적 신제도주의는 기존 사회학자들이 의존해 온 제도주의와 차별성을 두면서 새로운 개념의 제도주의를 주창하고 있으며, 대부분의 내용이 미국 스탠포드대학교 학자들에 의해 개발되었기 때문에 이른바 '스탠포드학파'이라고도 불리운다. 사회학 영역에서 신제도주의와 구제도주의의 차이점은 다음과 같이 개관할 수 있다(DiMaggio and Powell, 1991: 13). 구제도주의 접근법은 현지 커뮤니티 중심으로 조직 간의 흡수 및 포섭을 통하여 이해관계의 충돌이 중심부에서 발생하고 조직변화의 연구초점을 맞추는 경향이 강한 반면, 신제도주의적 방법론은 분석대상이 커뮤니티 수준을 넘어선 사회의 특정영역 또는 사회전체로 확대되며 조직의 변화보다는 조직의 지속가능성에 연구초점을 맞추고 중앙과 주변인 지역사회와의 관계성을 토대로 구성주의적 시각을 선호한다.

념으로 유사경험이나 유사한 기존연구의 결과를 차용하여 연구목표에 적용함으로써 최상의 제도와 유사한 은유/비유를 찾아내고 이를 하나의 독립된 제도적 유형으로 유기적으로 구성하는 경향을 가지게 된다(Layder, 1998). 따라서 아시아 시민사회는 다자개발기구와의 관계적 책무성에서 가장 효과적인 대항영역을 모색하게 되고 이와 동형화된 집합행위에서 전략적인 대응논리를 찾게 되며 이러한 관계적 책무성이 지속해서 반복되면서 아시아개발은행에 대한 책무성 제고에 관한 경합방식이 제도화되는 것이다.

동시에, 제도적 동형화 현상은 동일한 방향과 모델로 수렴한다는 전제하에 어느 정도의 다변화를 수용하는 탈동조화를 허용한다(Meyer and Rowan, 1977). 탈동조화 현상은 제도적 동형화이론이 갖는 이론적 강점으로 모든 CSO가 완벽히 동일한 유형의 대항영역과 대항전략을 공유한다는 동질화를 거부하고 유사한 대항방식의 틀 안에서 조직의 전략과 행위양식을 다변화할 수 있는 공간을 열어준다. 사회학 영역에서 구제도주의와 신제도주의가 공히 공유하는 특징 중의 하나가 모두 합리적 선택 제도주의 모델에 회의적이고 비판적이라는 점인데(DiMaggio and Powell, 1991: 12), 사회적 현상에 참여하는 주체들이 반드시 합리적 선택에 의존하는 것이 아니라 주체 간에 또는 주체와 구조 사이에 형성되는 관계성에 주목하게 되고 이를 바탕으로 조직의 방향성과 행동을 수정·변경할 수 있다는 것이다. 그러므로 탈동조화는 아시아개발은행이 기존의 다른 다자개발은행보다 책무성 제고를 위하여 아시아 CSO와 협력하는 독특한 현상을 설명할 수 있는 방법론적 공간을 열어준다. 기존 동형화된 제도의 틀에서 이탈하는 부조화된 유형을 이론화함으로써, 아시아라는 지역적 맥락에서 아시아개발은행과 CSO가 관계적 책무성을 갈등정치 공간에서 시민사회의 대항영역과 아시아개발은행의 글로벌 통치성으로 어떻게 차별화시키는가를 분석할 수 있으며 이러한 차별성이 다른 다자개발은행 사례와 동형화된 패턴을 보여주지만 동시에 탈동조화된 요소도 보여주게 된다는 점에서 대단히 중요하다.

사회변동의 주체가 시민사회이고 시민사회가 다자개발은행의 책무성이라는 구조를 변혁한다. 기존의 전통적인 사회변동론은 유기체로서 사회를 인식하고 사회구성원이 전체 사회를 운영하는 데 하나의 부속품으로 연결되어 있어 사회라는 구조에서 제 기능을 수행하는 행위자로 간주되었다(Parsons, 1951; Etzioni and Etzioni, 1964). 이는 대단히 안정적인 구조로서 사회를 상정하는 것이고 행위주체인 사회구성원이 사회구조를 변화시키거나 개선할 수 있는 가능성은 매우 낮게 평가하였다. 마찬가지로, 국제정치이론에서도 주류이론인 현실주의 및 신현실주의는 구조로서 국제체제는 이미 주어진 조건이고 개별 주권국가는 무정부주의 국제질서하에서 자위를 동원하여 생존하고 자국민을 보호하는 것을 주요 임무로 삼는다고 보았다(Waltz, 1979; Morgenthau, 1948). 따라서 웬트(Wendt, 1999)가 사회구성주의를 표방하면서 행위자로서 국가가 구조인 국제체제와 지속적으로 상호작용함으로써 국가가 국제체제에 구속됨과 동시에 일정 정도 변화를 시도할 수 있다는 주장을 할 때까지 국제정치학계는 현실주의적 시각에서 국가의 자율성과 체제에 대한 영향력을 과소평가하였다. 본 연구는 기든스(Giddens, 1984)의 사회구조화론을 준용하여 아시아 시민사회를 하나의 독립된 행위자로, 아시아개발은행의 통치성을 일종의 구조로 인식하고 책무성에 관한 통치성이 CSO의 대항영역과 갈등정치에서 충돌할 경우 상호 어떠한 영향을 미치고 관계성을 구성하는가에 연구의 초점을 맞춘다. 구성원들의 상호작용 속에서 규칙들과 자원들의 사용을 통해 사회적 시스템의 생산과 재생산이 가능해지고, 이는 미시적인 행위자들의 상호작용에 따라 거시적인 구조와 체계가 변환될 수 있다는 해석을 가능하게 한다. 따라서, 사회구조화론은 일종의 사회구성체와 같다고 재정의할 수 있으며, 이는 제도의 도구적인 이익과 권력관계의 사회적인 표명 간의 끊임없는 상호작용을 통해 구성되는 간주관적인 결과물이다(Stammers, 1999). 책무성의 사회구조화는 단기적으로는 권력관계의 구조적인 측면과 행위주체들에 대한 도전으로 해석할 수 있는 반면, 중장기적으로는 일상생활에서 발생하는 권력관계의 고정된 사회성에 대한 근본적인 도전으로 볼 수 있다. 따라서 갈등정치라는 공간에서 벌어지는 이중적인 그러나 변증법적인 제도의 동형화 과정은 변화주체인 시민사회와 아시아개발은행의 통치성 간에 발생하는 구조의 변동 과정으로 이해할 수 있다(Agné, 2016).

마지막으로, 시민사회의 대항영역과 다자개발은행의 통치성이 상호교류하는 데 필요한 소통기제가 동형화, 탈동조화, 그리고 구조화 과정을 통해 구체화된다면, 여기서 우리가 주목해야 될 사항은 내부전략과 외부전략의 합리적인 조합으로 결정되는 시민사회의 대항전략과 이 전략이 다자개발은행에 미치는 외부효과이다. 여기에는 역사적 이벤트인 중대시점이 전 과정에 개입하게 되며 중대시점에서 발생하는 시민사회의 적극적인 도전과 이에 상응하는 아시아개발은행의 통치성이 새롭게 재구성되면서 그다음 단계에서 주류화될 관계적 책무성의 방향과 내용, 그리고 시민사회의 대항전략에 영향을 미치게 된다. 특히, 아시아개발은행의 경우는 1998년 NGO포럼의 재구성을 역사적 중대시점으로 간주할 수 있는데, 이는 NGO포럼을 계기로 CSO의 입지가 공고화되고 아시아개발은행이 획기적으로 책무성 제도를 개혁하게 되는 결정적 요인이 되었기 때문이다. 아시아개발은행의 책무성 제고를 위한 노력이 역사적 시점에 따라 그 강도가 변화하게 되고 이는 곧 시민사회의 대항전략이 아시아개발은행에게 얼마나 강한 영향을 미치는가에 따라 제도적 동형화가 탈동조화로 전환될 수 있는가를 예상할 수 있게 해준다.

다음 제4장에서는 지금까지의 이론적 논의를 바탕으로 아시아개발은행 책무성 제도의 특수한 맥락과 아시아 시민사회와의 상호관계를 좀 더 명확하게 인식하기 위하여 전 지구상에 운영되고 있는 다자개발은행의 유형과 이 기구들이 보유하고 있는 책무성 기제, 그리고 시민사회와의 관계성을 글로벌 수준, 지역 수준, 남남협력 수준으로 구분하여 비교·분석을 시도한다. 이는 제5장부터 본격적으로 분석할 아시아개발은행의 독특한 책무성 제도와 아시아지역 시민사회의 대항영역과 대항전략에 대한 사전 배경이자 거시맥락비교를 위한 경험적 토대가 된다.

제4장

다자개발은행의 책무성 제도: 다양성과 유사성

지금까지 논의한 아시아개발은행의 책무성 문제를 분석하기 위한 이론적 프레임을 바탕으로 아시아개발은행과 아시아 시민사회의 관계적 책무성을 본격적으로 분석하기 전에, 아시아개발은행의 특수한 맥락과 유형을 구별하기 위하여 현재 운영되는 다자개발은행을 전수조사하여 비교·분석의 근거를 마련하는 것이 중요하다. 전 세계적으로 조직되어 있는 다자개발은행을 크게 지역별로 운영되는 남북협력 중심의 다자개발은행과 글로벌 차원에서 운영되는 세계은행, 그리고 남남협력 중심으로 구성된 남반구와 BRICS의 다자개발은행으로 구분하여 설립목적 및 기능, 회원국 현황, 시민사회와의 관계, 그리고 책무성 기제를 중심으로 비교·정리한다.

포괄적 의미의 다자개발은행이란 경제개발자금을 지원하는 은행으로서, 다수의 차입국 또는 개도국과 다수의 공여국 또는 선진국이 참여하여 빈곤감소부터 대규모 경제개발사업까지 활동영역으로 포괄하는 은행을 일컫는다(Nelson, 2014; Bissell and Nanwani, 2009). 그리고 좀 더 세부적인 의미로서의 다자개발은행은 역내국가의 참여도, 규모, 지원 성격에 따라 다양한 분야를 지원하는 은행이라 할 수 있다. 이 외에 역내국가에 가입 혹은 창설이 제한되어 지역개발을 위한 분야만 지원하는 소지역개발은행(Sub-Regional Development Bank), 그리고 가입자격이 제한적이거나 특정분야에 국한하여 지원하는 다자간 금융기구(Multilateral Financial Institution)도 거시적으로는 다자간개발은행의 범주에 속한다. 규모 및 참여국가 수가 가장 많은 다자간개발은행으로는 크게 세계은행, 아시아개발은행, 아프리카개발은행(African Development Bank), 유럽부흥개발은행(European Bank for Reconstruction and Development), 유럽투자은행(European Investment Bank), 북유럽투자은행(Nordic Investment Bank), 미주개발은행(Inter-American Development Bank), 북미개발은행(North American Development Bank)을 들 수 있는데, 대규모의 다자개발은행은 대부분 전통적인 남북협력 방식을 취하며, 선진공여국과 개도국 및 국제기구가 같이 회원국으로 참여하고 있다. 이러한 남북협력 방식의 다자개발은행을 다시 글로벌 수준의 세계은행과 세계은행을 제외한 나머지 남북협력 중심의 지역수준 다자개발은행으로 구분하여 각각의 특징들을 정리한다.

남북협력과 함께 남남협력을 토대로 조직되어 운영되고 있는 (소)지역개발은행이 남반구 지역에 설치되어 있다. 아프리카 지역에는 서아프리카개발은행(West African Development Bank), 동아프리카개발은행(East African Development Bank), 동남아프리카무역개발은행(Eastern and Southern African Trade and Development Bank)이 있으며, 미주지역에는 중미경제통합은행(Central American Bank for Economic Integration), 중남미개발은행(Development Bank of Latin America)이 위치하고, 이슬람권에는 이슬람개발은행(Islamic Development Bank)과 아프리카경제개발아랍은행(Arab Bank for Economic Development in Africa)이, 유라시아 지역에는 유라시아개발은행(Eurasian Development Bank)과 국제투자은행(International Investment Bank)이 대표적이다. 이 외에 해양도서국가 중심의 흑해무역개발은행(Black Sea Trade and Development Bank), 카리브개발은행(Caribbean Development Bank), 태평양도서국개발은행(Pacific Islands Development Bank)

이 있다. 또한, 최근 신흥원조국가 그룹인 브라질·러시아·인도·중국·남아프리카공화국 중심의 BRICS가 설립한 신개발은행과 중국 주도로 2015년 6월에 출범한 아시아인프라투자은행도 그 세를 빠르게 확장하고 있다. 이 밖에 다자개발은행과 (소)지역개발은행은 출자금과 차입금을 주요 재원으로 하여 경제성장, 균형개발 등의 사업을 위한 개발자금을 지원하는 장기·저리의 자금지원창구 역할을 위해 각종 기금 또는 자매기구를 설립하여 별도 운영하는 경우도 있다.

[그림 4-1]은 글로벌 수준, 지역별 수준, 그리고 남남협력 중심의 모든 다자개발은행의 분포를 활동영역과 영향력에 따라 동심원으로 전체적인 현황을 표시한 것이다. 상당수의 다자개발은행들은 담당지역이 겹치는 경우가 많은 반면, 남북협력을 기초로 활동하는 다자개발은행의 수는 전체 21기관 중 7기관으로 33% 정도를 차지하고 남남협력 중심의 다자개발은행은 재정동원에서 취약하고 안정성이 부족하지만 전체 67%를 차지할 정도로 중소규모의 소지역개발은행으로 운영되고 있다. 거의 모든 다자개발은행이 협력방식과 지역분포와 상관없이 기능·구조·사업수행·평가·책무성 등의 내부 제도적 구성이 유사하게 조직되어 있다는 점에서 동형화 현상을 발견할 수 있는 동시에, 각각의 지역특성과 상이한 목적 등으로 세부적인 운영방식에서 차별성이 나타난다. 특히, 각 다자개발은행이 취하고 있는 시민사회의 대항영역에 대한 대응방식과 책무성 기제에서 차별성을 확인할 수 있는데 이는 시민사회를 주요 파트너로 인식하는 정도와 내부적-외부적 책무성에 대한 필요성을 인지하는 정도의 차이에서 발생한다. 따라서 각각의 다자개발은행을 비교·검토하는 일은 다음 장에서 본격적으로 다룰 아시아적 맥락에서의 다자개발은행 책무성 문제의 독특성, 그리고 이러한 특이한 사례분석의 타당성과 중요성을 부각시키는 효과가 있다. 또한 이러한 차별성이 시민사회의 대항영역과 아시아개발은행

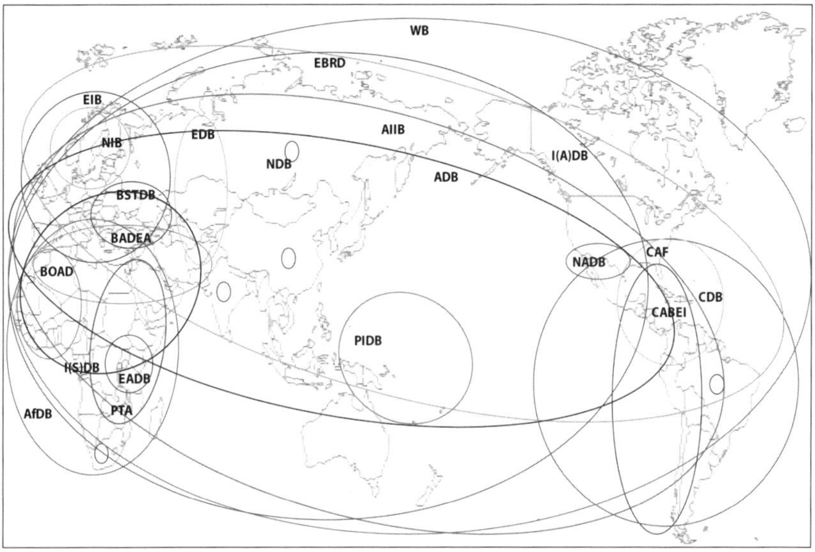

[그림 4-1] 다자개발은행 전 세계 분포도

자료: 저자 정리.

의 통치성과 같은 관계적 책무성의 차원에서 어떻게 형성되는가를 분석할 수 있는 기초자료가 된다.

앞서 논의한 대로 다자개발은행의 비교·분석은 글로벌 수준의 다자개발은행, 지역수준의 남북협력 다자개발은행, 그리고 남남협력 중심의 다자개발은행으로 구분하여 유형별로 전개된다. 주요 다자개발은행을 제외한 다른 모든 은행들에 관한 설립목적·주요기능·회원국·주요조직 등 자세한 기관정보는 부록으로 처리하여 추후에 참고할 수 있게 정리하고, 유형별로 대표적인 사례를 선별하여 다자개발은행과 시민사회와의 관계 그리고 책무성 제도를 중심으로 서술하도록 한다.

1. 글로벌 수준의 다자개발은행: 세계은행을 중심으로

글로벌 수준의 다자개발은행은 주로 남반구에 위치한 개도국의 개발과 발전을 목적으로 설립된 세계은행이 대표적이다. 이러한 목적하에 세계은행은 1950년대에 인프라 구축, 1960년대에 농업개발, 1970년대에 빈곤퇴치 및 기본수요, 1980년대에 구조조정과 조건부 원조, 1990년대에 사회개발, 2000년대에 거버넌스, 그리고 2010년대에 지식정보와 데이터로 주요 활동영역을 전환하면서 개도국의 개발협력을 지원해 오고 있다. 개발프로젝트를 이행하는 데 있어 협력대상국 정부뿐만 아니라 지역사회의 CSO 및 국제 수준의 CSO와 적극적으로 연대하여 개발파트너십을 구축하고 있으며, 이를 토대로 세계은행의 책무성제도인 조사패널에 CSO의 개입을 허용하여 책무성 개선과 제고에서 시민사회의 기여를 권장하는 외부적 책무성을 강화하고 있다. 이에 글로벌 수준의 다자개발은행의 대표적 사례인 세계은행의 주요기능과 조직구성, 그리고 시민사회와의 관계성을 간단히 정리하고 조사패널을 자세히 분석하여 차후 아시아개발은행과의 차별성을 비교하기 위한 토대를 제공하고자 한다.

1) 설립목적 및 기능

1944년 브레턴우즈 체제의 일환으로 국제통화기금과 함께 창설된 세계은행은 중소득 및 신용도가 있는 저소득 국가에 차관을 지원하는 국제부흥개발은행(International Bank for Reconstruction and Development)과 최빈국 대상 무상원조 및 무이자대출(신용)을 담당하는 국제개발협회(International Development Association)를 중심으로 출범하였다. 이 밖에 국제금융공사(International Finance Corporation), 국제투자보증기구(Multilateral

Investment Guarantee Agency), 국제투자분쟁해결본부(International Center for Settlement of Investment Disputes)가 국제부흥개발은행과 국제개발협회에 합류함으로써 비로소 세계은행 그룹이 5개 주요 기관을 축으로 체계화되었다. 세계은행 그룹을 구성하는 다섯 기관 중 세계은행 본연의 임무인 개도국 개발과 직결되는 핵심기구는 국제부흥개발은행이라 할 수 있기 때문에 통상적으로 세계은행과 국제부흥개발은행을 같은 의미로 지칭하기도 한다. 본부는 미국의 수도 워싱턴에 위치하며 세계은행의 총재는 지금까지 미국 출신 중에서 선발하였고 반대로 국제통화기금의 총재는 유럽 국가 출신으로 선발하고 있다.

국제부흥개발은행은 중저소득 국가들의 전후재건 및 경제부흥을 위한 목적으로 처음 설립되었으며, 오늘날 세계 빈곤감소를 위한 지원에 주요 목적을 둠으로써 다자개발은행으로서 글로벌 수준의 빈곤감소와 지속가능발전을 위한 신자유주의적 세계화를 달성하기 위한 주요 기능을 강화하고 이를 위한 다양한 개발사업을 시행하고 있다(Deacon, 2007). 2030년까지 1일 미화 1.25달러 미만 생활 인구를 3%이하로 감소시켜 빈곤을 퇴치하고 하위 40%의 소득을 증가시켜 공동번영을 달성하는 것을 목표로 삼은 세계은행은 전 세계 저개발국가에 자금과 기술을 지원하는 중요한 개발의 원천이다. 2015년에는 세계 빈곤의 최저선을 1일 미화 1.90달러 미만의 생활자로 상향조정하였다(World Bank, 2016). 세계은행은 저개발국가의 교육·보건·행정·사회기반시설·금융·민간부문개발·농업·환경·천연자원관리 등 다양한 부문에 저이율차관·무이자신용·무상원조 등을 제공하며, 정부·다자기관·상업은행·민간부문투자자와 같이 폭넓은 파트너와 협력관계 구축을 모색한다. 이뿐만 아니라, 정책조언·연구분석·기술지원 등 저개발국가의 역량발전을 위한 혁신적인 지식공유에도 주력한다.

2) 회원국(주주) 현황 및 주요조직

국제부흥개발은행은 세계최다 회원국인 189개국 정부를 회원국으로 보유하며, 설립협정에 의해 국제통화기금의 회원국이어야만 가입할 수 있는 제한조건을 갖고 있다. 또한 나머지 국제개발협회(173개국), 국제금융공사(184개국), 국제투자보증기구(181개국), 국제투자분쟁해결본부(181개국) 가입은 국제부흥개발은행의 회원국이어야만 가능하다. 국제통화기금과의 협력하에 그룹사무국 부총재가 신규회원국 가입을 조정하며, 회원국명단 및 회원현황에 대한 모든 자료를 관리한다. 전 세계 국가 중 세계은행 미가입국은 북한, 안도라, 쿠바, 리히텐슈타인, 모나코, 나우루, 북아일랜드, 대만, 바티칸시국, 자이르, 스코틀랜드, 웨일스 등이며, 이 밖에 미승인 국가에는 팔레스타인과 서사하라가 포함된다. 각 회원국은 기본 1개의 투표권(전체의 약 5.55%에 해당)과 보유 자본 주당 1표씩 추가 투표권이 주어지며, 배분방식은 세계은행그룹 5개 기관에서 개별적으로 정한다. 은행은 회원국의 출자자본금·차입금·수익금 등으로 자본이 이루어져 있으며, 주로 국제금융시장에서의 채권발행과 회원국의 출연금으로 자금을 조달한다.

189개국(주주)을 대표하는 총회(Board of Governors)는 세계은행의 최고결정권한을 갖는다. 일반적으로 세계은행그룹과 국제통화기금의 연례정기총회에서 회의를 갖고, 각 회원국에서 임명되는 1명의 위원과 1명의 대리위원은 주로 회원국의 재무부장관이나 중앙은행 총재 등으로 구성된다. 총회는 협정에 명시된 회원자격승인·박탈, 수권자본주의 증감, 은행 순이익배분, 타 국제기구와의 공식협력관계 구축, 은행의 업무정지, 선출이사 증원, 협정문 개정 등 특정권한을 제외하고, 집행이사회(Board of Directors/Executive Board)에 은행업무 제반에 관한 나머지 권한을 위임한다. 국제부흥개발은행 이사회는 1992년 2명 증원이후, 2010년 11월 1일부로 또다시 1명을 증원하여 현재 25인으로 구성된다. 대표 25인 중 5인은 최대주주인 미국·영국·프랑스·독일·일본이 각 1명씩 지정하여 선임하고, 나머지 20인은 회원국 선출을 통해 임명된다. 이사회에서 선출되는 총재는 재임 가능한 5년 임기이며, 이하 국제부흥개발은행에만 약 25인의 부총재가 부처별로 자리하며 총재는 결정투표권만 보유한다.

3) 시민사회와의 연계

세계은행은 시민사회가 인도적 구호, 사회개발, 선진화된 거버넌스 달성에 중요한 역할을 한다는 점을 인지하여 연계활동에 대해 적극적으로 접근하고 있다(Clark, 2002). 세계은행은 CSO와 정보공유·정책담화·전략컨설팅·사업시행협력·기관파트너십과 같은 일련의 연계를 위한 장치의 제도화를 구축하였다. 세계은행 본부에는 120명의 커뮤니케이션 전문가와 100개가량의 국별 사무소가 시민사회 포컬 포인트(focal point)로서 역할을 수행하며 체계적인 연계를 담당한다. 또한 세계은행그룹의 대외·민간기업관계 부서 내에 별도로 '글로벌시민사회팀(Global Civil Society Team)'을 설치하여 세계은행그룹의 CSO와의 관계를 상시 관리하고 있다. 세계은행은 또한 수백 개에 달하는 CSO에 '사회적 책무성을 위한 글로벌 파트너십(Global Partnership for Social Accountability)'과 같은 지원채널을 마련하여 활동범위 확장에 도움을 주는 등 적극적인 협력을 모색한다.[1]

1 〈http://web.worldbank.org/WBSITE/EXTERNAL/TOPICS/CSO/0,,contentMDK:20092185~menuPK:220422~pagePK:220503~piPK:220476~theSitePK:228717,00.html. 검색일: 2018년 4월 1일〉

세계은행이 CSO와의 개발연대와 파트너십을 통해 얻을 수 있는 전략적 혜택은 지역정보의 접근성, 지역주민의 원활한 참여, 프로젝트 협의, 국가개발전략 협의, 환경·사회프레임워크 구축, 사회적 책무성을 위한 파트너십, 민원처리서비스 등 다양한 수준에서 모색되고 있다(World Bank, 2013). 특히, 시민사회와의 정책대화와 협의 프로세스를 체계적으로 운영하기 위하여 세계은행은 매년 춘계와 연례행사로 두 차례 '시민사회정책포럼(Civil Society Policy Forum)'을 국제통화기금과 공동으로 개최한다. 시민사회정책포럼을 통하여 시민사회가 조직한 40여 개 정책대화세션에서 CSO는 조직의 전문성을 살려 세계은행에 다양한 분야의 정책제안을 시도할 수 있고, 반대로 세계은행도 전문성이 확보된 CSO와 전략적인 개발파트너십을 구축할 수 있다. 이 밖에 시민사회정책포럼은 집행이사들과의 원탁회의, 세계은행 총재와의 타운홀 회의 등과 같은 고위급 인사와 직접 대화가 가능한 채널을 제공하고 있어 시민사회의 목소리가 그대로 여과 없이 전달될 수 있는 장점이 있다.

정책협의 외에 세계은행은 개발프로젝트 집행단계와 제도적 거버넌스 수준에서 시민사회와의 파트너십을 강조하고 있다. 유엔과 비교해서 세계은행은 그동안 시민사회와 프로젝트 집행 단계에서의 협력을 구축하는 데 상대적으로 소극적이었다고 평가되었다. 이는 인프라 중심의 세계은행 사업 대부분이 개도국 정부와의 협력이 중요하지 시민사회와의 파트너십을 필수요건으로 인식하기 어려웠기 때문이다. 그러나 1990년대 이후 사회개발, 지식공유와 거버넌스 등 사회적 책무성과 연계되는 정책이 도입되면서 CSO와의 적극적인 협력을 모색하게 되었다. 세계은행이 지원하는 개발프로젝트 중 CSO와 집행 단계에서 협력하는 사업의 비율이 1990년 21%였던 수준에서 2015년 88%까지 늘어나는 대단한 성장을 보여 왔다. 한편, 제도적 거버넌스 차원에서는 CSO가 여러 채널을 통해 세계은행의 내부적 거버넌스 시스템에 개입할 수 있도록 세계은행은 시민사회의 거버넌스 참여를 독려하고 있다. 대표적으로, CSO 대표가 사회적 책무성을 위한 글로벌 파트너십의 운영위원회에 위원으로 참여하고 있으며, '시민참여프레임워크(Citizens Engagement Framework)', '보건·영양·인구 CSO 협의 그룹(Health, Nutrition, and Population CSO Consultative Group)', '기후투자기금(Climate Investment Funds)' 등의 제도적 메커니즘에 자문위원으로 참여하여 자금을 배분하고 정책을 입안하는 데 일조하고 있다. 또한, 우리가 살펴볼 세계은행의 책무성 제도인 조사패널에도 책무성 개선을 위한 외부 행위주체로 CSO가 활약하고 있다.

4) 책무성 제도: 조사패널(Inspection Panel)

세계은행은 1993년 세이프가드 제도의 일환으로 조사패널을 설립하였다(김태균, 2012b). 세계은행은 6개의 환경정책, 2개의 사회정책, 2개의 법적 정책 등 총 10개의 세이프가드 정책을 마련하였다.[2] 조사패널은 은행이 차관 및 무상원조를 제공한 개발사업에 의해 피해를 경험하는 사람들의 목소리를 듣고 책무성을 증진하는 데 기본적 목적이 있다. 이를 위하여 세계은행은 자금을 지원한 개발프로젝트의 결과로 피해를 입은 당사자들이 조사패널에 직접 민원을 제기할 수 있도록 획기적인 심사청구채널을 가동하고 있으며, 현지 피해자가 법적인 절차와 조사패널에 대한 정보가 부족할 경우 피해자 개인을 대신해서 지역 또는 글로벌 CSO가 조사패널에 제소할 수 있도록 대안적인 채널을

2 제2장 각주 11 참조.

제도화하고 있다. 은행 운영부에서 독립되어 있는 조사패널은 사실조사 및 감사기구로서의 성격을 띠지만, 아시아개발은행과 같이 심사결과를 바탕으로 문제해결을 조치하는 기능을 보유하지 않는다는 제도적 한계가 있다(김태균, 2013b). 조사패널은 은행이 자금을 제공한 프로젝트 사업들을 평가하고 집행관리부(Management)가 운영 정책과 절차, 즉, 사회적으로 지역 민간인들이나 환경에 해를 끼치지 않고, 사회적 및 경제적 이득을 제공해야 한다는 세이프가드 원칙에 부합하는 이행과정을 수행했는가를 조사한다. 조사패널은 각자 국적이 다른 임기 5년의 3인으로 구성되며 각 조사위원들은 개발 관련 이슈에 대한 이해, 개발도상국의 생활 조건에 대한 이해, 세계은행 집행부로부터의 독립성 및 내적 통합성, 민원을 철저하고 공정하게 다룰 수 있는 역량 등을 기반으로 뽑힌다. 조사패널의 제도적 프로세스는 등록심사·적격심사·조사실시라는 세 단계로 구성되며, 각 단계의 마지막 결정은 집행위원회의 소관으로 되어 있다(Shihata, 2000). 따라서, 조사패널의 프로세스가 조사위원의 권위와 공정한 심사에 의해 결정된다기보다 집행위원회의 결정권에 모든 단계가 최종적으로 좌우된다는 해석이 가능하다(Clark, 2003; Kim, 2011).[3]

3 조사패널 외에, 세계은행은 1999년에 청렴과 반부패를 전담하는 부총재실(Vice President of Integrity)을 신설하여 세계은행이 진행하는 프로젝트에 대해 사기혐의나 부정부패 행위를 조사, 감시 및 제재하는 역할을 수행하도록 했다. 그 외에도 본 제도는 은행 관계자의 부도덕, 불법적 행위에 대한 민원을 관리하고 조사를 실행하며, 독립성을 지키기 위해 세계은행 총재에 직접 보고하도록 했다. 2010년 9월 청렴담당 부총재는 청렴규정준수실(Integrity Compliance Office)을 추가로 설립하여 기존에 담당했던 사업 모니터링과 감독 외에도 규정준수조건 및 제재 수립에 대한 권한을 갖게 하였다. 또한 2012년 4월을 기준으로 세계은행은 제재 절차를 제정했다.

[표 4-1] 세계은행의 조사패널 조사사례, 1994~2010 (2010년 4월 기준)

국가	연도	사업명	조사패널 권고	이사회 결정
네팔	1994	Arun III Hydroelectric Project & Restructuring of IDA Credit	○	○
에티오피아	1995	Compensation for Expropriation & Extension of IDA Credits	×	-
탄자니아	1995	Emergency Power IV Project	×	-
브라질	1995	Rondônia Natual Resources Management Project	○	×
칠레	1995	Financing of Hydroelectric Dams in the Bío Bío River	×	-
방글라데시	1996	Jamuna Multipurpose Bridge Project	×	-
아르헨티나/파라과이	1996	Yacyreta Hydroelectric Project	○	부분○
방글라데시	1996	Jute Sector Adjustment Credit Project	×	-
브라질	1997	Itaparica Resettlement and Irrigation Project	○	×
인도	1997	NTPC Power Generation Project	○	부분○
인도	1998	Eco-development Project	○	×
레소토/남아공	1998	Lesotho Highlands Water Project	×	-
나이지리아	1998	Lagos Drainage and Sanitation Project	×	-
브라질	1999	Land Reform Poverty Alleviation Project, 1st Request	×	-
레소토	1999	Highlands Water Project	×	-
중국	1999	Western Poverty Reduction Project	○	○
아르헨티나	1999	Special Structural Adjustment Loan	×	-
브라질	1999	Land Reform Poverty Alleviation Project, 2nd Request	×	-
케냐	1999	Lake Victoria Environmental Management Project	○	×
에콰도르	1999	Mining Development & Environmental Control Technical Assistance Project	○	×
인도	2000	NTPC Power Generation Project, 2nd Request	×	-
차드	2001	Petroleum Development & Pipeline Project	○	부분○
인도	2001	Coal Sector Environmental & Social Mitigation Project	○	부분○
우간다	2001	Third Power Project, Fourth Power Project & Proposed Bujagli Hydropower Project	○	부분○
파푸아뉴기니	2001	Governance Promotion Adjustment Loan	×	-
파라과이/아르헨티나	2002	Reform Project for Water and Telecommunication Sectors	○	부분○

카메룬	2002	Petroleum Development and Pipeline Project	○	부분○
필리핀	2003	Manila Second Sewerage Project	×	-
카메룬	2003	Petroleum Development and Pipeline Project	×	-
멕시코	2004	Indigenous and Community Biodiversity Project	×	-
콜롬비아	2004	Cartagena Water Supply, Sewerage and Environmental Management Project	○	부분○
인도	2004	Mumbai Urban Transport Project	○	계류
파키스탄	2004	National Drainage Program Project	○	○
부룬디	2004	Public Works and Employment Creation Project	×	-
캄보디아	2005	Forest Concession Management & Control Pilot Project	○	부분○
콩고	2005	Transitional Support for Economic Recovery Credit	○	부분○
온두라스	2006	Land Administration Project	○	부분○
루마니아	2006	Mine Closure and Social Mitigation Project	×	-
아르헨티나	2006	Santa Fe Road Infrastructure Project & Provincial Road Infrastructure Project	연기	-
우간다	2007	Private Power Generation Project	○	부분○
알바니아	2007	Power Sector Generation and Restructuring Project	○	부분○
알바니아	2007	Integrated Coastal Zone Management and Clean-Up Project	○	○
가나	2007	Second Urban Environmental Sanitation Project	○	부분○
카메룬	2007	Urban Development Project & Douala Infrastructure Development Project	×	-
아르헨티나	2007	Santa Fe Infrastructure Project	○	부분○
콜롬비아	2007	Bogota Urban Services Project	×	-
파나마	2009	Land Administration Project	○	계류
콩고	2009	Private Sector Development and Competitiveness Project	진행 중	
예멘	2009	Institutional Reform Development Policy Financing	연기	
인도	2009	Mumbai Urban Transport Project	×	-
케냐	2009	Export Development Project	×	-
캄보디아	2009	Land Management & Administration Project	○	계류
페루	2009	Lima Transport Project	○	계류
파푸아뉴기니	2009	Smallholder Agriculture Development Project	○	계류
파키스탄	2010	Tax Administration Reform Project	진행 중	
남아공	2010	Proposed Eskom Investment Support Project	진행 중	

자료: Kim (2011: 40-43).

[표 4-1]은 세계은행의 조사패널이 설립된 이후 1994년부터 2010년까지 조사패널에 심사청원을 시도하였던 모든 사건사례 59건을 조사패널 권고사항과 집행이사회의 최종결정사항이라는 기준으로 구분해서 비교한 것이다. 이는 실제로 세계은행이 실시하는 책무성 제도가 책무성 제고에 큰 역할을 수행하고 있지 않으며 상대적으로 폐쇄적으로 운영되고 있다는 주장과 해석에 동의할 수 있는 근거를 제공한다. 조사패널의 공식적인 절차상 조사패널의 권고가 심사 사례를 폐기하거나 승인하는 최종적인 결정으로 용인되지 않으며, 이사회의 결정이 각 심사단계별로 사실상의 최종결정으로 인정되고 작동한다. 따라서 조사패널의 조사위원이 전문성과 독립성을 가지고 사건을 심사하고 최종적으로 조사패널의 보고서를 심사청원주체가 주장하는 바를 전적으로 반영하는 방향으로 작성한다 하더라도, 이사회가 승인하지 않으면 효력이 발생하지 못한다. 반면, 조사패널이 첫 단계에서부터 스스로 사건을 기각시킨 경우는 이사회를 소집할 필요도 없이 그 심사청원이 자동적으로 거부된다. 이러한 조사패널 기능이 과연 세계은행의 책무성을 제고하는 데 내부적으로나 외부적으로 어느 정도까지 기여했는가에 대해서는 아쉽게도 부정적인 견해를 보이는 경우가 대부분이다(Barnett, 2015; Kim, 2011; Park, 2010).

[표 4-1]에 정리된 59건의 사건을 조사패널과 이사회에 의한 결정에 따라 다시 재정리하면 [표 4-2]와 같다. 등록심사단계에서 각하된 경우는 총 7건으로 11.8%이고, 적격심사단계에서 거부된 경우는 19건(32.2%)이며, 적격심사단계를 통과하면 조사패널이 직접 조사와 감사에 착수하게 되고 조사단계에서는 크게 각하·부분승인·승인·계류로 조사위원에 의해 조사에 대한 결과가 결정된다. 조사실시단계에서 각하는 3건(5.1%), 부분승인은 18건(30.5%), 계류는 5건(8.5%)으로 집계된다. 조사단계에서 조사패널이 승인을 결정했을 때만 집행이사

[표 4-2] 세계은행 조사패널 심사청구된 사건 단계별 비교(2010년 4월 기준)

단계		심사청구 수	%
등록심사단계에서 각하		7	11.8
적격심사단계에서 각하		19	32.2
조사실시단계	각하	3	5.1
	부분승인	18	30.5
	계류	5	8.5
집행이사회의 승인		4	6.8
조사 진행 중		3	5.1
합계		59	100.0

자료: Kim (2011 : 34).

회가 최종적인 승인을 결정하게 되기 때문에 등록단계부터 조사단계를 통과하여 이사회의 최종 승인까지 받은 사례는 전체 59건 중 단 4건에 지나지 않는, 즉 7%에도 못 미치는 대단히 낮은 비율을 보여준다([표 4-2] 참조). 성공적으로 조사단계 이후 이사회의 승인을 받고 세계은행의 책무를 인정한 사례는 1994년 네팔, 1999년 중국, 2004년 파키스탄, 2007년 알바니아밖에 없다. 다른 55건의 사건들은 집행부가 적절하게 액션플랜을 심사단계마다 제출함으로써 일정 정도 세계은행의 개발프로젝트가 추진되는 과정에서 현지 주민의 목소리를 반영하는 효과는 있었을 수 있으나 세계은행이 전면적으로 책무를 져야 하는 최악의 상황은 모두 모면된 결과를 보여준다.[4]

그럼에도 불구하고, 세계은행이 다자개발은행 중에서는 가장 최초로 세이프가드를 설정하고 이를 책무성 기제인 조사패널과 연동시

4 [표 4-1]과 [표 4-2]는 1994년부터 2010년까지 약 16년 기간을 조사한 것으로 2011년 이후부터 제소된 사건에 대해서는 분석이 이루어지지 않고 있다. 차후에 보강할 계획이며 세계은행의 책무성 제고를 보여주는 이사회까지의 최종승인 사례가 시기에 따라 어떻게 증감하는가도 살펴볼 계획이다.

켜 은행의 개발프로젝트에 대한 외부의 심사청원에 적극적으로 대응해 왔다는 점은 긍정적으로 평가해야 한다. 세계은행이 1993년 조사패널을 제도화한 이후 아시아개발은행을 비롯하여 모든 다자개발은행과 공여국 개발은행까지 정도의 차이는 있지만 세이프가드와 책무성 제도를 도입하는 것이 관례처럼 인식되고 제도화되어 왔다. 아시아개발은행도 후발주자로서 세계은행의 제도를 그대로 받아들여 이를 토대로 더욱 혁신적인 책무성 제도로 확대·재생산하게 된다.

그러나 세계은행이 다자개발은행 책무성 제도를 선도했다는 긍정적인 평가에도 불구하고, 내부적 책무성 개선을 위한 노력이 배제된 채 외부적 책무성에만 제도적 개선을 집중했다는 부정적인 평가가 중론이다(Kim, 2011). 외부적으로 협력대상국 현지의 주민이 직접 제소하거나 CSO가 대신 등록을 접수할 수 있게 개방함으로써 외부적 책무성은 혁혁한 성과를 보여주고 있지만, 실제로 접수된 사건들이 최종적으로 이사회 승인을 받는 비율은 7%에도 미치지 못한 점으로 미루어 보아 책무성 기제가 내부적으로 제도화되었음에도 불구하고 실질적으로는 이사회의 전권으로 내부적 책무성이 통제되고 있음을 알 수 있다. 이러한 평가는 비단 세계은행만이 아니라 대부분의 다자개발은행에도 공통적으로 적용될 수 있다는 점에서 아직까지 다자개발은행의 책무성 제도는 내부적 책무성 개혁을 위한 것이 아니라 외부적으로 파트너들과의 소통기제를 제도화함으로써 내부적 책무성을 대체하거나 책무성이 제고되고 있다는 착시효과를 노린 전략적인 행보라는 비판이 가능하다(Woods, 2001; Woods and Narlikar, 2001). 이러한 점에서 아시아개발은행과의 비교를 통하여 그 차이점을 찾아내는 작업이 필요하다.

세계은행은 은행 전체를 포괄하는 책무성 제도로 설립한 조사패널 이외에 민간부문이라는 특수한 분야를 담당하는 책무성 제도로 '규정준수자문옴부즈맨(Compliance Advisor Ombudsman)' 시스템을 1999년부터 시행해 오고 있다. 규정준수자문옴부즈맨은 주로 세계은행의 민간부문 재정지원기관인 국제금융공사와 국제투자보증기구를 대상으로 책무성 문제를 전담하고 있다. 다시 말해, 국제금융공사와 국제투자보증기구가 지원한 민간기업의 개발프로젝트로 직간접적인 피해를 입은 지역커뮤니티로부터 제기되는 피해사항을 접수하고 조사하는 역할을 수행한다. 1980년대 아마존 지역에 고속도로를 건설하는 대규모 인프라 민관협력사업이었던 '폴로노로에스테 도로 프로젝트(Polonoroeste Road Project)'가 국제사회로부터 심각한 비판과 도전을 받게 되면서 세계은행이 민간부문과 협력할 경우에 사회적·환경적으로 책임지는 책무성 제도를 별도로 신설하게 되었다(Wade, 2011).

규정준수자문옴부즈맨의 활동은 크게 두 가지로 구분된다. 프로젝트를 수행하는 민간기업과 지역커뮤니티 간에 발생하는 분쟁을 해결하기 위하여 옴부즈맨이 중재 및 협상을 맡는 경우와, 사업수행 기업이 세계은행의 세이프가드인 환경과 사회안전정책을 준수하고 있는가에 대한 평가를 위하여 옴부즈맨이 직접 규정준수조사에 착수하는 경우이다. 그럼에도 불구하고 규정준수자문옴부즈맨의 책무성 제고에 대한 평가는 부정적이다. 사실상, 규정준수자문옴부즈맨이 전담해 온 대부분의 사례 중에 구체적인 문제해결을 위한 합의에 도달하는 데 실패하거나 규정준수조사에 착수조차 못한 경우가 다반사였으며, 분쟁해결사례에서도 전체의 3분의 1 정도만이 합의에 이르는 미약한 활동 결과를 보여주고 있다(Altholz and Sullivan, 2017). 2016년까지 규정준수자문옴부즈맨은 49개국에서 발생한 160건의 제소된 사건을 담당해 왔음에도 불구하고 국제금융공사와 국제투자보증기구가 지원한 민관협력 프로젝트에 의해 사회적·환경적 피해를 본 민원이 끊이질 않고 있다.

2. 지역 수준의 다자개발은행

여기서 살펴볼 지역 수준의 다자개발은행은 남북협력을 중심으로 조직을 운영하고 정책과 사업을 집행하는 지역기반의 다자개발은행을 비교·분석한다. 대륙별로 아프리카·유럽·미주·아시아 지역에 분포되어 있는데 여기에서는 제5장에서 분석할 아시아 지역의 아시아개발은행을 제외하고 다른 지역의 대표적인 지역개발은행을 중심으로 설명한다. 아프리카 지역은 아프리카개발은행을, 유럽 지역은 유럽부흥개발은행, 그리고 미주 지역은 미주개발은행을 중심으로 논의를 전개한다.

1) 아프리카개발은행(African Development Bank)[5]

(1) 설립목적 및 기능

아프리카개발은행은 제2차 세계대전 후 정치적 독립을 달성한 아프리카 국가들이 구종주국과의 경제적 종속관계를 청산하고 경제개발을 촉진하기 위해 설립한 지역개발금융기구이다. 1962년 유엔아프리카 경제위원회(UN Economic Commission for Africa)의 주도하에 본격적으로 설립이 추진되어 1964년 11월 나이지리아에서 창립총회를 가진 뒤, 1966년 7월 1일부터 코트디부아르의 아비장에 본부를 두고 업무를 개시하였다. 은행의 설립목적은 아프리카 역내국가의 경제개발 및 사회발전에 기여하는 것이며, 이를 달성하기 위해 투자 및 융자 사업과 기술지원 등의 기능을 수행하고 있다. 주요 업무는, 아프리카의 경

5 〈http://www.afdb.org. 검색일: 2018년 4월 1일〉

제 및 사회개발 사업에 대한 융자·주식투자, 개발재원의 조달을 위한 공공·민간투자의 촉진, 역내국 간 개발계획 및 정책의 협조 지원, 개발사업계획의 수립과 기술지원 등이다. 세계은행그룹과 유사하게 아프리카개발은행과 더불어 1973년에 설립된 아프리카개발기금(African Development Fund) 등을 합쳐 아프리카개발은행 그룹이라고 한다.

(2) 회원국 현황 및 주요조직

아프리카개발은행은 당초 가맹국 자격을 역내국가에만 한정했으나, 대규모 출자국의 부재로 인해 만성적 재원부족의 문제를 해결하고자 1982년부터 총 15개의 역외국의 가입도 허용시켰다. 신규 회원국의 가입은 총회 투표로 가부가 결정되며, 가입희망국은 출자금을 납입함으로써 정식회원국의 자격을 갖는다. 회원국은 서면 통지에 의해 언제든지 탈퇴가 가능하다. 한국은 1980년 은행에 참여, 역외국 가입이 허용된 2년 후 정식회원국으로 가입하였다. 현재 아프리카 전체 국가인 54개국[6]이 역내국가로 참여하며, 역외국가로는 총 26개국을 회원국으로 보유한다.[7] 따라서 아프리카개발은행의 주요 회원국은 아프리카 역

6 아프리카개발은행의 54개 회원국은 알제리, 앙골라, 베냉, 보츠와나, 부르키나파소, 부룬디, 카메룬, 카보베르데, 중앙아프리카공화국, 차드, 코모로스, 콩고, 콩고민주공화국, 코트디부아르, 지부티, 이집트, 에리트레아, 적도기니, 에티오피아, 가봉, 잠비아, 가나, 기니, 기니비사우, 케냐, 레소토, 라이베리아, 리비아, 마다가스카르, 말라위, 말리, 모리타니, 모리셔스, 모로코, 모잠비크, 나미비아, 니제르, 나이지리아, 르완다, 상투메 프린시페공화국, 세네갈, 세이셸, 시에라리온, 소말리아, 남아프리카공화국, 남수단, 수단, 스와질란드, 탄자니아, 토고, 튀니지, 우간다, 잠비아, 짐바브웨로 구성된다.

7 역외국가로는 아르헨티나, 오스트리아, 벨기에, 브라질, 캐나다, 중국, 덴마크, 핀란드, 프랑스, 독일, 인도, 이탈리아, 일본, 한국, 쿠웨이트, 룩셈부르크, 네덜란드, 노르웨이, 포르투갈, 사우디아라비아, 스페인, 스웨덴, 스위스, 터키, 영국, 미국, 아랍에미리트 등이 있다.

내국가이지만 재원조달 측면에서는 선진공여국의 역할이 대단히 중요하고 유엔아프리카위원회 주도로 설립되었기 때문에 아프리카개발은행의 사례는 남남협력이 아닌 남북협력의 일환으로 간주하는 것이 타당하다.

각 회원국은 각 국가에 동일하게 주어지는 기본 투표권 625표와 출자비율에 따라 배분되는 비례투표수의 합으로 산정되는 투표권을 갖는다. 가맹국의 투표권 비중을 지역별로 보면 1998년 초 기준으로 역내 가맹국이 약 66%, 역외가맹국이 34%를 차지하며, 주요국별 투표권 비중은 나이지리아(9.9%)가 가장 높고 이집트(5.7%), 미국(5.6%), 코트디부아르(5.0%)의 순이다. 우리나라의 투표권 비중은 0.42%이며, 전체 회원국 중 46위에 해당한다. 회원국들은 각국의 투표권 비중 등을 고려하여 역내국가 그룹 12개와 역외국가 그룹 6개 총 18개의 그룹에 나뉘어 소속되는데, 미국만이 유일하게 단독으로 1개의 그룹을 형성한다.

은행의 조직은 총회(Board of Governors), 이사회(Board of Directors) 및 이들을 보좌하는 기구로 구성되며, 집행부에는 총재(President)와 부총재(Vice President)와 이하 다양한 부서로 이루어져 있다. 총회는 은행의 최고의사결정기구로서 각 회원국이 임명한 위원 1명과 대리위원 1명으로 구성되며 대리위원은 위원이 부재중일 때에만 투표권을 행사할 수 있다. 총회는 운영과 관련된 모든 권한을 행사할 수 있으나, 수권자본(authorized capital)의 증감, 특별기금 마련 및 수탁, 역외국 정부 또는 국제기구와의 협정체결 승인, 결산보고서 승인 등 협정문에 명시된 고유 권한을 제외한 대부분의 권한을 이사회에 위임한다. 총회는 연례정기총회를 통해 개최되며, 5개 회원국 이상 또는 총투표권의 4분의 1 이상을 대표하는 회원국들의 요청에 의해 임시총회가 소집될 수도 있다. 이사회는 필요에 따라 수시로 소집되어 은행업무 전반을 관장하며 이를 위해 총회로부터 위임받은 권한과 협정문에 명시된 고유권한, 즉 총회준비, 융자보증투자차입에 관한 결정, 융자 금리와 보증수수료 결정, 연차보고서 작성 등의 업무를 수행한다. 이사회는 각 그룹에서 한 명씩 선출된 역내국 12명과 역외국 6명, 총 18명의 이사로 구성된다. 현재 미국이 유일하게 단독으로 이사를 선출하고 나머지는 투표권 비중 등을 고려하여 여러 나라가 그룹을 형성하여 그룹별로 이사를 선출한다. 각 이사는 소속그룹의 투표권을 일괄적으로 행사하며 분리해서 투표할 수 없다.

(3) 시민사회와의 연계

아프리카개발은행의 시민사회와의 연계는 공식적으로 1990년대 초 시작되었다. 정책보고서 및 절차를 개발하여 NGO와의 협력을 위한 가이드라인을 구축하였으며, 이후 2000년대 들어 CSO와 개발프로젝트를 협의하는 합동위원회도 설립하였다. 다수의 프로그램 및 프로젝트에 시민사회조직 활동을 장려하여 'CSO와의 연계를 위한 프레임워크(Framework for Enhanced Engagement with Civil Society Organization)'도 2012년부터 본격적으로 구축되기 시작하였으나, 아직까지 아시아개발은행과 유사하게 전담부서가 본부조직에 편성되지는 않은 상태이다.[8] 대부분의 다른 다자개발은행과 유사하게 시민사회, 특히 아프리카지역 내의 시민사회와의 적극적인 연대를 위한 소통기제가 확보되지 않았으며 시민사회참여의 중요성은 강조하고 있지만 구체적으로 어떠한 기제를 통해 파트너십을 시행할 것인가에 대한 제도적 장치가 체계적으로 구축되지 못한 상황이다(Manor, 2007).

8 〈http://www.afdb.org/en/topics-and-sectors/topics/civil-society/. 검색일: 2018년 4월 1일〉

(4) 책무성 제도: 독립검토제도(Independent Review Mechanism)

아프리카개발은행의 프로젝트로 인해 피해를 입은 개인과 단체는 책무성 제도인 독립검토제도(Independent Review Mechanism)를 통해 피해에 관한 민원을 공식적으로 제기할 수 있다(African Development Bank, 2010). 이사회는 2004년 6월 본 제도를 수립하여, 2006년에 독립검토제도의 수행기관인 '준수검토중재부서(Compliance Review and Mediation Unit)'를 설립하여 이를 담당할 위원장을 임명하고 세계은행과 유사하게 민원으로 등록된 사건에 대하여 조사와 중재를 통하여 책무성 제고에 제도적인 노력을 시작하였다.

준수검토중재부서는 크게 두 가지 주요 임무를 수행하는데 첫째, 등록된 사건을 조사하는 '준수검토 및 조사' 기능과, 둘째, 문제가 반복되지 않도록 해법을 제시하는 '문제해결 및 중재' 기능을 담당한다. 먼저 위원장은 제기된 문제를 검토하여 직접 이사회와 총재에 준수검토 및 조사를 실행하기 위한 보고서를 제출한다. 보고서가 제출된 30일 이내로 이사회와 총재는 이를 승인하여 3명의 전문가 패널을 구성한다. 전문가 패널은 사실관계를 확인하여 30일 이내로 집행관리부에 권고 준수에 대한 검토 보고서를 제출한다. 집행부가 보고서를 확인하면 은행의 정보공개 및 접근 정책을 준수하여 웹사이트에 전체 공개하도록 권고한다. 그 후 문제해결 및 중재단계에서는 주민들에게 피해를 보상하고 차후 진행되는 프로젝트가 은행의 정책과 절차에 부합하여 진행되도록 문제해결, 자문업무 및 대외홍보활동을 지원하는 형태로 이뤄진다. 2014년 아프리카개발은행의 대외홍보와 연대활동은 주로 지역 CSO를 대상으로 진행되고 있으며, 책무성 제고를 위해서 대외홍보활동의 64%를 시민사회에 맞추고 26% 정도를 정부 대상으로 하고 있음을 알 수 있다(African Development Bank, 2015: 36). 최근에는 정부보다 시민사회와의 전략적인 협력에 무게중심을 두고 있으나 다른 지역 기구보다 상당히 늦게 시민사회와의 파트너십을 시작했다는 평가가 중론이다.

아프리카개발은행의 책무성 기제인 독립검토제도는 남북협력을 시행하는 주요 다자개발은행 중 상대적으로 최근인 2013년에 환경·사회적 세이프가드를 강조하고 있다.[9] 그럼에도 아프리카개발은행의 세이프가드는 세계은행의 세이프가드와 달리 환경 및 사회적 조건이라는 불명확한 원칙으로 표현되고 있으며, 세이프가드를 발동하는 조건과 시점에 대한 명확한 기준을 찾아보기 어렵다. 또한 2007년부터 2015년까지 아프리카개발은행의 독립검토제도에 조사를 요구한 사건은 총 17건인데, 등록단계에 성공한 사건의 수가 단지 9건밖에 되지 않아 등록률만 보더라도 53%에 그치는 책무성 과정 내부의 구조적인 한계를 보이고 있다(African Development Bank, 2015: 20-21). 민원이 성공적으로 등록된 이후에도 아프리카개발은행의 집행부가 피해주민의 주장에 대한 상세한 대응사업계획(action plan)을 제시하고 이를 바탕으로 최종적으로 이사회에서 거부할 수 있기 때문에 실제로 책무성 제고를 위하여 최종적으로 사업의 위험성을 인정하고 폐기한 사례는 아직 없다고 해도 무방하다. 또한 절차적 책무성인 독립검토제도 절차를 제도화하는 데 성공했으나 실질적인 책무성을 제고하기 위한 시민사회와의 협력 미비와 사건조사를 위한 등록률 통제 등으로 아직까지 관계적 책무성이 제도화되었다고 평가하기 어렵다.

9 세계은행의 세이프가드는 제2장 각주 11번을 참고.

2) 유럽부흥개발은행(European Bank for Reconstruction and Development)[10]

(1) 설립목적 및 기능

유럽부흥개발은행은 공산주의의 몰락 이후 탈냉전 체제하 중앙 및 동부유럽 지역의 개발을 위해 1991년 설립되었다. 1989년 프랑스 미테랑 대통령의 발안 2년 후 설립된 유럽부흥개발은행은 창설부터 현재까지 시장경제로의 전환 및 민간·기업 이니셔티브의 촉진을 주요한 은행의 기능이자 설립목적으로 추진하고 있다. 회원국의 은행시스템 개혁, 가격의 자유화, 민영화, 재산권 보호를 위한 적합한 법률구조 등의 영역에 깊이 개입하고, 특히 2008년 금융위기 이후 지역안정과 회복을 위해 적극적인 개혁을 단행하였다. 이 은행은 현재 중부유럽, 중앙아시아, 남동부 지중해를 아우른 활동범위를 갖고 약 30개국에서 동시에 프로젝트를 진행하고 있다.

유럽부흥개발은행은 지역개발은행으로서 독특하게 정치적 권한을 갖는다. 런던에 본부를 둔 유럽부흥개발은행은 환경보존과 지속가능에너지 발전을 중점적인 활동의제로 채택하면서도, 복수정당 민주주의와 다원구조의 원칙에 부합하는 국가만을 지원하는 특징을 갖는다. 이러한 이유로 유사시 북한개발을 위한 원조를 세계은행을 대신해서 지역개발은행에 지원을 요청할 경우 유럽부흥개발은행은 명확히 대북한원조를 거부할 것으로 예상되고 있다. 은행은 64개 회원국과 유럽연합, 그리고 유럽투자은행을 포함한 주주의 이권을 위해 활동하며, 역내 국가 간의 긴밀한 협력관계를 도모한다.

10 〈http://www.ebrd.com. 검색일: 2018년 4월 1일〉

(2) 회원국(주주) 현황 및 주요조직

유럽부흥개발은행은 알바니아, 아르메니아, 오스트리아, 아제르바이잔, 벨라루스, 벨기에, 보스니아헤르체고비나, 불가리아, 크로아티아, 키프로스, 체코, 덴마크, 이집트, 에스토니아, 핀란드, 마케도니아, 프랑스, 그루지야, 독일, 그리스, 헝가리, 아이슬란드, 이스라엘, 이탈리아, 요르단, 카자흐스탄, 코소보, 키르기스스탄, 라트비아, 리히텐슈타인, 리투아니아, 룩셈부르크, 몰타, 몽골, 몬테네그로, 모로코, 네덜란드, 노르웨이, 폴란드, 포르투갈, 루마니아, 러시아, 세르비아, 슬로바키아, 슬로베니아, 스페인, 스웨덴, 스위스, 타지키스탄, 튀니지, 터키, 투르크메니스탄, 우크라이나, 영국, 우즈베키스탄, 캐나다, 호주, 일본, 한국, 멕시코, 미국, 뉴질랜드, 유럽연합, 유럽투자은행 총 64개 회원에 의해 보유된다. 가장 최근 신규가입국으로 받아들인 국가로는 2006년 몽골, 2009년 터키, 2012년 요르단, 튀니지, 모로코, 이집트, 코소보, 2014년 키프로스와 2015년 그리스가 있다. 회원국 중, 유일하게 체코가 유럽부흥개발은행에서 소위 '졸업'하여 더 이상 투자를 받지 않는 국가로 분류된다.

유럽부흥개발은행은 동부, 남부, 중부 발트해 지역 유럽과 지중해, 중앙아시아, 러시아, 터키에 지역본부가 있으며, 이 외에 역외국가에는 별도 지사를 두지 않는다.

유럽부흥개발은행의 자본은 회원국의 출연금 및 공여국의 납입금으로 조달되며, 자본납입은 미국·프랑스·독일·이탈리아·일본·영국 순으로 약 25~30억 유로를, 러시아·캐나다·스페인·유럽투자은행·유럽연합 순으로 약 9~10억 유로를 기여한다. 은행은 주로 중소기업·지식산업·식량안전보장·체르노빌문제·지속가능자원발전 등을 주요 의제로 삼으며, 유관 다자공여기금단체를 운영한다. 이 외에 외부기금의 경우, 중부유럽이니셔티브(Central European Initiative), 중앙아시아투자기금(Investment Facility for Central Asia), 기후투자기금(Climate Investment Funds), 유럽연합인근투자기금(EU Neighbourhood Investment Facility), 글로벌환경기금(Global Environment Facility), 서부발칸투자프레임워크(Western Balkans Investment Framework)와 협력한다.

유럽부흥개발은행의 회원국당 대표자 1인으로 구성된 총회(Board of Governors)는 은행의 전반적인 권한을 갖되 대부분의 권한을 이사회(Board of Directors)에 위임하나, 회원국 승인, 자본금 변경, 이사와 총재 임명 등의 특정 권한은 위임하지 않는다. 이사회는 현재 23인으로 구성되어 있으며 자본납입이 가장 많은 미국·프랑스·독일·이탈리아·일본·영국·유럽연합·유럽투자은행만이 단독으로 정·부 이사 1인씩 임명하며, 나머지 국가들은 2~6개국당 정·부 이사를 선출한다. 총재는 1인의 수석부총재와 4인의 부총재를 둔 집행위원회(Executive Committee)를 관장하며 이하 부서별 수석담당관을 통해 조직을 관리한다.

(3) 시민사회와의 연계

유럽부흥개발은행은 대외활동/정무부(External Action and Political Affairs)에 편재된 '시민사회연계부서(Civil Society Engagement Unit)'를 통해 환경, 사회, 민주주의, 지역사회, 젠더, 투명성 그리고 사업개발관련 사안에 대해 시민사회조직과 협력을 도모한다. 유럽부흥개발은행의 프로젝트, 정책, 전략수행 시 시민사회조직의 지역문제 해결능력과 혁신적인 축적지식, 기술전문성의 중요성을 인지하여 NGO, 정책·연구기구, 지역사회에 기반을 둔 기구, 여성단체, 사회경제 및 노동시장 관련 활동단체를 주요한 협력 대상으로 삼는다.

시민사회연계부서는 CSO에서 제기하는 다양한 이슈와 사안들을 효과적으로 검토하고, 공유된 정보 중 은행의 관련사항에 대해 협력적으로 대처하는 역할을 수행하며, 대화채널 및 정보공유 등의 업무를 담당한다.[11] 유럽부흥개발은행의 경우 세계은행과 아시아개발은행과 같이 시민사회를 전담하는 내부 기관과 소통채널을 구비하고 있는 다자개발은행의 예외적인 사례를 보여주고 있다.

(4) 책무성 제도: 프로젝트민원제도(Project Complaint Mechanism)

2014년 7월 유럽부흥개발은행 이사회는 기존의 제도를 개선하기 위해 환경 및 사회정책(environmental and social policy), 공보자료정책(public information policy), 그리고 프로젝트민원처리(project complaint mechanism) 절차 및 규칙을 통과시켰다. 그 후 영국을 포함한 7개의 국가 승인을 받은 뒤 2014년 11월부터 본격적인 개정안을 채택하였다. 본 정책은 유럽부흥개발은행이 재정을 부담하거나 행정을 집행하는 모든 프로젝트와 대출, 증여, 또는 기타 수단을 통해 지원받은 모든 사업들에 적용된다. 정책의 목적은 유럽부흥개발은행이 진행하는 프로젝트가 주민과 환경에 미치는 부정적인 영향을 예방하고, 피할 수 없는 경우에 이를 최소화하거나, 완화·보상하기 위한 일종의 세이프가드 제도이다.

2004년 유럽부흥개발은행은 조사 중심의 '독립상환제도(Independent Recourse Mechanism)'를 설립했는데, 2010년 이사회의 승인에 따라 그 기능을 바꾸어 책무성 제도를 마련하였다. 불만처리제도 및 운영방안을 통해 개인과 단체는 본격적으로 은행에 대한 불만이나 이의를 제기할 수 있으며 담당기관인 '프로젝트민원제도(Project Complaint Mechanism)'가 이를 총괄한다. 프로젝트민원제도는 기존 아시아개발은행 또는 아프리카개발은행과 유사하게 준수검토기능

11 〈http://www.ebrd.com/who-we-are/civil-society-overview.html. 검색일: 2018년 4월 1일〉

(compliance review function)과 문제해결기능(problem-solving initiative)으로 구분하여 운영되고 있다. 먼저 준수검토단계에서는 주민들에게 부정적인 피해를 주었거나 피해 가능성이 있어 유럽부흥개발은행의 환경 및 사회정책 또는 공보자료정책 위반 혐의가 있는 사례에 대해 조사한다. 그 후 문제해결 단계에서는 사실관계를 확인하여 관계자 간의 원활한 문제 해결을 장려하고, 매년 권고 준수에 대한 검토 보고서를 발행한다. 프로젝트민원제도는 행정적으로 유럽부흥개발은행의 업무이지만 '환경·지속가능개발실(Environment and Sustainability Department)'과는 별개로 운영되고 '수석준수담당관실(Office of Chief Compliance Officer)'에 소속된 일원을 프로젝트민원제도 담당자로 선정한다. 그 외 외부의 독립전문가 명단을 작성하고 필요시 프로젝트민원제도 담당자를 지원하도록 한다. 전문가들은 총 7명으로 구성되어 있으며 준수검토 및 문제해결 기능을 수행하기 위해 보조하는 역할을 수행한다. 그 밖에 프로젝트민원제도의 담당자는 웹사이트 관리, 운영절차 및 가이드라인 관리, 불만 접수 관리, 연차보고서 작성 등의 역할을 수행한다.

유럽부흥개발은행의 책무성 제도는 독립 전문가 명단 및 구체적인 이력사항을 웹사이트에 공개하는 점, 2010년부터 프로젝트민원제도에 접수된 문제에 관련된 사업과 진행사항을 누구나 모니터링할 수 있는 점, 영어를 포함한 총 14개 국가의 언어로 번역된 프로젝트민원제도의 사용자 안내를 갖추고 있다는 점이 특징적이다.

3) 미주개발은행(Inter-American Development Bank)[12]

(1) 설립목적 및 기능

미주개발은행은 1959년 12월 미국과 19개 중남미 국가들이 설립한 최초의 지역개발은행이자 최대의 지역개발 금융기구이다. 미주투자공사(Inter-American Investment Corporation), 다자간투자기금(Multilateral Investment Fund)과 함께 미주개발은행 그룹을 이루며, 중남미·카리브 지역의 경제·사회·제도·환경개발 변화를 지원하기 위해 설립되었다. 미주개발은행은 라틴아메리카와 카리브 지역의 경제발전과 지역통합을 위해 역내 국가에 경제개발 사업을 위한 차관을 제공하고, 무역확장과 민간투자를 촉진하는 데에 주요 기능을 한다. 또한 미주개발은행은 개별국가, 국제기구 그리고 민간 투자자본을 동원하여 보건·교육·기반시설의 발전을 통해 환경 친화적인 지속가능한 개발을 이룩하고자 한다. 본부는 미국 워싱턴에 위치하며, 자본금이 2015년 기준 미화 약 1,700억 달러에 이른다.

(2) 회원국(주주) 현황 및 주요조직

미주개발은행은 현재 총 48개 회원국을 보유하고 있으며, 역외국 미국과 역내국 아르헨티나, 볼리비아, 브라질, 칠레, 콜롬비아, 코스타리카, 도미니카공화국, 에콰도르, 엘살바도르, 과테말라, 아이티, 온두라스, 멕시코, 니카라과, 파라과이, 파나마, 페루, 우루과이, 베네수엘라 등 총 19개 라틴아메리카 국가를 초대회원국으로 출범하였다. 이후 1960년대에 트리니다드토바고, 바베이도스, 자메이카가 가입, 1970년대에

12 〈http://www.iadb.org. 검색일: 2018년 4월 1일〉

가이아나, 바하마가 가입하였으며, 1980년대 수리남, 1992년 벨리즈를 마지막으로 현재 총 26개의 역내국을 보유한다. 전체 투표권의 약 50%를 차지하는 역내국가는 대출권과 투표권을 보유하며, 라틴아메리카·카리브 지역 국가들을 포함한다. 역내국가는 다시 그룹 1과 2로 나뉘는데, 이 중, 낮은 1인당 소득을 나타내는 그룹 2 국가[13]들에는 총량의 35%를 대출하며, 나머지 65%의 대출금은 그 밖의 그룹 1 국가[14]들에 할당된다. 위와 같은 국가분류와 더불어 미주개발은행은 총 운영의 50%와 자원의 40%를 사회적 형평성과 빈곤 감소에 투자해야 할 의무를 진다.

역외국가로는 미국을 포함하여 오스트리아, 벨기에, 캐나다, 덴마크, 핀란드, 프랑스, 독일, 이스라엘, 이탈리아, 일본, 네덜란드, 노르웨이, 포르투갈, 스페인, 스웨덴, 스위스, 영국, 1990년대 가입한 크로아티아, 슬로베니아, 그리고 2005년 가입한 한국과 가장 최근 2009년 가입한 중국까지 총 22개의 회원국을 포함하고 있기 때문에 지역기반의 다자개발은행을 넘어선 보다 포괄적인 역할을 수행하는 금융기구로 평가받는다. 역외국가는 미주개발은행을 통해 양자프로그램을 수행하는 것과 대비하여 더 많은 수원국과의 접촉이 가능하며, 수원국과의 개발프로젝트 협의과정에서 자원 레버리지를 활용케 하는 혜택이 있다. 역내국가 가입을 위해서는 먼저 미주기구(Organization of American States) 가입국이어야 하며, 역외국가 가입을 위해서는 국제통화기금의 회원국이어야 한다. 지역 내 국가 중, 쿠바는 은행설립협정과 헌장에

13 그룹 2에 속하는 국가들은 벨리즈, 볼리비아, 콜롬비아, 코스타리카, 도미니카공화국, 에콰도르, 엘살바도르, 과테말라, 가이아나, 아이티, 온두라스, 자메이카, 니카라과, 파나마, 파라과이, 페루, 수리남 등이다.

14 그룹 1에 속하는 국가들은 아르헨티나, 바하마, 바베이도스, 브라질, 칠레, 멕시코, 트리니다드토바고, 우루과이, 베네수엘라 등이다.

서명하였으나, 비준하지 않은 상태로 회원국 자격을 갖지 못하고 있는 상태이다.

미주개발은행의 주요 조직은 총회(Board of Governors), 이사회(Board of Executive Directors), 수석부총재, 부총재, 그리고 이하 각 부서로 이루어져 있다. 총회는 은행운영조직의 최상부에 위치하며, 각 회원국별 출자율에 따라 투표권을 부여하고, 해당 국가를 대표하는 5년 임기의 운영위원이 그 투표권을 행사한다. 각국 운영위원은 대개 재무부장관이나, 중앙은행의 행장, 혹은 여타 고관으로 임명된다. 연차총회를 통해 은행운영과 주요 정책결정 의결이 이루어진다. 총회는 미주개발은행의 총체적인 운영을 관장하나, 대부분의 실질적인 권한을 이사회에 위임한다. 집행 및 감독기관인 이사회는 주간회의를 통해 차관과 제안, 정책, 국가전략 등을 보장하고, 관리예산, 이율산정, 대출결정, 여타 금융문제의 관리 등의 주요업무를 담당한다. 총 14명의 이사는 총회에서 선출되며, 다섯 개의 상임위원회에 나뉘어 속해 있다. 총회에서 선출되는 총재는 이사회 회의를 주관하며, 결정투표 이외에는 투표권이 없다. 총재에 의해 제청되어 이사회에서 임명되는 수석부총재 이하로는 크게 국가담당 부총재, 부문·지식담당 부총재, 금융·행정담당 부총재, 민간부문·NGO담당 부총재로 나뉘며, 약 35개의 세부 부문·국·부와 부서로 이루어져 있다.

(3) 시민사회와의 연계

아프리카개발은행과 같은 여타의 지역다자개발은행과 유사하게 미주개발은행은 개발프로젝트를 진행하는 데 있어 CSO를 중요한 파트너로 인식하고 상호 협력을 위해 민간부문·NGO담당 부총재를 선임하여 시민사회와의 협업에 무게를 실었다. 미주개발은행과 시민사회와의 연계는 기술협력, 지식상품 등 파트너십 구축을 통해 이루어진다.

은행은 지역단위에서 26개의 국별사무소를 통해 시민사회와의 영구적인 대화와 협력을 유지한다. 각 사무소에는 CSO와 관련된 업무를 담당하는 시민사회 담당자가 근무하며, 시민사회컨설팅그룹(ConSoCs)과의 협력도 국별사무소가 전담한다. 시민사회컨설팅그룹은 26개 국별사무소에 각각 위치하며, 주로 기후변화·젠더·시민보호·청소년문제·환경·토착민·아프리카계후손·노동시장 등의 주제에 대한 의제를 다루고 지역 시민사회와 협력한다. 그러나 미주개발은행 본부에 세계은행이나 아시아개발은행에 준하는 별도의 시민사회 전담 중추부서는 아직 설립되어 있지 않다.[15]

(4) 책무성 제도: 독립조사기제(Independent Investigation Mechanism)

미주개발은행은 1994년 세계은행의 뒤를 이어 '독립조사기제(Independent Investigation Mechanism)'를 도입하고, 환경적·사회적 위험을 관리할 수 있는 세이프가드 제도의 활용을 장려하고 있으며, 다른 다자개발은행과 유사하게 세계은행이 책정하고 있는 세이프가드를 공유하고 있다. 특히 2011년 이사회에 의해 지속가능성 및 환경문제, 선주민우선주의, 비자발적인 재정착, 노동, 남녀평등, 건강 및 안정 이유에 관한 기존의 세이프가드 정책을 포함한 종합적인 정책 프레임워크를 구축하였다. 세이프가드 정책은 미주개발은행이 지원하는 모든 프로젝트와 대출·증여·기타수단을 통해 지원받는 모든 사업들에 적용된다.

15 〈http://www.iadb.org/en/civil-society/the-idb-group-and-civil-society-home,6160.html. 검색일: 2018년 4월 1일〉

3. 남남협력 중심의 다자개발은행

남남협력을 중심으로 활동하는 다자개발은행은 총 22개의 다자개발은행 중 14개를 차지하고 있어 67%로 수적으로는 핵심 유형으로 분류될 수 있으나, 실제로 이 유형의 다자개발은행이 보유한 자금과 회원국 수, 그리고 개발프로젝트의 양과 질로 평가해보면 남북협력 중심의 다자개발은행보다 그 활동과 영향력이 매우 작음을 알 수 있다. 그러나 최근에 BRICS와 중국을 중심으로 출범한 신개발은행과 아시아인프라투자은행으로 인하여 국제개발에서 남남협력의 위상과 영향력이 확장되고 있으며, 이는 유엔을 비롯한 국제사회에서 남남협력을 인정하고 주요 파트너십으로 강조하는 계기가 되고 있다. 남남협력의 중요성이 증대하고 있음에도 불구하고, 시민사회와의 연대 그리고 책무성 문제에서는 기존의 남북협력 중심의 다자개발은행보다 남남협력 중심의 은행들이 저조한 성과를 보이고 있는 것이 사실이다. 여기에서는 14개의 남남협력 다자개발은행 중에 신개발은행과 아시아인프라투자은행을 소개하고, 이를 제외한 나머지 12개의 은행에 관한 자세한 정보와 분석은 부록으로 처리하도록 한다.

1) 신개발은행(New Development Bank)[16]

(1) 설립목적 및 기능

브릭스개발은행(BRICS Development Bank)으로도 알려져 있는 신개발은행(New Development Bank)은 2014년 7월에 브라질·러시아·인도·중국·

16 〈http://ndbbrics.org/index.html. 검색일: 2018년 4월 1일〉

남아프리카공화국이 설립한 BRICS 남남협력 중심의 다자개발은행이다. 신개발은행은 해당 5개국만으로도 전 세계의 40%가 넘는 인구를 보유, 3개 대륙에 걸쳐 세계의 약 3분의 1에 달하는 영토, 세계 GDP의 25%를 차지하는 BRICS 국가들이 기존 미국과 유럽 중심의 세계은행과 국제통화기금의 대안은행으로서 설립한 은행이다. 특히, 이른바 브레턴우즈 체제의 쌍두마차인 국제통화기금과 세계은행의 지분분배구조와 투표권 할당 과정이 아직까지 제2차 세계대전 후에 통과된 자유진영의 승전국 중심으로 운영되는 시스템에 의존하고 있으며, 변화하는 세계경제의 흐름과 BRICS 국가들의 경제적인 위치를 적극적으로 반영하지 못하는 비탄력적인 관성이 계속되어 왔던 것이 BRICS에게는 커다란 불만으로 작용하였다. 신흥 5개국 시장 간 확대된 금융 및 개발 협력을 위해 설립된 신개발은행은 2012년 뉴델리 BRICS 정상회의에서 설립이 논의된 후, 자본금 출자 규모, 본부위치 및 운영방식에 대한 이견차로 그 출범에 어려움이 뒤따랐으나 2014년 브라질 포르탈레자에서 개최된 제6차 BRICS 정상회의에서 신개발은행의 설립이 확정되었다. 신개발은행은 사회기반시설 편차와 지속가능한 개발에 대한 수요대비 지속적인 금융제약을 경험한 신흥국가 간의 긴밀한 남남협력 경제협력기구로서, 본부는 중국 상하이에 위치한다.

(2) 회원국(주주) 현황 및 주요조직

창립국이자 신흥 5개국인 브라질·러시아·인도·중국·남아프리카공화국이 회원국이며, 대출 가능국가와 대출 불가능국가의 범주에 따라 유엔회원국 대상으로 주주국가를 확충할 계획에 있다. 신개발은행 운영에 관한 재정구조는 장기대여 중심의 개발프로젝트를 위한 출자금과 국제수지의 단기적 경제위기에 대비하는 비상예치금(Contingency Reserve Currency) 출자라는 두 가지 방식으로 구성되어 있다. 따라서, 신개발은행은 사실상 기존 세계은행과 국제통화기금을 통합한 남반구 경제기구로서의 자격을 갖추고 브레턴우즈 체제에 대항하는 경쟁구도를 마련하였다고 볼 수 있다. [표 4-3]이 보여주듯이, 신개발은행 회원국은 각각 100억 달러의 초기 자본을 출자하고 이에 상응하는 투표권을 각각 20%씩 동등하게 보유함으로써 기존 세계은행의 지분출자방식, 투표권 배분방식과 차별성을 강조하고 어느 특정 회원국도 거부권을 행사할 수 없는 구조로 제도화되었다(New Development Bank, 2014).

그러나 2015년 제7차 BRICS 정상회의에서 중앙은행 장들이 협의하여 설립된 비상예치금의 경우 신개발은행의 출자금과 달리 410억 달러를 지급한 중국과 50억 달러를 지급한 남아프리카공화국을 제외하고 러시아·인도·브라질은 각각 180억 달러를 제공하게 되어 회원국 출자액에서 차등이 발생하였다([표 4-3] 참조). 이로써, 비상예치금으로 신개발은행은 총 1,000억 달러를 보유하게 되었고 이 중 중국이 41% 규모의 예치금을 지급하였기 때문에 비상예치금에 대한 중국의 투표권은 39.95%에 해당하게 된다. 남아프리카공화국이 5.75%, 브라질·인도·러시아가 각각 18.1%의 비상예치금에 대한 투표권을 보유하게 되

[표 4-3] 신개발은행의 초기 출자금 규모와 비상예치금 출자 규모 (단위: 10억 달러)

회원국	초기출자규모	투표권(%)	예치금 출자규모	투표권(%)
브라질	10	20	18	18.10
중국	10	20	41	39.95
인도	10	20	18	18.10
러시아	10	20	18	18.10
남아프리카공화국	10	20	5	5.75
총합	50	100	100	100.00

주: NDB의 초기출자규모에 관한 자료는 〈http://www.ndb.int, 검색일: 2018 4월 1일〉 확인. 비상예치금 출자규모에 관한 자료는 〈http://news.biharprabha.com/2014/07/brics-development-bank-top-on-agenda-of-6th-brics-summit, 검색일: 2018년 4월 1일〉 참조.

기 때문에 중국의 역할과 위치가 다른 4개국보다 정치적으로 우세할 가능성이 매우 농후하다. 이렇듯 신개발은행에 재정기여도가 다르기 때문에 회원국 사이에 은행이 설립된 본래 목적과는 달리 평등한 투표권이 중국 주도로 정치화될 수 있는 위험에 노출되어 있다. 또한 신개발은행 설립정관에 따르면 유엔의 모든 회원국은 신개발은행에 신입 회원국으로 가입할 수 있으나 BRICS의 투표권한은 어떤 경우에도 전체 투표권의 최소 55%를 유지한다고 명시하고 있다. 이는 BRICS가 신개발은행의 정치적 주도권을 어느 상황에서도 유지할 수 있도록 법제화한 것을 의미하고 이 중에서도 중국의 정치적 영향력이 남남협력의 새로운 다자개발은행에 최상위에 있다고 평가할 수 있다.

신개발은행은 총회(Board of Governors), 이사회(Board of Directors), 총재와 부총재를 포함한 고위급 집행부를 둔다. 총재는 창설국 중 한 개 국가에서 순차적으로 선출되며, 총재 소속 국가 이외의 4개 국가가 부총재직을 담당하며, 각각 위기관리·협정·운영·금융 등의 업무를 총괄한다. 신개발은행과 함께 5개 회원국은 비상예치금제도를 운영하고 있으며, 회원국 중 국제수지에 우발적인 문제가 발생할 경우 신개발은행은 비상예치금을 제공하여 경제안정을 지원할 수 있다. 신개발은행이 2016년 동안 지원한 개발 프로젝트 사업 목록을 보면 회원국이 풍력·태양열·수력 등의 재생에너지 및 그린에너지 생산에 주로 신개발은행의 지원을 활용하고 있는 것으로 확인된다([표 4-4] 참조). 2016년 총 6건의 대출지원 프로젝트 중 인도가 도로확장 및 개선의 용도로 3억 5,000만 달러를 지원받은 것 이외에 5건은 모두 재생에너지 생산으로 이산화탄소를 줄이고 기후변화에 관련된 개발프로젝트였다는 사실을 알 수 있다. 그러나 재생에너지 사업에 지출된 대출지원의 규모를 보면 상당히 작다. 이로 볼 때 신개발은행이 아직까지는 소규모의 투입으로 프로젝트 성공가능성을 조심스럽게 점검하고 있다는 해석과 기

[표 4-4] 2016년 신개발은행 지원 프로젝트 목록

국가	지원금액	대출기관	지원방식	지원분야	결과 및 영향
브라질	3억 달러	브라질경제사회개발국립은행(BNDES)	국가재무기관 중재(2단계 대출)	재생에너지 (풍력, 태양열 등)	600MW 재생에너지 생산, 연 100만 톤 CO_2 절감
러시아	1억 달러	유라시아개발은행/국제투자은행	국가재부기관 중재(2단계 대출)	재생에너지(수력), 그린 에너지	49.8MW 재생에너지 생산, 연 4만 8,000톤 CO_2 절감
인도	2억 5,000만 달러	카나라 국유은행 (Canara Bank)	정부보증채 (3단계 대출)	재생에너지 (풍력, 태양열 등)	500MW 재생에너지 생산, 연 81만 5,000톤 CO_2 절감
인도	3억 5,000만 달러	인도정부	국가프로젝트 재무기금	주요구역 도로시설 개선	1,500km 도로 개선
중국	8,100만 달러	중국정부	국가프로젝트 차관	재생에너지 (태양열 지붕)	100MW 태양열 에너지 생산, 연 7만 3,000톤 CO_2 절감
중국	2억 9,800만 달러	중국정부	프로젝트차관	재생에너지 (풍력)	250MW 풍력에너지 생산, 연 87만 톤 CO_2 절감
남아공	1억 8,000만 달러	에스콤(Escom)	정부보증채	재생에너지 (변속기)	670MW 재생에너지 변속, 연 130만 톤 CO_2 절감

자료: NDB Handout Materials, Press Release of the NDB (2016. 11. 22.).

후환경 프로그램에 집중함으로써 외부의 다자개발은행에게 좋은 이미지를 전달하기 위한 전략적 움직임이라는 해석이 타당성을 갖게 된다.

(3) 시민사회와의 연계

아직까지 신개발은행이 시민사회와의 연계활동을 위한 독립부서를 설치하거나 CSO와 관련된 활동 내용을 모색하고 있다는 구체적인 정책을 찾아보기 어렵다. 그럼에도 신개발은행은 책무성 제고라는 목표하에 은행의 개발업무와 관련된 다양한 행위자와의 상호 정기적인 소

통의 중요성을 강조하고 있으며, 소통의 대상 중 시민사회가 포함되어 있다(New Development Bank, 2016). 시민사회와의 원활한 소통을 위해서 신개발은행은 연차회의, BRICS 정상회의 및 다른 행사에서 시민사회의 대표들이 다양한 방식의 소통기회에 참여하도록 권장하고 있다. 특히, 프로젝트 수준에서 신개발은행은 국제적으로 사용되는 세이프가드에 준하는 '환경·사회프레임워크(Environment and Social Framework)'를 준수하기 위하여 시민사회의 적극적인 참여를 강조하고 있다. 또한 CSO의 참여를 권장하기 위하여 신개발은행에 유용한 정보 제공 및 정책기획 과정에 시민사회의 의견을 공유하는 다양한 채널을 개방하겠다는 원칙적 수준에서의 시민사회와의 연계방침을 밝히고 있다.

(4) 책무성 제도

신개발은행의 책무성 제도는 구체적인 내부 담당기관이 없는 상태로 은행의 설립협정 제15조에 의해 투명성 및 책무성에 대한 의무가 있으며 모든 은행의 절차가 투명하고 접근 가능하도록 권고하고 있는 수준이다. 아직까지 신개발은행 내부에 구체적인 절차 또는 제도로서 책무성 기제가 설치되지 않았지만, 신개발은행을 운영함에서 투명성과 책무성 원칙을 지키기 위하여 '임시정보공개정책(Interim Information Disclosure Policy)'을 이사회가 승인하였다. 임시정보공개정책에 입각하여 신개발은행이 수행하는 모든 개발프로젝트에 투명성과 책무성을 제고하고 비밀보장을 준수하는 원칙을 적용하고 있다. 또한 임시정보공개정책에 따라 신개발은행은 정보공개에 대한 요청이 있을 경우 해당 정보의 공개를 검토할 수 있다.

현재 신개발은행이 운영하는 조직구조상 다자개발은행의 책무성 제도 또는 세이프가드와 가장 유사한 정책은 최근 2016년 제출된 환경·사회프레임워크라 할 수 있는데, 본 프레임워크는 아직 은행 협정에 명시적인 조항으로 포함되어 있지 않으며 구체적으로 세이프가드와 이와 관련된 책무성 절차를 전담할 부서에 대한 은행의 결정을 찾아보기가 어렵다는 제도적 한계가 있다(New Development Bank, 2016). 환경·사회프레임워크에 따르면, 기존 다자개발은행에서 통용하는 환경·강제이주·토착민권리를 신개발은행도 그대로 세이프가드로 적용하고 있다. 은행의 개발프로젝트가 세이프가드를 위반할 경우, 위반사례가 어느 범주에 해당되는지 조사하고 이와 관련해 피해주체와 협의과정을 거치며, 환경 및 사회정책 관리가 제대로 개발프로젝트에 적용되어 피해를 축소하고 있는가에 대한 모니터링 및 보고, 그리고 마지막으로 효과적인 보상제도에 대한 절차가 진행되도록 기획되어 있다. 그럼에도 불구하고, 구체적으로 어느 부서가 이러한 책무성의 단계를 담당하게 되는지 그리고 보상제도와 절차에 관한 구체적인 설명과 정보가 공개되고 있지 않아 실제로 신개발은행이 책무성 제도를 국제 수준에 맞게 운영할 것인가에 대한 의구심을 떨치기는 어렵다.

2) 아시아인프라투자은행(Asian Infrastructure Investment Bank)[17]

(1) 설립목적 및 기능

기존 국제사회의 다자개발은행기구들과 대항 내지 경쟁을 목표로 하지 않고 상호 긍정적이고 발전적인 협력을 도모한다는 아시아인프라투자은행의 공식적인 표방에도 불구하고, 아시아인프라투자은행은 미국 주도의 세계은행과 일본 주도의 아시아개발은행에 대항하기 위해

17 〈http://www.aiibank.org. 검색일: 2018년 4월 1일〉

중국 주도하에 출범된 대안적인 남남협력 중심의 국제금융기구라고 평가할 수 있다(Griffith-Jones, Li and Spratt, 2016). 주요 설립목적은 아시아·태평양 지역의 사회간접자본 건설을 위한 투자이며, 참여국 중 상당량의 투자 자본을 보유한 중국은 지역경제개발뿐 아니라 역내 정치권력을 획득하는 데에도 이권요소가 있다고 평가된다. 특히, 아시아인프라투자은행의 출범은 궁극적으로 중국의 일대일로 정책과 실크로드펀드를 지원하기 위하여 철저히 전략적으로 중국정부가 기획한 글로벌 정책이며, 중국에서 시작해서 중앙아시아, 유럽까지 연결되는 지리적 공간에 다양한 개발사업들을 배치하여 중국 국내개발 관련산업이 일대일로 정책의 국제화를 통하여 다시 부흥할 수 있는 도약의 기반으로 삼고 있다(Cooley, 2016; Etzioni, 2016).

2013년 중국 시진핑 주석에 의해 처음 제의된 아시아인프라투자은행은 2014년 설립 당시 미화 500억 달러 규모로, 22개국이 양해각서에 서명하였다. 이후 자격 불문하고 서명에 참여할 국가는 회원국으로 인정한다는 내부 방침에 따라 5개 국가가 추가 서명하였다. 총 초기수권 목표자본금 1,000억 달러 중 절반인 500억 달러는 중국이 투자하였으며, 2015년 6월 57개 잠정창립회원국의 협정체결이 진행되었다. 아시아인프라투자은행의 지역적 특색을 고려하여 역내국가가 75%의 지분을 차지할 것으로 예정되었고, 최종적으로 2015년 12월 말 중국 베이징을 본부로 하여 공식적인 운영이 개시되었다.

(2) 회원국(주주) 현황 및 주요조직

아시아인프라투자은행은 2017년 10월 기준으로 아태지역 내 회원국으로 아프가니스탄·호주·아제르바이잔·방글라데시·브루나이·캄보디아·중국·그루지야·홍콩차이나·인도·인도네시아·이란·이스라엘·요르단·카자흐스탄·한국·키르기스·라오스·말레이시아·몰디브·몽골·

[표 4-5] 아시아개발은행과 아시아인프라투자은행 개관 비교

	아시아개발은행(ADB)	아시아인프라투자은행(AIIB)
본부소재	필리핀 마닐라	중국 북경
설립연도	1966	2015
총재	다케히코 나카오(역대로 일본 국적의 총재 선임)	진 리췬(전 중국 재정부 부부장, 전 아시아개발은행 부총재)
자산총액	약 1,540억 달러(2015년 기준)	약 1,000억 달러(2015년 기준)
회원국	67개국(아태지역 48, 기타지역 19)	57개국(아태지역 38, 기타지역 19)
주요핵심 회원국*	일본(15.68%), 미국(15.57%), 중국(6.47%)	중국(32.02%), 인도(8.99%), 러시아(7.02%)
운영위원회 구성	12명의 이사로 이사회 구성(마닐라 상주)	12명의 이사로 이사회 구성(북경 상주 조건 부재)
주요 목적	'Strategy 2020'라는 장기비전의 목적으로 빈곤종식, 포용적 · 지속가능경제성장, 지역통합을 설정	지역경제성장 · 인프라투자촉진: 포용성 · 개방성 · 투명성 · 공정성 · 환경 · 노동 · 세이프가드 · 수혜국부채 · 융자 · 지급보증 · 지분투자 등을 통해 낙후된 지역에 대규모 인프라 투자
입찰참여	회원국만 참여 가능	모든 국가가 참여 가능

자료: Asian Development Bank (2015).

* 주요 핵심회원국의 출자금 규모를 %로 환산.

미얀마·네팔·뉴질랜드·오만·파키스탄·필리핀·카타르·러시아·사우디아라비아·싱가포르·스리랑카·타지키스탄·태국·터키·아랍에미리트·우즈베키스탄·베트남 등 총 38개국과, 기타지역 회원국으로 오스트리아·덴마크·이집트·에티오피아·핀란드·프랑스·독일·헝가리·아이슬란드·이탈리아·룩셈부르크·몰타·네덜란드·노르웨이·폴란드·포르투갈·스웨덴·스위스·영국 등 총 19개국으로 도합 57개국의 회원국으로 구성되어 있다([표 4-5] 참조). 미국은 가입을 거부하였으며, 아시아 지역 역내국가들 중에서는 유일하게 일본이 가입하지 않고 있다.

아시아인프라투자은행은 총회(Board of Governors), 이사회(Board of Directors), 총재와 부총재를 포함한 고위급 집행부를 둔다. 5년 임기의

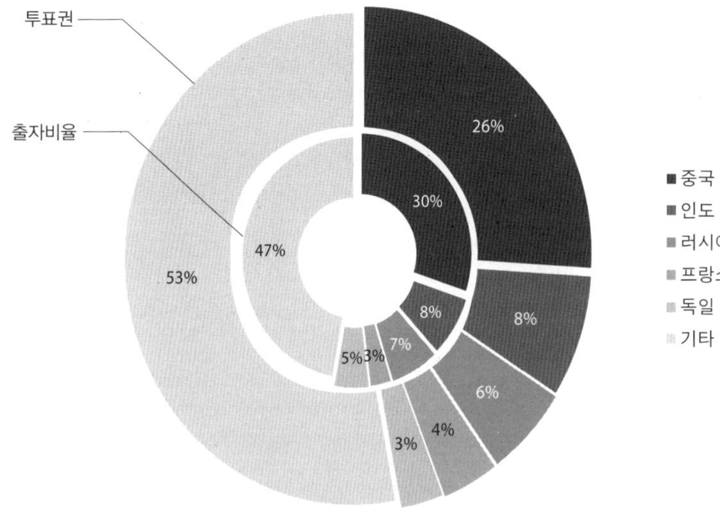

[그림 4-2] 아시아인프라투자은행 주요 회원국의 출자비율과 투표권 현황

자료: AIIB Investment Agreement (2015).

총재는 투표를 통해 선출되며, 총재 추천을 통해 이사회에서 선임되는 5인으로 구성되는 부총재는 각각 민간기업·위기관리·투자·정책전략·행정 등의 업무를 총괄한다. 일반적으로 다자개발은행은 출자금에 따라 투표권을 할당하는 제도를 사용하고 있는데, 아시아인프라투자은행도 이러한 제도를 따르고 있으며 출자금의 경우 중국이 전체 출자금의 32.02%를 차지하고 인도가 8.99%로 그 뒤를 따르는데, 그 격차는 무려 20%가 넘는다([표 4-5]와 [그림 4-2] 참조). 이러한 비율에 맞춰 아시아인프라투자은행 내부의 투표권도 비례적으로 분배되기 때문에 중국이 가장 높은 26%의 투표권을 행사할 수 있어서 사실상의 거부권을 보유한 유일한 회원국이 된다.[18]

18 다자개발은행의 내부 투표권 배분 및 행사에 관해서는 일반적으로 16%규칙이 통용되고 있다. 다시 말해, 세계은행의 경우 내규로 중요한 안건 및 정책,

아시아인프라투자은행의 창립에 관한 논의가 시작되는 초기 단계에서부터 중국의 출자금이 50%를 차지할 것으로 예상되었기 때문에 미국을 위시한 국제사회가 다자개발은행에서 일반적으로 통용되는 거버넌스 방식을 강조하며 중국 일변도의 아시아인프라투자은행을 투명성과 책무성이 부족한 예외적인 사례로 비판하였다. 국제사회의 비판적인 해석을 의식하였는지 정확히 알 수는 없지만, 그 이후 중국정부는 출자금을 50%에서 30% 이하로 축소하였고 영국·독일·프랑스·이탈리아와 같은 기존 글로벌 거버넌스의 주류집단에 속했던 자본주의 국가들을 대거 회원국으로 받아들였다.

2016년 6월 베이징에서 이사회와 제1차 연차 총회를 개최하고 파키스탄 고속도로, 인도네시아 슬럼가 개선, 방글라데시 전력망 공사 등 총 5억 900만 달러 규모의 대출 프로젝트 4건을 승인하였다(이현태·김준영, 2016). 사업현황을 보면, 4건의 사업 모두 교통·전력·도시시설 등 인프라에 대한 투자이고, 다른 다자개발은행과 수원국 정부가 이미 검토한 사업에 그 다자은행과의 협조융자를 통한 참여이며, 다른 다자개발은행과 수원국 정부가 제안한 사업을 검토한 후 참여하였고, 상환기간이 15년 이상인 정부보증부 대출로서 융자규모가 크지 않다는 공통점을 가지고 있다. 이는 곧 단기적으로 아시아인프라투자은행이 내부 조직 확대와 기존 국제금융체제와의 조화를 추구하고 중장기적으로 중국의 국가대전략인 일대일로를 금융측면에서 지원하면서

총재선출 등을 통과시키기 위해서는 이사회의 75%가 찬성해야 된다는 규정이 있어서 한 이사국이 15% 이상의 투표권을 가지고 있을 경우 이는 곧 거부권을 보유하고 있음을 의미하게 된다. 현재, 세계은행은 미국이 유일하게 16%의 투표권을 가지고 있는 데 반해, AIIB의 경우는 중국이 26%를 보유하고 있기 때문에 중국의 의사에 따라 AIIB의 인프라사업 방향과 주요 수원주체 등이 결정될 가능성이 대단히 높다.

중국 주도의 신국제금융질서를 구축해 나갈 것이라는 전망으로 연결된다.

(3) 시민사회와의 연계

아시아인프라투자은행은 출범한 지 얼마 되지 않은 지역개발은행이라서 구체적으로 회원국 이외의 행위주체에 대해서는 명확하게 그 관계가 밝혀져 있지 않기 때문에, 아직까지 시민사회와의 연계활동을 위한 독립부서나 활동 내용을 뚜렷이 찾아보기 어렵다. 단, [표 4-6]과 같이 2014년 글로벌 거버넌스 지표 중 시민참여와 책무성이라는 지표를 살펴보면, 시민사회와의 관계를 얼마나 중요하게 여기는가에 대하여 중국(5.4)이 미국(79.8)과 일본(79.3)보다 비교할 수 없을 정도로 현격히 낮다는 것을 확인할 수 있다. 직접적인 인과관계를 찾을 수는 없지만 간접적으로 중국 중심의 다자개발은행인 아시아인프라투자은행이 미국 중심의 세계은행과 일본 중심의 아시아개발은행보다 제3의 행위주체인 비정부기관과의 관계에서 소홀할 가능성이 높다는 것을 유추해 볼 수 있다.

[표 4-6] 글로벌 거버넌스 지표 비교: 미국, 일본, 중국

2014년 글로벌 거버넌스 지표	미국	일본	중국
시민참여와 책무성(voice and accountability)	79.8	79.3	5.4
정치적 안정과 폭력의 부재(political stability and absence of violence)	67.0	84.5	29.6
정부의 영향력(government effect)	89.9	97.1	66.3
규제의 질(regulatory quality)	88.5	84.1	45.2
법의 지배(rule of law)	89.9	89.4	42.8
부패통제(control of corruption)	89.4	93.3	47.1

자료: Asian Development Bank (2015).

(4) 책무성 제도: 환경사회프레임워크(Environmental and Social Framework)

아시아인프라투자은행은 독립적인 조사패널 제도나 관련 책무성 제도를 찾아보기 어렵다. 대신 아주 기초적인 책무성 기제라 볼 수 있는 '환경·사회프레임워크(Environment and Social Framework)'를 2016년 2월에 도입하여 이에 준하는 책임감과 원칙에 따라 실사절차를 밟도록 권고하는 수준이다.[19] 진행하는 프로젝트에 관하여 내부적으로 조사를 실시하는데 이때 프로젝트 규모가 적절한지 또는 사회와 환경에 해가 되는 잠재적 요인들이 있는지 확인한다. 이러한 과정에서 현장조사를 실시하거나 필요한 경우 컨설턴트를 섭외할 수 있다. 아시아인프라투자은행의 프로젝트가 환경과 사회에 심각한 문제를 초래할 수 있다고 평가될 경우 사건 의뢰인에게 전문가의 자문을 받도록 지원하고, 전문가는 프로젝트 성향에 따라 자문패널을 구성하거나 의뢰인에게 직접 조언할 수 있다. 의뢰인이 전문가를 선임하는 것을 포함하여 전반적인 프로젝트를 총괄하는 역할을 아시아인프라투자은행이 맡게 된다. 그러나 아시아인프라투자은행의 환경·사회프레임워크가 사용하는 환경과 사회적 책임에 관한 개념이 기존 다자개발은행이 공통적으로 사용해 온 개념과 다소 혼동이 있으며, 오히려 중국 국내의 정부개발은행이 사용하는 환경 및 사회적 책무의 개념과 환경·사회프레임워크의 내용이 유사하다는 우려가 있다. 이러한 맥락에서 중국 중심의 아시아인프라투자은행의 책무성 제도는 근본적으로 기존 다자개발은행의 세이프가드와 다른 결과를 도출할 것이라는 해석도 가능하다.[20]

19 〈http://www.aiib.org/en/policies-strategies/operational-policies/environmental-social-framework.html. 검색일: 2018년 4월 15일〉.

20 세계은행 조사패널에 제소되었던 심사청원 사건 중 1999년 중국정부를 대상

4. 책무성 제도의 유사성과 차이성

지금까지 다자개발은행의 전수조사 및 분석을 통해 다음 장에서 아시아개발은행을 본격적으로 분석하기 위한 유사 사례들의 제반적인 맥락과 책무성 제도의 구성 그리고 시민사회와의 관계성을 간단하게 비교·정리하였다. 다자개발은행이 남북협력 또는 남남협력을 기반으로 운영되는가, 지역분포가 글로벌 수준인가 특정 지역 기반으로 형성되는가 등에 대하여 상이한 배경과 맥락을 갖고 있지만, 다자개발은행마다 공통적으로 관통하는 제도적 특징은 — 적용범위와 제도의 성숙도에 차이가 있을지라도 — 은행 사업에 대한 불만과 민원을 처리하는 책무성 제도를 도입하여 제도화하고 있거나 제도화를 위한 노력을 보이고 있다는 사실이다. 여기에서는 앞서 설명한 세 유형의 다자개발은행과 부록에 정리된 다자개발은행의 특징 중 시민사회와의 관계성과 책무성 제도의 경험적 유사성과 차이성으로 범위를 좁혀 다시 비교·분석한다. 이로써, 아시아개발은행의 책무성 제도가 여타 일반적인 다자개발은행과 차별화되는 독특한 특징을 보여주는지를 확인할 수 있고, 아시아개발은행의 책무성 제도를 아시아지역 CSO와의 관계성에 집중하여 분석하는 연구의 타당성을 강조할 수 있다.

[표 4-7]은 다자개발은행마다 어느 정도의 시민사회와의 연계 노력과 책무성을 위한 제도적 장치를 보유하고 있는가를 보여준다. 먼

으로 진행되었던 Western Poverty Reduction Project의 경우, 세계은행의 조사위원들이 중국의 칭하이지역 조사심의 과정 중에 강제로 이주된 티베트인들에 대한 중국정부의 문제해결방침에 접근하는 것을 중국정부가 공식적으로 거부한 기록이 있다(Clark, 2003: 210). 이러한 다자개발은행 책무성 과정을 중국이 거부하였는데 현재 AIIB의 ESF를 조사대상국가가 거부할 경우 중국이 이를 강제로 추진할 수 있을까에 대한 매우 회의적인 시각이 있다.

저, 시민사회를 전담하는 기관이 다자개발은행 내부에 설치되어 있는가를 효과적으로 비교하기 위하여 내부의 제도화 단계를 관련 프로그램 및 부서가 부재한 경우, 관련 프로그램은 운영되나 이를 전담하는 독립적인 부서가 부재한 경우, 그리고 은행 내에 독립된 전담부서를 갖고 있는 세 경우로 구분하여 비교한다. 총 22개 다자개발은행 중 독립된 시민사회 전담부서를 보유하고 있는 경우는 유럽부흥개발은행·유럽투자은행·세계은행·아시아개발은행 단 4개의 은행(약 18%)이다. 그나마 전담부서는 아니지만 시민사회 관련 프로그램을 운영하는 다자개발은행은 총 5개(아프리카개발은행·흑해무역개발은행·중미경제통합은행·미주개발은행·북미개발은행)로 전체의 약 23%에 해당한다. 이 9개의 다자개발은행을 제외하고는 약 59%에 해당하는 13개의 은행이 아직까지 시민사회에 관한 프로그램조차 개발하지 못하고 있는 실정이다. [표 4-7]을 바탕으로 아래와 같이 크게 네 가지 함의에 대한 도출을 22개 다자개발은행의 시민사회 대응체계와 책무성 제도가 갖고 있는 유사성과 차이성으로 대신할 수 있다.

첫째, 개발프로젝트의 규모와 다자개발은행이 관여하는 지역과 대상국가의 범위가 커질수록 시민사회에 대한 대응기제를 고민할 가능성이 높아지고, CSO가 제기하는 책무성 문제제기와 도전이 다자개발은행에게 민감한 문제로 인식될 가능성이 높아진다. 실제로 BRICS가 주도하는 신개발은행과 중국 중심의 아시아인프라투자은행과 같이 예산규모가 상대적으로 큰 경우를 제외하고는 예산규모와 사업규모 및 대상국가 범위가 지역 중심인 소규모 남남협력 다자개발은행에서 대부분 시민사회에 대한 제도적 채널을 공식화하는 데 실패하고 있다. 상대적으로 대규모 예산을 책정하고 있는 신개발은행과 아시아인프라투자은행의 경우에 예외적으로 아직까지 시민사회에 대한 은행의 기조와 정책방향 또는 대응기제에 대한 언급이 부재한 상황이다. 규모

[표 4-7] 시민사회와의 연계여부와 책무성 제도

기구명	시민사회와 연관성 유무			책무성 제도 유무
	관련 프로그램 및 전담부서無	일부 프로그램 有 별도 전담 부서無	본부전담 부서有	
아프리카개발은행(AfDB)		△		○
아시아인프라투자은행(AIIB)	×			△
아프리카경제개발아랍은행(BADEA)	×			×
서아프리카개발은행(BOAD)	×			○
흑해무역개발은행(BSTDB)		△		△
중미경제통합은행(CABEI)		△		△
중남미개발은행(CAF)	×			△
카리브개발은행(CDB)	×			○
동아프리카개발은행(EADB)	×			×
유럽부흥개발은행(EBRD)			○	○
유라시아개발은행(EDB)	×			×
유럽투자은행(EIB)			○	○
미주개발은행(IDB)		△		○
국제투자은행(IIB)	×			○
이슬람개발은행(IsDB)	×			○
북미개발은행(NADB)		△		×
신개발은행(NDB)	×			△
북유럽투자은행(NIB)	×			○
태평양도서국개발은행(PIDB)	×			×
동남아프리카무역개발은행(PTA Bank)	×			△
세계은행(World Bank)			○	○
아시아개발은행(ADB)			○	○

자료: 저자 정리.

가 크고 활동영역이 광범위한 다자개발은행은 우선 사업의 규모가 크고 사회경제 인프라 중심으로 개발사업 프로젝트가 수행된다는 점에서 현지 주민에게 미치는 파급효과가 중소규모 은행들보다 치명적일 가능성이 높다. 따라서 대규모 자본과 인프라 중심의 다자개발은행을 감시하는 CSO의 역할이 중요하게 부각되며 자발적 동원기제를 통해 시민사회단체가 조직되기 시작하면 다자개발은행에게는 큰 부담이자 위협으로 다가올 정도의 대항영역이 형성되게 된다. 대규모의 다자개발은행은 CSO에게 전략적으로 접근하기 위하여 그리고 시민사회의 감시활동에 대한 전략적인 대응기제로 책무성 제도를 소규모의 은행들보다 적극적으로 수용하는 경향이 강하게 나타난다. 시민사회의 도전과 감시를 수용하는 내부의 책무성 제도를 도입하지 않고 대규모의 인프라 프로젝트를 기획하고 있는 신개발은행과 아시아인프라투자은행의 경우, 국제사회가 두 기구에 대하여 투명성과 책무성에 관한 회의적인 시각을 보이는 데에는 이러한 이유가 있는 것이다(Etzioni, 2016; Radavoi and Bian, 2014).

둘째, 지역기반의 남남협력을 중심으로 운영되는 다자개발은행이 가장 많은 수를 차지하고 있다는 사실과 달리, 남남협력 다자개발은행 중 시민사회와의 연대를 중요한 정책으로 추진하는 경우는 매우 드물다. 다소 견해 차이가 있을 수 있지만, 남북협력을 목적으로 운영되는 다자개발은행은 세계은행·아시아개발은행·아프리카개발은행·미주개발은행·유럽부흥개발은행·유럽투자은행·북미개발은행·북유럽투자은행 등 8개 기관으로 정리할 수 있는데 이 중 북유럽투자은행을 제외한 나머지 다자개발은행들은 시민사회 전담기관을 운영하고 있거나 적어도 시민사회를 상대하는 프로그램을 선도적으로 시행하고 있다는 것을 알 수 있다. 반면, 남남협력을 원칙으로 하는 14개의 다자개발은행들은 제한된 범위에서 시민사회 프로그램을 운영하는 흑해무역개발은행과 중미경제통합은행을 제외하고 모든 남남협력 다자개발은행들이 시민사회와 연관된 프로그램이나 내부기관을 도입하지 않고 있어서 86%에 해당하는 남남협력 은행들이 시민사회와 무관하게 개발프로젝트를 추진하고 있는 것으로 집계된다. 앞서도 언급했지만 남남협력을 중심으로 관계성이 형성된 개도국들은 책무성이라는 개념에 대단히 민감해하고 책무성이 조장할 정치적 변수들을 최소화하려는 경향이 강하기 때문에 시민사회와의 관계적 책무성을 사전에 차단하려는 전략적 행보로서 시민사회 프로그램 및 전담기구설치에 미온적인 반응을 보인다고 해석할 수 있다(Kim and Lim, 2017).

셋째, 시민사회와 더불어 또 하나의 중요한 비교범주는 다자개발은행이 책무성 제도를 조직내부에 독립된 기관으로 도입하고 적절한 운영체계를 구축하고 있는 강도의 문제이다. 이 기준에 따라 다자개발은행의 책무성 기제가 얼마나 제도적으로 안착되었는가를 파악할 수 있고 이는 다시 책무성 기제의 제도화 정도에 따라 세분화할 수 있다([표 4-7] 참조). 우선, 다자개발은행 내부에 독립된 기관으로서 책무성 메커니즘이 제도화되어 있는 경우가 다자개발은행이 시민사회를 전담하는 기관을 도입하는 것보다 상대적으로 빈번하다는 사실을 확인할 수 있다. 이러한 일반적인 추세에서 많은 수의 다자개발은행이 CSO보다 책무성 제도에 더 민감하게 반응한다는 것을 추론할 수 있다. 시민사회 담당기관을 운영하는 다자개발은행이 단 4개 기관인 데 반해, 명확하게 제도화된 책무성 기제를 내부의 독립된 기관으로 운영하고 있는 다자개발은행은 총 11개(아프리카개발은행·서아프리카개발은행·카리브개발은행·유럽부흥개발은행·유럽투자은행·미주개발은행·국제투자은행·이슬람개발은행·북유럽투자은행·아시아개발은행·세계은행)로 거의 3배에 육박한다. 책무성 제도를 아직 도입하지 못한 다자개발은행은 아프리카경제개발아랍은행·동아프리카개발은행·유라시아개발은행·북미개발은행·태평양도서국가개발은행 등 총 5개로 압축된다. 이 밖에 아시아인프라투자은행·흑해무역개발은행·중미경제통합은행·중남미개발은행·신개발은행·동남아프리카무역개발은행은 앞의 두 유형의 중간 형태로 아직까지 독립된 기관으로 제도화되지는 못했지만 느슨한 형태로 책무성에 대한 중요성을 강조하고 책무를 위반하는 내부 사례를 규제하려는 정책을 도입하고 있는 경우이다. 다시 말해, 제도화된 기관을 보유한 11개의 다자개발은행과 느슨한 형태의 책무성 기제를 도입하고 있는 6개의 다자개발은행이 전체 조사된 다자개발은행 그룹에서 대세적인 흐름을 보이고 있다고 평가할 수 있다. 이는 1990년대 초반 세계은행이 책무성 기제로 조사패널을 도입한 이후 세계은행의 책무성 제도와 세이프가드를 다른 다자개발은행이 지속적으로 모방·공유하면서 책무성 제도가 다자개발은행 간에 필수 내부조직으로 수렴되는 동형화 현상으로 이해할 수 있다. 그럼에도 시민사회의 경우와 마찬가지로 남남협력 중심의 다자개발은행은 아직까지 정교하게 제도화된 책무성 기제를 보유하지 못한 상태이고, 앞서 세계은행 사례에서 확인했듯이, 심지어 남북협력 중심의 다자개발은행도 실제로 개발프로젝트에 대한 내부적 책무성을 개선하고 투명한 책무성 조사와 문제해결을 제공하고 있는가라는 질문에 긍정적으로 답하기가 어려운 실정이다.

넷째, 책무성에 관한 좀 더 깊은 분석을 위해서는 앞서 책무성 개념에서 설명했던 내부적-외부적 책무성, 수평적-수직적 책무성 등의 유형별 분석과 책무성 정의에 사용했던 책임성·응답성·강제집행성·민주참여성 기준으로 다자개발은행과 CSO 간의 관계적 책무성을 접근하는 방식이 필요하다. 시민사회와 연대를 위한 제도가 어느 정도 구비되어 있는 조직은 내부적 책무성보다 외부적 책무성에 더 무게중심을 두는 경향이 강하다. 이는 앞서도 설명했듯이 내부적 책무성은 조직 내부의 투명한 심사절차와 이사회를 선임하는 과정까지 책무성 개혁 대상에 포함하기 때문에 사실상 현실적으로 개혁이 불가능한 측면이 강하다. 이에 다자개발은행의 책무성 문제에 대한 조치로 외부 행위자인 CSO와의 관계를 활성화하여 외부적 책무성을 강화하고 동시에 내부적 책무성에 대한 관심을 외부로 유인할 수 있는 효과를 극대화한다. 대표적인 사례가 유럽부흥개발은행·유럽투자은행·세계은행, 그리고 아시아개발은행으로 책무성 메커니즘이 가장 모범적으로 선진화되어 있는 경우이다. 이와 준하는 수준의 책무성 제도를 구비하고 있는 다자개발은행은 아프리카개발은행과 미주개발은행의 경우인데, 책무성 제도가 완벽하지는 않지만 책무성 정의의 기준에 맞는 제도적 장치를 구비하고 있다. 이렇게 외부적 책무성으로 내부적 책무성을 상쇄할 수 있는 조직은 공통적으로 남북협력 중심의 다자개발은행이고 어느 정도까지 내부적 책무성을 위한 노력과 제도적 장치가 구비되어 있을 경우에 가능하다. 이는 내부적 책무성 보장이 형식적으로나마 논의되지 않을 경우에는 외부적 책무성 장려만으로 내부적 책무성에 대한 도전을 피할 수 없기 때문이다. 반면에, 책무성 기제가 제도화되지 않고 느슨한 방식으로 운영되고 있는 조직은 공통적으로 시민사회를 통한 외부적 책무성 확장을 소홀히 다루거나 포기하는 동시에 내부적 책무성 제도화를 위한 개선의 노력도 쉽게 합의되지 못하는 이중고에 빠지게 된다. 이러한 사례는 주로 남남협력 중심의 다자개발은행에서 발견되는데, 남남협력의 성격상 책무성 문제 자체에 다자개발은행이 둔감할 수 있으며 시민사회와 개발문제를 협업하는 경험이 미비하거나 협업을 거부할 수 있기 때문에 남남협력 중심의 다자개발은행 책무성은 시민사회를 핵심적인 개발파트너로 인식하지 않는 것이다.

또한 책무성 개념의 4요소인 책임성·응답성·강제집행성·민주참여성을 기준으로 다시 22개의 다자개발은행을 비교분석해 보면 앞서 살펴본 내부적-외부적 책무성과 유사한 현상을 발견할 수 있다([표 4-8] 참조). 먼저 책임성 요소에서는 책무성 제도가 전무한 다자개발은행을 제외하고 책무성 기제를 도입하려는 시도가 보이는 모든 사례에서 공통적으로 찾아볼 수 있는 특징이다. 책무성 기제에서 가장 기본적인 요소로서 책임을 부과하는 기준과 원칙을 세우는 작업이 무엇보다 근원적인 기초가 되기 때문에 대부분의 다자개발은행이 공유하는 요소라 할 수 있다. 아프리카경제개발아랍은행·동아프리카개발은행·유라시아개발은행·북미개발은행·태평양도서국가개발은행 등을 제외한 17개 은행은 최소한의 책임성 요소를 구비하고 있다고 평가할 수 있다.

응답성의 경우는 책무성 제도가 완비되었거나 제도화가 완성되지 않았지만 일정 수준의 책무성을 위한 내부 장치가 작동하는 조직에 한해서 공통적으로 발견된다. 응답성의 주요 책무는 내부 절차에 대한 투명성을 보장하고 일반에게도 자료를 공개하는 내용이 주가 되기 때문에 전 세계적으로 통용되는 정보에 대한 접근성을 보장하는 원칙과 기준이 적용되는 책무이다. 따라서 아직 책무성이 공식적으로 제도화되지 않은 조직일수록 응답성을 보장하기 어려우며 남남협력 중심의 다자개발은행이 주로 응답성을 도입하지 않는 사례에 해당한다. 응답성을 원활하게 보장하는 다자개발은행으로는 아프리카개발은행·카리브개발은행·유럽부흥개발은행·유럽투자은행·미주개발은행·국제투자은행·이슬람개발은행·북유럽투자은행·세계은행·아시아개발은행과 같이 10개의 은행이 해당한다([표 4-8] 참조).

강제집행성은 더더욱 책무성 제도에서 현실적으로 실천하기 어려운 요소라는 점에서 대부분의 다자개발은행이 도입하지 않거나 부분적으로 시도하고 있는 실정이다. 책무성 제도를 완비한 세계은행과 유럽부흥개발은행, 그리고 유럽투자은행의 경우도 세이프가드를 위반하는 모든 개발사업에 강제집행성을 완전히 적용하지 않고 있다는 것이 중론이다. 강제집행성을 원칙대로 시행할 경우 발생하는 정치화 현상에 대한 미연의 방지책으로 각 다자개발은행은 강제적으로 제재를 가하는 조건을 까다롭게 적용하거나 내부적으로 이사회의 권한을 강화시켜 단계별로 강제집행을 제어하고 있다. 따라서 현재 운영되고 있는

[표 4-8] 다자개발은행 책무성 기제 특성 비교표

기구명	책임성	응답성	강제집행성	민주참여성
아프리카개발은행(AfDB)	○	○	△	△
아시아인프라투자은행(AIIB)	○	△	×	×
아프리카경제개발아랍은행(BADEA)	×	×	×	×
서아프리카개발은행(BOAD)	○	△	×	×
흑해무역개발은행(BSTDB)	○	△	×	△
중미경제통합은행(CABEI)	○	△	×	△
중남미개발은행(CAF)	○	△	×	×
카리브개발은행(CDB)	○	○	×	×
동아프리카개발은행(EADB)	×	×	×	×
유럽부흥개발은행(EBRD)	○	○	△	○
유라시아개발은행(EDB)	×	×	×	×
유럽투자은행(EIB)	○	○	△	○
미주개발은행(IDB)	○	○	△	△
국제투자은행(IIB)	○	○	△	×
이슬람개발은행(IsDB)	○	○	△	×
북미개발은행(NADB)	×	×	×	×
신개발은행(NDB)	○	△	×	×
북유럽투자은행(NIB)	○	○	○	×
태평양도서국개발은행(PIDB)	×	×	×	×
동남아프리카무역개발은행(PTA Bank)	○	△	×	×
세계은행(World Bank)	○	○	○	○
아시아개발은행(ADB)	○	○	○	○

자료: 저자 정리.

다자개발은행 중에는 세계은행과 아시아개발은행이 유일하게 일정 정도 강제집행성을 보장하고 있다고 평가할 수 있다. 그러나 앞서 세계은행의 책무성 제도를 분석하였듯이, 세계은행의 조사패널 제도에 내재되어 있는 문제로 인하여 실질적인 강제집행이 실현될 확률이 매우 낮아 아시아개발은행의 책무성 기제와 비교할 경우 같은 수준의 강제집행성을 적용하기 어렵다([표 4-2] 참조).

민주참여성은 시민사회의 다자개발은행 책무성 프로세스 참여와 직결되는 요소로서 대부분의 다자개발은행이 CSO와의 관계를 적극적으로 다루지 않고 있기 때문에 강제집행성과 같이 아직까지 제대로 현실화되지 않고 있는 책무성의 구성요소이다. [표 4-7]에서 보여지듯이, 다자개발은행이 시민사회를 담당하는 전문부서를 은행 내부에 설치하고 있는 경우를 민주참여성을 보장하고 있다고 가정한다면 현재로서 유럽부흥개발은행·유럽투자은행·세계은행·아시아개발은행 등 4개의 다자개발은행만이 여기에 해당한다고 평가할 수 있다. 시민사회의 개입을 유도하고 정례화하는 과정에서 아시아개발은행을 제외한 다른 3개의 다자개발은행은 CSO를 대표하는 정상조직(peak association)이 복수로 구성된 시민사회의 대항영역을 상대한다는 점에서 아시아개발은행보다 복잡한 시민사회 도전에 노출되어 있다고 볼 수 있다. 이러한 맥락에서 볼 때, 시민사회의 정상조직이 NGO포럼을 중심으로 단일화되어 있는 아시아개발은행의 사례가 대단히 독특한 관계적 책무성을 보여준다는 의미에서 그 역사사회학적·정치사회학적 이해에 관한 깊이 있는 연구가 필요하다.

결국, 시민사회와 적극적으로 소통하고 대응하기 위한 전담기관이 다자개발은행 본부에 설치되어 있고 또한 책무성 제도가 명확하게 독립된 절차로서 운영되고 있는 경우는 전체 22개 은행 중 유럽부흥개발은행·유럽투자은행·세계은행·아시아개발은행 등 단 4개의 사례에만 해당된다. 이 중에서도 책무성 제도가 책무성·응답성·강제집행성·민주참여성이 고루 반영되어 제도적으로 정착되고 작동하는 경우는 세계은행과 아시아개발은행으로 귀결된다. 그럼에도 불구하고 전

세계를 대상으로 개발사업과 정책을 운영하는 세계은행이 책무성 개념의 3대요소를 충족하지만 강제집행성에서 내부 프로세스와 이사회의 권한에 의해 본래의 책무성 기제 역할을 다하지 못한다는 평가가 있다. 그러므로 아시아개발은행만이 유일하게 아시아 지역을 토대로 개발사업을 조직하고 시민사회와 적극적으로 연대와 소통을 도모하여 궁극적으로 다자개발은행의 책무성을 제고하고 투명성을 확장하는데 일조하고 있다는 점에서 상대적으로 그 우수성을 강조할 필요가 있다. 바로 이 점에서 다자개발은행 전수조사를 통해 최종적으로 아시아개발은행에 대한 단일 사례연구의 필요성이 제기된다. 아시아개발은행에 대한 집중적인 분석은 아시아개발은행과 CSO와의 관계성과 책무성 제도의 구성 및 특징을 중심으로 진행되어야 하는 근거 또한 전수조사를 통한 비교분석에서 찾을 수 있다(Curtis, 2004). 다음 장부터는 아시아개발은행과 아시아지역 CSO 간에 구성되는 책무성의 갈등정치와 대항영역에 관한 본격적인 분석을 시도한다.

제5장

아시아개발은행의 책무성 제도

아시아개발은행이 보유한 책무성 제도와 여기에서 파생되는 아시아개발은행의 아시아 시민사회에 대한 통치성, 그리고 갈등정치의 시공간에서 아시아 CSO와의 관계적 책무성 구성에 대한 분석을 통해 아시아개발은행의 시민사회 도전에 대한 대응전략을 미시적 수준과 거시적 수준을 조합한 중범위 수준에서 검토한다. 이를 위하여 제5장은 아시아개발은행 책무성 제도의 역사적 형성과 구조적 특징, 책무성 제도의 질적 전환의 계기가 된 아시아 시민사회의 도전, 아시아개발은행이 표출하는 글로벌 통치성의 원칙과 구성요소, 그리고 아시아개발은행과 CSO 간의 관계적 책무성에 대한 내용으로 구성된다. 아시아개발은행의 책무성 제도에 대한 분석은 아시아개발은행을 주체로 설정하여 은행의 시각에서 진행되기 때문에, 본 장에서는 갈등정치에서 형성되는 관계적 책무성의 아시아개발은행 측만 보여주게 되고 이는 다음에 이어질 제6장에서 분석되는 아시아 시민사회의 대항영역과 대항전략에 대한 분석과 합쳐진 이후에 통합적인 분석으로 완성된다.

1. 아시아개발은행 개관과 책무성 제도의 구조적 특징

1) 아시아개발은행의 출범과 활동영역 및 운영방식

아시아개발은행은 1963년 아시아극동경제위원회(Economic Commission for Asia and the Far East) 각료회의에서 제안되어 아시아지역 48개국과 비아시아지역 19개국을 포함한 총 67개국에 의해 1966년에 출범하였으며, 필리핀 마닐라에 본부를 두고 있는 아시아지역 중심의 다자개발은행이다.[1] 아시아개발은행은 주요 활동영역과 목표로서 아시아태평양 지역에 대한 양허성 유상원조·기술협력·무상원조·보증·투자 등을 통해 아시아지역 개발도상국의 경제성장을 지원하고 빈곤을 퇴치한다는 임무를 천명하고 있다(박태호·박태균, 2007; 조양현, 2008). 무상원조사업도 시행하지만 일반적으로 양허성 유상원조와 투자 방식을 결합하여 저비용의 기술협력과 고비용의 인프라 구축 사업을 주력 지원 분야로 시행해 왔다. 1960년대 출범 당시에는 아시아개발은행이 식량생산과 농업개발에 개발사업의 초점을 맞추었다면, 1970년대에는 오일쇼크로 인하여 아시아지역의 에너지 문제를 해결하는 데 무게중심을 두었다. 한편, 1980년대에 들어와서는 경제인프라 구축과 더불어 소액금융(microfinance)·환경·교육·도시계획·보건·여성 등 사회인프라 구축으로 사업의 다변화를 꾀하게 된다. 1990년대에는 빈곤문제에 집중하여 아시아개발은행의 개발프로젝트가 빈곤감소에 적극적으로 연계될 수 있도록 내부 거버넌스를 재조정했으며, 아시아개발은행의 개발사업으로 인하여 토착민들이 강압적으로 이주하는 문제를 통제하는 세이프

1 아시아개발은행은 현재 3,051명을 고용하고 있으며 그중 48%인 1,468명이 현지 필리핀 사람으로 조사되고 있다.

가드 정책을 실제적으로 적용하기 시작하였다. 또한, 냉전시대가 막을 내리면서 아시아개발은행은 새로 독립한 중앙아시아 국가들을 신입 회원국으로 포용하기 시작하였고, 1990년대 후반에는 아시아 외환위기에 처한 회원국에게 금융지원과 사회안전망 지원을 주요 활동에 포함하였다. 구체적으로 경제개발을 위한 각종 자금을 융자하거나 직접 투자하는 투·융자 기능과 개발계획의 수립에서부터 집행·자문용역·학술연구 등의 분야에 대한 유·무상원조로 양분되어 집행되어 왔다.[2] 1999년에는 '빈곤축소전략'을 채택하고 아시아개발은행의 범분야적(cross-cutting) 최종 목표를 빈곤감축으로 결정함으로써, 지속가능성장·사회개발·굿거버넌스를 아시아개발은행 활동의 주요 3대축으로 설정하였다. 2000년대 이후 투자대상이 정부에서 신뢰도가 높은 민간부문으로 확대되었으며 민간 및 정부 금융기관과의 공동투자도 늘어나고 있다. 2000년 출범한 MDGs 시대 이후, 아시아개발은행은 개발정책 및 사업을 MDGs와 맞춰서 추진하였으며, 2015년 SDGs 시대가 새롭게 출범하면서 은행의 정책범주가 더욱 포용적으로 확장되고 있다.[3]

아시아개발은행은 운영방식과 제도적 장치 등 대부분이 세계은행

2 우리나라는 1968년 경인고속도로 건설자금 700만 달러를 최초로 도입한 이후 차관지원 대상에서 벗어날 때까지 모두 23억 달러의 공적 차관을 아시아개발은행으로부터 도입했다. 1997년 외환위기 때에는 40억 달러 규모의 긴급차관을 도입한 적도 있다.

3 특히, 2003년에 발생한 중증급성호흡기증후군(SARS)의 경우 아시아개발은행이 조류인플루엔자 확산에 적극적으로 대응하고 아시아지역 차원에서 전파되는 전염성 질병에 적절한 대응전략을 수립하고 시행에 옮겼다. 아시아개발은행은 2004년 12월에 인도·인도네시아·몰디브·스리랑카 등 아시아를 강타한 쓰나미로 발생한 재난과 이로 인한 재해복구사업에 8.5억 달러를 투입하였으며, 2005년 10월에 파키스탄에서 발생한 지진 피해를 복구하는 데 1,000만 달러 상당의 지원을 투입하였다.

의 모델을 답습하고 있으며, 세계은행과 마찬가지로 회원국의 출자금액에 따라 투표권에 가중평균치를 두고 있다. 2013년도 기준으로 일본의 출자금이 가장 큰 15.67%를 차지하고 있으며, 그다음으로 미국이 15.56%, 중국이 6.47%, 인도가 6.36%, 호주가 5.81%의 소유권을 보유하고 있다. 일본의 출자금이 가장 큰 부분을 차지한다는 사실에서 세계은행의 경우처럼 미국이 거부권을 보유하고 있는 16% 이상의 권한은 아니지만 출자금의 규모만큼 아시아개발은행 운영에서 일본의 영향력이 크게 작용한다는 사실을 짐작할 수 있다. 아시아개발은행의 자금운용 방식은 일반자금(ordinary capital resources)과 아시아개발기금(Asian Development Fund)으로 크게 구분되며, 자금을 지원하는 방법은 회원국의 경제적 영향력과 역량에 따라 차등적으로 적용된다.[4] 아시아개발은행의 활동을 위한 재원은 주로 자본금과 아시아개발기금 출연금액, 국제금융시장으로부터의 차입 등을 통해 조달된다.

매년 열리는 '연차총회(Annual Meeting)'는 회원국 대표들이 모여 지난 1년간의 활동에 대한 결산보고서와 당해 연도 예산안을 승인하고, 경제전망에 대한 보고서를 내며, 회장단과 의사위원회를 구성하게 된다. 회원국의 투표권은 각 가맹국 투표권의 20%를 균등하게 배분한 기본표와 출자액에 비례해 배분하는 비례투표권이 있다. 출자액에 따라 결정되는 투표권은 64개 회원국 가운데 일본과 미국이 각각 12.9%로 가장 많고, 다음으로 중국이 5.51%를 보유하고 있다. 한국은 창설멤버로 총 27억 6,000만 달러를 출자, 지분은 5%, 투표권은 4.3%로서

4 경제개발 및 기술지원 자금의 융자대상은 아태지역의 저개발 또는 개발도상국으로 아시아개발은행에 가입한 국가에 한한다. 융자기간은 7~30년으로 금리는 보통 리보(LIBOR)에 1% 미만의 가산금리가 붙은 양호한 조건이다. 저소득 국가에 지원되는 아시아개발기금은 무이자로 35~40년간 자금이 지원된다. 일반자금은 보통 통상자본재원으로 표현되기도 한다.

총 회원국 64개국 가운데 미국, 일본, 중국, 인도, 호주, 인도네시아, 캐나다에 이어 8위(역내국가 중 6위)를 차지하고 있다. 북한은 아시아개발은행의 자금지원을 받기 위해서 2000년 8월에 가입신청서를 제출한 바 있는데, 최대 출자국인 미국과 일본이 북한의 국제테러지원국 기록 때문에 옵서버 자격을 부여하는 것조차 반대하고 있어 아시아개발은행 가입은 성사되지 못했다. 북한이 아시아개발은행에 가입하려면 12개 이사국의 합의를 거쳐 총회에서 전체 참석 회원국 3분의 2, 출자지분에 따라 차등 부여되는 투표권 4분의 3 이상의 지지를 얻어야 한다. 아시아개발은행의 최고 의사결정기구는 각국에서 한 명씩 파견한 대표들로 구성된 운영위원회(Board of Governors)이다. 운영위원회는 또한 12명의 이사회(Board of Directors) 멤버를 선출한다. 12명의 이사회 회원국 중 8개국은 아태지역 회원국에서, 나머지 4개국은 기타 지역 회원국의 멤버로 구성한다. 이사회는 운영위원회를 대표하고 아시아개발은행을 운영할 총재를 선출할 뿐만 아니라, 은행의 전반적인 방향성과 차관·보증·투자·기술협력에 관한 정책을 결정하고 은행의 예산을 승인한다. 총재의 임기는 5년이며 재선이 가능한데, 아시아개발은행 설립 시 가장 많은 자금을 출자한 일본이 지금까지 총재직을 독점하고 있다.[5]

아시아개발은행의 개발프로젝트 시행방식은 아시아지역의 개발

5 아시아개발은행이 1966년에 출범한 후 지금까지 총재는 전원 일본 국적인이 선출되었으며, 현재 총재는 2013년 선출된 다케히코 나카오이다. 역대 아시아개발은행 총재로는 다케시 와타나베(1966~1972), 시로 이노우에(1972~1976), 다로이치 요시다(1976~1981), 마사오 후지오카(1981~1989), 기미마사 다루미쓰(1989~1993), 미쓰오 사토(1993~1999), 다다오 치노(1999~2005), 구로다 하루히코(2005~2013)이며, 현재 다케히코 나카오가 그 뒤를 잇고 있다.

[표 5-1] 아시아개발은행의 개발도상회원국 분류표

그룹 A[a] (양허성 원조 대상)	그룹 B[b] (통상자본재원 혼합형)	그룹 C[c] (일반 통상자본재원 대상)
아프가니스탄	방글라데시	아르메니아
부탄	인도[d]	아제르바이잔
캄보디아	몽골	중국
키리바시	파키스탄	쿡제도
키르기스공화국	팔라우	피지
라오스	파푸아뉴기니	그루지야
몰디브	스리랑카	인도네시아
마샬제도	동티모르	카자흐스탄
미크로네시아	우즈베키스탄	말레이시아
미얀마	베트남	필리핀
나우루		태국
네팔		투르크메니스탄
사모아		
솔로몬제도		
타지키스탄		
통가		
투발루		
바누아투		

자료: Asian Development Bank (2016a).

a 아시아개발기금의 증여와 양허성 일반자금의 대출 지원만 받을 자격이 있는 개발도상회원국; b 양허성 일반자금의 대출과 통상적인 일반자금의 대출을 모두 지원할 수 있는 개발도상회원국; c 통상적 일반자금의 대출만 받을 자격이 있는 개발도상회원국; d 인도는 아시아개발은행의 졸업정책(graduation policy)하에 당분간 아시아개발기금 지원을 받을 자격이 부여되나, 최근 양허성 지원을 요청한 바 없음.

도상회원국에게 제공하는 유상대출(loans), 보증(guarantees), 지분투자(equity investments), 무상증여(grants), 기술지원(technical assistance)으로 구성되어 있다(Asian Development Bank, 2017). 다른 다자개발은행과 마찬가지로 아시아개발은행의 개발프로젝트 중 가장 큰 부분을 차지하는 지원방식은 유상대출이며 유상대출은 일반자금과 아시아개발기금에서 출자된다. 일반자금의 대출은 주로 준시장이자율에 맞추어 역내 중소득국의 개발프로젝트에 대한 자금지원 등 통상업무 수행을 충당하기 위한 재원으로, 회원국의 납입자본금·준비금·경상이익·차입금으로 구성된다. 반면, 아시아개발기금은 빈곤국 및 취약국을 대상으로 장기와 저리의 양허성 대출과 무상증여로 4년마다 보충하는 공여기금이다.[6] 아시아개발은행의 무상증여는 주로 아시아개발기금의 일부가 증여를 수원할 자격이 있는 최빈국으로 구성된 그룹 A의 개발도상회원국에게 지원되고 일반자금에는 증여의 재원이 포함되지 않는다. 일반자금은 양허성 기준이 적용되는 대출과 일반대출로 구분되며 양허성 대출은 아시아개발기금의 대출과 동일한 조건으로 집행된다. 위 [표 5-1]과 같이 아시아개발은행의 개발도상회원국은 양허성 원조만 받을 수 있는 그룹 A, 통상적인 일반자금의 대출 대상인 그룹 C, 그리고 양허성 일반자금의 대출과 통상적인 일반자금의 대출이 혼합되어 지원되는 그룹 B로 구분된다.[7]

2) 아시아개발은행 책무성 제도의 특징

(1) 내부적-외부적 책무성

아시아개발은행의 책무성은 1995년의 조사기능(Inspection Function)에서 시작하여 2003년 '책무성 메커니즘(Accountability Mechanism)'을 거쳐 2012년에 한 차례 질적 개선을 통해 현재의 제도로 운영되고 있다. 책무성 메커니즘의 프로세스는 크게 아시아개발은행 내부에서 처리되는 과정인 내부적 책무성과 책무성 문제를 요청하는 외부의 민원 제소자와 책무성 메커니즘 간에 형성되는 외부적 책무성으로 구분할

6 2014년 아시아개발기금의 수원국에는 대표적으로 파키스탄, 방글라데시, 베트남, 네팔과 캄보디아가 포함된다.

7 일반자금과 아시아개발기금의 적용과 집행을 분리하여 시행하던 것을 2017년 1월 1일부로 일반자금과 아시아개발기금의 대차대조표를 통합적으로 처리하기로 결정하였다(Asian Development Bank, 2016a).

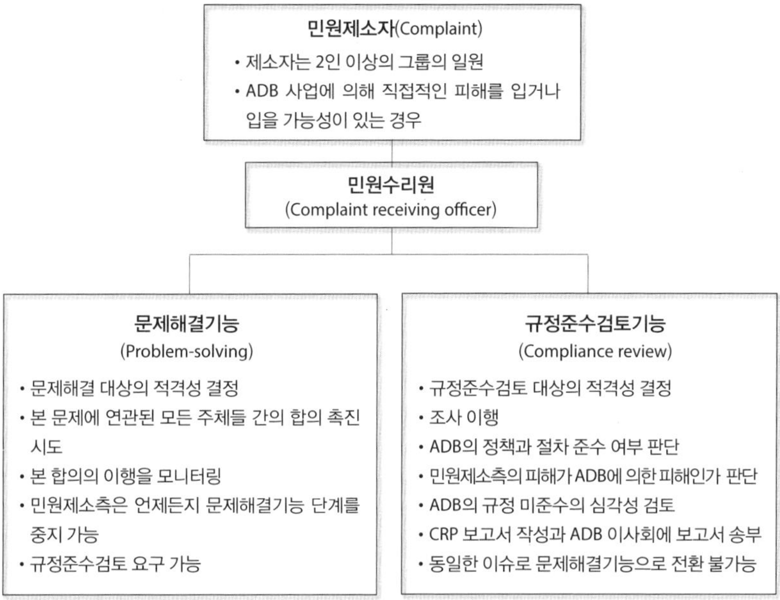

[그림 5-1] 아시아개발은행의 책무성 메커니즘 절차 순서도

자료: 저자 정리.

수 있다. 아시아개발은행의 책무성 메커니즘이 작동하는 외부적 책무성 절차는 2012년도에 [그림 5-1]과 같이 아시아개발은행의 개발프로젝트와 연관된 피해에 대한 제소를 통합적으로 '민원수리원(complaint receiving officer)'이 수리하도록 제도가 정착되었으며, 책무성 메커니즘의 절차는 다음과 같은 특징을 가지고 있다.

아시아개발은행의 개발프로젝트로 인한 피해를 제소하는 외부적 책무성 절차가 진행되기 위해서 먼저 2인 이상으로 구성된 단체에 소속된 지역주민에게 민원제소의 자격이 부여되고, 자격이 부여된 제소자에 의해 아시아개발은행의 개발프로젝트 때문에 발생한 피해조사 프로세스가 시작된다. 민원제소자가 소속된 단체가 아시아개발은행이 지원하는 개발사업으로 인하여 상당한 피해를 입었을 경우에 제소가 가능하며 정확한 피해에 대한 심사는 아시아개발은행에 의해 진행된다. 피해를 입었다는 정의는 "아시아개발은행이 지원하는 프로젝트에 의해 직접적이고 물리적이며 부정적인(directly, materially and adversely) 영향을 입은" 경우를 일컫는다(Accountability Counsel, 2012: 30). 그러나 개도국 현지의 개인이 아시아개발은행의 책무성 메커니즘을 활용하는 법적·제도적 지식이 부족할 경우가 다반사이기 때문에 피해를 입은 현지인의 신원을 확인할 수 있다는 조건하에 개인을 대신해서 동일 지역에 거주하는 대리인이 대신 제소할 수 있다. 지역대리인조차 제소된 사업이 문제해결기능(Problem-Solving Function)과 규정준수검토기능(Compliance Review Function) 중 어느 절차에 더 적합할 것인가를 판단하기 어려운 예외적인 경우에 한하여, 지역대리인이 아닌 다른 지역 및 다른 국가의 대리인이 본 제소사건을 법적으로 대리할 수 있도록 아시아개발은행이 허용하고 있다. 따라서 이론적으로는 아시아개발은행의 책무성 문제를 현지 주민을 대신해서 동일 지역의 대리인, 타 지역 및 타 국가의 대리인, 그리고 지역커뮤니티의 CSO 및 국제CSO가 아시아개발은행에 제소할 수 있다고 해석할 수 있다. 이러한 아시아개발은행의 책무성 메커니즘이 보유한 절차적 구성과 원칙은 세계은행이 운영하고 있는 조사패널의 제소 절차 및 구성요소와 일치한다. 사실상 이러한 제소 절차와 관련된 기준은 세계은행에서 시작되었고 이와 유사한 방식으로 거의 모든 다자개발은행이 책무성 제도를 답습하고 때로는 재구성하여 운영하고 있다.

세계은행의 주요 절차적 특징을 공유하는 한편, 아시아개발은행은 세계은행을 비롯한 여타 다른 다자개발은행의 책무성 제도와 구별되는 특유의 책무성 운영방식을 추구하고 있다. 무엇보다도, 민원제소자가 '문제해결기능'과 '규정준수검토기능'으로 구분되어 있는 아시아개발은행의 책무성 제도를 활용하여 아시아개발은행의 개발프로젝트로 입은 피해에 대한 책무를 좀 더 세부적으로 제기할 수 있다는 특징에 주목해야 한다. 아직까지 조사기능에만 집중되어 있는 세계은행의 책무성 제도와는 달리 조사기능을 넘어서 새로운 문제해결기능을 위한 제도적 개선을 2003년 아시아개발은행이 최초로 시도하였으며, 이로써 아시아개발은행의 책무성 제도는 기존 다자개발은행의 책무성과 차별화하는 데 성공하였다(Asian Development Bank, 2012a; 김태균, 2013b). 다시 말해, 책무성 기능을 다변화하고 선진화함으로써, 아시아개발은행은 책무성 제고라는 대내외적인 명분을 세울 수 있을 뿐만 아니라 시민사회가 도전할 수 있는 '갈등의 정치' 공간을 미연에 차단하거나 최대한으로 축소시키는 이중의 전략적 이득을 취한 것이다. 세계은행의 경우, 제소된 개발프로젝트에 관하여 조사와 심의를 하고 집행이사회 중심으로 당해 프로젝트를 수정하여 계속 진행할 것인가 아니면 중단할 것인가에 대하여 내부적으로 결정하는 수준에서 책무성 제도가 운영된다. 이는 세계은행의 조사패널이 보유하고 있는 책무성 제도의 확장성이 일차원적인 조사기능에 제한되고 있다는 사실을 의미한다. 아시아개발은행과 같이 조사기능을 발동하기 전 단계로 문제해결 절차가 포함된 다차원적인 책무성 제도가 세계은행에서는 작동하지 않기 때문에 동일한 내용의 제소가 해결되지 않은 채로 개발CSO에 의해 반복해서 제소가 이어지게 되고 이는 결국 세계은행의 조사패널이 남용되는 부정적인 결과를 양산하게 된다(김태균, 2013b; Clark, 2002). 시민사회와의 갈등정치 공간을 조사기능으로 집중시키는 세계은행의 책무성 제도와 달리 아시아개발은행은 내부적 책무성 기제를 다변화하여 CSO의 도전을 분산시키고 집중력을 저하시키는 전략적인 효과를 창출한 것이다. 따라서 아시아개발은행의 독특한 책무성 제고를 위한 제도적 개선은 내부적 책무성을 제고하는 긍정적인 결과를 도출함과 동시에 외부행위자인 CSO와의 갈등을 단기적으로나마 축소시킴으로써 외부적 책무성 또한 강화하는 이중효과를 만들어 낸다.

구체적으로 아시아개발은행의 내부적 책무성 구조를 이해하기 위해서는 [그림 5-2]와 같이 문제해결기능과 규정준수검토기능이 제도적으로 어떻게 상호 연계되어 있는가에 관하여 심층적인 분석이 필요하다(Asian Development Bank, 2012a). 앞서 언급했듯이, 규정준수검토기능 단계까지 진입하기 전에 문제해결기능을 예비단계로 설계함으로써 아시아개발은행의 책무성 제도는 두 가지 측면에서 대단히 전략적인 특수성을 보여준다. 첫째, 규정준수기능 이전 단계에 프로젝트의 책무성 결핍문제 해결을 목적으로 문제해결기능이라는 제도적 장치를 사전적으로 배치하여 규정준수기능을 남용하는 부작용을 방지하고 민원제소의 문제해결을 우선적으로 진행하면서 아시아개발은행의 책무성 문제에 예방적 조치를 취하는 완충장치의 역할을 문제해결기능이 수행한다. 실제로, 2003년 책무성 제도 개선의 핵심이 첫째, 문제예방,

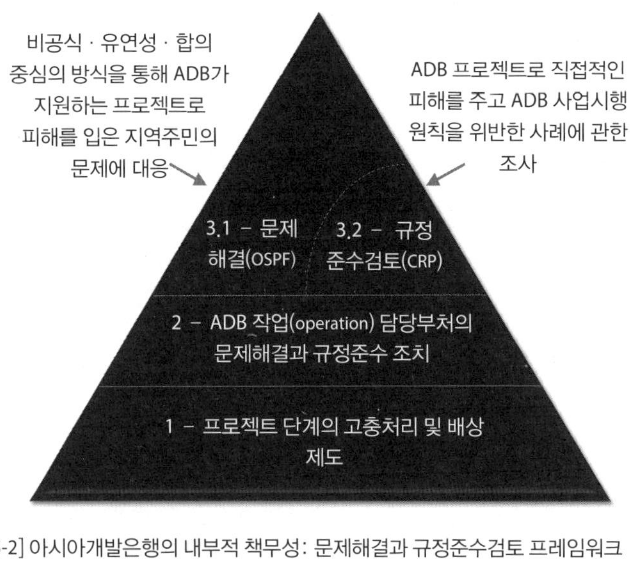

[그림 5-2] 아시아개발은행의 내부적 책무성: 문제해결과 규정준수검토 프레임워크

자료: Asian Development Bank (2012a: 6).

둘째, 문제해결, 셋째, 규정준수로 이어지는 제도적 연결성에 있다고 아시아개발은행이 강조하고 있으며, 특히 문제해결과 규정준수 모두 문제예방 단계를 전제조건으로 공유하고 있다(Asian Development Bank, 2012a: 5).

둘째, 문제해결단계를 사전적으로 설치함으로써 책무성 제도를 운영하는 데 시간을 절약함과 동시에 아시아개발은행 외부에서 책무성 문제를 제기하는 개발CSO의 개입을 가급적 문제해결단계로 국한하고 규정준수검토단계인 조사기능까지 CSO가 개입하지 못하도록 최대한 제한하는 효과가 발생한다. 문제해결기능은 결국 개발CSO가 외부적 책무성을 확장하려는 시도에 보이지 않는 간접제동을 거는 여과장치로 작동하는 반면, 외부적으로는 아시아개발은행이 책무성 기능과 단계를 세분화하여 책무성 제도 자체가 질적으로 개선되었다는 인식을 강조할 수 있도록 지원하는 훌륭한 증거가 되고 있다. 따라서, 2003년에 도입된 문제해결기능이 아시아개발은행의 책무성 제도개선을 대내외적으로 연착륙시킨 긍정적인 결과를 유도하였다고 평가할 수 있다. 특히, 아시아개발은행은 책무성 제도를 정비하는 과정에서 외부적 책무성을 제한하는 장치를 직접 도입하지 않고서도 간접적으로 아시아 시민사회의 도전과 개입을 통제하고 대항영역이 규정준수검토단계까지 확장되는 것을 예방하는 효과를 창출하게 되었다. 이는 대단히 전략적이고 스마트한 정책이라 평가할 수 있으며, 책무성 제도의 개선을 통해 이러한 방향으로 아시아개발은행이 글로벌 통치성을 확장한다면 아시아지역의 시민사회가 대항영역을 구축하는 갈등정치의 공간이 아시아개발은행에 의해 기획되고 통제되는 결과로 이어질 가능성이 높다.

또한, 아시아개발은행의 문제해결기능과 규정준수검토기능이 단계별로 분리되어 있는 동시에 유기적으로 연계되어 내부적 책무성을 강화하고 있다. 문제해결기능은 '특별프로젝트추진부(Office of Special Project Facilitator)'에 의해 운영되며, 규정준수검토기능은 '규정준수검토패널(Compliance Review Panel)'에 의해 관리된다.[8] 문제해결기능은 첫째, 문제해결 대상의 적격성 결정, 둘째, 해당 문제에 연관된 모든 행위주체들 간의 합의 촉진, 셋째, 합의결정 시 합의이행의 모니터링 등의 세 단계로 구성되어 있다. 그리고 민원제소측이 문제해결단계에서 만족할 만한 결과를 얻지 못할 경우 언제든지 문제해결기능 단계를 중지할 수 있으며, 곧바로 규정준수검토를 요구할 수 있도록 보완하고 있다. 한편, 규정준수검토기능은 첫째, 규정준수검토 대상의 적격성 결정, 둘째, 적격 시 조사이행, 셋째, 아시아개발은행의 정책과 절차 준수 여부 판단, 넷째, 아시아개발은행에 의한 피해 여부 판단, 다섯째, 아시아개발은행의 규정 미준수 검토, 여섯째, 규정준수검토패널의 보고서 작성과 이사회에 보고서 송부 등으로 세분화되어 있다. 그러나 문제해결기능과 달리, 동일한 이슈를 다시 문제해결단계로 돌려보내 재검토하도록 요청하는 것은 불가능하다(Asian Development Bank, 2013). 민원제소의 주체는 문제해결기능과 규정준수검토기능 중 하나를 선택해서 책무성 문제에 도전할 수 있는데, 문제해결기능을 선택할 경우 최종적으로 규정준수검토기능까지 연장할 수 있으나 규정준수검토기능을 바로 선택할 경우 문제해결기능으로 되돌아갈 수는 없다는 의미이다. 결국, 규

8 문제해결기능은 주로 특별프로젝트추진부에 의해 협의과정으로 이루어지며, 이 과정과 결과에 대한 보고는 특별프로젝트추진부가 직접 아시아개발은행 총재에게 전달한다. 한편, 규정준수검토패널이 전담하는 규정준수검토기능은 규정준수검토패널 회원 중 세 명에 의해 운영되며 이 중 한 명이 패널의 의장을 맡는다. 특별한 경우를 제외하고는 모든 규정준수검포패널의 결과는 이사회로 직접 보고된다. 또한 아시아개발은행의 책무성 메커니즘은 은행이 지원한 공적 사업과 민간부문과의 협력 사업 프로젝트 모두를 포괄한다.

정준수검토단계가 아시아개발은행의 내부적 책무성 절차에서 최종단계라 평가할 수 있다. 아시아개발은행의 내부적 책무성과 외부적 책무성이 문제해결기능과 규정준수검토기능으로 분화된 단계별 프로세스와 상호 직간접적으로 연동되고 그 영향을 받고 있는 체계로 구조화되어 있다.

(2) 수평적-수직적 책무성

그러나 실제로 현장에서 책무성 문제가 발생할 경우 자동적으로 아시아개발은행의 책무성 메커니즘이 작동해서 본 문제를 곧바로 문제해결기능과 규정준수검토기능으로 이관하는 것은 아니다(김태균, 2013b). 현장의 민원제소자가 제기한 문제가 민원수리원을 통해 접수되면, 제기된 이슈에 관한 심사 적실성 판단과 문제해결·규정준수검토 결정단계 사이에서 수직적으로 배치되는 두 가지의 조치가 우선적으로 취해지게 된다([그림 5-2] 참조). 첫 번째 조치로서 피해자 개인의 고충처리 요구와 배상절차를 현장에서 아시아개발은행의 사업집행기관이 즉각적으로 처리할 수 있도록 이를 제도화하였다. 이는 현장의 책무성 문제가 문제해결 및 규정준수검토 단계까지 확산되기 전에 즉각적인 조치를 통해 대부분의 문제를 개발프로젝트 현장에서 원만하게 해결하도록 권고하고 있다(Asian Development Bank, 2012a: 6). 일례로, 스리랑카 정부가 2000년대 중반에 아시아개발은행의 지원을 받아 '남부교통개발프로젝트(Southern Transport Development Project)'를 추진할 때 본 사업으로 피해를 입는 현지주민들의 고충처리를 위하여 토지취득재정착위원회(Land Acquisition and Resttlement Committee)를 설치하였고 본 위원회를 통해 아시아개발은행의 개발프로젝트로 인해 발생하는 불만과 피해를 최소화하는 데 큰 성과를 올렸다는 평가가 있다(Centre for Poverty Analysis, 2009). 프로젝트 수준에서 초기에 책무성에 대한 문제제기를 해결하는 초동대처가 가장 효과적이기 때문에 아시아개발은행은 세이프가드 정책에 프로젝트 단계에서 현지인의 고충과 불만을 해결하는 기제를 설치하도록 권장하고 있다.

1단계에서 해결되지 않는 문제는 그다음 2단계로 해결의 수위가 높아지게 되는데, 2단계에서는 아시아개발은행 내 프로젝트 시행 관련 부서 및 기관 차원에서 책무성 보장을 위한 문제해결을 강구하고 규정을 준수하도록 조치를 취하게 된다. 이를 위하여 기본적으로 아시아개발은행의 모든 부처 직원들은 은행이 강조하고 있는 세이프가드 원칙과 정책을 숙지해야 하며, 세이프가드에 맞게 프로젝트의 이행을 수행해야 한다. 2단계까지 연장되는 것보다 사업현장에서 문제를 바로 해결하는 것이 가장 이상적이라고 아시아개발은행 스스로 강조하고 있지만(Asian Development Bank, 2012a: 7), 2차단계까지 문제해결을 위한 조치를 세이프가드에 맞게 준용함으로써 사업을 집행하는 집행관리부 차원에서 책무성 메커니즘을 더욱 세밀하게 이행하는 긍정적인 효과도 발생한다. 이를 위하여 아시아개발은행의 각 시행부처 내부에 세이프가드 팀을 구성하고 책무성 문제가 제기될 때마다 세이프가드와의 연결성을 검토한다.

마지막 단계에서는 앞서 검토했듯이 아시아개발은행 책무성 제도의 질적 개선의 주요 핵심축인 규정준수검토패널과 특별프로젝트추진부가 각각의 역할을 분리하여 협력대상국 피해자의 불평을 해소하는 규정준수 조사기능을 실행하는 동시에 이러한 문제가 재발하지 않도록 제도적 수준에서 문제해결 방안을 강구하게 된다. 세계은행의 책무성 제도와 달리, 아시아개발은행의 관계 부처는 모든 단계별로 아시아 지역의 시민사회와 지속적으로 대화하고 네트워크를 확대하여 합의를 조성한다. 아시아개발은행 책무성 제도의 가장 두드러진 특징은 첫 단계인 현장부터, 집행기관 단계로, 그리고 문제해결과 규정준수검토 단계까지 순차적으로 수직적인 연결구조로 구성되어 있다는 사실이다. 또한 단계별로 책무성 프로세스가 진행될수록 이슈의 초점이 점차 약화되고 무뎌지며 동시에 시민사회와의 합의가 병행되기 때문에 대부분의 민원제소 주체인 아시아 및 국제CSO와 아시아개발은행 간의 관계성은 갈등국면보다는 협력국면으로 발전할 가능성이 높다는 전망을 할 수 있다.

현장단계부터 규정준수검토단계까지 아시아개발은행의 책무성 제도가 일사불란하게 단계별로 연동되어 있어서 수직적인 책무성이 표면적으로는 원활하게 작동되는 것처럼 보일 수 있다. 사실상, 이러한 수직적 책무성이 제대로 관리되기 위해서는 현장 사업관리팀부터 집행관리부, 그리고 최상급 단계의 이사회까지 투명한 절차와 평가과정을 통해 명확하게 책임소재와 결정권한이 최적화되어야 한다. 따라서 수직적 책무성의 핵심은 앞서 설명한 단계별 기능적인 요소들의 조합보다는 실질적으로 아시아개발은행 내부의 책무성 제고를 위한 수직적인 권력관계구조가 얼마나 투명하게 제도화되었는가에 있다(Woods, 2007; Park, 2014; Woods and Narlikar, 2001; Deacon, 2007). 이러한 의미의 수직적 책무성은 구체적으로 운영위원회 대표들 중에서 이사회 12명 위원의 선출기준과 그 선출과정의 투명성, 이사회의 책무성 제도에 관한 권력집중도와 이를 견제하고 균형을 맞출 내부기관의 유무, 그리고 더 나아가 아시아개발은행과 시민사회의 수직적 관계로까지 확대해석할 수 있다.

같은 맥락으로, 기능적 측면에서 선도적 모델로 거론되고 있는 기존 아시아개발은행의 책무성 제도가 일반적으로 다자개발은행에서 흔히 목도될 수 있는 수직적 책무성의 결핍 내지 왜곡현상을 그대로 답습하고 있다는 사실을 인식할 수 있다(Uhlin, 2011; Kim, 2011). 아시아개발은행의 책무성 제도에서 수직적 책무성에 근본적인 문제가 발생하는 이유는 무엇보다도 아시아개발은행의 재정지원에서 가장 큰 부분을 차지하는 일본정부가 이사회의 주요 정책결정에서 일본의 의견을 고수하고 영향력을 행사할 수 있다는 사실에서 확인할 수 있다. 다시 말해, 일본은 아시아개발은행 설립부터 지금까지 총재를 독점하고 있으며, 거부권까지는 아니지만 12.9%라는 가장 많은 투표권을 보유하고 있다는 점에서 일본을 대체할 수 있는 견제세력이 생존하기 어렵다고 해도 무방할 정도로 수직적 책무성 제도에 문제가 심각하다. 이는 세계은행의 가장 많은 투표권을 갖고 있는 미국이 계속해서 세계은행 총재를 독점적으로 배출하고 있다는 사실과 같은 맥락에서 이해할 수 있다. 기존의 많은 연구들이 다자개발은행의 책무성 문제에서 공통적으로 해결이 불가능한 유형의 책무성이 수직적 책무성으로 수렴한다는 주장은 아시아개발은행에서도 예외가 아니라는 사실을 확인할 수 있다.

한편, 아시아개발은행의 수평적 책무성 영역은 책무성 메커니즘과 집행관리부 간의 견제와 균형관계의 적절한 제도화에 달려 있다. 아시아개발은행의 이사회가 최종결정권한을 보유하고 있다는 전제하에 프로젝트를 시행하고 관리하는 집행관리부와 책무성 문제를 접수하고 문제해결과 규정준수검토를 수행하는 책무성 메커니즘 사이의 관계성은 상호 견제와 균형이 반복되는 긴장의 평행선에 놓이게 된다. 일반적으로 책무성에 관한 민원제소가 접수되면 책무성 메커니즘의 움직임에 대하여 집행관리부는 모종의 대응을 하게 되어 있는데, 이 대응방식은 스스로 문제를 해결하는 조치를 취하거나, 문제를 부분적으로 인정하거나, 아니면 문제 전체를 부인하는 방법 중 하나를 취하게 될 것이다. 앞서 언급한 현장에서의 즉각적인 조치와 문제해결·규정준수검토 단계 중간에 배치되어 있는 아시아개발은행의 기관 및 사업부처의 적절한 조치 단계가 전형적인 수평적 책무성의 관계를 보여주는 사례이다(Asian Development Bank, 2017).[9] 이러한 수평적 책무성 관계가 최종적으로 이사회의 결정에 따라 그 전체적인 방향과 무게중심이 전환되기 때문에 결국 수평적 책무성은 수직적 책무성에 의해 좌지우지된다고 해도 과언이 아니다.

3) 아시아개발은행의 세이프가드

현재 이러한 내부적-외부적 책무성과 수평적-수직적 책무성을 현실적으로 발동할 수 있는 최소한의 근거로 아시아개발은행에서는 세이프가드를 활용할 수 있다. 다른 다자개발은행과 마찬가지로, 아시아개발은행은 개발프로젝트의 투명성과 책무성을 보장하기 위한 기본적인 안전장치로 세이프가드를 도입하고 있으며 어떤 방식으로든 책무성 문제가 형성되려면 세이프가드에 위배되는 이슈가 발생하여야 한다. 따라서 갈등의 정치공간을 전략적으로 접근해야 하는 아시아 시민사

9 책무성 메커니즘 중 규정준수검토의 진행과정을 살펴보면, 보다 구체적으로 책무성 메커니즘과 집행관리부와의 수평적 책무성 관계가 명확하게 설명될 수 있다. 규정준수검토 프로세스는 다음과 같이 총 10단계로 구성되어 있다.
(1) 접수된 민원에 대한 집행관리부의 초기대응 요청(3주)
(2) 규정준수검토패널의 자격충족 결정(3주 이내)
(3) 이사회의 규정준수검토 승인(3주 이내)
(4) 규정준수검토패널의 규정준수검토 실시(10일 이내)
(5) 규정준수검토패널의 규정준수검토 심의 초안 완료
(6) 규정준수검토패널의 규정준수검토 심의 최종보고서 완료
(7) 규정준수검토패널의 최종보고서에 대한 이사회의 의견 제출(3주 이내)
(8) 집행관리부의 개선안 제출(2개월 이내)
(9) 이사회의 최종 결정(3주 이내)
(10) 규정준수검토패널의 집행관리부 개선안 시행 모니터링, 이사회규점준수검토위원회와의 협의 하에 패널의 최종보고서 완료(3년 이내)

회에게는 이러한 세이프가드가 주요 행동원칙의 정당한 근거로 활용된다. 세이프가드는 아시아개발은행과 개발CSO 모두에게 중요한 결정 요인이 되는 동시에, 상호 이해와 해석의 차이로 갈등의 원천이 되기도 한다.

실제로, 2009년 7월 아시아개발은행 이사회에 의해 [표 5-2]에서 설명하는 환경문제, 비자발적 재정주 강요, 토착민 문제로 구성되어 있는 세 가지 유형의 세이프가드를 도입하는 '세이프가드정책문서(Safeguard Policy Statement)'가 승인되었다(Asian Development Bank, 2009a). 이러한 세이프가드의 세 유형은 세계은행이 도입한 이후 일반적으로 다양한 다자개발은행이 공유하고 있는 공통사항이며 이렇게 통일된 방식의 세이프가드는 모든 다자개발은행의 책무성 제도를 운영하는데 필수항목으로 도입되고 있다. 환경문제는 아시아개발은행의 개발프로젝트로 인하여 환경적 피해가 잠재적·직접적·간접적으로 발생하는 경우와 프로젝트의 영향으로 피해가 유도되거나 축적되어 발생하는 경우를 포함한다. 비자발적 재정주 강요의 문제는 아시아개발은행이 지원하는 개발프로젝트에 의해 지역주민이 본인 의지와 상관없이 이주를 강요받는 부정적인 피해가 발생하는 경우를 포함한다. 세이프가드정책문서에 따르면, 보통 하나의 개별 프로젝트가 비자발적 강제이주로 피해를 본 지역주민을 200명 이상 양산해내고 개발대상지역의 수입과 생산이 10% 이상 상실되는 피해가 발생할 경우를 비자발적 재정주 강요의 세이프가드에 위반된다고 보고 있다. 이러한 비자발적 강제이주의 피해를 방지하기 위하여 세이프가드정책문서는 재정주 이슈에 대하여 물리적·경제적 강제이주의 범위와 피해를 입은 주민의 취약성 정도에 상응하는 조치가 마련되어야 한다고 강조하고 있다. 마지막으로 토착민 문제의 경우는 아시아개발은행의 개발프로젝트가 현지 토착민에게 미치는 영향을 다양한 변수를 참고하여 평가하도록 되어

[표 5-2] 아시아개발은행의 세이프가드 유형

유 형	내 용
환경(Environment)	• A유형: 프로젝트가 시행되는 영역 및 시설보다 환경피해가 확장되어 발생할 경우, 그리고 환경에 부정적인 영향이 되돌릴 수 없고 다층적이며 예상하지 못할 정도로 발생할 경우 환경관리계획을 포함한 환경영향평가 실시가 필수적임. • B유형: 프로젝트의 잠재적인 환경피해가 프로젝트 실시지역에 국한되어 발생하고 A유형보다 조치가 쉽게 기획될 수 있는 경우 환경관리계획을 포함한 초기환경검사 실시가 요구됨. • C유형: 프로젝트의 환경피해 가능성이 최소로 미비하거나 피해가 없을 경우 환경영향에 관한 검토는 필요하나 환경영향평가 또는 초기환경검사가 요구되지 않음. • FI유형: 아시아개발은행 자금이 금융중재기관을 통해 프로젝트에 투자될 경우 금융중재기관이 부정적인 환경영향을 만들지 않도록 환경사회관리시스템을 유지해야 함.
비자발적 재정주 강요 (Involuntary Resettlement)	• A유형: 아시아개발은행의 개발프로젝트가 비자발적 강제이주 영향을 줄 가능성이 매우 높은 경우이며, 사회영향평가를 포함한 재정주계획이 요구됨. • B유형: 프로젝트가 비자발적 강제이주에 심각한 영향을 주지 않을 것으로 예상되는 경우이며, 이 또한 사회영향평가를 포함한 재정주계획이 요구됨. • C유형: 프로젝트와 비자발적 강제이주와 관련성이 없는 경우이며, 특별한 조치가 필요하지 않음. • FI유형: 아시아개발은행 자금이 금융중재기관을 통해 프로젝트에 투자될 경우 금융중재기관이 부정적인 강제이주로 피해를 주지 않도록 환경사회관리시스템을 유지해야 함.
토착민 (Indigenous Peoples)	• A유형: 아시아개발은행의 개발프로젝트가 토착민에게 심각한 피해를 줄 가능성이 높은 경우이며, 사회영향평가를 포함하여 토착민계획이 요구됨. • B유형: 프로젝트가 토착민에게 제한된 피해를 줄 가능성이 있는 경우이며, 사회영향평가를 포함한 토착민계획이 요구됨. • C유형: 프로젝트와 토착민 간에 관련성이 없는 경우이며, 특별한 조치가 필요하지 않음. • FI유형: 아시아개발은행 자금이 금융중재기관을 통해 프로젝트에 투자될 경우 금융중재기관이 부정적으로 토착민에게 피해를 주지 않도록 환경사회관리시스템을 유지해야 함.

자료: 〈https://www.adb.org/site/safeguards/safeguard-categories, 검색일: 2018년 5월 9일〉

있는데, 첫째, 토지와 천연자원의 사용과 접근에 관한 관습법적인 권리, 둘째, 사회경제적 지위, 셋째, 문화 및 지역통합, 넷째, 보건·교육·

생계·사회보장 지위, 다섯째, 피해를 입은 토착민 커뮤니티의 취약성 수준에 따라 세이프가드를 적용하고 있다.

[표 5-2]가 자세히 설명하고 있듯이, 환경·강제이주·토착민으로 구성되는 아시아개발은행의 세이프가드는 각각 다시 A유형, B유형, C유형, FI유형의 네 가지 범주로 재구분하여 차등적으로 적용하고 책무성을 평가한다. A유형은 아시아개발은행이 직간접적으로 지원한 개발 프로젝트로 인하여 발생하는 피해가 프로젝트 시행지역과 그 지역을 넘어서 확장될 가능성이 높을 때, 그리고 현지커뮤니티의 피해가 되돌릴 수 없을 정도로 직접적이고 다층적이며 예상된 시나리오를 벗어날 경우에 적용되는 세이프가드의 세부범주이다. B유형은 프로젝트의 잠재적인 피해가 프로젝트 실시지역에 국한되어 발생하고 A유형보다 대응조치가 용이하게 기획되고 준비될 수 있는 경우에 한하여 적용되는 세이프가드이다. C유형은 프로젝트의 피해가능성이 미미하거나 피해가 거의 없을 경우 프로젝트로 인한 피해영향에 관한 검토를 진행할 수 있으나 대응전략 및 평가가 요구되지 않는 단계의 세이프가드를 일컫는다. FI은 아시아개발은행 자금이 금융중재기관(financial intermediary)을 통해 개발프로젝트에 재투입될 때 금융중재기관이 부정적인 영향을 조성하여 지역커뮤니티에 피해를 주지 않도록 환경, 강제이주 및 토착민 문제에 적용되는 세이프가드이다. 이처럼 아시아개발은행이 현재 운영하는 세이프가드는 다른 다자개발은행보다 상대적으로 세분화되어 있고, 현장과 이행주체 간의 관계에 따라 차등적으로 세이프가드를 적용하고 있으며 맞춤형 해법을 제시하고 있다는 것을 확인할 수 있다.

2. 책무성 제도의 질적 전환: 아시아 시민사회의 도전과 아시아개발은행의 책무성 개선

앞서 분석한 아시아개발은행의 내부적-외부적 책무성과 수평적-수직적 책무성이 1995년 처음 도입된 이후 현재의 제도적 시스템으로 발전하는 데에는 여러 변수와 조건이 작동해 왔다. 무엇보다도 아시아개발은행의 책무성 제도가 질적으로 전환하는 데 상수역할을 하는 변수는 아시아개발은행 내부가 아닌 외부영역에 위치한 아시아 시민사회와 이와 연대한 국제CSO에서 찾아야 한다.[10] 시민사회의 아시아개발은행 책무성 제도에 대한 도전은 일차적으로 외부적 책무성의 방식을 띠고 접근하지만 이차적으로는 아시아개발은행으로 하여금 내부의 책무성 제도 개혁에 관한 구체적인 반응을 유도하게 한다. 이런 맥락에서 아시아 시민사회의 도전은 아시아개발은행의 외부에서 내부로 책무성을 개선하는 중요한 계기이자 원동력이 된다. 그러므로 아시아개발은행의 책무성 제도를 둘러싼 구조적 문제를 분석하는 방법론으로 책무성 도전세력인 시민사회의 대두와 정치세력화 현상을 채택할 수 있으며, 그 선택의 타당성은 다음과 같은 몇 가지 이유에서 찾을 수 있다.

첫째, 기존의 기계적인 절차적 책무성 시각 중심이 아니라 독립된 주체로서 시민사회와 아시아개발은행 간의 관계적 책무성이라는 프레임에서 책무성 제도의 질적 전환을 통해 접근할 때, 책무성 개선에 관하여 좀 더 실체적인 분석과 문제의 핵심을 이해할 수 있기 때문이다.

10 세계은행에 도전하는 초국가 시민사회와 개발CSO가 어떻게 세계은행을 민주화시키는가에 대한 연구는 이미 다수 진행되었다(Buntaine, 2014; Pallas, 2013; Goldman, 2005; Clark, 2002; Fox and Brown, 1998).

절차적 책무성 시각에서 본 아시아개발은행의 책무성 제도에 관한 분석은 이미 앞서 설명한 내부적-외부적·수평적-수직적 책무성의 구조적 특징으로 충분하다. 지금까지 아시아개발은행의 책무성 제도를 설명한 프레임은 대부분 절차적 책무성에 입각한 기계적이고 내부의 공식적인 계약에 기반한 구조적 특징들을 내부적-외부적 측면과 수평적-수직적 측면으로 나누어 설명한 결과에 지나지 않는다. 절차적 책무성에 입각한 아시아개발은행 책무성 제도의 구조적 특징은 다음과 같이 요약할 수 있다. 수직적 책무성을 개선할 가능성이 희박하고 수평적 책무성은 내부적 책무성과 함께 아시아개발은행이 스스로 관리·개선할 수 있기 때문에 결국 외부적 책무성 제고와 개선이 아시아개발은행으로서는 가장 손쉽게 추진할 수 있는 책무성 개선의 출구가 된다. 이러한 구조적 특징은 세계은행의 조사패널과 유사하다는 점에서 아시아개발은행 고유의 특수성을 찾기 어려우나, 아시아개발은행이 내부적·수평적 책무성에서 세계은행보다 내부 개혁과 책무성 문제 해결을 위한 세분화된 단계별 집근을 추구하고 있다는 면에서 큰 차이점을 보이고 있다. 단계별 세분화를 통한 절차적 책무성 제고의 흔적은 아시아개발은행의 책무성 메커니즘과 세이프가드 제도에서 여실히 드러나고 있다. 그럼에도 아시아 CSO의 도전에 대하여 아시아개발은행이 어떠한 제도적 대응을 구축하고 있고 CSO의 도전 수위에 따라 대응 수준을 어떻게 조율하는가, 또는 이러한 CSO와의 책무성 관계를 통제하고 관리하기 위한 통치성을 어떻게 정책화하고 있는가에 대한 논의는 절차적 책무성이 답할 수 있는 영역이 아니다. 이로써 아시아의 시민사회와 아시아개발은행이 어떠한 관계적 책무성을 구성하고 있으며, 관계적 책무성의 구조적 해부가 최종적으로 두 주체 간에 형성되는 갈등의 정치와 통치성에 대한 해석의 기초가 될 것이다.

둘째, 아시아개발은행의 책무성 제고를 위한 노력과 이에 연동된 아시아 시민사회의 도전과 개입은 역사적 진화 과정을 통해 두 개발주체 간에 형성된 관계성의 결정체이기 때문이다. 아시아개발은행이 고유의 책무성 기제를 개선한 역사적 계기는 1995년 이후 지금까지 2003년과 2012년 두 차례에 걸쳐 조성되었으며, 매번 성공적인 내부 개혁으로 이어졌다. 두 차례에 걸친 아시아개발은행 책무성 기제의 질적 발전을 아시아개발은행에 도전하는 아시아 시민사회와의 관계성으로 대표되는 관계적 책무성의 시각에서 역사적으로 고찰하는 작업이 필요하다. 아시아개발은행 책무성 기제의 질적인 재도약은 내부적으로 아시아개발은행 스스로가 프로젝트의 효과성을 확보하고 아시아 지역 개발에 실질적으로 긍정적인 결과와 영향을 주기 위한 순수한 자구책이라 평가할 수 있다. 그러나 동시에 아시아 시민사회의 끊임없는 도전에 대한 아시아개발은행의 전략적 대응과 포용이 책무성 개선을 위한 정책의 실제적인 이유였다는 사실과 여기에 연루되어 있는 관계성을 간과해서는 안 된다.

셋째, 아시아개발은행과 시민사회 간의 관계적 책무성을 분석함으로써, 아시아개발은행이 표출하고 있는 통치성의 구조와 시민사회와의 갈등정치 연구를 위한 기초적 토대를 제공받을 수 있기 때문이다. 관계적 책무성 분석을 통해서만이 책무성 문제에서 개발CSO에게 어떠한 통치성을 적용하여 시민사회의 영향력을 간접적으로 희석시키거나 직접적으로 통제하는 아시아개발은행의 고도의 정치력을 이해할 수 있다. 아시아개발은행의 글로벌 통치성에 관한 본격적인 분석은 다음 제3절에서 다룰 예정이다.

이러한 이유에서 아시아개발은행 책무성 제도의 질적 전환과정을 역사적으로 검토하고 질적 전환과정에서 아시아 개발CSO와의 관계성이 어떻게 갈등의 정치 공간에서 형성되어 왔는가를 분석하고자 한다. 즉, 아시아 시민사회와 아시아개발은행 간에 형성되고 발전해 온

관계적 책무성을 중심으로 아시아개발은행 책무성의 질적 전환과정을 해부하는 작업을 시도한다.

1) 아시아개발은행 책무성 제도의 질적 전환과정

역사적으로, 아시아개발은행은 기관 스스로 사업수행에 관한 정책과 절차를 검토하고 이에 부합하는 책무성을 확보하기 위하여 세계은행의 조사패널, 미주개발은행의 독립조사기제 뒤를 이어 세 번째로 공적인 감사를 위한 공개포럼의 공간과 제도를 시도하는 '조사기능'을 1995년에 도입하였다(Asian Development Bank, 1995). 기본적으로 아시아개발은행의 조사기능은 아시아개발은행의 개발사업으로 인하여 피해를 입은 협력대상국 국민에게 본 사업이 은행의 규정을 준수하고 있는가를 조사하도록 제소할 수 있는 권한을 부여하는 제도적 장치이다. 기존 연구에서는 아시아개발은행이 책무성 제도를 1995년에 도입한 근본적인 이유를 세계은행의 책무성 제도를 복제하는 일종의 '동형화' 과정에서 찾고 있으며, 아시아개발은행의 동형화 과정을 주로 강압적(coercive)·모방적(mimetic) 현상으로 해석하고 있다(Park, 2014). 다시 말해, 세계은행이 1994년에 도입한 조사패널이 다자개발은행 영역에서는 일종의 글로벌 규범으로 영향력을 행사하기 시작하였고, 이를 순차적으로 미주개발은행, 아시아개발은행이 모방하게 되었으며, 점차 전 세계에 활동하고 있는 다자개발은행이 예외 없이 조사기능을 책무성 기제의 모델로 수용하게 되었다는 전형적인 '정책이전(policy transfer)' 논리이다.

이에 반해, 실제로 아시아개발은행의 첫 책무성 모방작품인 조사기능은 매우 제한적으로 운영되었다. 1995년부터 제1차 질적 전환단계인 2003년까지 아시아개발은행이 조사제소를 받은 사업의 수가 8

건으로 이 중 6건은 심사자격미달로 판명되었고 나머지 2건(25%)에만 조사기능이 발동한 것으로 기록되어 있다.[11] 이는 세계은행에서 이전된 책무성 정책이 아시아 맥락의 시작단계에서는 성공적으로 정착하지 못했다는 증거로 해석할 수 있다.

이렇게 제한된 방식의 조사기능이 개혁의 탄력을 받아 2003년에 문제해결기능과 규정준주검토기능으로 발전하게 된 결정적인 계기는 아시아개발은행 내부의 자체노력이라기보다는 아시아개발은행 외부의 아시아 CSO의 도전과 압박이 조성하는 외부 환경이었다. 특히, NGO포럼의 도전과 비판이 외부적 책무성 요구로 가속화되었는데, NGO포럼은 아시아개발은행의 연차총회에 참가하여 매년 대규모 시위를 개최지 현지 지역CSO와 함께 조직하는 등 중요한 대항전략을 수행해 왔다.[12] 1995년 조사기능이 도입된 이후, 아시아개발은행의 책무성 제도는 역사적으로 아시아 시민사회와의 관계성 속에서 계속 진화해 왔고 이 과정에서 두 차례의 질적 전환이 이루어졌던 중대한 역사적 계기가 있었다는 사실을 [그림 5-3]에서 확인할 수 있다(Asian Development Bank, 2013; 김태균, 2013b). 두 번의 질적 전환이 이루어진 역사적 계기는 경로의존이 재구성되는 역사적 이벤트인 중대시점으로 작동한다.

첫 번째 전환시점은 1995년 도입된 조사기능 중심의 책무성 제도가 단순한 조사기능을 벗어나 개발효과성과 사업수행의 질적 제고를 성공적으로 접목하여 종합적인 책무성 메커니즘을 제도화한 2003년

11 ADB 조사기능이 발동한 2건의 사업은 태국의 Samut Prakarn Wastewater Management Project와 파키스탄의 Chashma Right Bank Irrigation Project (Stage III)로, 본 2건의 사업만이 ADB의 조사기능을 전체적으로 받게 되었다(Asian Development Bank, 2012a: 2).

12 〈www.forum-adb.org/timeline. 검색일: 2017년 5월 9일〉

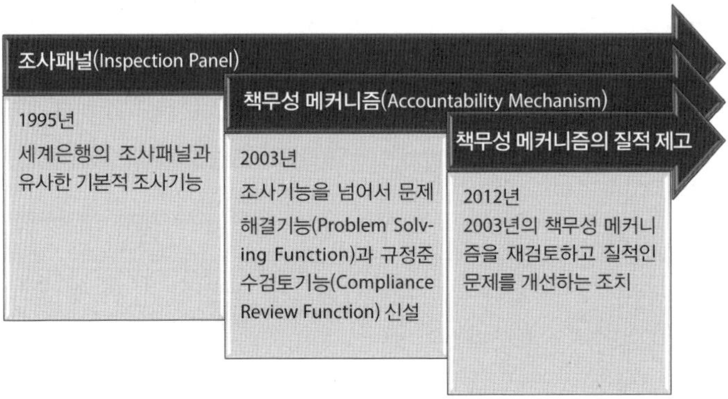

[그림 5-3] 아시아개발은행의 책무성 제도화 발전 과정

자료: 저자 정리.

이라 볼 수 있다. 앞서 언급했듯이, 1995년부터 2003년까지 아시아개발은행의 조사기능이 대단히 제한된 책무성 활동을 보이게 되는데, 이에 대하여 이사회는 조사기능의 효용성에 대한 문제를 제기하고 조사기능에 대한 전면적인 재검토를 지시하게 된다(Asian Development Bank, 2013). 2003년 이전에 아시아개발은행이 운영하던 조사기능 중심의 조사패널을 실질적으로 관리하던 내부 기관은 이사회 직속으로 편제된 '이사회조사위원회(Board Inspection Committee)'였다. 그런데 이사회조사위원회는 조사패널이 전달한 결과를 이사회에 직접 보고할 의무가 있는 등 철저하게 이사회에 종속되어 있었기 때문에, 이사회조사위원회의 자율성이 보장되지 못하고 아시아개발은행의 내부적·수직적 책무성이 심하게 침해되었다는 비판을 받게 된다(Fujita, 2013).[13] 재검토 과

13 이사회조사위원회가 아시아개발은행의 이사회에 철저하게 종속되었다는 특징으로 인하여 2003년 이전의 아시아개발은행의 책무성 제도가 세계은행의 조사패널보다 독립성과 자율성이 보장되지 않는 후진적인 시스템으로 평가

정에서 아시아개발은행의 지원 사업으로 피해를 본 현지커뮤니티의 요구를 직접 담당할 수 있도록 책무성 메커니즘의 독립성 보장과 책무성 메커니즘 내부에 문제해결기능의 신설에 대한 제안이 제기되었다. 이를 토대로, 2003년도 책무성 메커니즘 설립을 통한 질적 전환은 '문제해결기능'과 '규정준수검토기능'을 토대로 현재의 책무성 메커니즘으로 정착하게 되는 과정으로 발전하게 되었다(Accountability Counsel, 2012). 또한 신설된 두 기능이 상호 보완적인 관계를 유지하도록 제도화되었고, 문제해결기능의 특별프로젝트추진부와 규정준수검토기능의 규정준수검토패널은 책무성 제고를 위해 조치를 취한 사항에 대한 모니터링을 매년 보고해야 하며, 모든 보고사항은 일반대중에게 공개되어야 한다. 이로써, 2003년 책무성 메커니즘의 제도개선은 다층적 기능의 효율성과 정보공개의 투명성까지 보완한 책무성 제고의 노력이 포함된 결과라 할 수 있다.

물론 아시아개발은행 내부의 자생적인 책무성 제도 개혁의 추동력이 분명 존재하였음에도 불구하고 외부의 아시아지역 개발CSO의 끊임없는 아시아개발은행의 책무성 제도에 대한 비판과 도전이 평행적으로 발전해 왔다는 사실을 간과해서는 안 된다. 오히려 이러한 해석의 순서는 아시아 시민사회 도전의 핵심인 NGO포럼에서 시작되어야 할 것이다. NGO포럼은 본래 1991년에 창립된 '아시아개발은행 NGO작업반(NGO Working Group on ADB, 이하 NGO작업반)'에서 그 연원을 찾아야 하며, 1992년부터 거의 매년 아시아개발은행의 연차총회에 초대받지 않은 손님으로 참가하여 아시아개발은행의 정책에 대한 비판과 책무성 문제를 지속적으로 제기하였다. 1994년에는 NGO작업반

되고 있었다(Fujita, 2013).

이 최초로 아시아개발은행의 활동을 감시하는 아시아지역 협의 프로세스인 '아시아개발은행 아시아지역협의체(Asian Regional Consultation on ADB, 이하 아시아지역협의체)'를 신설하였다.[14] 특히, 1998년을 아시아 시민사회의 결집력이 배가 되는 역사적 전환점으로 볼 수 있는데, 동년에 NGO작업반이 공식적으로 NGO포럼으로 재편성되고 내부에 각 아시아지역협의체를 통합하는 국제위원회(International Committee)를 신설하여 아시아지역 시민사회의 대표성을 확보하고 아시아개발은행의 책무성 제도를 집중적으로 감시하기 시작하였다. NGO포럼이 주목했던 아시아개발은행 책무성 제도의 문제점은 크게 두 가지로 요약되는데, 하나는 아시아개발은행이 지원하는 개발프로젝트의 모델이 지나치게 성장 중심 개발모형이라는 한계점과 다른 하나는 아시아개발은행이 추진하는 개발전략이 중앙집권적 하향식이라는 문제점이다(NGO Forum on ADB, 2006). 이러한 문제점들을 계속해서 아시아개발은행 연차총회에 제안함으로써 2003년 아시아개발은행이 책무성 메커니즘을 문제해결기능과 규정준수검토기능으로 세분화하는 개선작업의 시발점이 되었다는 평가이다.

두 번째 질적 전환은 2010년부터 시작된 책무성 제도의 질적 개선을 위한 이사회와 집행관리부 공동의 노력이 결실을 맺어 2012년 5월에 공식적으로 아시아개발은행이 책무성 메커니즘 강화를 위한 개선안을 채택한 것이 계기가 되었다(Asian Development Bank, 2012a). 2010년 5월 우즈베키스탄의 타슈켄트에서 개최된 제43차 아시아개발은행

14 1994년 4월 NGO작업반이 최초로 신설한 아시아지역협의체(Asian Regional Consultation)에 참가한 아시아지역 CSO의 수는 31개 단체였으나, 제2차와 제3차 아시아지역협의에 참여한 시민단체의 수는 각각 42개와 63개로 점차 늘어나게 된다(NGO Forum on ADB, 2006).

운영위원회 연차회의에서 은행은 2003년형 책무성 메커니즘의 우수성과 효과성을 인정하면서도 아시아개발은행 내외부의 전문가와 수차례 협의를 통해 [표 5-3]과 같은 10개의 개선사항을 도출하였다. 이사회-집행관리부 작업반은 2011년부터 2003년형 책무성 메커니즘의 개선안 준비에 착수했으며, 이듬해인 2012년 2월까지 개선안을 마무리하였다. 이 과정에서 아시아개발은행은 책무성 메커니즘 재검토를 위한 웹사이트를 일반 대중에게 개방하였고, 이로써 책무성 메커니즘의 개선을 공공영역과 연계하여 아시아 시민사회를 포함한 다양한 이해당사자들의 목소리를 온라인 채널과 협의를 통해 적극적으로 반영하고자 노력하였다. 특히, 책무성 제도개혁의 골격으로 10대 개선사항을 관통하는 다음과 같은 네 가지 핵심 변경사항에 주목할 필요가 있다(Asian Development Bank, 2013). 첫째, 문제해결을 담당하는 특별프로젝트추진부, 규정준수검토를 담당하는 규정준수검토패널,[15] 그리고 이사회 내 규정준수검토패널을 관리·감독하는 '이사회규정준수검토위원회(Board Compliance Review Committee)' 간의 정합성을 제고할 수 있도록 제도의 응집력을 강화한다. 둘째, 아시아개발은행이 지원하는 개발프로젝트로 인하여 피해를 본 현지주민 내지 지역커뮤니티가 민원수리원을 통해 아시아개발은행의 책무성 프로세스에 접근할 수 있도록 민원수리원을 단일창구로 통일한다. 셋째, 피해제소자가 반드시 문제해결단계를 거치지 않고서도 직접 규정준수검토단계로 바로 접근할

15 규정준수검토패널은 규정준수검토에 제소된 사건을 조사하는 패널을 지칭하며, 규정준수검토기능을 총괄하고 행정지원까지 포함할 경우 규정준수검토실(Office of the Compliance Review Panel)을 의미하게 된다. 보통 규정준수검토패널을 칭할 때, 그리고 본고에서 규정준수검토패널이라는 표현을 사용할 경우는 규정준수검토패널과 규정준수검토실을 모두 포괄하는 것으로 이해하면 된다.

[표 5-3] 2012년 제2차 책무성 질적전환과정에서 강조된 10대 개선사항

책무성 질적 전환을 위한 개선사항	책무성 4대 요소
1. 규정준수검토단계에 직접 접근 및 제소할 수 있도록 제도정비	①, ②, ④
2. 진입점(entry point) 단일화	②, ④
3. 현장방문 강화	①, ②
4. 독립성 제고	①, ②
5. 규정준수검토기능의 명확화	①
6. 제소기한(cutoff date)의 명확화	②, ④
7. 효율성 진작	①, ②
8. 추적기능 강화	②
9. 아시아개발은행의 책무성 메커니즘에 대한 인식도 진작	②
10. 학습효과 제고와 책무성 메커니즘에 대한 내부문화 변화	①

자료: Asian Development Bank (2012a, 2013).

① 책임성; ② 응답성; ③ 강제집행성; ④ 민주참여성

수 있도록 문제해결을 위한 협의과정의 필수조건을 해제한다. 마지막으로, 규정준수검토패널의 독립성을 강화하고 이사회규정준수검토위원회를 통한 이사회의 감독기능을 강화하여 아시아개발은행의 책무성 메커니즘을 더욱 신뢰할 수 있고, 효율적이며, 효과성이 뛰어난 제도로 개선한다.

아시아개발은행은 2012년 개선안을 통해 규정준수검토패널의 규정준수검토기능에 특별프로젝트추진부의 문제해결기능보다 더 많은 무게중심을 두고 있으며, 실제로 전자를 아시아개발은행 책무성 메커니즘의 최종적 단계로 제도화하고 있다(Asian Development Bank, 2012a: 4). 이로써, 2012년형 책무성 기제의 개선안은 주로 규정준수검토기능을 강화하고 규정준수검토패널과 이사회의 감독기능의 정합성을 제고하는 동시에 상대적으로 2003년형 프레임에서 강조되었던 문제해결기능이 상쇄되는 방향으로 구성되어 있다는 것을 확인할 수 있다.

10대 개선사항을 중심으로 [표 5-3]과 같이 2012년의 아시아개

발은행 책무성 메커니즘의 개혁안을 심층적으로 분석해 보면, 2003년 제1차 개선과정에서 해결하지 못한 문제로 10대 개선사항이 2012년 이후 책무성 제도 개혁을 통해 풀어야 하는 숙제이자 이사회를 비롯한 아시아개발은행의 고민거리였다는 것을 알 수 있다(Asian Development Bank, 2012a; 2013).[16] 더불어 앞서 제2장에서 설명하였던 책무성의 4대 기본요소인 책임성·응답성·강제집행성·민주참여성으로 10대 개선사항을 재해석하면 아시아개발은행의 책무성 제도가 단순히 기계적인 절차적 책무성 제고에 머무르지 않고 지역커뮤니티와의 관계성 개선을 위하여 구체적인 요소들과 연계하고 있다는 것을 확인할 수 있다.

첫째, 2003년형 개선안에는 규정준수검토과정으로 가기 위해서 문제해결을 위한 협의과정을 우선적으로 거치도록 제도화하고 있는 반면, 2012년 개선안에서는 민원제소 주체가 원한다면 문제해결기능을 거치지 않고 곧바로 규정준수검토기능으로 직접 피해사항을 접수할 수 있도록 조치한다. 민원제소자가 본인 판단에 따라 문제해결과 규정준수검토 중 필요한 프로세스를 선정하고 아시아개발은행의 책무성 문제에 개입할 수 있다는 측면에서 아시아 시민사회의 참여도 보장이 예전보다 상당한 수준으로 신장되었다. 이는 제소주체가 책무성 기능을 직접 선택하고 접수할 수 있다는 점과 책무성 메커니즘이 지역커뮤니티의 요구에 따라 스스로의 책임에 유연하게 대응하겠다는 의미를 내포하고 있다는 점에서 책임성·응답성·민주참여성과 밀접한 관계를 보인다고 평가할 수 있다.

16 여기에 설명하는 10대 개선안은 아시아개발은행이 출간한 두 개의 중요한 문서에 근거하여 주요 내용을 발췌한 것이다. Asian Development Bank, *Accountability Mechanism Policy* (Manila: Asian Development Bank, 2012a); Asian Development Bank, *ADB Accountability Mechanism: Annual Report 2012* (Manila: Asian Development Bank, 2013) 참고.

둘째, 문제해결기능과 규정준수검토기능을 선택적으로 제소할 수 있기 때문에 이를 총괄하는 단일채널을 제도화하는 것이 중요하며, 민원수리원에게 이 역할을 부여함으로써 개인 또는 CSO가 아시아개발은행의 책무성 메커니즘을 접근하는 진입점(entry point)을 단일하게 통일하였다. 이는 다양한 책무성에 대한 접근과 선택을 중간에서 단일한 기관이 교통정리를 하는 과정을 도입하는 것으로 아시아지역 시민사회의 책무성 메커니즘에 대한 접근성을 높이는 효과와 책무성 메커니즘 내부의 적절한 대응이 목적이기 때문에 진입로의 단일화는 민주참여성 및 응답성과 직결된다.

셋째, 아시아개발은행은 규정준수검토패널이 현장조사를 위하여 현장방문을 요청할 때 이를 적극적으로 주선(good offices)하고 지원하기 위한 제도를 구축해야 한다. 아시아개발은행의 지원을 받는 협력대상국이 현장방문을 거부할 경우, 집행관리부가 이사회에 어떤 이유로 협력대상국이 현장방문을 거부하는지 설명하는 보고서를 제출해야 한다. 규정준수검토패널은 협력대상국이 현장방문을 거절할 경우에도 규정준수검토 임무를 진행하고 최종적으로 마무리지어야 한다. 따라서 본 개선안은 아시아개발은행의 현장방문에 관한 책임과 제소주체의 현장요구가 혼재되어 있다는 점에서 책임성 및 응답성과 연관이 있다고 판단된다.

넷째, 2003년 책무성 메커니즘보다 아시아개발은행은 규정준수검토패널의 독립성을 적극 보장한다. 이를 위하여 적극적인 조치를 강구하여야 하는데, 일례로 이사회가 규정준수검토패널 위원을 선임할 때 아시아개발은행 총재와 협의하여 이사회규정준수검토위원회의 추천을 받아 진행하도록 원칙화하였다. 기존 2003년 책무성 메커니즘이 패널위원 선임을 이사회규정준수검토위원회의 추천 없이 총재의 추천만으로 가능하도록 제도화하였던 점에 비하면 그 선임과정을 투명하고 책임 있게 운영하기 위한 제도개혁이라 평가할 수 있다. 이에 규정준수검토패널의 독립성 보장은 책임성 및 응답성과 직결된다고 볼 수 있다.

다섯째, 규정준수검토패널이 보유하는 규정준수검토기능에 관한 주요 역할을 좀 더 명확하게 재조명할 필요가 있다. 규정준수검토기능은 원칙적으로 아시아개발은행이 지원한 개발프로젝트로 인한 피해상황의 조사와 프로젝트 이행기관의 세이프가드 위반사항에 대한 조사에 초점을 맞추도록 기획되었다. 규정준수검토패널의 조사결과에 대하여 집행관리부는 이사회의 승인을 받기 위하여 개발프로젝트의 수정보완사항을 제출하여야 한다. 규정준수검토패널은 집행관리부의 수정보완 조치사항에 대하여 견해를 밝힐 권한이 있으며 이를 토대로 이사회와 직접 협의할 수 있다. 이런 맥락에서 볼 때, 본 개선사항은 규정준수검토패널의 책임 관련 권한을 명확하게 조치하는 내용으로 해석할 수 있기 때문에 주로 책임성과 연결된다고 평가할 수 있다.

여섯째, 아시아개발은행은 민원제소의 기한을 명확하게 조정하기 위해서 프로젝트 종료 후 최종결산보고서가 발행된 날로부터 2년까지 본 프로젝트에 관한 책무성 문제를 접수할 수 있도록 개선하였다. 제소기한을 명확하게 조치하는 개선사항은 결국 책무성 제도를 활용할 수 있는 기한을 명확하게 대외적으로 알리는 효과를 목적으로 두고 있기 때문에 응답성과 관련되며, 제소기한을 명확히 정리함으로써 아시아지역 CSO가 아시아개발은행의 책무성 메커니즘을 이용하는 데 불필요한 혼선을 피할 수 있다는 점에서 민주참여성과도 연결된다.

일곱째, 책무성 메커니즘을 운영함에서 효율성 강화를 위한 조치를 강구한다. 책무성 메커니즘 자체가 '수요 주도형(demand-driven)'으로 운영되기 때문에 다음과 같이 두 가지 유형의 운영비용이 발생한다. 민원제소의 횟수와 상관없이 책무성 메커니즘을 운영하고 관리하는 데 필요한 고정비용과 수요의 변화에 대응하기 위해 발생하는 가변

비용이 이에 속한다. 책무성 메커니즘을 운영하는 데 드는 비용의 낭비를 방지하기 위하여 특별프로젝트추진부와 규정준수검토패널은 모니터링 기간을 획일적으로 정하지 않고 프로젝트마다 그 내용에 맞게 맞춤형으로 정하는 것이 바람직하다. 피해를 입은 현지주민들을 위하여 최대한 효과적인 서비스를 제공하는 한편, 아시아개발은행이 사용할 수 있는 가용자산을 최적화하여 책무성 기제를 관리하여야 한다. 이를 위하여 2012년 개선안은 최대한 책무성 메커니즘의 과정을 간소화할 것을 강조하고 있다. 따라서 책무성 메커니즘의 효율성 강화는 결국 책무성 제도의 4대 요소 중 책임성과 응답성을 강화하겠다는 의미로 해석할 수 있다.

여덟째, 책무성 메커니즘의 추적기능(tracking)을 강화하는 개선안이다. 2012년 개선안은 특별프로젝트추진부와 규정준수검토패널이 사건을 다루는 과정과 결과를 추적할 수 있도록 기존 제도를 보완하였다. 개선안은 특별프로젝트추진부와 규정준수검토패널에 의해 자격미달로 판명된 민원이 집행부서로 할당되었을 경우 집행부서가 이를 추적할 수 있도록 추가함으로써 2003년 책무성 메커니즘의 추적기능을 보완하였다. 이를 위해 민원수리원에게 특별프로젝트추진부, 규정준수검토패널, 집행부서에 관한 정보에 접근할 수 있는 권한을 부여해야 한다. 이러한 추적기능 강화는 전형적인 책무성 메커니즘의 투명성과 대응성을 보여주는 개선사항으로 응답성과 가장 큰 관련성을 갖는다.

아홉째, 책무성 메커니즘의 문제해결기능과 규정준수검토기능에 관한 홍보활동을 강화하여 아시아개발은행의 책무성 제도에 대한 인지도를 높이도록 노력한다. 특히, 2012년 개선안은 특별프로젝트추진부와 규정준수검토패널의 활동사항을 내부적으로는 아시아개발은행의 각 부서를 대상으로 홍보활동을 강화하고 외부적으로는 회원국을 대상으로 체계적인 홍보활동을 전개할 것을 강조하고 있다. 책무성 메커니즘의 활동사항을 적극적으로 내부와 외부에 알림으로써 책무성 제도와 관련된 내부기관과 외부행위자와의 소통과 인지도를 동시에 제고하는 효과를 올리기 때문에 주로 응답성과 연관성을 갖고 있다고 평가할 수 있다.

마지막으로, 책무성 메커니즘이 아시아개발은행의 거버넌스 개혁에 대단히 긍정적인 학습효과의 기회를 창출한다는 점에서 책무성 제도를 제도적으로 한층 더 강화하며 내부적으로 책무성 메커니즘에 관한 인식 및 조직문화의 변화를 유도해야 한다. 특히, 책무성 메커니즘을 개발효과성 제고를 위한 필수적인 도구로 인식하는 아시아개발은행의 문화가 조성되도록 노력할 것을 강조하고 있다. 다시 말해, 학습효과 내지 문화의 변화를 강조하는 개선안은 아시아개발은행 내부의 각 부처들이 책무성의 중요성을 인지하고 더 나아가 조직에 내재화된 소통과 책임의 문화로서 책무성 제도를 인식할 수 있도록 유도하는 역할을 추진하는 것을 의미한다. 따라서 본 개선사항은 책무성의 요소 중 다른 요소들보다 책무성 메커니즘의 책임성과 연관성이 크다고 해석할 수 있다.

결론적으로 2012년에 시도된 아시아개발은행 책무성 제도의 질적 전환을 실제로 가능하게 했던 10대 개선사항은 아시아개발은행이 자체적으로 개혁안을 기획하고 이를 실천으로 옮긴 과정으로 해석할 수 있다. 그러나 10대 개선사항이 책무성 4대 요소 중 주로 응답성 및 책임성과 연계되어 있다는 분석에서 볼 때 2012년 책무성 질적 전환을 아시아개발은행의 실질적인 개선으로 해석하기 어려워진다([표 5-3] 참조). 책무성의 4대 요소 중 강제집행성이 10대 개선안 가운데 어느 내용과도 직접적인 연관성이 없다는 사실은 쉽게 예상할 수 있는 부분이다. 이는 제2장에서도 강조했듯이 책무성 요소 중 현실적으로 관철하기 가장 어려운 부분이 바로 책무를 위반할 경우 적절한 제재를 가하고 징벌을 집행하는 제도의 시행이기 때문이다. 따라서 2012년 질적 전환에서 아시아개발은행이 가장 심혈을 기울여 개혁의 초점을 맞춘 책무성 요소가 강제집행성을 제외한 응답성, 책무성, 민주참여성 순으로 구성되어 있다는 것을 확인할 수 있다.

응답성의 경우 규정준수검토역할 및 책임 소재를 명확하게 재조정하는 다섯 번째 개선사항과 학습효과 및 내부문화 변화에 관한 마지막 사항을 제외하고는 다른 여덟 가지 개선사항에 모두 적용되었다는 점에서 2012년 질적 전환 과정의 이른바 범분야 이슈로 인식되었다고 평가할 수 있다. 응답성을 질적 개혁의 필요조건으로 인식한다는 의미는 본질적으로 외부적 책무성의 주요 담지자인 아시아 시민사회와 이에 응답해야 하는 아시아개발은행 간의 관계성이 2012년 책무성 메커니즘의 질적 전환에 가장 중요한 핵심사항으로 자리잡게 되었다는 의미와 일맥상통한다. 외부적 책무성을 확장하고 외부행위자들의 요구와 도전에 투명하고 책임 있는 응답을 강화하기 위한 개혁의 의지가 실제로 여러 개선안에 녹아들어 있다. 외부 민원제소가 단일한 통로를 통해 접수되고 관리될 수 있도록 개혁하고, 규정준수검토패널의 현장방문을 강화하며, 외부제소기관에게 제소기한을 명확하게 전달하고, 책무성 메커니즘의 과정을 추적하는 기능 강화 및 책무성 메커니즘 활동의 인지도 진작 등의 개혁이 2012년 책무성 메커니즘의 질적 개혁에서 응답성에 해당한다. 다시 말해, 2012년 책무성 메커니즘의 개혁은 메커니즘 내부의 절차적인 개선안을 추진함과 동시에 외부의 행위주체들과의 관계적 책무성에 질적 전환의 무게중심을 두고 있다는 점을 응답성에 기초한 개선사항의 내용분석을 통해 확인할 수 있다.[17]

17 응답성과 민주참여성 이외에 책임성도 2012년 질적 전환에 중요한 가치이자 목표로 포함되어 있다. 책임성의 경우는 책무성 제도를 개선하려고 했던 부

또한 관계적 책무성을 보여주는 2012년 개혁안의 증거는 민주참여성을 위한 개선사항에서 그 연결고리를 찾을 수 있다. 아시아개발은행의 책무성 문제를 거론할 수 있는 중요한 외부주체가 민주적으로 책무성 문제를 제기하고 공식적인 제소를 통해 책무성 결핍에 도전할 수 있는 창구를 제도화하는 개혁적 조치가 민주참여성과 직결된다. 이러한 질적 전환은 아시아 시민사회를 주요 개발파트너로 인지하고 CSO와의 관계를 지속가능하게 제도화하는 프로세스의 일환으로 해석할 수 있다. 2012년 10대 개선사항 중에는 특히 문제해결기능과 분리하여 규정준수검토단계에 시민사회의 직접 제소 가능, 민원제소를 위한 진입통로의 단일화, 시민사회가 제소할 수 있는 기한의 명확화 등이 시민사회의 민주참여성을 보장하는 책무성 메커니즘의 개혁안으로서 그 관계성의 성격을 규정할 수 있다.

지금까지 살펴본 내용이 아시아개발은행 스스로의 관계적 책무성 제고를 위한 내부 노력이라고 본다면, 아시아개발은행이 제2차 질적 개선을 위한 조치를 취하게 된 외부환경에 대한 분석이 필요하다. 물론 아시아개발은행 스스로의 문제의식과 개혁안의 중추적 역할을 폄하하려는 것이 아니라, 책임성·응답성·민주참여성이 배태되어 있는 관계적 책무성을 제대로 이해하기 위해서는 아시아개발은행의 책무성 개혁과제가 일방적인 움직임이 아니라 관계성을 맺고 있는 외부 행위주체와의 연관성이란 맥락에서 인식되는 것이 중요하기 때문이다.

분이 아시아개발은행 내부의 책무성 제도가 실질적으로 제도화되고 그 역할과 책임이 보다 명확하게 자리잡을 수 있도록 교통정리를 하는 개혁의 내용과 연관되어 있다. 특히, 규정준수검토패널의 규정준수검토기능을 문제해결기능과 분리하여 독립적으로 운영할 수 있도록 내린 조치와 규정준수검토기능을 명확하게 제도화하는 개선안은 책임성의 대표적인 질적 전환의 결실이라 할 수 있다.

따라서 2003년과 마찬가지로 2012년 책무성 메커니즘의 질적 전환을 가능케 한 아시아 시민사회의 도전을 주의 깊게 주목해야 한다. 특히, 2011년 특별프로젝트추진부에 제소되었고 이듬해인 2012년에 규정준수검토패널로 이관된 '캄보디아 대메콩유역 철도재건 프로젝트(GMS Rehabilitation of the Railway in Cambodia Project)'를 유심히 분석할 필요가 있다. 캄보디아 프로젝트에 의해 피해를 본 지역주민들이 아시아개발은행을 상대로 지속적인 민원을 제소하게 된 배경에는 예외 없이 아시아 CSO가 갈등정치 내에 대항영역을 유지하고 정치기회구조를 확장하기 위한 전략과 도전을 모색하고 있었음을 알 수 있기 때문이다.[18]

사실상 아시아개발은행의 대메콩유역에 철도망과 교통망을 건설하는 개발프로젝트는 오래전부터 아시아개발은행이 심혈을 기울인 대규모 인프라 사업이다. 역사성·지역성·주체성에 크게 주목하지 않고 1990년대 이후 아시아개발은행이 신자유주의적 세계화 담론에 입각하여 대메콩유역의 무역과 투자를 늘리는 것을 목적으로 아홉 개의 회랑을 중심으로 도로망 연계 개발프로젝트를 추진해 왔다(이상국, 2015). 아시아개발은행은 장기간 기획해 왔던 아홉 개의 회랑 중 캄보디아와 연결되는 북남회랑의 연장선으로 내륙 도로망을 구축하기 위하여 본 철도재건 프로젝트를 진행하게 된다.

2006년 본 프로젝트가 공식적으로 이사회를 거쳐 시행단계에 들어서고 10년에 걸친 대공사를 진행하는 동안 현지주민과 CSO의 민원이 지속적으로 제소되고 아시아개발은행이 이를 기각하는 등, 수차례의 책무성 제도 발동을 위한 갈등이 반복되었다. 우선 2012년 책무성

18 아시아 및 국제CSO의 역할과 개입이 2012년 질적 전환을 추진하는 중요한 계기가 되었다는 사실을 아시아개발은행도 간접적으로 인정하고 있다(Asian Development Bank, 2013: 2-4).

제도가 두 번째 질적 전환을 거치기 전에는 민원제소가 문제해결단계부터 시작해야 되었기 때문에 캄보디아 현지 CSO가 2011년 11월 21일에 캄보디아 철도재건 프로젝트의 책무성 문제에 관한 협의민원을 책무성 메커니즘에 접수하게 되고 그 이후 특별프로젝트추진부의 문제해결기능이 본격적으로 시작되었다.[19] 아시아 현지 시민사회가 피해주민들을 대신해서 책무성 문제를 부각시키고 법적인 절차까지 발동시키는 과정은 지난한 실패의 경험이 축적된 결과였다. 실제로, 본 프로젝트의 문제점이 공론화되었던 계기는 캄보디아 프로젝트로 인하여 현지 4,164가구가 강제로 이주해야 하는 피해가 발생함에 따라 2010년 3월 캄보디아 CSO의 정상조직인 '캄보디아 NGO포럼(NGO Forum on Cambodia)'이 공식적으로 아시아개발은행을 상대로 본 사건은 세이프가드 위반사항이라고 해명을 요구한 사건이다.[20] 결국, 2010년 10월 이후가 되어서야 아시아 CSO가 요구한 문제해결을 위한 협의 프로세스가 시작되었고, 2012년 8월에 캄보디아 프로젝트와 관련된 모든 이행당사주체 워크숍을 개최하여 특별프로젝트추진부가 문제해결책으

19 아시아개발은행에 이 사건을 제소한 현지 캄보디아 CSO는 '국경을 넘는 다리 캄보디아(Bridges Across Borders Cambodia)'였다. 이 외에 아시아 CSO 및 국제NGO가 지역주민의 위임을 받아 아시아개발은행의 특별프로젝트추진부에 본 프로젝트의 문제해결을 위해 접수를 시도한 기록은 2011년 11월 21일자를 포함하여 총 네 차례로 확인되었다. 2011년 4월 13일, 2013년 2월 25일, 그리고 2013년 3월 26일에 민원접수를 시도했으나 심의 후 자격요건 불충분으로 모두 기각되었고 그 이후에는 특별프로젝트추진부에 더 이상의 민원을 제소하지 않은 것으로 확인된다. 〈https://www.adb.org/site/accountability-mechanism/problem-solving-function/complaint-registry-project. 검색일: 2017년 8월 1일〉

20 캄보디아 NGO포럼이 아시아개발은행 NGO포럼의 회원단체로 소속되어 있어서 직간접적으로 후자가 전자를 지원했다는 관계성을 유추할 수 있다([표 6-1] 참조).

로 다음과 같이 네 가지 조치를 제시하게 된다(Office of the Special Project Facilitator, 2014).

(1) 문제해결을 위해 피해당사자들의 역량개발 지원
(2) 피해당사자와 일대일 면담을 통해 개별 사례 수집
(3) 강제이주한 지역의 인프라와 생계관련 서비스 평가 및 지원계획
(4) 피해당사자의 소득보존을 위한 개발사업 계획

그럼에도 불구하고, 2011년 보상문제에 관한 협의가 원활하게 진행되지 못하고 2012년 특별프로젝트추진부가 제시한 네 가지 조치에 만족하지 못한 CSO는 본 책무성 문제를 규정준수검토패널로 이관할 것을 지속적으로 아시아개발은행 총재에게 건의하였으며 본 사건은 2012년 8월 28일에 공식적으로 규정준수검토실로 이관되었다(Compliance Review Panel, 2014).[21] 정확하게는 22명의 피해당사자인 지역주민들이 직접 제소한 것으로 기록되어 있으나, 그 이면에는 국제CSO인 '국제 포용적 개발(Inclusive Development International)'이 깊숙이 관여하고 있었다. 캄보디아 철도재건 프로젝트가 중요한 사건인 이유는 본 사건을 통해 현지커뮤니티와 CSO가 특별프로젝트추진부의 불필요한 과정에 대한 비판을 제기하였고 피해당사자와 관련 CSO가 직접 세이프가드를 위반한 것으로 의심되는 프로젝트를 규정준수검토패널 단계로 사건을 이관시켜 아시아개발은행이 직접 캄보디아 프로젝트를 조

21 규정준수검토패널로 이관하는 과정에 관여한 CSO는 다양하게 구성되어 있는데, 국제NGO인 국제 포용적 개발이 규정준수검토패널에 단독으로 2012년 8월에 접수하게 되고, 그 이후 월드비전(World Vision)의 캄보디아 지부에 속해 있는 캄보디아비전기금(VisionFund Cambodia)이 지속적으로 규정준수검토기능에 문제점을 제기하게 된다(Compliance Review Panel, 2014).

사할 수 있도록 실천했기 때문이다. 대메콩유역 캄보디아 철도재건 프로젝트는 CSO에 의해 특별프로젝트추진부에만 4번 제소되었고 규정준수검토패널에도 2번이나 제소되었던 중요한 사건으로, 아시아개발은행과 아시아 시민사회 모두에게 책무성 개혁의 한 획을 그을 정도로 파급효과는 대단히 컸다고 평가된다.[22]

이러한 맥락에서 볼 때, 아시아개발은행 책무성 메커니즘의 질적 전환을 위한 두 번의 역사적 계기를 모두 전적으로 아시아개발은행이 자가 발전시킨 성과라고 보기 어렵다. 2003년과 2012년에 걸친 질적 전환의 배경에는 개발CSO의 끊임없이 대응과 도전이 지속되어 왔고 이를 통해 아시아 시민사회가 성장하고 진화를 거듭해 왔다는 '강한 사회'의 시나리오가 가능하다. 시민사회의 도전이 아시아개발은행 책무성 제도의 개혁으로 이어지기까지는 아시아개발은행이 지역커뮤니티와 CSO 등 아시아 시민사회와 지속적으로 대화하고 협의를 통해 합의를 이루어 나가려는 노력이 전제된다. 따라서 아시아개발은행 책무성 제도의 개혁이라는 이슈에서 볼 때, 역사제도주의의 중대시점이 발생한 시간적 시점은 2003년과 2012년으로 상정할 수 있으며 이 특정 시기가 중대시점으로 결정되는 이유는 시민사회의 적극적인 도전

22 NGO포럼에 의하면, 캄보디아 철도재건 프로젝트의 책무성 문제는 아직까지 해결되지 못했다고 평가하고 있으며, 이를 해결하기 위한 아시아개발은행의 노력이 절대적으로 부족했고 이에 대응하는 시민사회의 단결이 요구된다고 평하고 있다. 특별프로젝트추진부에 네 차례 접수된 본 사건의 기록을 보면, 2011년 4월 13일의 1차 민원접수, 2013년 2월 25일의 3차 민원접수, 그리고 2013년 3월 26일의 4차 민원접수는 자격요건 불충분으로 모두 기각되었고, 2011년 11월 21일의 2차 민원접수만 자격요건이 충족되었다는 판단하에 승인되었다. 〈https://www.forum-adb.org/-single-post/2016/05/02/ADB-HAS-YET-TO-ACT-COMPLETELY-TO-DISPLACED-COMMUNITIES-IN-CAMBODIA. 검색일: 2017년 8월 2일〉

과 이에 상응하는 아시아개발은행의 통치성이 갈등의 정치라는 공간에서 새로운 관계적 책무성의 결과물로 재구성되었기 때문이다. 따라서 아시아개발은행의 對 시민사회 전략을 좀 더 입체적으로 이해하기 위해서는 아시아개발은행이 아시아 시민사회를 어떻게 전략적으로 대응하고 관리하며 특정 시민단체들을 수용하였는가에 대한 분석이 보강되어야 한다.

2) 아시아개발은행의 시민사회 포용을 위한 전략

아시아개발은행의 책무성 제도가 상대적으로 제도개혁에 성공적인 성과를 올리게 된 이유 중의 하나가 아시아 시민사회와의 관계적 책무성을 아시아개발은행이 성공적으로 관리해 왔다는 해석이다. 아시아개발은행이 시민사회를 다루는 전략을 다른 다자개발은행들과 비교해 보면 아시아개발은행은 미시적 정책부터 거시적 담론까지 많은 차별성을 지닌다. 아시아개발은행의 글로벌 통치성과 동일한 개념으로 거시적 담론을 환치할 수 있다면, 미시적 수준의 전략은 거시적 통치성에서 발효된 주요 내용들로 현장에서 아시아개발은행이 CSO를 대응할 때 직접 적용하는 전략적 도구라 할 수 있다. 아시아개발은행이 시민사회를 상대하면서 발전시킨 미시적인 포용/포섭의 시도는 역사적으로 진화된 전략적 산물이며, 이러한 포용전략을 통해 다른 다자개발은행과 차별적인 시민사회와의 협력관계가 조성되었다(Asian Development Bank, 2015; 김태균, 2013b). 따라서 아시아개발은행의 CSO 다루기 전략에 대한 분석은 책무성 문제를 이슈화하고 갈등하며 때로는 협력하는 아시아개발은행과 CSO 간의 관계성을 이해하는 데 필수적인 항목이다.

아시아개발은행이 아시아 및 국제CSO와 개발파트너십 강화라는 정책방향을 채택하게 된 계기는 단순히 CSO를 통제하고 견제하기 위한 것이 아니라 철저한 비용편익분석에 따라 CSO가 아시아개발은행의 개발프로젝트 추진에 해보다 득이 된다는 판단과 동시에 CSO를 통해 외부적 책무성을 확보할 수 있다는 전략적 포석에서 기인한다. CSO와의 관계를 제도화하는 노력은 다각도로 추진되었지만, 그 시발점은 1998년 이사회가 '아시아개발은행과 NGO 협력을 위한 정책(Policy on Cooperation between ADB and NGOs)'이라는 협력프레임워크를 승인한 이후라 할 수 있다.[23] 본격적으로 2001년 CSO와의 협력관계를 관장하는 'NGO센터(NGO Center)'를 신설하고, 시민사회와의 파트너십을 위한 아시아개발은행 내 부처 간 네트워크를 확장하며, 협력프레임워크를 대외적으로 배포하면서 아시아개발은행-시민사회 파트너십이 궤도에 오르게 된다(Asian Development Bank, 2001).[24] 본 협력프레임워크를 토대로 아시아개발은행은 시민사회와의 협력에 관한 다양한 제도와 활동을 알리는 백서 유형의 출판물을 2002년부터 발간하기 시작하여 현재까지 매년 다양한 주제로 시민사회와의 파트너십을 정리·보고하고 있다. 2003년 5월에는 NGO센터가 제출한 이른바 '아시아개발

23 본 1998년의 '아시아개발은행과 NGO 협력을 위한 정책'은 아시아개발은행의 창립 당시 1987년에 채택된 시민사회와의 협력에 관한 문서를 대체하였다. 1987년 정책문서는 NGO의 특정 기능과 전문성을 활용하여 아시아개발은행 개발사업의 효과성을 증진하거나 또는 일부를 대신하는 전략적 도구로서 시민사회와의 파트너십을 이해했다는 비판적 해석이 아시아개발은행 내부에서 제기되었다(Asian Development Bank, 2009b).

24 NGO센터는 본래 2001년 'NGO Center'라는 명칭으로 신설되었으나, 아시아개발은행이 협력하고 있는 CSO의 범주를 확대하기 위하여 명칭을 'NGO·시민사회센터(NGO and Civil Society Center)'로 2005년에 변경하였다(Asian Development Bank, 2009b). 본 연구에서 사용하는 NGO센터는 2001년 NGO센터와 2005년 NGO·시민사회센터를 모두 의미하는 것으로 맥락에 따라 달리 해석할 수 있다.

은행-정부-NGO 협력프레임워크(Framework for ADB-Government-NGO Cooperation)'를 아시아개발은행 이사회가 승인하였다(Asian Development Bank NGO Center, 2004).[25] 2003년 협력프레임워크는 거시적인 협력의 방향을 제시하는 로드맵으로서 아시아개발은행, 회원국 정부, 그리고 NGO 삼자가 아시아개발은행의 개발프로젝트 이행을 위한 협력적인 연대를 어떻게 구축할 것인가에 대한 정책프레임을 제시하고 있다. 2005년에는 아시아개발은행과 CSO 간에 보다 원활한 정보교환을 유도하기 위하여 이사회가 '공공대화정책(Public Communications Policy)'을 승인하게 된다. 더 나아가, 거시적인 정책방향 중심의 프레임워크를 토대로 현장에서 활동하는 직원들을 위한 미시적 행동의 안내지침서인 'CSO 자료집(CSO Sourcebook)'을 2009년에 발간하게 된다(Asian Development Bank, 2009b). 본 안내서는 다양한 현장사업 시행과정에서 CSO와의 협력을 최대로 유도하기 위한 지침이 구체적으로 제시되어 있으며, 시민사회와 관련된 용어해설과 아시아개발은행과의 협력사례를 제공하고, 일반적으로 현장에서 점검해야 할 점검표와 본보기가 되는 성공사례들이 포함되어 있다.

25 본 협력프레임워크에 따르면, 아시아개발은행의 NGO센터는 2003년에 아시아개발은행, 회원국 정부, 그리고 CSO 삼각관계를 적극적으로 관리하기 위해서 은행이 취해야 할 정책방향을 다음과 같이 다섯 가지로 강조하였다 (Asian Development Bank, 2004: 4).

(1) 아시아개발은행이 지원하는 개발사업에 이행당사자로서 CSO 참여 강화하기

(2) CSO의 정보접근성을 강화하여 투명성을 제고하고 상호 접촉 진작하기

(3) CSO와의 협력을 강화하기 위하여 NGO센터의 기능 강화와 아시아개발은행의 역량 개발하기

(4) CSO의 역량개발을 위한 제도적 지원 강화하기

(5) 회원국 정부와 CSO 간의 협력 강화하기

CSO와의 협력프레임워크를 구축하기 위한 노력의 역사는 CSO가 아시아개발은행에 제공할 수 있는 인적·물적 기여를 최대한으로 동원하기 위한 현실적인 목적의 발로였다고 해도 과언이 아니다(Asian Development Bank, 2001; Steffek and Nanz, 2008). 아시아개발은행은 전통적으로 다양한 범주의 CSO와 파트너십을 구축해 왔으며, 이를 통해 빈곤감소라는 목표를 달성하기 위하여 시민사회와의 파트너십을 지속적으로 강화해 왔다고 아시아개발은행의 시민사회 관련 문서 대부분이 강조하고 있다. 실제로, 시민사회와의 파트너십은 다각도로 아시아개발은행의 지원군 역할을 톡톡히 해내고 있다고 평가할 수 있다. 풀뿌리수준에서 CSO는 소외 받은 지역커뮤니티의 요구를 대변하고, 지역사회에 대한 전문성과 지식을 제공하며, 빈곤감소에 혁신적인 대안을 제안함과 동시에 개발프로젝트에 현지주민의 참여를 독려하는 등 다양한 방식으로 아시아개발은행의 프로젝트 수행에 직간접적인 도움을 제공한다(Lewis, 2001; George and Wilding, 2002). 따라서 아시아개발은행은 아시아 시민사회와의 유기적인 연대를 구축하기 위한 노력을 지속적으로 강구해 왔다. 개발프로젝트가 시행되는 사실상 모든 섹터에서 CSO와 협력하고 있는데, 특히 농업·교육·도시개발 분야에서의 아시아개발은행과 CSO 간의 협력관계는 독보적이다. 이와 같은 개발프로젝트 수준에서의 협력 이외에도, CSO는 아시아개발은행의 국별전략 및 섹터별 정책·전략을 검토하는 과정에 시민사회의 입장과 의견을 반영시키는 정책자문 또는 이해관계자 협의의 참여주체로 참여하게 된다. 아시아개발은행은 정책·전략·실행 과정에 CSO가 적극적으로 참여할 수 있도록 지속적으로 독려하고 제도를 CSO 친화적으로 개선해 왔다. 이에 따라, 아시아개발은행은 '2020 전략(Strategy 2020)' 안에 NGO·지역커뮤니티조직·노동조합·재단 등이 아시아개발은행 개발프로젝트의 설계단계부터 시작하여 모니터링 단계까지 핵심주체로 참여할 수 있도록 협력파트너십 방안을 포함하였다(Asian Development Bank, 2011a).

아시아개발은행의 적극적인 CSO 끌어안기는 사실상 CSO를 아시아개발은행이 기획하는 개발 프로세스의 일부로 만들기 위한 전략으로 해석할 수 있다. 아시아 시민사회가 책무성 문제로 아시아개발은행과 긴장의 날을 세우고 계속해서 도전과 비판을 시도할 때마다, 아시아개발은행은 시민사회의 대항영역에 직접 침투해서 제압 또는 통제하려는 전술보다는 전향의 가능성이 높은 CSO를 선택해서 아시아개발은행의 개발프로젝트에 흡수하는 전략을 선호한다. 환언하면, 주창적인 CSO에 대한 아시아개발은행의 대응책은 정치적 배제가 아닌 포섭의 온건정책으로 시민사회의 대항영역을 무력화시키는 것이다. 이러한 포섭의 정치학은 아시아개발은행이 지원하는 개발프로젝트의 전 단계에서 도구적 장치로 활성화되었고, 결국 정치적 포섭은 시민사회와의 파트너십이라는 긍정적 단면과 시민사회의 흡수통합이라는 부정적 단면이 공존하는 야누스의 얼굴을 가지고 있다. 정치적 포섭은 아시아개발은행의 개발프로젝트 가운데 평균 75% 이상이 프로젝트 설계부터 실제이행 및 모니터링까지 전 과정에 CSO의 참여를 어떤 방식으로든 권장하여 협력을 유도하고 있다는 사실에서 바로 확인된다. 2010년 기준으로는, 아시아개발은행이 승인한 양허성 차관·증여·기술협력 프로젝트의 81%가 CSO의 협력을 다양한 방식과 참여율로 유도하는 데 성공하였다(Asian Development Bank, 2011a).[26] 2010년 아시아개발은행은 시민사회 참여와 협력을 도모하는 데 아래와 같이 주

26 또한 2010년 기준으로 기술협력만 독자적으로 기획된 프로젝트의 경우 CSO가 개발파트너로 참여한 비율이 37%에 달한다(Asian Development Bank, 2011a).

요 성과를 다섯 가지로 강조하고 있다.

(1) 2008년 뉴욕 월스트리트에서 시발된 글로벌 금융위기로 인하여 시민사회의 아시아개발은행 프로젝트 참여가 저조해진 이후, 다시 아시아개발은행의 개발프로젝트에 시민사회가 참여하는 비율이 80%까지 증가
(2) 아시아개발은행의 창립이후 최초로 회원국 전체가 개별적으로 아시아개발은행의 개발프로젝트에 CSO 참여율을 보고하기 시작
(3) 공공대화정책의 협의 프로세스가 성공적으로 진행되었으며, 다자개발은행 중 아시아개발은행이 최초로 피해주민들과의 대화를 통해 개발프로젝트의 개선안을 도모
(4) 아시아개발은행과 CSO가 당면하고 있는 책무성 문제를 개선하기 위한 방안을 논의하고 합의하기 위하여 책무성 메커니즘을 통해 건설적으로 협력
(5) 아시아개발은행의 개발프로젝트에 CSO가 참여할 수 있도록 지원하는 기술협력 프로젝트를 통해 은행의 국별파트너십전략 수립과 프로젝트 모니터링을 시작으로 동남아시아 지역에 CSO 참여율을 확장

시민사회와 우호적인 관계를 조성하고 성공적으로 관리하고 있다는 측면에서 아시아개발은행이 다른 다자개발은행보다 선도적인 위치에 있다는 것을 위 다섯 가지 특징에서 다시 한 번 확인할 수 있다. 포섭과 참여유도를 통한 아시아개발은행의 시민사회 관리기법은 점차 확장되어 대정부 사업(sovereign operations)에서 CSO의 참여를 허용한 비율이 2016년에는 96%까지 육박하는 결과를 보여주고 있다([표 5-4]

참조). 이는 곧 CSO의 참여비율이 4년 연속으로 90%라는 목표를 지속적으로 상회하고 있다는 점에서 대단히 괄목할 만한 성과이다(Asian Development Bank, 2017). 특히, 아시아개발기금 프로젝트 중 대출사례에만 국한시켜 CSO 참여비율을 산정할 경우 CSO 참여가 100%에 이르는 것으로 조사되고 있는데, 이는 아시아개발기금 대출 프로젝트 44건 모두 일정 정도 CSO의 참여가 허용되었다는 사실을 의미한다([표 5-4] 참조). CSO의 참여를 준비하기 위해서 아시아개발은행 관련부처는 시민사회가 프로젝트 기획단계부터 시행단계에 이르기까지 어떻게 참여할 것인가에 대하여 자세하게 검토하게 된다. 2016년 기준으로 기획단계에 CSO가 참여하는 비율은 69%이고, 시행단계에 참여하는 비율은 88%이며, 기획과 시행단계 모두 참여하는 비율은 63%로 조사되었는데, 일반적으로 CSO가 아시아개발은행의 개발프로젝트에 참여하는 단계별 선호도는 시행단계가 기획단계보다 높은 경향을 보이고 있다.

기획단계에서 CSO의 참여가 선호되는 분야로는 아시아개발은행과의 프로젝트 구상에 관한 정보교환·공동연구 및 프로젝트 시행지역

[표 5-4] 아시아개발은행 대정부 사업의 시민사회단체 참여도

대정부사업 (Sovereign Operation)	프로젝트 수	시민사회단체 참여							
		총합		기획단계		시행단계		기획/시행	
		횟수	%	횟수	%	횟수	%	횟수	%
아시아개발은행 전체 총합	114	110	96	79	69	100	88	72	63
일반자금 대출	65	62	95	44	68	56	86	41	63
아시아개발기금 전체 총합	59	58	98	41	69	53	90	37	63
아시아개발기금 대출	44	44	100	32	73	41	93	29	66
아시아개발기금 증여	15	14	93	9	60	12	80	8	53

자료: Asian Development Bank (2016b).

의 사회경제적 이슈에 관한 참여적 관찰 등이 공통적으로 거론된다. 한편, 시행단계에서 CSO는 주로 아시아개발은행 사업에 대한 모니터링과 평가의 역할을 수행하게 되고, 아시아개발은행이 본래 기획했던 사업의 결과를 제대로 시행하고 있는가를 감시하고 수정·보완을 위한 후속조치가 필요한가에 대한 피드백을 제공하는 역할을 맡게 된다.

아시아개발은행은 스스로 CSO를 견제 또는 갈등의 대상으로 간주하기보다 협력과 협치의 대상으로 설정하고 상생의 방향으로 아시아개발은행-시민사회 관계성의 프레임을 주조해 왔다고 평가한다. 아시아개발은행의 개발프로젝트에 관한 모든 과정에 CSO가 어떤 방식으로든 참여할 수 있도록 개방했으며, 2011년부터는 공공대화정책에 의해 아시아개발은행의 문서들이 시민사회를 포함한 외부 주체들에게 공개되도록 제도화하여 투명성을 진작시켰다. 구체적으로 아시아개발은행에 CSO가 참여하는 방식은 정책수준·국가수준·프로젝트수준으로 크게 세 유형으로 나누어서 세분화할 수 있다([표 5-5] 참조). 이는 개발프로젝트의 순환주기를 기준으로 CSO의 참여방식을 기획단계·집행단계·평가단계 등으로 세분화하는 접근법과 달리 새로운 기준에

[표 5-5] 아시아개발은행-시민사회 협력 방식의 다양성

협력수준	주요 협력 방식
정책수준	책무성 메커니즘 공공대화정책 세이프가드정책문서
국가수준	국별파트너십전략 가이드라인(Country Partnership Strategy Guideline)
프로젝트수준	정보제공 협조융자(co-financing) 수혜대상기관 프로젝트 집행협력기관 모니터링 및 평가

자료: 저자 정리.

서 CSO의 참여수준을 입체적으로 이해할 수 있도록 도와준다.[27]

(1) 정책수준의 참여방식

아시아개발은행의 정책 및 전략을 개발하고 재검토하는 과정에 주요 외부참여주체로 CSO의 역할이 중요하게 부각되었고, 아시아개발은행은 이에 따라 은행의 정책에 대한 CSO의 입장을 반영하기 위하여 시민사회의 적극적인 정책영역 개입을 허용하고 있다. 그럼에도 CSO의 정책수준 참여방식이 주로 공공대화정책 및 책무성 제도와 세이프가드 분야에 국한되어 있다는 점에서 볼 때, 아시아개발은행이 개발정책의 방향과 원칙에 관한 전체적인 전략을 검토하고 논의하는 주요 파트너로서 CSO를 초대하는 것이 아니라, 개발프로젝트의 내용을 공유하고 책무성을 감시하는 역할에만 CSO의 참여를 제한하고 있어 정책수준에서의 파트너십에 분명한 한계를 보이고 있다. 따라서 아직까지 아시아개발은행에게는 외부적 책무성 관리를 위한 도구적 파트너로서 CSO와의 관계성이 중요한 것이지 아시아개발은행의 전체 정책과 전략을 관리하는 공동 파트너로서 그 존재성을 필요로 하거나 인정하는 것은 아닌 것으로 해석된다.

먼저, 공공대화정책 과정에서 아시아개발은행이 시민사회를 필요로 하는 이유는 아시아개발은행이 정보를 외부에 공개할 때 그 수위와 내용에 관한 의견을 CSO와 공유하고 논의하는 데 있다. 공공대화정책의 도입 이후 아시아개발은행의 프로젝트 관리에 나타난 가장 큰 변화는 개발프로젝트에 의해 영향을 받을 현지주민들을 초대하여 의견을

27 여기에 설명하는 정책수준·국가수준·프로젝트수준에서의 CSO 참여방식은 주로 아시아개발은행의 시민사회 관련 두 개의 주요문서에 의거하여 요약·정리한다(Asian Development Bank, 2001; 2011a).

듣는 등 현지주민들이 참여할 수 있는 가능성을 높이기 위한 사전정보를 프로젝트 기획 초기단계에서 외부에 공개적으로 제공한다는 점이다. 즉, 아시아개발은행의 개발프로젝트 관련 문서가 외부 시민단체 또는 현지주민에게 협의 단계 이전에 공개된다. 한편, 책무성 메커니즘의 경우, 이미 앞서 자세히 설명하였듯이 CSO는 프로젝트로 인하여 피해를 입은 주민들을 대신하여 책무성의 문제해결 및 규정준수검토를 요청하는 역할을 하고 있다. 좀 더 엄밀하게 해석하자면, 책무성 메커니즘에 CSO가 개입하는 것은 정책입안단계의 참여라기보다는 아시아개발은행의 정책과 프로젝트의 비정상적인 운영과 영향을 재조정하고 개선하기 위한 사후정책처리단계의 개입이라고 보는 것이 더 정확할 것이다.

마지막으로, 책무성 메커니즘과 연관되어 CSO가 개입할 수 있는 정책수준의 참여는 세이프가드정책문서의 작성 과정이다. 실제로 세이프가드정책문서가 새롭게 수정·보완되는 과정에 4년 이상 동안 현지주민과 지역 CSO와의 긴밀한 협의 프로세스가 진행되었고, 14차례 이상의 워크숍이 아시아·태평양 지역에서 국별·지역별 CSO와 함께 조직되었으며 북미·서유럽·일본과 같은 선진공여지역에서도 국제 NGO와의 협의 프로세스가 추진되었다.

(2) 국가수준의 참여방식

아시아 CSO가 아시아개발은행의 개발정책에 국가수준에서 참여할 수 있는 방법은 주로 국별파트너십전략으로 수렴되는데, 국별파트너십전략 이외의 국가수준 참여가 거의 불가능하다는 점에서 정책수준과 프로젝트수준에 비하여 국가수준의 참여방식은 상대적으로 제한적이다.

아시아개발은행의 국별파트너십전략은 회원국에서 아시아개발은행이 개발프로젝트를 시행할 때 이를 지원하는 일종의 중장기 개발전략문서이자 현장안내서로 프로젝트 기획단계에서 주요 참고자료 중 하나로 활용되고 있다. 국별파트너십전략을 제작할 때와 평가할 때 협의 대상 파트너는 회원국 정부를 비롯하여 민간기업, 국제개발기구, 그리고 CSO가 포함된다. 이와 관련하여 아시아개발은행이 CSO 활동을 지원할 경우 일반적으로 CSO에 직접 지원하지 않고 회원국 정부와 시민사회 지원사업을 기획하기 때문에, 아시아개발은행과 협력하기를 희망하는 CSO는 해당 회원국의 국별파트너십전략에 익숙해지는 노력이 반드시 필요하다. 이전에는 국별파트너십전략과 관련된 CSO 협의과정을 주로 회원국의 국내 시민사회를 대상으로 진행하였던 반면에, 최근에는 회원국 국내와 그 이외 지역에 있는 시민사회단체에도 접근해서 협의를 추진하는 경향이 강해지고 있다.

국별파트너십전략과 함께 전략을 위한 가이드라인 작성에도 CSO의 참여와 그 전문성이 십분 발휘될 수 있다. 아시아개발은행의 국별파트너십전략 가이드라인은 실제로 현장에서 개발프로젝트가 시행될 때 프로젝트에 참여하는 이행주체들이 반드시 참고하고 지켜야 할 원칙과 절차들로 구성되어 있다. 이에 가이드라인은 국별파트너십전략의 제작과정 초기단계에서 관련주체들 간의 협의과정이 대단히 중요하다고 강조하고 있다. 이를 토대로 아시아개발은행은 회원국의 국가발전전략과 국별파트너십전략을 조정하고 이 조율된 프레임 안에서 아시아개발은행의 주요 지원분야를 선정하기 위한 결과중심의 접근법과 CSO와의 협의를 진행하게 된다. 따라서 특정 회원국의 국별파트너십전략과 가이드라인을 작성하는 데 CSO의 참여는 회원국의 국가발전전략과 아시아개발은행의 주요정책이 조율되는 교차지점에서 가능하며 두 정책 간의 정합성을 제고하기 위하여 CSO가 제공할 수 있는 사회·환경 관련 정보와 현장 중심의 지식 및 경험이 중요하게 활용되

는 것이다.[28]

(3) 프로젝트수준의 참여방식

시민사회가 아시아개발은행의 개발정책·전략에서부터 사업시행 및 관리·평가까지 가장 직접적이면서도 다층적으로 개입하고 영향력을 미칠 수 있는 주요 참여방식이 바로 프로젝트수준이다. 구체적으로 아시아개발은행 회원국 중 개도국에 투입되는 양허성 차관·증여·기술협력 프로젝트에 직접 시민사회가 참여할 수 있으며, 주제별·섹터별 프로젝트에도 직접 참여가 가능하다. 광범위하게 퍼져 있는 CSO와 시민사회 네트워크가 아시아개발은행의 프로젝트 순환주기에 다양한 방식으로 참여할 수 있는데, 이는 프로젝트 기획단계에서의 정보제공 및 협의 참여에서부터 시작하여 집행단계에서 프로젝트 자문역할·집행파트너기관·재정기여협조·공동평가기관 등의 역할까지 다양하게 포괄한다(Asian Development Bank, 2004). 특히, 협조융자 방식으로 CSO가 아시아개발은행 프로젝트에 재정적으로 기여하는 역할과 아시아개발은행과의 계약을 통해 프로젝트의 특정 부분을 대신 수행하는 전문기

28 국가수준에 시민사회가 참여한 주요 사례로 네팔의 개발전략과 국가수준의 노력을 지원하기 위하여 아시아개발은행, 영국의 국제개발부(DFID), 그리고 세계은행이 공동으로 CSO를 포함한 다양한 이해당사주체들과의 협의 채널을 가동했던 파트너십을 아시아개발은행은 강조하고 있다(Asian Development Bank, 2011a). 네팔 프로젝트에 참여하는 세 기관이 모두 네팔정부의 발전전략에 각각의 국별지원전략을 조율함과 동시에 이를 효과적으로 이행하기 위한 실질적인 전략을 수립하는 데 있어 CSO를 비롯한 현지경험과 정보를 제공할 수 있는 비정부단체와의 사전 협의를 진행하였다. 이러한 개발원조기관의 노력은 사실상 새로운 시도가 아니라 2005년 원조효과성을 위한 파리선언 중 주요 원칙 중의 하나로 그 이후 국제원조사회의 규범처럼 자리잡게 된다.

관·컨설턴트·훈련기관으로서 역할, 그리고 아시아개발은행이 지원하는 개발프로젝트의 모니터링과 평가에 공동기관으로 참여하는 역할 등은 대단히 중요한 의미를 띠고 있다. 또한, CSO의 역할이 항상 아시아개발은행이 프로젝트를 수행하는 데 지원기관으로 참여하게만 설정되어있는 것은 아니며, CSO가 아시아개발은행 지원사업의 직접 수혜대상이 되거나 은행이 지원하는 역량개발 프로그램에 수혜기관으로서 참여도 가능하다.

앞서 외부적 책무성의 주요 행위주체로서 아시아 시민사회를 거론하였는데 아시아적 특징 중 주목해야 될 사항이 아시아 CSO를 하나의 집합체로 통합하여 아시아개발은행을 상대할 때 NGO포럼을 중심으로 통일된 목소리를 전달하도록 전략화하였다는 점이다. 마찬가지로, 아시아개발은행 내부에서도 책무성 문제뿐만 아니라 시민사회와 대화하고 협의하는 모든 프로세스를 NGO센터로 통합하여 협상의 집중력을 극대화하고 있다(Asian Development Bank, 2001). [그림 5-4]가 보여주듯이, 아시아개발은행과 시민사회 간의 상호작용은 CSO와 NGO센터 중심의 아시아개발은행 내부기관 간의 1차적 상호작용과 아시아개발은행 내부기관과 NGO센터 간의 네크워크 상호작용으로 크게 나누어 조직화되어 있다. 먼저, 1차 상호작용은 CSO의 지리적 특성과 기능에 따라 상호작용할 시민사회 파트너를 구분하여 아시아개발은행 내부의 정책 및 프로젝트를 담당하는 기관이 NGO센터의 조정에 따라 특정 CSO 그룹을 전담하는 것을 의미한다. 이러한 차등적 연결은 CSO의 기능적 구분과 이에 상응하는 아시아개발은행 내 기관의 특징과 역할을 적절하게 접목한 결과이다. 다시 말해, 아시아개발은행의 거시적인 전략과 정책 및 주제별 프로그램과 연관되어 협의 대상으로 인정되는 CSO는 주로 대표사무소(Representative Offices)와 소통하도록 유도하여 1차적 상호작용을 특화시킨다. 아시아개발은행은 현재 대

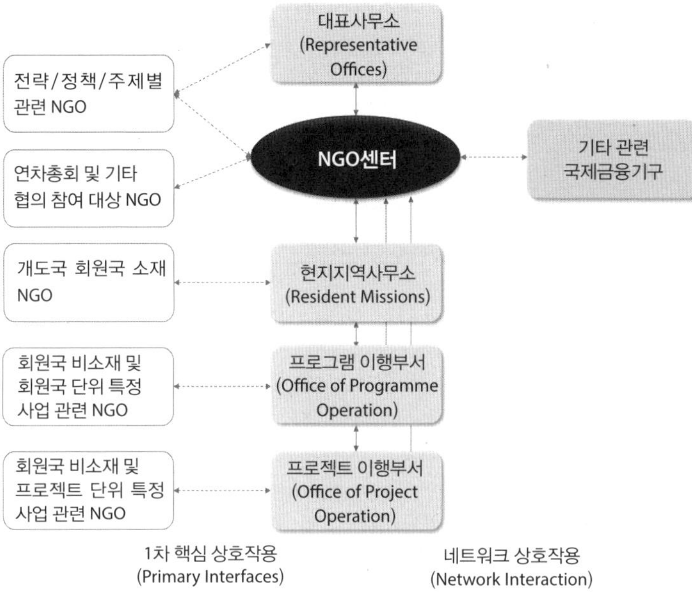

[그림 5-4] 아시아개발은행의 내부 네트워크와 개발NGO 간의 상호작용 조직도

자료: Asian Development Bank (2001: 15).

표사무소를 일본대표사무소·유럽대표사무소·북미대표사무소 등 3개로 분리하여 운영하고 있으며, 이러한 대표사무소는 미시적이고 지역적인 프로젝트수준의 협의가 아닌 거시적인 아시아개발은행의 정책방향에 관한 협의를 도모할 수 있는 역량을 지닌 CSO와의 상호작용을 담당하게 된다.[29]

29 대표사무소의 주요 임무는 아시아개발은행의 핵심 회원국을 지역별로 아시아개발은행과 직접 소통할 수 있도록 중간에서 협의채널의 역할을 수행하는 것이다. 현재 아시아개발은행은 일본, 유럽 그리고 북미지역을 핵심 회원국 그룹으로 선정하고 각각에 대표사무소를 운영하고 있으며, 일본대표사무소는 동경에, 유럽대표사무소는 독일 프랑크푸르트에, 북미대표사무소는 미국 수도인 워싱턴에 각각 소재해 있다. 대표사무소의 대표적인 활동은 소재국

한편, 미시적인 사업과 관련하여 협의가 필요한 경우에는 NGO센터의 조정하에 아시아개발은행의 기관들이 시민사회단체를 회원국 중 개도국의 현지 CSO, 국별 단위 특정 프로그램에 관련된 CSO, 그리고 프로젝트 단위 특정 사업에 연관된 CSO로 삼등분하여 대응하고 있다([그림 5-4] 참조). 먼저 개도국 회원국의 CSO는 주로 현지에 파견 나간 아시아개발은행의 현지지역사무소(Resident Missions)가 전담하도록 설계되어 있는데, 여기에 해당하는 현지 CSO는 아시아개발은행이 실시하는 프로그램과 프로젝트에 모두 참여할 수 있다. 물론 특정 프로그램 사업 및 프로젝트 사업과 관련된 현지 CSO의 경우는 현지지역사무소가 프로그램 이행부서(Office of Programme Operation) 및 프로젝트 이행부서(Office of Project Operation)와 함께 협조하면서 현지 CSO를 적극적으로 아시아개발은행 사업에 편입시키고 효과적인 파트너십을 도모한다. 반면, 회원국 CSO가 아닌 경우에는 프로그램과 프로젝트를 구별하여 각각 담당 프로그램 이행부서 및 프로젝트 이행부서가 관련 특정 사업과 연계하여 관리하도록 되어 있다.

이렇듯, 시민사회와의 1차 전선에서 직접 상호작용을 아시아개발은행의 담당기관이 분업을 통해 전문화하고 있으며, 분업으로 구분된 임무가 아시아개발은행 기관에게는 특정 CSO에 대한 전문성을 확보하고 발전시키는 역량 제고의 효과를 창출한다. 대표사무소·현지지역사무소·프로그램(프로젝트) 이행부서 등의 아시아개발은행 기관이 다층적으로 분산되어 각기 전담하고 있는 CSO 그룹과 상호작용하지만, 이러한 아시아개발은행-시민사회의 미시적 관계성을 총괄하는 컨트

또는 소재지역의 정부 및 주요 기관들과 아시아개발은행의 전략과 정책을 설명 및 협의하고 아시아개발은행의 사업에 재정적 기여를 비롯한 회원국의 공공과 민간 부문으로부터 재원을 동원하는 업무이다.

롤타워는 NGO센터이다. 더 나아가 NGO센터는 아시아개발은행의 연차총회 및 기타 특정 이슈에 관하여 협의가 필요한 CSO를 관리하고 소통을 맡아 진행한다.[30] 따라서, NGO센터는 시민사회와의 관계성에서 거시적인 전략과 정책을 관리하는 대표사무소와 각 그룹별로 미시적인 상호작용을 관리하는 현지사무소와 프로그램(프로젝트) 이행부서를 연결하고 아시아개발은행의 전체 구조하에 시민사회와의 연계도를 그리는 1차 상호작용의 기획과 운영 및 조정을 맡고 있다고 평가할 수 있다(Asian Development Bank, 2009b). 이러한 1차적 상호작용을 토대로 NGO센터는 정책단계의 대표사무소와 시행단계의 현지지역사무소와 프로그램(프로젝트) 이행부서를 포함하여 부처 간 네트워킹과 여타 다른 다자개발은행과 CSO에 관한 정보교환 및 협력을 모색하기 위한 2차적 네트워크 상호작용을 확장함으로써 시민사회와 연결된 다양한 이해당사주체들과의 선순환적인 관계를 구축하는 과정의 중핵적인 역할을 수행한다.

결론적으로, 아시아개발은행이 개발CSO를 포용하기 위한 전략의 핵심은 다음과 같이 세 가지 특징으로 요약할 수 있다. 첫째, 아시아 CSO의 대항영역이 취하고 있는 NGO포럼 중심의 단일채널과 조응할

30 아시아개발은행은 매년 열리는 연차총회에 CSO를 주요 협력파트너로 초대하여 참여를 승인하였다. 2005년 터키 이스탄불에서 개최된 제38차 연차총회에 중앙아시아 NGO가 최초로 참여한 것을 필두로 그 이후 매년 CSO의 참여가 공식화되었다. 이와 더불어 아시아개발은행의 책무성 제도에 외부적 책무성을 담당하는 주요 행위자로 CSO가 거론되고 책무성 제고를 위한 파트너로 협력을 강조하고 있다(Asian Development Bank, 2015). 특히, 2017년 5월 아시아개발은행 창립 50주년 행사를 맞이하여 아시아개발은행은 적극적으로 CSO를 초청하기 위하여 시민사회단체를 공식적인 참여기관으로 승인하는 정책을 2016년에 전략문서를 통해 기획하고 홍보하였다(Asian Development Bank, 2016b).

수 있도록 아시아개발은행 내부의 단일 컨트롤타워로 NGO센터 중심의 네트워크를 구축하고 있다. 앞서 설명하였듯이, 아시아개발은행의 개발CSO를 포섭하는 다양한 수위의 상호작용을 관장하고 조율하는 역할과 거시적 전략과 미시적 사업에 다층적으로 연계된 CSO를 통합적으로 관리하는 역할을 NGO센터가 담당하고 있다. 따라서 NGO센터를 중심으로 아시아개발은행의 대(對)시민사회 포용전략은 체계적으로 통일성 있게 진행될 수 있다. 둘째, NGO센터 중심의 통합적인 전략과 함께 맞춤형 전략을 수용함에 따라 다양한 성격과 전문성을 가진 CSO를 아시아개발은행의 특정 과제와 프레임에 맞게 적극적으로 흡수한다. CSO에 따라 프로그램과 프로젝트 관련 특정 사업에 차등적으로 포섭할 필요가 발생한다. CSO를 사전적으로 복수의 포용대상 그룹으로 나누어 아시아개발은행 내부 기관들이 관리하도록 제도화함으로써, 아시아개발은행-시민사회 파트너십의 불필요한 잡음을 줄이고 CSO를 아시아개발은행 사업 전체의 일부로 깔끔하게 합치될 수 있도록 유도한다. 셋째, CSO를 맞춤형으로 포섭하되 아시아개발은행 사업에 투입되는 CSO의 개입 수위는 철저하게 아시아개발은행에 의해 관리되고 통제된다. 앞서 강조했듯이, 아시아개발은행이 정책단계·국가단계·프로젝트단계 등 개발사업 모든 단계에서 CSO의 참여를 독려하고 긍정적인 방향의 개발파트너십을 조성하도록 대내외로 홍보하고 있지만, 실제로 CSO가 참여할 수 있는 영역과 개입의 수위를 보면 아시아개발은행의 거시전략/정책방향 수립과정에서는 주로 배제되고 대부분 미시적인 개발사업이나 사업의 책무성(세이프가드) 문제에 제한되도록 관리·조정되고 있다는 것을 알 수 있다. 이러한 맞춤형 포섭과 CSO의 제한된 개입, 그리고 아시아개발은행의 철저한 관리를 통해서 아시아개발은행은 시민사회와의 개발파트너십을 강화하고 CSO가 은행에 기여할 수 있는 다양한 기능을 극대화하는 한편, 시민사회가 아시아개발은행의 정책과 전략에 접근하는 채널을 통제하되 책무성 문제와 같이 특정 사업에 관련된 사후적 이슈에만 시민사회의 개입을 허용하고 있다.

3. 아시아개발은행의 글로벌 통치성: 특성과 실제

다른 다자개발은행들처럼 책무성 문제는 아시아개발은행에게도 늘 고질적으로 따라다니는 주홍글씨와 같은 상처일 것이다. 효율성을 지나치게 강조한 나머지 책무성이 방치된다는 상쇄성의 문제가 다자개발은행을 비판하는 외부의 도전자, 특히 시민사회가 표방하는 전형적인 주장의 핵심이었다([그림 2-7] 참조). 크게는 신자유주의 노선을 따르는 아시아개발은행 및 다자개발은행에 대한 비판이고, 작게는 개발프로젝트에 대한 책임을 묻는 비판인 셈이다. 현실적인 문제의 본질은 효율성과 책무성 중 한쪽 가치를 일방적으로 배제하지 않고 원조기관이 처한 환경에 맞게 최대한으로 개발효과성을 제고할 수 있도록 효율성과 책무성을 적절히 배합하는 것이다(Woods, 2007). 따라서 다자개발은행의 입장에서 책무성 문제를 바라보는 시각을 조금 비틀어보면 책무성 제도를 통해 다자개발은행이 전략적 이득을 취할 수 있다는 것을 알 수 있다. 다자개발은행 중 아시아개발은행이 이러한 책무성 제도의 대체적 이익에 가장 먼저 눈을 뜨고 적극적으로 제도의 선진화에 박차를 가하고 책무성 제도가 작동할 수 있도록 글로벌 통치성(gouvernementalité)을 내재화하였다고 평가할 수 있다. 다시 말해, 아시아개발은행의 통치성은 미시적 개별 프로젝트와 책무성을 둘러싼 거시적 권력관계를 관통하여 시민사회로 대표되는 외부 도전세력과의 절충적 내지 합의적 관계성을 유지하기 위한 간주관적인 도구장치로서의 역할을 수행하는 것이다(McKinlay and Taylor, 2014). 이러한 푸코식 해석을 국제사회론 관점에서 재해석하면, 글로벌 통치성은 아시아개발은행이 국제원조사회에서 통용되는 가치·규범·행동기준의 집합체인 체제이성을 아시아개발은행이 처한 환경과 조건에 맞게 전략적으로 재생산한 법칙과 행동기준을 의미한다. 아시아개발은행 방식의 체제이성이 외부 도전세력에 대응하는 원칙이자 교범으로 활용됨으로써, 글로벌 통치성은 아시아개발은행의 책무성 제도에 외부주체를 동화시키고 포섭하며 때로는 통치성을 부정하는 이들을 배제시키는 직간접적 사회화를 위한 통치기구로 탈바꿈하는 것이다.

따라서 앞서 분석한 책무성 메커니즘의 질적 전환 과정과 아시아개발은행의 시민사회 포용전략을 바탕으로 아시아개발은행의 글로벌 통치성이 보유하고 있는 주요 특징을 유추해 보면, 아시아개발은행의 책무성 제도가 어떤 이유에서 다자개발은행 중 가장 선도적 위치에 있고 시민사회와의 관계적 책무성을 원만하게 관리하고 있는지를 이해할 수 있다. 무엇보다 아시아개발은행의 통치성 분석은 아시아 시민사회와 아시아개발은행이 상호 구성하는 간주관적인 관계성을 확인할 수 있는 근거를 제공한다. 더 나아가 아시아 시민사회의 대항영역과 도전의 레퍼토리를 분석하기 위한 중요한 근거자료를 제공한다는 측면에서 더욱 통치성 분석의 중요성이 가미된다. 아시아개발은행의 통치성이 개발프로젝트를 효율적으로 시행하고 시민사회의 대항영역을 불투명하게 만드는 전략적 자산이라는 가설은 실제로 책무성 메커니즘의 특별프로젝트추진부와 규정준수검토패널에 접수된 사건들 중 최종단계에서 책무성 문제의 책임을 아시아개발은행이 지게 되는 확률이 얼마인가를 측정함에 따라 그 진위를 구별할 수 있다. 이를 위해 먼저 아시아개발은행이 구사하고 있는 글로벌 통치성의 내용과 특징을 분석하고 이를 토대로 특별프로젝트추진부와 규정준수검토패널의 책무성 제도가 실제로 어떻게 운영되어 왔는가에 대한 사례분석을 시도한다.

1) 아시아개발은행 통치성의 주요 특성

아시아개발은행의 책무성 제도에 배태된 글로벌 통치성을 다음과 같이 네 가지의 중핵적인 특징으로 분석할 수 있다. 첫째, 아시아개발은행의 통치성은 절차적 책무성을 넘어선 관계적 책무성을 강조하고 이를 토대로 아시아 시민사회의 책무성 도전에 대응한다. 다시 말해, 아시아개발은행의 책무성 문제를 둘러싼 갈등정치 공간에서 아시아지역의 시민사회연대를 아시아개발은행이 직간접적으로 관리 및 포섭할 수 있도록 아시아개발은행-시민사회의 거시적 권력구조를 관계적 책무성 중심으로 이동시키려는 전략으로 아시아개발은행의 통치성을 해석할 수 있다. 아시아개발은행이 스스로 두 차례에 걸쳐 책무성 메커니즘의 질적 전환을 시도하여 경성적인 절차적 책무성이 어느 정도 정비되었다면, 이를 바탕으로 아시아개발은행은 외부의 책무성 도전세력인 시민사회와의 신뢰를 구축하고 연성적인 관계성을 강조하여 CSO가 자발적으로 아시아개발은행의 책무성 관리방식을 따르게 만드는 사회공학적인 통치성을 구체화하였다. 따라서 아시아개발은행의 통치성은 본질적으로 관계적 책무성 중심으로 움직이고, 시민사회에 지속적으로 책무성과 관련된 규범과 행동규칙을 침투시키며, 결국에는 시민사회가 자발적으로 아시아개발은행이 추진하는 책무성 제도를 수용하게 만드는 고도의 정치적 유인책인 것이다(Larner and Walters, 2004; Gruber, 2000).

둘째, 시민사회를 적극적으로 포섭하고 동화시키기 위하여 아시아개발은행의 통치성은 시민사회의 대항영역이 확장되고 견고해지기 전에 사전적 예방대응을 모색하고 제도화하는 특성이 있다. 앞서 이미 강조했듯이, 아시아개발은행 책무성 메커니즘의 제1차 전환기인 2003년에 기존 세계은행 방식의 조사패널 유형을 문제해결을 위한 협의 중심의 특별프로젝트추진부와 그다음 단계인 규정준수검토기능인 규정준수검토패널로 구분하여 제도화하였다. 또한 제2차 전환기인 2012년에는 특별프로젝트추진부와 규정준수검토패널 간의 기능별 구분에서 오는 문제점을 개선하기 위하여 특별프로젝트추진부의 협의과정을 거친 다음 규정준수검토패널로 이관해야 하는 전제 조건의 빗장을 풀고 필요에 따라, 그리고 민원을 제소하는 피해당사자 및 CSO의 판단에 따라 직접 규정준수검토패널로 민원접수가 가능해졌다. 이러한 아시아개발은행의 책무성 개선 노력을 외부 시민사회의 지속적인 도전과 압박에 대한 반대급부로 생성된 내부 동력의 자구책이라 해석할 수 있는 동시에, 시민사회의 개입을 최소화하기 위하여 전략적으로 기획된 사전 예방책으로 해석할 수 있다. 즉, 아시아개발은행이 시민사회로 하여금 규정준수검토과정 전에 문제해결을 위한 협의과정을 거치는 것이 선진화된 책무성 제도이고 효과적인 프로세스라고 각인하게 만드는 전략적인 행보를 기획한다(Bank Information Center et al., 2012). 아시아개발은행이 특별프로젝트추진부의 문제해결기능을 강화한 이유는 바로 아시아개발은행의 통치성이 보유하고 있는 사전예방적 역할의 중요성과 연관된다. 특별프로젝트추진부를 일종의 책무성 리트머스로 활용함으로써, 아시아개발은행은 문제해결이라는 명목하에 시민사회와 피해지역주민의 책무성 제소를 공식적으로 사전 검열하고 마치 여과기처럼 규정준수검토패널로 넘어갈 사안을 걸러내어 규정준수검토과정을 최대한 축소시키는 이득을 취한다. 물론, 긍정적인 측면으로는 검토패널을 가동하기 전에 사전단계에서 특별프로젝트추진부를 통해 문제해결을 도모함으로써 상호간의 불필요한 비용과 에너지를 줄일 수 있다는 점에서 아시아개발은행의 효율성을 제고하는 결과를 가져올 수 있다. 그러나 사전예방을 위한 전략적 도구로서 특별프로젝트추진부를 지나치게 남용(오용)하게 되면 책무성 메커니즘의 고질적인 문제점을 간과하게 되고 일시적인 협의를 통해 시민사회를 유인·포섭하여 실질적인 문제해결을 피해가는 미봉책으로 끝나게 된다. 더 심각한 문제는 시민사회가 아시아개발은행의 사전예방적 통치성에 동화되어 규정준수검토패널 단계까지 가지 못하고 문제해결 단계에서 책무성 제소과정을 종료하게 됨으로써 시민사회의 대항영역 확장에 치명적인 타격을 입힌다는 점이다. 이러한 문제에 대응하기 위하여 아시아 시민사회는 특별프로젝트추진부와 상관없이 규정준수검토패널로 직접 책무성 문제에 대한 규정준수 조사를 신청할 수 있도록 압력을 가하였고 결국 아시아개발은행은 2012년에 책무성 메커니즘의 제도개혁의 일환으로 두 단계의 분리를 결정하게 된다.

셋째, 문제해결을 위하여 아시아개발은행 책무성 제도가 준비한 보상의 레퍼토리를 시민사회 파트너에게 제시하고 이러한 전략적 보상에 기초한 상호작용을 일상화함으로써, 시민사회가 자발적으로 책무성 메커니즘의 문제해결기능에 동화되고 이를 책무성 문제해결의 주요 해법으로 수용하는 문화가 정착되고 있다. 이러한 보상에 의한 통치성은 소극적인 의미에서 '시민사회 달래기'를 뜻한다면 적극적인 의미에서는 '시민사회 길들이기'로 갈음할 수 있다. 논리적인 순서상, 문제해결을 위한 레퍼토리를 담은 보상패키지는 주로 특별프로젝트추진부의 문제해결단계에 배치되어 조직화되며, 시민사회가 특별프로젝트추진부의 보상패키지를 수용하는 정도가 강할수록 규정준수검토패널로 조사과정이 이전될 확률이 떨어지면서 시민사회 도전의 시퍼런 서슬도 점차 무뎌진다. 특별프로젝트추진부 단계에서 제시하는 주요 레퍼토리는 피해보상·소득부조·역량강화 등 크게 세 가지 프로그램으로 구성된다. 직접적으로 피해를 입거나 간접적으로 부정적인 영향을

업은 현지주민들에게 가장 중요한 이슈는 적절한 피해보상이기 때문에 특별프로젝트추진부가 문제해결을 위한 협의 과정에서 가장 신경써서 준비하는 보상패키지가 직접적인 피해보상 또는 변제의 방법이다(Asian Development Bank, 2012a). 소득부조의 방법은 이른바 '소득복원프로그램(income restoration program)'을 가동하여 피해주민이 본 프로그램에 참여할 경우 일정 정도 혜택과 소득보조를 제공하도록 고안한 참여형 보상프로그램이다(Office of the Special Project Facilitator, 2014). 역량강화 프로그램은 주로 피해주민들을 대상으로 직업훈련을 실시하여 피해를 입기 이전의 직업을 보전하거나 새로운 직업을 준비할 수 있도록 지원하는 방식이다. 레퍼토리와 관련된 아시아개발은행 통치성의 핵심은 피해주민 내지 CSO가 책무성 문제를 해결하기 위하여 특별프로젝트추진부에 제소할 경우 적어도 일정 정도의 보상을 받을 수 있다는 인식을 심어줌으로써 지역커뮤니티가 보상을 받기 위해서 책무성 절차를 굳이 규정준수검토패널까지 연장할 필요가 줄어들고 문제해결기능의 보상패키지에 만족하는 경향을 안착시키는 것이다. 담론과 규범으로서 통치성이 실제 정책 현실에서 구현되기 위해서는 일방적인 통제와 개입이 아니라 개입과 보상이 적절하게 배합될 때 보다 효과적인 통치성으로서의 기능을 다하게 된다(Curtis, 2004).

넷째, 선제적 제도 개선과 이에 따른 아시아 개발CSO의 전략적 포섭과 협치의 강조와 함께 책무성 개혁에 배태된 갈등정치의 시공간을 아시아개발은행이 장악하기 위하여 지식·규범·권력을 토대로 통치성을 지속적으로 재생산한다. 거시적인 맥락에서 본 통치성은 아시아 시민사회와의 권력경쟁 과정에서 파생되는 상호작용의 복합체로서 포섭과 타협으로 아시아개발은행이 갈등의 정치를 선점하고 시민사회의 대항영역을 위축시킬 수 있는 고도의 사회공학적 프레임이다. 따라서 통치성은 아시아개발은행과 시민사회 간의 관계성을 조정할 수 있으며, 특히 시민사회가 통치성의 영향력에서 벗어날 수 없도록 시민사회와의 관계성에 개입한다. 즉, 통치성이 제안하는 포섭과 타협의 레퍼토리를 CSO가 수용하면 아시아개발은행이 제공하는 문제해결의 혜택을 받게 되는 동시에 책무성 메커니즘의 행동규칙에 순응하게 되는 반면, 통치성을 거부하는 CSO는 책무성 제도의 협의과정과 혜택으로부터 배제된다. 지식과 권력의 복합적 프레임으로서 아시아개발은행의 통치성이 지향하는 시민사회와의 관계성은 시민사회를 아시아개발은행의 개발프로젝트에 적극적으로 영입하고 포섭하여 시민사회의 대항영역이 자발적으로 책무성 메커니즘의 문제해결단계에 그 확장성을 억제하는 효과를 기대할 것이다(Kalm and Uhlin, 2015). 이러한 통치성 프레임하에서 아시아개발은행이 시민사회의 적극적인 포섭과 관리를 체계적으로 추진하고 책무성 문제뿐만 아니라 시민사회 전반에 걸친 대응전략을 통합하고 조정하는 컨트롤타워로 2001년 NGO센터를 설치한 것이다(Operation Evaluation Department, 2006). 실제로, NGO센터 중심으로 연결된 아시아개발은행의 각 부처가 대정부 사업 분야에서 CSO 참여를 허용하고 적극적으로 협업한 비율이 2016년에 무려 96%에 육박하는 결과를 보여준다([표 5-4] 참조). 또한, 책무성 메커니즘이 해결하기 어렵거나 모호한 사건일 경우에 외부에서 중재기구를 섭외하여 시민사회의 도전을 아시아개발은행이 직접 대응하지 않고 제3의 중재기구가 이를 대신하게 하여 아시아개발은행의 통치성을 안정적으로 유지하는 해법을 모색하기도 한다.[31] 통치성 범위 밖에 위치하는 성

31 책무성 메커니즘이 직접 특별프로젝트추진부 단계를 진행하지 않고 외부의 중재기관을 동원한 사례 중 대표적인 사례가 2005년 7월에 아시아개발은행이 승인하여 은행의 상업적 자금조달과 함께 5,500만 달러(일반자금)를 제공하기로 결정한 '중국 푸저우 환경개선 프로젝트(Fuzhou Environmental Improvement Project in the PRC)이다([표 5-6] 6번 사례 참조). 본 프로젝

격의 민원제소일지라도 특별프로젝트추진부 단계에서 문제를 해결하기 위해 중재기구라는 외부 방어막을 동원함으로써 아시아개발은행의 책무성 제도에 대한 부정적인 이미지를 피해갈 수 있는 것이다.

2) 아시아개발은행 통치성의 실제: 문제해결단계와 규정준수검토단계의 민원제소 사례를 중심으로

지금까지 논의한 아시아개발은행의 통치성에 대한 담론 분석은 상대적으로 거시적 수준에서 아시아개발은행의 전략방향과 시민사회와의 관계성 구축 및 관리를 주 내용으로 다루었다. 그렇다면, 통치성으로 인하여 실제로 책무성 개선이 아시아개발은행에게 유리하게 작용하였는지 혹은 아시아 시민사회에게 유리하게 작용하였는가를 판가름

트 중 하나인 난타이섬(Nantai Island)의 강·하천 복원 사업을 추진하는 과정에서 현지 주민들을 강제이주 시켰다는 민원이 2009년 1월 현지 커뮤니티의 일곱 가구에 의하여 제소되었다. 아시아개발은행이 특별문제해결 단계에서 본 민원을 대응하면서 특별프로젝트추진부가 직접 문제를 해결하기 위한 협의를 가동시키지 않고, 민원을 제기한 당사자들과 본 사건과 관계된 모든 행위자들을 직접 협의에 참여하게 하는 이른바 '참여적 협의(participatory consultation)'의 조직화가 필요하다고 판단하였다. 참여적 협의 과정을 아시아개발은행과 무관한 독립중재인이 조직하도록 기획되었는데, 명목적으로는 본 사건에 연루된 모든 당사자들 간의 소통을 원활하게 조율하고, 상호이해도를 증진시키며, 문제해결을 위한 공동조사를 지원하기 위한 것으로 중재기관의 역할이 강조되었다. 특별프로젝트추진부는 홍콩에서 외부의 독립된 중재인을 선임하였으나, 중재기관의 선임은 아시아개발은행이 직접 다루기 어렵거나 프로젝트의 협력대상국 정부가 현장조사에 비협조적일 경우 책무성 조사의 대안으로 동원되는 방식이다. 따라서 아시아개발은행은 중국 사례와 같이 아시아개발은행이 직접 나서기에 위험부담이 있고 확실한 이득이 계산되지 않을 경우 외부의 중재인을 동원하여 그 위험부담을 중재인과 공유하거나 중재인이 대신 떠맡게 하는 전략을 구사하는 것이다.

할 수 있도록 미시적 수준에서 아시아개발은행의 구체적인 프로젝트 기록을 점검할 필요가 있다. 이를 위하여 아래 [표 5-6]과 [표 5-8]에 책무성 메커니즘의 문제해결기능인 특별프로젝트추진부와 규정준수 검토기능인 규정준수검토패널에 2004년부터 2011년까지 접수된 민원제소 목록을 정리하였다. 아시아개발은행의 통치성이 실제로 작동했다는 근거로 책무성 메커니즘 제1차 개혁이 시도된 2003년 후부터 제2차 개혁이 있었던 2012년 전까지 접수했던 민원제소 사건 전체를 검토함으로써 실제로 프로젝트 단위에서 통치성이 어떻게 투영되고 이행되었는가를 검증할 수 있다. 다만, 2011년까지의 자료에 준한 분석 결과이기 때문에 — 2011년 이후에 진행된 사건에 대한 자료가 부족하거나 아직 진행 중이므로 — 본 연구에서 2011년 이후 자료를 배제시킴으로써 분석 기간에 제한이 있다는 단점이 있다. 그럼에도 불구하고 전수조사를 통해 특별프로젝트추진부와 규정준수검토패널 단계에서 통치성 구현의 차별성과 더 나아가 아시아개발은행과 유사한 책무성 제도를 보유하고 있는 다자개발은행과의 비교·분석을 통해 아시아개발은행의 특수성을 찾아낼 수 있다.

우선적으로, 협의를 통해 문제해결기능을 담당하는 특별프로젝트추진부에 신청된 민원제소의 진행과정과 결과를 심도 있게 분석하는 것이 중요하다. 이는 책무성 제도를 운영하기 위한 아시아개발은행의 통치성이 가장 깊이 반영된 단계가 특별프로젝트추진부이기 때문이다. 이미 수차례 반복해서 강조했듯이, 특별프로젝트추진부의 주요 임무는 책무성 문제가 규정준수조사 단계까지 진척되지 않도록 사전에 방지하는 역할이다. 따라서 통치성의 거대담론에서 강조하는 사전예방책으로서 특별프로젝트추진부가 얼마나 효과적으로 작동했는가를 분석해 볼 필요가 있는 것이다. [표 5-9]에서 확인할 수 있듯이, 문제해결단계에 제소된 사건은 총 39건이고 이 중 자격심사를 통과한 사건

[표 5-6] 문제해결단계의 협의과정 목록, 2004-2011

프로젝트명	소원의 내용과 이슈	현황
1. 네팔 멜람치 상수도 프로젝트(Melamchi Water Supply Project in Nepal) • 2000년 12월 21일 승인 • 7개 공동출자기관과 함께 아시아개발은행 1억 2,000만 달러 제공 • 유형: (I)	• 4인의 심사소원 개인이 아래와 같은 내용으로 2004년 5월 3일 민원제소 등록: (i) 정보접근성; (ii) 환경영향평가; (iii) 토지취득, 보상, 재정착문제; (iv) 토착민 문제; (v) 사회적 증진 프로그램; (vi) 농업 문제; (vii) 산림 문제. • 특별프로젝트추진부가 본 소원에 대한 리뷰와 현장방문 실시 • 4명 중 2명의 심사제소자는 본 사업으로 인하여 피해를 받지 않았고, 다른 2명의 경우 피해를 입었으나 적절한 보상을 받았다고 특별프로젝트추진부가 결론을 내림.	• 민원제소자는 특별프로젝트추진부에서 본 심의를 철회하고 2014년 12월 6일 다음 단계인 규정준수검토패널에 접수. 규정준수검토패널은 자격심사 후, 자격불충분으로 기각.
2. 스리랑카 남부교통개발 프로젝트(Southern Transport Development Project in Sri Lanka) • 1999년 11월 25일 승인 • 아시아개발은행 9,000만 달러, 일본 일본국제협력은행(JBIC) 1억 2,000만 달러 제공 • 유형: (I)	• 25인의 현지피해자를 대신해서 아래와 같은 내용으로 3개 NGO가 2004년 6월 9일 민원제소 등록: (i) 환경영향평가; (ii) 사회영향평가; (iii) 보상 및 재정착문제.	• 본 심의는 문제해결 없이 종료됨. • 특별프로젝트추진부는 외부중재자를 투입하였으나, 중재자는 민원제소자가 중재안으로 문제해결에 동의하지 않을 것이라 결론내림. • 민원제소 주체는 2004년 12월 2일 규정준수검토패널루 본 심의를 이관.
3. 인도네시아 농촌개발을 위한 커뮤니티 역량강화 프로젝트(Community Empowerment for Rural Development Project in Indonesia) • 2000년 10월 19일 승인 • 아시아개발은행 6,500만 달러(일반자금)와 5,000만 달러(특별기금) 제공 • 유형: (II)	• 본 민원제소는 2005년 2월 21일 3명의 NGO 대표자와 익명을 요구하는 5명의 현지주민에 의해 다음과 같은 내용으로 등록됨: (i) 마을인프라 건설 기획의 오류; (ii) 프로젝트 구성의 순서와 절차 문제; (iii) 정보배포 문제; (iv) 정책결정과정의 참여 문제	• 본 사건은 모든 당사자의 만족 하에 해결. • 특별프로젝트추진부의 최종보고서에 "앞으로 발생할 분쟁 및 피해에 대한 민원은 현지지역수준의 프로젝트 안에 설치되어 있는 불만해소 메커니즘을 통해 충분히 효율적으로 처리될 것이라 확신한다"고 명시함.
4. 파키스탄 고속도로 개발부문 투자프로그램(National High- way Development Sector Investment Program in Pakistan) • 2006년 2월 15일 승인 • 아시아개발은행 1억 8,000만 달러(일반자금) 제공 • 유형: (II)	• 53명으로 구성된 '무자파르가르우회도로 피해자위원회(Committee of Affectees of Muzaffargarh Bypass)'에 의해 2006년 9월 9일 아래 내용으로 민원제소가 등록됨: (i) 우회도로의 재조정; (ii) 재정착 및 보상문제; (iii) 정보배포와 협의 부족	• 본 사건은 모든 당사자의 만족 하에 해결. • 특별프로젝트추진부의 최종보고서에 "민원제소자들은 아시아개발은행이 지급한 보상과 우회도로가 아닌 지하도의 재설계로 민원문제가 해결되었다는 것을 확인하였으며, 본 문제가 해결되었다"라고 명시함.

5. 대메콩유역 프놈펜-호치민 고속도로 프로젝트(Phnom Penh to Ho Chi Minh City Highway Project in the Greater Mekong Subregion) • 1998년 12월 15일 승인 • 아시아개발은행 4,000만 달러(특별기금) 제공 • 유형: (II)	• 41명의 피해자가 있는 크랑 콕(Krang Khok) 지역과 22명의 피해자가 있는 스텅 슬롯(Steung Slot) 지역을 대표해서 캄보디아 NGO포럼이 2007년 7월 30일 아래 내용으로 민원제소를 등록: (i) 보상문제; (ii) 토지명부; (iii) 생계수단	• 특별프로젝트추진부는 연차보고서에서 "본 민원제소에 관하여, 캄보디아 정부와 캄보디아 소재 아시아개발은행의 현지지역사무소가 본 문제를 해결하기 위하여 대책을 강구하고 있는 동안 특별프로젝트추진부는 협의프로세스를 연기하였다. 2009년 동안, 아시아개발은행은 피해주민이 늘어나는 채무부담을 감당하고 생계활동을 재설계할 수 있도록 지원하는 소득복원프로그램 중심의 기술협력 프로젝트를 승인하였다. 이러한 발전은 특별프로젝트추진부에 제소된 문제를 해결하는 데 중요한 전환점을 제공하였다"라고 밝힘. • 특별프로젝트추진부는 소득복원을 위한 기술협력이 시작된 후 2010년에 본 민원해결을 위한 협의를 종료하고 최종보고서를 제출함.
6. 중국 푸저우 환경개선 프로젝트(Fuzhou Environmental Improvement Project in the PRC) • 2005년 7월 29일 승인 • 아시아개발은행의 상업적 자금조달과 함께 5,580만 달러(일반자금) 제공 • 유형: (I)	• 본 프로젝트 중 하나인 난타이섬(Nantai Island) 강 · 하천 복원 사업으로 강제이주에 처한 일곱 가구의 민원제소주체가 2009년 1월 15일 아래 내용으로 민원을 등록함: (i) 강제이주 • 민원제소가구는 현지지역 주민으로 등록되지 않은 상태였고, 현지농장주로부터 토지를 매입하고 주택을 완공하였던 1994년에 이 지역으로 이주하였음. • 중국 정부는 본 토지매입을 불법으로 간주하고 지역주민에게 보상하는 규칙을 토지매입가구에게 적용하지 않음. • 이에 일곱 가구 이주가구들이 이러한 조치가 아시아개발은행의 2004년 재정주계획과 일치하지 않는다는 판단하에 제소를 등록.	• 본 민원을 대응하면서 특별프로젝트추진부는 주민의 참여적 협의(participatory consultation)를 조직하는 과정이 필요하다고 판단함. • 참여적 협의 과정은 아시아개발은행과 무관한 독립중재인에 의해 조직되었는데, 이는 본 사건에 연루된 모든 당사자들 간의 소통을 원활하게 조율하고, 상호 이해도를 증진시키며, 문제해결을 위한 공동조사를 지원하기 위함. • 특별프로젝트추진부는 홍콩에서 외부의 독립된 중재인을 선임하였으며, 중국정부는 피해주민들에게 중재기간 동안 체류가능한 게스트하우스를 제공하기로 함. • 2009년 3월 31일까지 일곱 가구 중 다섯 가구는 중재를 통해 제안된 보상안을 받아들이기로 합의했으나 다른 두 가구는 끝까지 수용하지 않음. • 중국정부는 보상안 수용 기한을 두 번 연장하였으나, 두 가구는 수용을 거부하고 2009년 4월 28일 규정준수검토패널로 본 민원을 이관함. • 중국정부는 이에 따라 일곱 가구 모두 본 사업 때문에 매몰되지 않도록 강 복원사업 계획을 재조정하기로 결정함.

7. 파키스탄 남부 푼잡지역 기초도시서비스 프로젝트(Southern Punjab Basic Urban Services Project in Pakistan) • 2003년 12월 18일 승인 • 아시아개발은행 4,500만 달러(아시아개발기금)와 4,500만 달러(일반자금) 제공 • 유형: (II)	• 폐수처리공장으로 피해를 입었다고 주장하는 58인의 현지주민을 대표해서 개인 한 명이 2009년 2월 27일 아래의 내용으로 민원제소를 등록함: (i) 강제이주문제; (ii) 환경문제	• 아시아개발은행은 2009년 7월 폐수처리공장 건설을 제외한 채 유상원조를 중지하였으나, 토지취득비용과 피해보상문제가 처리되지 않음. • 특별프로젝트추진부가 파견한 컨설턴트는 58인의 모든 피해자들과 인터뷰를 시행하고 이 사건과 관련된 모든 이해관계주체들과 2011년 10월에 면담을 추진함. • 최종적으로 보상비에 대한 합의가 이루어졌기 때문에 특별프로젝트추진부는 보상이 끝나는 대로 본 사건 문제해결 프로세스를 종료할 계획.
8. 파키스탄 라왈핀디 환경개선(하수처리장) 프로젝트(Rawalpindi Environmental Improvement Project (Sewage Treatment Plant Component) in Pakistan) • 2005년 12월 13일 승인 • 아시아개발은행 2,000만 달러(일반자금)와 4,000만 달러(아시아개발기금) 제공 • 유형: (III)	• 피해부락에 거주하는 25인의 주민이 2009년 5월 28일 아래 내용으로 민원제소를 등록함: (i) 토지취득문제; (ii) 보상문제	• 특별프로젝트추진부의 최종보고서에 따르면, 토지취득에 관한 파키스탄 국내법 상 국내법원만이 토지보상율을 수정할 수 있는 권한이 있기 때문에 특별프로젝트추진부의 문제해결 협의 기능은 본 사안을 해결할 수 없다고 결정함. • 이러한 이유로 본 프로젝트는 하수처리장 설치 여부에 대한 언급 없이 종료되었으며, 특별프로젝트추진부는 본 민원에 대한 더 이상의 협의를 고려하지 않고 민원문제는 부분적이나마 해결되었다고 결론지음. • 그러나 특별프로젝트추진부는 하수처리장 설치를 다음 유상원조 프로젝트에 포함시킬 것이며, 현지주민이 하수처리장 설치로 인하여 피해를 볼 경우 다시 특별프로젝트추진부에 민원을 제기할 수 있다는 것을 확인함.
9. 카자흐스탄 카렉 교통회랑 I (잠빌 오블라스트 구획)투자 프로그램(CAREC Transport Corridor I (Zhambyl Oblast Section) Investment Program in Kazakhstan) • 2009년 10월 7일 승인 • 아시아개발은행 1억 8,700만 달러(일반자금) 제공 • 유형: (II)	• 두 명의 현지주민이 30인 이상의 주민을 대표해서 민원을 조직하고 2009년 11월 5일 서명하고 '타라즈기자클럽공공연합(Taraz Press Club Public Union)'이라는 NGO가 아래의 내용으로 본 민원제소의 등록을 지원함: (i) 정보배포문제; (ii) 주민참여문제; (iii) 가축통로문제; (iv) 농기계 이동을 위한 지하도 문제	• 특별프로젝트추진부의 모니터링 보고서에 따르면, 특별프로젝트추진부는 2010년 1월에 민원에 따라 본 사업을 검토 · 평가하고, 동년 3월에 세 차례 협의를 통해 농기계를 위한 지하도 · 추가지하도 · 접근로 의 위치, 암거의 위치와 정보공유에 관한 합의를 도출함. • 특별프로젝트추진부는 합의된 사항이 이행되는 것을 계속해서 모니터링 추진.
10. 타지키스탄 교육부문 개혁 프로젝트(Education Sector Reform Project in Tajikistan) • 2003년 12월 17일 승인 • 아시아개발은행 750만 달러(아시아개발기금) 제공 • 유형: (II)	• 9,000명을 대신하여 NGO포럼과 'CSSC 칼람(CSSC Kalam)'이라는 CSO가 2010년 8월 5일 아래의 내용으로 민원제소를 접수함: (i) 정보공개문제; (ii) 협의과정; (iii) 학교재건설문제	• 합동모니터링 그룹이 학교 재건축 사업에 합의하고 그 이행과정을 모니터링함. • 특별프로젝트추진부는 2011년 10월 최종 모니터링을 위한 현장방문에 합류하여 본 사업의 성공적인 종료를 확인하고, 본 문제해결을 위한 협의의 종료와 최종보고서를 발행함.

11. 키르기스스탄 카렉 교통회랑 1(비슈케크-토루가르트 도로) 프로젝트 2(CAREC Transport Corridor 1 (Bishkek-Torugart Road) Project 2 in the Kyrgyz Republic) • 2009년 7월 14일 승인 • 아시아개발은행 2,800만 달러 제공 • 유형: (I)	• 익명을 요구한 세 명의 피해지역 주민이 NGO 대표에게 위임하여 아래의 내용으로 2010년 9월 20일에 민원제소를 접수함: (i) 보상문제	• 특별프로젝트추진부는 본 사업에 대한 검토와 평가를 완료했고, 문제해결을 위한 합의도 도출했으며, 성공적으로 모니터링을 완료하게 되어 민원이 해결되었다고 판단함. • 그러나 민원제소주체는 본 사안을 규정준수검토패널로 이관함. • 특별프로젝트추진부는 민원제소자들에게 비폭력적 소통과 협상기술에 관한 역량개발을 시행하고 합의하는 선에서 지도와 조언을 제공함. • 민원제소자들은 2011년 8월까지 최종 보상지원을 받았으며 특별프로젝트추진부는 그 이후 본 문제해결 협의를 종료하고 최종 보고서를 제출함.
12. 인도네시아 찌따룸강 수자원 통합관리 투자 프로그램 프로젝트 1(Integrated Citarum Water Resources Management Investment Program, Project 1, in Indonesia) • 2008년 12월 4일 승인 • 아시아개발은행 5억 달러 제공 • 유형: (II)	• 익명을 요구한 세 명의 피해지역 주민이 '찌따룸강 시민연대(People's Alliance on Citarum)'라는 NGO에게 위임하여 아래의 내용으로 2011년 1월 4일에 민원제소를 접수함: (i) 강제이주문제; (ii) 보상문제	• 특별프로젝트추진부의 검토와 평가가 완료된 상태이며 모든 당사자가 정보교환과 소통에 합의하였고 특별프로젝트추진부의 모니터링과 문제해결 계획시행에 합의한 상태임.
13. 필리핀 비사야스 기저부하용 발전소 개발 프로젝트(Visayas Base-Load Power Development Project in the Philippines) • 2009년 12월 11일 승인 • 아시아개발은행 1억 달러 민간협력차관 제공 • 유형: (I)	• 피해지역 커뮤니티를 대표하여 6명의 서명인이 아래의 내용으로 2011년 2월 28일 민원제소를 접수함: (i) 협의문제; (ii) 정보배포문제; (iii) 환경영향문제 • 6명의 서명인 중 1명을 제외한 5명은 익명을 요구하였고, 1명은 '부채로부터 해방연합(Freedom from Debt Coalition)'이라는 NGO의 일원으로 신원을 밝힘.	• 민원제소자들이 특별프로젝트추진부의 검토와 평가가 완료된 후 제소를 철회하여 협의 프로세스는 종료됨. • 그러나 2011년 5월 규정준수검토패널로 다시 재소함.

자료: Asian Development Bank (2012a: 52-56; 2011b; 2009c; 2008); Office of the Special Project Facilitator (2005).

유형 (I): 특별프로젝트추진부 단계에서 문제해결 실패 및 규정준수검토패널로 이관.

유형 (II): 특별프로젝트추진부 단계에서 문제해결.

유형 (III): 특별프로젝트추진부 단계에서 기타 이유로 심사대상에서 제외.

은 고작 13건으로 3분의 1인 약 33%에 해당한다. 이는 2012년 민원제소자가 특별프로젝트추진부의 협의과정을 거치지 않고 바로 직접 규정준수검토패널로 사건을 접수할 수 있도록 허용될 때까지 13건의 제소가 성공적으로 특별프로젝트추진부에 등록되었음을 의미한다. 자격심사에 통과한 13건의 민원을 전수 조사하여 심사소원의 내용과 이슈, 그리고 특별프로젝트추진부의 대응결과를 [표 5-6]에 요약하였는데, 전수 조사를 통해 얻은 13건의 최종결과를 [표 5-7]과 같이 크게 세 가지 세부유형으로 구분할 수 있다는 흥미로운 특징이 발견되었다. 다시 말해, 유형 (I)은 특별프로젝트추진부 단계에서 문제해결이 실패로 돌아가고 최종적으로 규정준수검토패널 단계로 넘어간 사례이고, 유형 (II)는 협의를 통해 최종적으로 문제해결을 달성한 사례이며, 유형 (III)은 이미 자격심사를 통과한 사건일지라도 다른 여러 이유로 특별프로젝트추진부의 심사대상에서 제외된 사례이다([표 5-7] 참조).[32] 유형 (III)을 제외하면 특별프로젝트추진부 단계에서 문제가 해결된 사례가 7건이고, 미해결된 사례가 5건으로 집계되어서 특별프로젝트추진부의 성공률은 약 54%라 할 수 있다. 그러나 유형 (III)도 미해결된 사례라는 범주에 포함할 수 있기 때문에 특별프로젝트추진부의 문제해결기능이 실질적인 기여를 하지 못할 확률이 38%에서 46%로 늘어나게 된다. 따라서, 특별프로젝트추진부에 접수되어 자격심사를 통과한

32 유형 (III)에 속하는 유일한 사건이 2005년 아시아개발은행이 일반자금 2,000만 달러와 아시아개발기금 4,000만 달러를 투입하기로 승인한 '파키스탄 라왈핀디 환경개선(하수처리장) 프로젝트'이다([표 5-6]의 8번 사례 참조). 유형 (III)으로 분류되는 이유는 특별프로젝트추진부가 최종적으로 본 사건을 해결할 수 없다고 판단했기 때문인데, 이는 토지취득에 관한 파키스탄 국내법상 국내법원만이 토지보상률을 수정할 수 있는 권한이 있다는 현실적인 제약에서 기인한다. 이러한 이유로 본 프로젝트는 하수처리장 설치 여부에 대한 언급 없이 종료되었으며, 특별프로젝트추진부는 본 민원에 대한 더 이상의 협의를 고려하지 않고 민원문제는 부분적이나마 해결되었다고 결론지었다.

[표 5-7] 특별프로젝트추진부에 접수된 책무성 결과 유형

유형	내용	사건 수	%
유형 (I)	특별프로젝트추진부 단계에서 문제해결 실패 및 규정준수 검토패널로 이관	5	38
유형 (II)	특별프로젝트추진부 단계에서 문제해결 성공	7	54
유형 (III)	특별프로젝트추진부 단계에서 기타 이유로 심사대상에서 제외	1	8

자료: 저자 정리.

13건의 민원 중 절반에 가까운 6건이 문제해결기능에 만족하지 못하고 규정준수검토패널로 이관되거나 폐기되었다. 특별프로젝트추진부 단계의 협의프로세스에 만족하여 문제해결에 동의하게 되면 규정준수검토패널로 이관되기 어렵기 때문에 13건 중 문제해결 단계의 협의를 거부한 5건과 심사대상에서 제외된 1건의 합, 즉 특별프로젝트추진부에 접수된 민원 중 총 46%가 원칙적으로 규정준수검토패널의 단계로 이관될 자격이 부여된다. 그러나 최종적으로 문제해결 단계에서 만족하지 못하거나 폐기된 사건 중 폐기된 민원제소를 제외한 5건이 모두 규정준수검토패널로 이관되었으며, 이는 문제해결 단계에서 규정준수검토 단계로 이관된 민원이 13건 중 총 5건으로 약 38%에 해당한다는 것을 의미한다. 특별프로젝트추진부의 문제해결 기능이 아시아개발은행의 통치성 프레임 안에서 사전예방이라는 조직의 목적을 성공적으로 수행했다고 단언하기에는 38%에 해당하는 실패 사례 확률이 크게 다가온다. 결론적으로, 13건의 사례분석을 통해 아시아개발은행의 통치성이 두 가지 측면에서 특별프로젝트추진부의 문제해결기능에 적절하게 반영되어 있는가에 대한 상반된 평가를 도출할 수 있다.

첫째, 문제해결 단계에서 책무성 민원을 종료하기 위하여 특별프로젝트추진부는 기본적으로 작동하는 협의 프로세스뿐만 아니라, 본 단계에서 준비할 수 있는 다양한 레퍼토리를 활용하여 민원제소 주체

들의 요구에 부합하도록 노력하는 등 최대한 문제해결을 위하여 동원할 수 있는 제도적 장치를 십분 활용한다.[33] 특별프로젝트추진부의 궁극적인 목표는 협의를 통한 문제해결이기 때문에 앞서 논의했던 보상패키지가 준비한 피해보상·소득부조·역량강화 프로그램이 상황에 맞게 순차적으로 제공되도록 설계되어 있고, 이 보상패키지로 해결이 어려울 경우는 특별프로젝트추진부가 아시아개발은행 외부에서 컨설턴트 및 중재기관을 섭외하여 특별프로젝트추진부와 피해주민과의 마찰을 최소화시키는 전략을 사용하고 있다. 이에 13건의 등록된 민원 중 인도네시아 농촌개발 커뮤니티역량강화 프로젝트, 파키스탄 고속도로 개발투자 프로그램, 파키스탄 남부 펀자브지역 기초도시서비스 프로젝트, 카자흐스탄 카렉 교통회랑 프로그램, 타지키스탄 교육부문 개혁 프로젝트, 인도네시아 찌따룸강 수자원 통합관리 투자 프로그램 등 6건이 특별프로젝트추진부와 모든 민원당사자들이 만족한 가운데 문제해결이 완료되는 성과가 있었다.

둘째, 특별프로젝트추진부의 검열기능이 효과적으로 가동되었고 통치성이 유도하는 방향으로 사전예방적 역할이 책무성 메커니즘의 필수과정으로 제도화되었음에도 불구하고 이러한 특별프로젝트추진부가 성공적으로 사전예방의 임무를 수행했다고 평가하기에는 몇 가지 문제가 뒤따른다. 문제의 핵심은 특별프로젝트추진부가 관장하는 문제해결단계에서 사건이 종료되어야 하는데 민원주체인 피해주민과

33 13건 모두가 피해지역의 현지주민들이 아시아개발은행의 책무성 문제를 주민들 스스로 또는 CSO와의 협력을 통해 특별프로젝트추진부에 접수한 사건들이다. 민원제소 과정에 연관된 CSO들은 거의 대부분이 NGO포럼에 소속된 단체들이고, 주민들의 피해상황에 대한 보상과 이후 재발방지, 그리고 소득보장 등의 요구사항을 필두로 아시아개발은행의 책무성 문제를 정식으로 제기하고 있다(Kalm and Uhlin, 2015).

시민사회가 언제든지 문제해결 합의에 동의하지 않고 규정준수검토단계로 사건을 이관할 수 있다는 점이다. 민원의 종료는 아시아개발은행이 일방적으로 처리하는 것이 아니라 시민사회와의 쌍방 간의 관계성에 의존하기 때문이다.

2012년 제2차 책무성 메커니즘의 질적 전환 시기에 시민사회가 반드시 특별프로젝트추진부를 거친 후 규정준수검토패널로 민원을 이관해야 하는 의무조항이 폐기되고 전자를 우회해서 바로 규정준수패널로 책무성 문제를 제소할 수 있게 되었다. 따라서 2012년 규정준수검토패널로 직접 제소가 가능해지기 전부터 책무성 메커니즘에서 특별프로젝트추진부의 역할에 근본적인 문제가 발생하였다는 것을 추론할 수 있다. 이는 특별프로젝트추진부의 활발한 움직임으로 피해주민이 보상지원을 받았다 하더라도 민원주체가 문제해결 단계에서 본 사건을 종료시키지 않고 규정준수검토패널에까지 같은 사건을 이관한 사례가 40%에 육박하기 때문이다. 어떤 측면에서는 민원제소가 특별프로젝트추진부에서 규정준수검토패널로 이관되는 과정이 책무성 제도를 남용하는 부작용으로 비판의 대상이 될 수도 있지만, 시민사회 입장에서는 대항영역을 확장하기 위한 수단으로 특별프로젝투추진부와 규정준수검토패널이 분리되어 있는 구조적 맥락을 최대한 활용하는 것이다. 아시아개발은행의 입장에서는 통치성의 사전예방 차원에서 설치된 특별프로젝트추진부의 역할이 책무성 제도의 남용이라는 예상치 못한 결과 때문에 차라리 문제해결기능과 조사기능을 순차적으로 연계하지 않고 분리하여 운영하여도 큰 차이가 없다고 판단했을 가능성이 있다. 그러므로 통치성이 유도하는 방향에 맞게 특별프로젝트추진부가 작동해 왔는지 그리고 이를 통해 사전예방적 기능이 원활하게 수행되었는지에 대한 여부를 판단하고자 할 때 긍정적인 평가에 도달하기에는 아직 이르다고 볼 수 있다.

[표 5-8] 규정준수검토 목록, 2004-2011

프로젝트명	검토요청	진행과정	조치결과
1. 네팔 멜람치 상수도 프로젝트(Nepal Melamchi Water Supply Project) • 2000년 12월 21일 승인 • 아시아개발은행 1억 2,000만 달러 제공	• 2004년 11월 12일 4명의 제소자로부터 아래와 같은 내용으로 규정준수검토패널에 접수: (i) 부적절 · 불충분한 정보 공개; (ii) 강제이주 및 보상부족; (iii) 수력정곡기와 소규모 수력발전기 폐쇄로 인한 생계유지 손실; (iv) 지역삼림파괴; (v) 관개수로파괴; (vi) 수량감소로 인한 작물손실; (vii) 토착민과 지역커뮤니티 파괴	• 규정준수검토패널은 특별프로젝트추진부로부터 협의 단계에서 접수된 자료 전달 받음. • 자료조사 및 현장 인터뷰를 실시함. • 프로젝트 현장 방문을 포함하여 본 규정준수검토요청의 자격심사를 실시함.	• 규정준수검토패널은 현장방문조사 후 직접적인 피해 또는 정책위반사항을 증명할 수 없다고 결론지음. • 이로써 본 규정준수검토요청은 자격미달이라고 판명함.
2. 스리랑카 남부교통개발 프로젝트(Southern Transport Development Project in Sri Lanka) • 1999년 11월 25일 승인 • 아시아개발은행 9천만달러, 일본국세협력은행(JBIC) 1억 2,000만 달러 제공 • 2008년 8월 아시아개발은행 9,000만 달러 추가 제공	• 2004년 12월 2일 28명의 피해주민을 대표해서 '콜롬보-마타라고속도로 피해커뮤니티 연합단체(Joint Organization of the Affected Communities of the Colombo-Matara Highway)'에 의해 아래와 같은 정책위반으로 규정준수검토 요청됨: (i) 환경문제; (ii) 강제이수; (iii) 세이프가드 중 사회적 요소 반영여부; (iv) 거버넌스문제; (v) 경제분석문제; (vi) 혜택에 관한 모니터링 및 평가; (vii) 젠더중심 접근문제; (viii) 유상원조 제안서 절차문제; (ix) 유상계약 작성과 이행문제; (x) 재화 및 용역 조달문제; (xi) 반부패조치 문제 • 제기된 피해는 가구손실, 생계손실, 환경피해, 습지대파괴, 커뮤니티파괴, 사찰 5개 피해, 재정주에 피해, 인권침해를 포함함.	• 규정준수검토패널은 마닐라와 콜롬보에서 서류검토작업을 실시. • 민원제소자와 피해주민뿐만 아니라 프로젝트와 연관된 현재 및 과거 직원, 컨설턴트, 도급업자 등과 심층 인터뷰를 실시함. • 현장방문조사를 두 차례 실시함. • 본 요청의 검토자격조건이 만족한다고 보고하고 이사회는 2005년 1월 10일 규정준수검토를 승인함.	• 규정준수검토패널은 개선조치를 검토 및 평가하고 조사의 최종평가를 아래와 같이 보고함: (i) 19개의 권고시항 중 17개는 충실히 준수함. (ii) 2개의 권고사항은 부분적으로 준수함.

3. 중국 푸저우 환경개선 프로젝트(Fuzhou Environmental Improvement Project in the PRC) • 2005년7월29일승인 • 아시아개발은행 상업적 자금조달과 함께 5,580만 달러(일반자금) 제공	• 특별프로젝트추진부에는 7가구가 제소를 접수한데 반해, 규정준수검토패널에는 2명이 아래 내용의 규정준수검토를 접수함: (i) 강제이주문제; (ii) 가구손실 피해주민에게 부족한 보상; (iii) 불충분한 소득복원조치; (iv) 부적절한 정보공개 및 협의 과정	• 규정준수검토패널은 서류검토를 거쳐 제소자 주장의 사실여부를 확인하기 위한 현장방문조사를 실시하기로 결정함. • 반면, 중국정부는 아래와 같은 이유로 현장방문을 거절함: (i) 재정주계획은 중국당국과 아시아개발은행의 정책을 준수하고 있음; (ii) 중국정부는 이미 경로를 변경했기 때문에 규정준수검토가 필요 없음; (iii) 특별프로젝트추진부의 현장방문에서 제공한 정보가 이미 규정준수검토패널에 충분히 전달됨. • 규정준수검토패널은 프로젝트 기획 변경을 위한 중국정부의 결정을 수용함. • 단, 규정준수검토패널은 중국정부가 기획변경을 시도하기 전에 규정준수검토가 보고되어야 함을 전제로 제시함. • 자격조건심사의 일환으로 규정준수검토패널은 프로젝트 기획변경이 아시아개발은행의 규정준수검토를 위한 조사를 상쇄할 수 없다고 밝힘.	• 규정준수검토패널은 중국정부의 현장방문 거부로 규정준수검토를 완료하지 못한다고 명시함.
4. 키르기스스탄 카렉 교통회랑 1 (비슈케크-토루갓 도로) 프로젝트 2(CAREC Transport Corridor 1 (Bishkek-Torugart Road) Project 2 in the Kyrgyz Republic) • 2009년7월14일승인 • 아시아개발은행 2,800만 달러(아시아개발기금) 제공	• 규정준수검토패널은 2011년 5월 23일 익명을 요구한 5명의 피해주민들이 NGO포럼을 통해 아래와 같은 내용의 규정준수검토를 요청함: (i) 강제이주문제; (ii) 새 상점 등록 및 등록비 문제; (iii) 대출 상환일정 문제 • 본 요청은 특별프로젝트추진부에 의해 권고된 수정조치 이행과정 중에 접수됨.	• 규정준수검토패널은 본 요청의 자격을 인정하고 이사회에 규정준수검토를 착수하도록 승인을 요청함. • 2011년 8월 24일 규정준수검토에 착수함.	• 규정준수검토 진행 중.
5. 필리핀 비사야스 기저부하용 발전소 개발 프로젝트(Visayas Base-Load Power Development Project in the Philippines) • 2009년12월11일승인 • 아시아개발은행 1억 달러 민간협력차관 제공	• 익명을 요구하는 피해주민을 대표해서 NGO 단체 하나와 기술자 한 명이 2011년 5월 25일 아래의 내용으로 규정준수검토를 요청함: (i) 피해주민들 건강에 해로운 영향을 미침; (ii) 이산화탄소 배출로 환경에 해로운 영향을 미침.	• 규정준수검토패널은 본 요청의 자격을 인정하고 이사회에 규정준수검토를 착수하도록 승인을 요청함. • 이사회규정준수검토위원회는 2011년 7월 28일 규정준수검토를 승인함.	• 규정준수검토 진행 중.

자료: Asian Development Bank (2012a: 57-61; 2005).

한편, 아시아개발은행 책무성 메커니즘의 최종단계라고 할 수 있는 규정준수검토패널에 접수된 총 5건의 민원을 비교·분석해 보면 보다 명확하게 아시아개발은행의 통치성에 관한 판단과 해석을 내릴 수 있다([표 5-8] 참조). 규정준수검토패널에 성공적으로 접수가 완료된 민원의 수는 특별프로젝트추진부 단계를 거부한 사건의 수와 정확하게 일치한다. 다시 말해, [표 5-6] 유형 (I)에 속하는 5건의 민원제소가 [표 5-8]에서 보여주고 있는 규정준수검토패널로 이관된 사례와 정확히 일치한다는 의미로, 문제해결 단계에 만족하지 못한 민원은 결국 최종단계인 규정준수검토패널로 모두 이관을 시도했다는 것을 의미하기도 한다. 특별프로젝트추진부에서 문제해결을 거부하고 그대로 규정준수검토패널로 심사를 이관한 총 5건의 민원제소 중 1건만이 조사단계의 자격심사에 미달되는 것으로 규정준수검토패널에 의해 기각되고 나머지 4건은 심사자격이 인정되어 최종적으로 이사회 승인하에 규정준수검토를 위한 조사와 모니터링이 실시되었다.[34] 따라서 특별프로젝트추진부가 시행한 문제해결 프로세스가 전체 13건 중 12건으로 92%에 육박하는 데 비해, 규정준수검토패널 단계에서 접수된 민원에 대한 규정준수검토가 시행될 가능성은 80%로 다소 저조하지만, 세계은행 조사패널의 조사자격충족 비율이 43%에 그치는 것에 비교하면 두 단계 모두 다자개발은행에서는 아시아개발은행이 이례적으로 대단

34 규정준수검토패널에 접수된 5건 중 자격미달로 판명된 1건은 특별프로젝트추진부에서 2004년 11월 규정준수검토패널로 넘어 온 사례로, 규정준수검토패널에게는 첫 번째 사건인 '네팔 멜람치 상수도 프로젝트(Nepal Melamchi Water Supply Project)'이다([표 5-8] 1번 사례 참조). 규정준수검토패널은 프로젝트 현장을 방문하여 민원제소자가 요청한 사항에 대한 규정준수검토의 자격심사를 실시하였고, 직접적인 피해 또는 아시아개발은행의 정책위반사항을 증명할 정황이 부족하다는 판명하에 본 민원을 자격미달로 결정하였다.

히 높다고 평가할 수 있다([표 5-9] 참조).

그럼에도 불구하고, 시민사회와 피해주민이 특별프로젝트추진부와 규정준수검토패널을 통틀어 아시아개발은행의 책무성 메커니즘에 민원을 제기한 전체 사건 수와 규정준수검토패널의 자격심사를 통과하여 규정준수검토를 받게 되는 사건 수를 비교해 보면 아시아개발은행 책무성 제도의 보수성을 쉽게 인지할 수 있다. 특별프로젝트추진부에 최초 접수를 시도한 총 39건 중 단 4건만이 규정준수검토패널 단계까지 성공하였다는 점에서 볼 때, 성공률이 대략 10%에 머물게 된다([표 5-9] 참조). 이렇게 낮은 성공률을 감안할 때, 사실상 아시아개발은행의 개발프로젝트로 피해를 입었다고 주장하는 민원이 책무성 메커니즘에 의해 규정준수검토까지 최종적으로 완주될 가능성은 매우 희박하다. 만약 자격심사를 무사히 통과하였다고 해도 민원제소 주체가 원하는 대로 이사회가 책무성 문제를 시인하고 보상을 처리한다는 보장도 없다. 더욱이 규정준수검토패널의 자격심사를 통과한 4건 중 협력대상국 정부의 비협조로 규정준수검토조사를 실시하지 못한 사례도 하나 포함되어 있어 실제로 규정준수검토패널 단계까지 통과할 확률은 10%보다 더 낮아진다고 봐야 한다.[35] 이러한 아시아개발은행 책무성 메커니즘의 보수성은 다른 다자개발은행의 책무성 제도와 비교할 경우 더 극명하게 확인할 수 있다([표 5-9] 참조). 물론 책무성 메커니즘 중 문제해결의 특별프로젝트추진부가 평가하는 민원의 자격심사단계에 국한하여 아시아개발은행과 다른 다자개발은행을 비교하는 제한적인 문제가 있지만, 자격심사단계만 비교해 보면 아시아개발은행의 문제해결기능(33%)보다 세계은행의 조사패널(43%), 국제금융공사의 규

35 '중국 푸저우 환경개선 프로젝트(Fuzhou Environmental Improvement Project in the PRC)'가 이에 해당한다([표 5-8]의 3번 사례 참조).

정준수옴부즈맨(57%), 미주개발은행의 책무성 메커니즘(71%) 등이 실제로 더 높은 통과비율을 보이고 있다. 그럼에도 불구하고 아시아개발은행이 대외적으로 모든 다자개발은행 중에서 가장 혁신적이고 책무성 제도를 선도적으로 개혁하고 있는 것으로 평가되고 있는 현실정치의 역설이 있으니(Lloyd et al., 2007: 7), 여기서 아시아개발은행의 통치성이 보유한 고도의 사회공학적 기능과 야누스적인 이중성을 엿볼 수 있다.

결론적으로, 아시아개발은행의 책무성 제도와 통치성에 대한 해석은 두 가지 측면에서 양면성을 갖게 된다. 먼저, 아시아개발은행의 입장에서는 은행의 글로벌 통치성에 맞게 책무성 제도가 효과적으로 운영되고 있다고 평가할 수 있다. 최대한 예방적 차원에서 시민사회로 대변되는 피해주민들의 민원을 특별프로젝트추진부 단계의 문제해결기능으로 처리하고 규정준수검토패널 단계로 넘어가는 민원의 수를 최소화한다는 점에서 아시아개발은행의 통치성이 지향하는 방향과 일치한다고 볼 수 있다. 통치성에 의거하여 아시아개발은행은 외부행위자에 의해 책무성 제도의 남용을 방지하고 아시아개발은행에 타격을 최소화하면서도, 사전예방을 위한 특별프로젝트추진부의 효과적인 배치와 운영으로 책무성 메커니즘에 대한 전반적인 외부평가를 긍정적으로 유도하는 일석이조의 결과를 얻는 데 성공하였다. 그러나 다른 한편으로는 아시아개발은행이 예방 차원에서 도입한 문제해결 기능이 의도적으로 규정준수검토 단계와 분리되면서 이 구조적 분리가 시민사회에게는 또 다른 정치적 기회공간으로 작용할 수 있게 된다. 시민사회가 대항전략으로 문제해결 단계와 규정준수검토 단계를 모두 남용함으로써 애초에 아시아개발은행이 기획했던 사전예방책으로서의 문제해결 기능이 제 역할을 할 수 없게 되기 때문이다.

둘째로, 아시아 시민사회의 입장에서는 아시아개발은행에 대한

[표 5-9] 주요 다자개발은행의 책무성 메커니즘에 제소된 사건의 수 비교

기관	기간							
아시아개발은행(ADB): 책무성 메커니즘(Accountability Mechanism)	2004 -2011	규정준수검토패널 (Compliance Review Panel)			특별프로젝트추진부 (Special Project Facilitator)			
		합계	자격 충족	자격 미달	합계	자격 충족	자격 미달	자격심사 미결
		5	4(80%)	1(20%)	39	13(33%)	24(62%)	2(5%)
세계은행 (World Bank): 감사패널 (Inspection Panel)	1994 -2011	신청접수 합계	조사가능자격 충족	조사 불가능	추천내용 부재	자격심사 미결		
		76*	33(43%)	22(29%)	6(8%)	1(1%)		
국제금융공사(IFC): 규정준수자문 옴부즈맨(Compliance Advisor Ombudsman)	2000 -2010	신청접수 합계	옴부즈맨평가 자격충족	옴부즈맨평가 자격불충족	옴부즈맨평가 이행불가	규정준수감사 조건충족		
		127	72(57%)	51(40%)	4(3%)	8(6%)		
미주개발은행(IDB): 독립협의조사 메커니즘(Independent Consultation and Investigation Mechanism)	1994 -2010	신청접수 합계	협의단계 충족	협의단계 불충족	규정준수검토 충족			
		17	12(71%)	5(29%)	2(12%)			
아프리카개발은행 (AfDB): 독립리뷰 메커니즘(Independent Review Mechanism)	2004 -2011	신청접수 합계	규정준수 검토충족	문제해결 충족	자격충족 심사 중			
		7	2(29%)	3(43%)	1(14%)			
유럽부흥개발은행(EBRD): 프로젝트 소원메커니즘(Project Complaint Mechanism: PCM)	2004-2011: 독립상환청구메커니즘 (IRM) 2011-현재: PCM	독립상환메커니즘 (Independent Recourse Mechanism)	프로젝트소원메커니즘 (Project Complaint Mechanism)					
		신청접수 합계	신청접수 합계	문제해결 충족	규정준수 충족	자격충족 심사 중		
		15	8	3(38%)	2(24%)	3(38%)		
유럽투자은행(EIB): 소원메커니즘 (Complaints Mechanism)	2008 – 2011	2008년에 소원메커니즘이 소원정책(Complaints Policy)을 대체	조달사례: 15(2007년), 40(2008년) 환경사회영향사례: 2(2007년), 7(2008년)					
일본국제협력은행(JBIC): 환경가이드라인조사실 (Office of Examiners for Environmental Guidelines)	2003-2011	2007년 1건 접수되었으나 자격불충족으로 판명						
미국해외민간투자공사(US Overseas Private Investment Corporation): 책무성실(Office of Accountability)	2005 -2011	신청접수 합계	규정준수검토 충족	문제해결 충족	자격충족 심사 중			
		6	2(33%)	1(17%)	2(33%)			

자료: Asian Development Bank (2012a: 62-63).

* 세계은행의 총 신청합계는 동일한 사업에 대한 신청을 2회 또는 3회 반복한 사건이 6건임.

* 저자의 추가적 수정 · 보완 포함.

대항영역을 거시적인 담론에서 실제적인 정책수준의 미시적인 단계까지 확장하여 갈등의 정치 공간을 넓혀 나가야 하는 딜레마에 빠지게 된다(김태균, 2013b). 즉, 거시적인 글로벌 통치성에 맞추어 아시아개발은행이 미시적으로 대항세력인 아시아 시민사회와의 협력을 위해 적극적인 공세를 펴게 됨에 따라 시민사회의 대항전략이 외부전략보다는 내부전략으로 전환될 가능성이 높아지기 때문에 시민사회의 입장에서는 아시아개발은행과의 협력관계를 어느 선까지 유지해야 되는가에 대한 시민사회 내부의 갈등과 분열이 발생할 수 있다. 아시아개발은행의 미시적인 공세는 주로 책무성 메커니즘이 보유하고 있는 기능의 분업을 의미하며, 특히 특별프로젝트추진부의 예방적인 문제해결 기능이 시민사회와의 갈등정치 공간을 장악하고 시민사회의 대항영역 전열을 흩뜨리는 데 일조한다. 그러나 이러한 아시아개발은행의 구조적 분업을 시민사회가 전략적으로 접근하여 문제해결 단계와 규정준수검토 단계를 양쪽에서 활용하게 되면, 아시아개발은행이 기획했던 사전예방책이라는 목적이 무산되고 책무성 메커니즘이 남용되는 악순환의 결과가 발생한다. 또한 아시아 시민사회는 아시아개발은행으로 하여금 2003년과 2012년 두 차례 책무성 제도 개혁을 단행하도록 압력을 가하는 데 성공했고, 실제로 아시아개발은행의 책무성이 제고되어 피해주민들이 보상을 받게 되는 긍정적인 결과를 이룬 것도 부정할 수 없는 사실이다. 그럼에도 아시아 시민사회는 실제 아시아개발은행의 책무성 메커니즘이 제공할 수 있는 최대한의 서비스인 규정준수검토패널 단계까지 무사히 통과한 민원의 수가 고작 4건에 불과하다는 아시아적 패러독스에 책무성 개혁의 초점을 맞춰야 할 것이다.

제6장

아시아 시민사회의 개발협력 책무성에 대한 도전

아시아개발은행의 글로벌 통치성은 도전자인 시민사회의 통제와 구속을 위한 규범과 행동수칙을 제공하여 아시아 시민사회를 아시아개발은행에 유리한 프레임 안에 가두려고 한다. 그러나 시민사회 스스로의 자정력과 연대성은 종종 쓰나미처럼 현실주의에 입각한 구조적인 제약들을 통째로 쓸어버리기도 한다(Rosenberg, 1994). 다자개발은행의 책무성에 대한 시민사회의 도전은 다자개발은행이 표출하는 통치성의 수위에 따라 다양한 레퍼토리로 운동양식을 구성하고 책무성 개혁을 위한 개입방식을 결정한다.

특히, 아시아적 맥락에서의 책무성 개혁 프로세스에서는 아시아개발은행의 책무성 메커니즘과 아시아 시민사회 간에 형성된 관계적 책무성에 따라 도전과 협의가 병행되는 독특한 시민사회의 개입전략과 대항영역이 조성된다. 아시아 시민사회가 어떻게 아시아개발은행의 책무성 문제에 개입하고 도전하는가를 이해하기 위해서는 시민사회가 구성하는 대항영역과 대항전략을 아시아개발은행과의 관계성 안에서 재해석하는 작업이 필요하다. 이러한 시민사회의 대항영역을 연구함에서 기존 연구의 대부분이 국가중심의 국제기구 시각에서 시민사회를 분해하는 하향식 접근법에 의존해 왔다(Tallberg et al., 2013; Reimann, 2006). 이러한 편향된 시각을 극복하기 위해서는 시민사회의 입장에서 대항영역을 어떻게 구축하고 어떤 전략을 추구해 왔는가에 대한 행위자 중심의 분석이 필요하다. 다시 말해 아시아개발은행과 시민사회 간의 관계적 책무성이라는 맥락에서 추진되는 이른바 '상향식' 접근법이 반드시 동반되어야 한다.[1] 아래로부터의 접근법을 통해 시민사회의 특정 CSO가 아시아개발은행과 협력관계를 유지하고 다른 CSO는 대항전략을 모색하는 동인의 차이점을 파악할 수 있으며, 아울러 CSO의 특성과 대항전략에 따라 아시아개발은행과의 관계성을 유지하는 레퍼토리가 변화와 진화를 거듭하게 된다는 사실을 추적할 수 있다.

이러한 상향식 내지 아래로부터의 접근법으로 아시아 시민사회가 아시아개발은행의 책무성 문제에 도전하는 대항영역과 여기에 배태된 대항전략, 레퍼토리, 그리고 거시적인 아시아개발은행과의 관계성을 추적하는 방법론을 '아래로부터의 세계화'라는 프레임과 동형화 또는 정책옹호연합(policy advocacy coalition)이론으로 복기할 수 있다. 우선, '위로부터의 세계화'라는 신자유주의적 경제위주의 강압적 세계화를 거부하고 반대의 대항영역을 '아래로부터의 세계화'라는 프레임으로 차별화하여 후자를 통해 전자를 극복하자는 주장은 일찌감치 1990년대 후반에 포크(Falk, 1997)에 의해 주장되었다. 그 후 아래로부터의 세계화 프레임을 토대로 신자유주의적 글로벌 거버넌스에 대안적으로 등장한 '글로벌 사회적 거버넌스(global social governance)'와 일국의 시민사회를 넘어 글로벌 연대체가 형성되는 세계시민사회론까지 거론되

1 특정 조직 내에서 각 부처 간 통합에 대한 제도적 분석을 아래로부터 접근하는 상향식, 위에서 내려오는 하향식, 그리고 두 방식이 혼합되는 통합식 접근법에 대한 논의는 행정학에서 '정책옹호연합'이라는 개념하에 1980년대부터 발전해 왔다. 이러한 조직통합 및 옹호연합모델에 관한 논의는 Sabatier (1988), Sabatier and Jenkins-Smith(1993) 참조.

는 등 아래로부터의 대안적인 세력화 논의가 계속해서 발전되어 왔다(Deacon, 2007; Yeates, 2001; Keane, 2003; Buckley, 2013).

투박하게 들릴 수 있으나 아시아개발은행에서 발산되는 글로벌 통치성과 이를 무기로 지역커뮤니티와 CSO를 통제하려는 강력한 개입과 포섭에 대항하는 시민사회의 정치세력화를 아래로부터의 세계화 현상의 하나로 편입시킬 수 있다. 이러한 시민사회의 대항영역을 확장하고 갈등정치에서 독립된 세력장으로 위치권력(locational power)을 확립하기 위해서는 단일세력으로서의 시민사회가 아니라 집단행위를 통한 정책옹호연합을 구축해야 한다(Sabatier, 1988; Kwon, 2007; Lee and Kim, 2018).[2] 즉, 행위원칙과 동원할 수 있는 자원에 차이가 있음에도 불구하고 공동의 목표를 공유할 경우에 자발적으로 서로에게 규범적 모델이 되어 유사한 성격의 CSO가 동형화되는 과정을 통해 시민사회의 대항영역을 확장하는 것을 의미한다.

이러한 동형화 정책옹호연합이론을 아시아개발은행 책무성에 대한 시민사회의 도전에 적용한다면, 아시아개발은행 책무성 메커니즘의 문제해결기능 또는 규정준수검토기능에 세이프가드 위반사항과 이에 따른 현지주민의 피해사항을 주기적으로 제소하는 대항적 CSO와 함께, 아시아개발은행의 NGO센터와 정기적인 소통과 협의를 통한 소극적인 개입의 프로토콜에 동의하는 CSO도 아시아 시민사회의 대항영역에 동참할 수 있다는 해석이 가능하다. 아시아개발은행 책무성 제도의 개혁에 접근하는 방식에 차이가 있지만 궁극적으로 책무성 개선을 공동의 목표로 공유한다는 측면에서 상반된 유형의 CSO가 정책옹

2 위치권력은 사회적 행위의 주체가 특정 위치를 전략적으로 선점함으로써 경쟁주체를 통제하거나 포섭할 수 있는 정치적 권력을 의미한다(김태균, 2012a).

호연합을 통해 서로에게 동화될 수 있다는 의미이다. 이를 토대로 구체적인 시민사회의 대항전략으로 내부전략과 외부전략의 배합이 어떻게 최적화되는가를 역사적 중대시점에 따라 추적하는 작업이 가능해진다.

아시아개발은행의 책무성에 대한 아시아 시민사회의 대항영역과 대항전략의 구성체를 분석하기 위하여 본 장은 다음과 같이 크게 세 부분으로 나누어 전개된다. 우선, 국제개발 영역에서의 시민사회 역할에 관한 일반론적인 해석과 분석을 아시아 시민사회를 이해하기 위한 배경으로 간단히 검토한다. 시민사회의 역할을 서비스제공 주체로서 그리고 정치적 애드보커시의 주체로서 나누어 접근함으로써, CSO 스스로가 두 기능을 전략적으로 활용할 수 있는 동시에 두 기능이 혼재된 상태에서 발생하는 딜레마도 예상할 수 있다. 둘째, 이를 바탕으로 아시아 시민사회가 아시아개발은행의 개발프로젝트에서 발생하는 책무성 문제를 감시하고 개혁을 요구하기 위하여 장기간 천착해 온 대항영역과 내부전략·외부전략으로 구성되는 대항전략을 본격적으로 분석한다. 마지막으로, 아시아 시민사회에 내재된 CSO 내부의 책무성 딜레마에 관하여 논의한다. 시민사회의 책무성 문제가 궁극적으로는 서비스제공과 애드보커시 사이에서 발생하는 시민사회 내부의 기능적 분절화에서 비롯되고 이를 적극 활용하는 아시아개발은행의 통치성이 결국 시민사회의 대항영역에 체계적으로 치밀하게 침투하게 된다.

1. 국제개발에서의 시민사회 역할과 도전

서구의 시민사회 연구에서는 일반론적으로 시민사회의 기능에 대한 논의를 크게 두 가지로 형성해 왔고, 이러한 논의는 국제개발 영역에서의 시민사회에도 적용할 수 있다.[3] 다양한 CSO가 보유한 다양한 역할을 두 가지 범주로 제한하는 것은 사실 불가능하거나 바람직한 시도라 할 수 없지만, 여기서는 편의상 서비스 전달 주체로서의 역할과 정치적 애드보커시로 대표되는 옹호의 역할로 구분하는 이원론적 접근법을 채택한다(김태균, 2017).[4] 실제로 대다수의 CSO는 서비스제공기능과 정치적 옹호기능이 혼합되어 있는 경우가 다반사이며, 조직이 집중하는 활동의 무게중심이 두 기능 중 어디에 놓이는가에 따라 그 조합 비율이 달라지는 것뿐이다. 그럼에도 기능의 이중적 분화가 중요한 이유는 이원론적 시각이 CSO의 전문성에 따라 적절하게 분업이 이루어지도록 유도하여 시민사회에 선순환적인 시너지 효과를 발산하는 접근법으로 인식될 수도 있지만, 반대로 이중적 분절화로 기능이원론이 발전할 경우 분절된 기능 사이에서 시민사회가 스스로 분열되는 책무성 딜레마의 원천으로 작동할 수 있기 때문이다(Peruzzotti, 2007). 이런 시민사회 내부의 분절화 가능성을 아시아개발은행은 통치성이 투입될 수 있는 전략적 자산으로 활용할 가능성이 높으며, 이는 아시아개발은행이 서비스전달 중심의 CSO를 적극적으로 포섭·수용하려는 구체적

3 글로벌 거버넌스에 시민사회가 참여하고 정부 간 국제기구와 관계를 맺기 시작한 시기를 단순히 최근의 세계화 시대에 맞추어 산정하는 사고의 오류에서 벗어나야 한다. 1919년 제1차 세계대전 직후 파리강화회의(Paris Peace Conference)에 승전국, 패전국 정부대표단뿐만 아니라 다양한 민간 시민단체들이 대안적인 목소리를 높이기 위하여 대표단을 파견하고 활동한 기록이 있고, 합의된 것은 아니지만 대부분의 학자들이 글로벌 공론장에서 시민사회의 민주적 참여의 시작을 찾는 데 동의하고 있다(Kuehl, 1969; Charnovitz, 2003; Lauren, 2011).

4 정부와 시민사회 간의 관계를 유형화하는 프레임이 여기서 강조한 이원론을 비롯하여 학자들마다 구분하는 방식이 다양하다. 이원론은 가장 기본적인 특징을 중심으로 시민사회단체를 유형화하는 기초 프레임이라 할 수 있다. 다양한 정부-시민사회 관계의 유형론은 Kim (2007) 참조.

인 정책으로 나타나고 아시아 시민사회에게는 반대로 책무성의 딜레마에 빠지게 만드는 자충수가 된다.

1) 서비스 전달주체로서 시민사회

제2차 세계대전 이후 시간차는 있지만 거의 모든 선진국이 공적자금으로 시행되어야 하는 복지서비스를 시민사회와의 협치를 통해 해결하는 민관협력의 정책을 도입하게 된다(Ware, 1989; Bauer, 1990; Seibel, 1990). 이러한 시민사회와의 파트너십은 실제로 서구의 진보진영과 보수진영에서 예외 없이 모두 선호하는 일반적인 현상으로 자리 잡아 왔다(Kendall, 2003). 정부의 거버넌스 방식이 보수적일수록 신자유주의적 개혁을 선호하게 되며 정부지출을 최대한 줄이고 민간부문을 적극적으로 활성화하기 때문에, 기존 복지국가가 시행했던 정부 중심의 복지서비스를 과감히 축소하고 자원단체와 같은 CSO에게 위임하는 경우가 주류 사회정책으로 시행된다. 반대로, 정부의 성향이 진보적일수록 정부지출 중심의 복지국가로 수렴되는 케인즈형 공공정책을 입안할 가능성이 높고 시민사회가 정권의 중요한 정치적 동반자로 인식되어 복지서비스를 분배할 때 시민사회와의 협치와 협력을 선호하게 된다. 따라서 공공성을 띤 복지서비스 정책의 주요 파트너로서 시민사회는 정치적 이데올로기와 무관하게 정부정책의 성공요소로 상당히 선호되어 왔다고 평가할 수 있다.

한편, 서비스 전달주체로서 시민사회가 정부 공공정책의 동반자로서 각광을 받는 실질적인 이유는 시민사회의 역할이 기존의 정부 또는 시장에서 발생하는 정책적 결함을 수정하는 대체효과를 창출할 수 있다는 기대에 근거한다. 서유럽의 복지국가 흥망성쇠를 소위 '정부실패(government failure)'와 '시장실패(market failure)'라는 담론으로 평가하면서 두 주체를 대체할 수 있는 강력한 후보로 시민사회를 거론하는 것이다(Offe, 1984; Wallis and Dollery, 1999). 우선, 1960년대와 1970년대에 정점을 찍었던 복지국가의 황금기가 점차 정부의 무절제한 복지정책의 확장과 이에 따른 정부재정의 막대한 손실로 심각한 재정위기를 초래하게 되었다는 분석이 정부실패의 핵심이다. 이러한 정부실패에 대한 대안으로 정부개입 축소와 시장체제의 도구적 수용이 강조되고 제도화되지만, 시장에 대한 맹신으로 시장을 장악한 민간부문이 시장에 통용되는 수요와 공급에 대한 정보를 민간부문에 이롭게 통제할 수 있게 됨에 따라 소비자의 선택이 민간부문에 의해 조정되고 분배가 불공평하게 이루어지는 왜곡된 경제시스템이 고착화되는 시장실패가 발생하게 된다. 결국, 정부중심의 복지국가 정책이행과 시장중심의 신자유주의적 복지정책의 개인화 프로젝트가 복지배분의 지속가능성을 담보하지 못하고 정부와 시장을 대체할 수 있는 공공서비스의 적절한 주체를 시민사회에서 모색하게 된다. 특히, CSO는 상대적으로 국가영역과 시장영역을 자유롭게 이동할 수 있으며 정부정책과 민간부문의 개입에서 자유로울 수 있기 때문에, 복지서비스의 수혜자에게 직접 접근하여 이들이 원하는 서비스의 유형과 시기를 정확하게 조사하여 맞춤형 서비스를 제공할 수 있다는 공공서비스의 효율성과 투명성을 동시에 보유하게 된다(James, 1989).[5] 또한 CSO는 정부기관이 정기적으로

5 이러한 시민사회가 보여주는 긍정적인 대체효과와 반대로, 시민사회도 이른바 '자원실패(voluntary failure)'라고 불리는 내부적 문제에 늘 봉착할 수 있는 위기에 노출되어 있다(Salamon, 1995). 자원실패는 시민사회가 태생적으로 보유하고 있는 자원주의(voluntarism)에서 발생하는데, CSO가 정부와 시장으로부터 구속받지 않고 자율적으로 활동하기 위해서는 재정적으로 독립할 수 있는 안정적인 재원을 확보해야 하며 독자적인 시민사회 활동을 할 수 있는 지식과 인력이 제공되어야 한다. 그러나 현실적으로 재정의 독립성을 확보한 CSO는 많지 않으며, 정부 또는 민간부문으로부터 재정지원을 받는

접근하지 못하는 소외된 지역과 계층에 높은 접근성을 보이며, 정부기관을 대신하거나 정부기관과 협력하여 공공서비스를 제공하는 대체효과를 창출할 수 있다는 점에서도 정부와 시장에게 대단히 매력적인 파트너로 인식되어 왔다(Kim, 2008; Kendall, 2003; Deakin, 2001).

CSO의 서비스전달 기능에 대한 사회정책적 분석은 개발협력 영역에서도 어느 정도 유사하게 개발CSO의 역할에 대한 긍정적인 설명을 제공한다(Deacon, 2007; Lewis and Kanji, 2009). 개발프로젝트 시행에서 공여국 정부 또는 민간단체보다 긴 호흡으로 협력대상국 지역사회와 최종수혜대상과 정기적으로 소통하면서 장기적인 개발협력 프로그램을 설계할 수 있다는 장점이 있다. 협력대상국의 국내 지역 시민사회와 직접 소통할 수 있기 때문에 수원국 정부가 국내 CSO를 통제하려는 압력에 국제CSO가 적극적으로 비판하고 도전할 수 있으며, 국경을 초월하는 이슈에 대하여 국제CSO는 공여국 정부보다 자유롭게 자원주의에 입각한 역량을 발휘할 수 있다. 또한 국제CSO 또는 공여국의 개발CSO는 협력대상국의 지역 CSO에게 개발역량을 강화하기 위한 교육서비스 및 지식공유를 제공할 수 있다는 장점에 주목할 필요가 있다. 이러한 이유에서 서유럽의 선진공여국은 국내 개발CSO의 역량강화 및 개발협력 서비스 협력을 위하여 전략적으로 공적개발원조의 상당 부분을 CSO를 위한 재정지원으로 할당하고 있다. 특히, 1990년대부터 서유럽 복지정책에서 강조되어 왔던 정부-시장-시민사회의 연합체인 복지혼합(welfare mix)의 논리가 개발협력 영역에도 도입되면서 이른바 민관협력 등등의 표현이 동원되고 이를 통해 시민사회와의 협

경우가 흔하다. 따라서 재정을 지원하는 기관으로부터 CSO는 원천적으로 자율성을 확보할 수 없으며, 이는 곧 시민사회 고유의 특성인 자원주의가 침해받는 부정적인 결과로 이어진다.

치가 부각되는 반면, 시민사회의 고유영역인 자원주의가 쇠퇴한다는 비판적인 목소리도 제기되고 있다(Evers, 1995; Johnson, 1999; Kuhnle and Selle, 1992).

이러한 맥락에서 볼 때, 서비스제공 주체로서의 CSO는 아시아개발은행에게도 대단히 매력적인 파트너일 수밖에 없다. 앞서 논의했듯이, 아시아개발은행은 적극적으로 NGO센터를 중심으로 아시아 현지 커뮤니티와 CSO를 주요 조력자로 인식하고 아시아개발은행이 지원하는 개발프로젝트로 유인하는 전략을 전면에 내세우고 있다. CSO 고유의 현장 경험에 기반한 기술협력과 같이 직접 특정 서비스를 CSO가 아시아개발은행 대신 제공할 수 있기 때문에 아시아개발은행으로서는 개발프로젝트 참여를 권장하는 재정지원 등의 유인책을 적극적으로 확장하게 된다. 실제로, CSO가 아시아개발은행 프로젝트에 참여하는 협력관계는 양자 모두에게 이로울 수 있는 민관협력 모델이라는 평가와 아시아개발은행의 지나친 재정적·물리적 개입으로 시민사회의 자원주의가 퇴색되어 아시아개발은행의 도구적 부속품으로 전락한다는 비판적 시각이 공존한다(Evans, 1996; Evers and Svetlik, 1993). 심지어 아시아개발은행의 책무성 개선이 시민사회의 도전을 수용하는 것이 아니라 시민사회의 통제기제로서 책무성을 도구화하려는 의도가 깔려있다는 해석도 있다(Park, 2017).

2) 정치적 애드보커시 주체로서 시민사회

시민사회의 기능은 서비스전달과 함께 정부와 시장을 감시하고 대안을 제시하며 시민의 권리를 옹호하는 정치적 애드보커시라는 주창성으로 압축된다(Kendall, 2003; Kim, 2007; 김태균·박명준, 2010). 시민사회의 주창성은 시민사회의 태생 자체를 국가와 시민사회의 대칭구조로 보는 이분법, 그리고 국가와 시장의 대척점으로 보는 삼분법적 사고 등 본질적으로 시민사회를 국가권력 및 시장권력을 보유한 집단에 도전하는 시민 개개인의 집합체로 인식하는 정치적 작동기제에 기반한다. 궁극적으로 시민사회의 주창적 역할은 사회에서 발생하는 모든 현상을 포괄하며 기성 정치체제의 비민주성과 책무성 결핍에 도전하는 시민세력의 정치화를 도모할 수 있다. 이러한 시민사회의 정치적 애드보커시 기능이 국내 영역을 넘어서 글로벌 수준으로 확대될 경우, 세계시민사회를 구성하는 각 국가의 CSO 그리고 국제CSO 등이 국제기구 및 주요 강대국에 의해 통제되는 글로벌 거버넌스의 통치성에 대항하는 감시와 도전의 집합행위로 시민사회의 정치적 주창성을 재정의할 수 있다(Scholte, 2011; Bank Information Center et al., 2012; Rosenau, 1992).

이러한 CSO의 주창적 역할을 국제개발 영역에 적용할 경우, CSO가 표적으로 삼는 감시 대상은 개발원조 프로젝트를 기획하고 시행하는 주요 공여주체의 개발정책으로 수렴되고, 구체적인 애드보커시의 레퍼토리(repertoire)는 첫째, 주창성을 위한 CSO 간의 글로벌 연대체 구축, 둘째, 개별 공여주체에 대한 표적 감시 활동, 셋째, 개발이슈의 국내-국제 연계를 위한 부메랑 효과 등으로 정리할 수 있다(김태균, 2017). 첫 번째 레퍼토리는 CSO가 특정 국제개발 공여주체를 대상으로 애드보커시 활동을 개별적으로 추진하는 것이 아니라, 거시적이고 집단적으로 신자유주의적 세계화와 강대국 중심의 글로벌 통치성에 도전하기 위하여 지구적 수준의 시민사회 연대체를 구축하는 방식이다. 글로벌 연대체를 구축하는 방식은 다양한 형태로 세계시민사회에 있어 왔는데, 특정 이슈를 중심으로 연대체를 구축하는 방식과 글로벌 거버넌스에 도전하는 총체적인 집합체로서 연대하는 방식으로 구분할 수 있다. 전자의 경우는 개발원조의 효과성 이슈에 천착하여 2000년대 초반부터 OECD DAC이 4차례 로마·파리·아크라·부산에서 조직해 온 '원조효과성을 위한 고위급포럼'을 감시하고 대안적 시각을 제시하기 위하여 CSO 연대체로 설립된 'CSO개발효과성을 위한 열린포럼(Open Forum for CSO Development Effectiveness)'에서 전형적인 이슈 기반의 시민사회 집합행위를 확인할 수 있다. 후자의 사례로는 매년 스위스 다보스에서 개최되는 세계경제포럼(World Economic Forum)의 신자유주의적 세계화와 이와 연결된 무리한 개발우선주의에 대항하는 평행적 글로벌 연대체로서 2001년부터 조직·운영되어 온 '세계사회포럼(World Social Forum)'을 들 수 있다(Smith et al., 2016; Smith, 2008). 따라서 이 두 사례는 글로벌 수준에서 CSO가 정치적인 세력화를 통하여 세계시민사회의 주창성을 확장하는 방식이라고 평가할 수 있다(Keane, 2003; Lipschutz, 1992).

두 번째는 개발CSO가 특정 신자유주의적 국제기구를 겨냥하여 표적된 대상의 개발정책과 사업방식을 감시하고 직접적으로 도전하는 미시적 수준의 CSO 연대체이다. 글로벌 거버넌스의 거시적 문제를 구조적으로 해체하고 대안을 제시하는 글로벌 수준의 CSO 연대체와 달리 미시적 연대체는 구체적인 문제에 천착하여 다자개발은행의 책무성 결핍과 같은 특정 국제기구의 개발정책과 집행과정을 근거리에서 감시하고 국제기구의 개혁과정에 집중적으로 개입하는 직접적인 시민사회 주창성의 발현 방식이다. 본 연구의 주제인 아시아 NGO포럼이 특정 국제기구인 아시아개발은행의 책무성 이슈를 적극적으로 감시하고 책무성 제고를 위한 개혁 프로세스에 적극 가담하는 사례가 이러한 두 번째 CSO 연대체의 레퍼토리에 해당된다.

마지막 레퍼토리는 글로벌 수준의 거시적 CSO 연대체와 미시적 수준의 CSO 연대체를 연계하는 중간수준(meso-level)의 시민사회 주창성으로 수렴된다. 글로벌 수준의 개발담론과 규범을 국내 수준의 개발협력에 적극적으로 반영할 수 있도록 개발CSO는 국내 정부가 소홀히

하는 국제개발원칙을 국내에서 공론화하는 일종의 부메랑 효과를 창출한다(Keck and Sikkink, 1998; Tarrow, 2001). 다시 말해, 개발CSO가 국내에서 문제가 되고 있는 국제개발정책의 이슈영역을 국내 정부에 직접 도전하지 않고 국제사회로 소환하여 '초국가옹호네트워크(transnational advocacy network)'로 대표되는 글로벌 CSO 연대체의 지지 세력을 확보한 후 이를 거쳐 글로벌 수준의 개발원칙을 다시 국내 수준으로 환원하는 부메랑 프로세스를 의미한다. 이러한 부메랑 효과를 창출함에서 개발CSO는 글로벌 수준과 국내 수준의 개발논의를 연결하는 매개체 역할을 수행하여, 아시아개발은행의 책무성 문제를 지역커뮤니티의 발전문제와 연계해 책무성 메커니즘의 개혁을 이슈화하는 데 적극 개입하게 되는 것이다.

2. 아시아 시민사회의 대항영역과 전략

이 절에서는 아시아개발은행의 책무성 문제에 도전하는 아시아 시민사회의 대항영역 구조와 그 대항전략을 해부하는 작업을 시도한다. 시민사회의 내부전략과 외부전략을 비롯하여 대항영역의 구조를 정치하게 분석하는 작업은 아시아개발은행의 통치성에 대응하는 아시아 시민사회의 전략을 이해하고 두 주체 간에 형성되는 관계적 책무성의 궤적을 추적하는 데 반드시 필요한 과정이다. 이러한 아시아 시민사회가 보유한 대항영역에 관한 분석은 앞에서 구분한 CSO의 기능 중 다분히 후자인 정치적 애드보커시 기능의 맥락에 가깝다고 볼 수 있으나, 그럼에도 불구하고 서비스제공의 기능이 완전히 시민사회의 대항영역에서 배제되는 것은 아니다. 다시 말해, 서비스제공과 정치적 애드보커시 기능이 어느 정도 혼합되어 있지만 후자인 CSO의 애드보커시

활동에 분석의 무게가 더 실리게 된다.

특히, 아시아 시민사회 진영에서 정치적 애드보커시 역할의 정점에 있는 NGO포럼의 역사적 발전을 심도 있게 분석함으로써, 아시아 시민사회가 아시아개발은행의 책무성 문제를 공론화하기 위하여 끊임없이 모색해 온 대항전략의 핵심적인 자취를 추적할 수 있다. NGO포럼에 가입한 CSO의 수는 2016년 기준 194개의 기관으로 집계되고 있으며, 대부분이 아시아지역의 CSO이지만 유럽과 미주지역의 개발 CSO도 참여하고 있다([표 6-2] 참조). 아시아개발은행이 NGO센터를 도입하여 아시아개발은행 주변에서 활동하는 CSO를 대응하는 데 통일성을 기하고 있듯이, 아시아 시민사회도 NGO포럼을 통해 아시아개발은행과의 관계성을 단일화하고 통일된 조직을 운영하는 체계적인 관리방식을 구축해 왔다. 1998년 NGO포럼의 재편성을 기회로 아시아지역 CSO의 입지가 강화되고 시민사회의 통합된 집합행위를 조직할 수 있게 되어 아시아개발은행이 책무성 제도를 개혁하게 된 결정적인 계기가 되었다는 사실을 이미 확인한 바 있다. 물론 NGO포럼 중심의 단일화 방안을 모든 CSO가 동조한 것은 아닐뿐더러 아시아 시민사회의 대항영역에 문제가 발생하는 원인을 NGO포럼에서 찾는 내부 CSO도 있다. 따라서 아시아 시민사회의 대항전략이 다른 지역 시민사회의 대항전략과 차별성을 갖는 동인은 NGO포럼을 중심으로 아시아 시민사회의 대항영역이 동형화와 탈동조화를 거치면서 어떻게 형성되었는가라는 문제의식에서 찾을 수 있다.

요컨대, 아시아개발은행의 글로벌 통치성과 유사하게 아시아 시민사회의 대항영역도 아시아개발은행과의 관계성 안에서 대항전략의 강도와 종류, 방향성이 결정된다. 대항영역의 전모를 이해하기 위하여 먼저 아시아 시민사회 내부에서 형성되어 온 연대의 단일화 과정과 이를 뒷받침하고 있는 동형화 현상을 분석한다. 이를 토대로 본격적인 아시아 시민사회의 대항영역과 대항전략을 해부하여 CSO의 구체적인 운동방식 선택과 레퍼토리의 구성, 그리고 내부 및 외부전략의 배합 등을 분석한다. 마지막으로, 아시아 시민사회만의 특수한 대항영역을 분석함과 동시에 시민사회 스스로의 책무성 문제에서 발생하는 내부적 괴리현상을 추적하여 시민사회가 안고 있는 고질적인 딜레마를 검토한다.

1) 아시아 시민사회의 동형화 현상과 연대의 단일화: NGO포럼을 중심으로

아시아 시민사회가 아시아개발은행의 책무성 문제에 대한 대응책을 모색하기 위하여 무엇보다도 주요 CSO 행위주체들 간에 정치적 애드보커시 목표와 활동범위에 대한 합의 도출이 필요하다. 아시아적 맥락에서는 구체적인 합의에 도달하면 이에 동의하는 유사한 성격의 CSO가 집합행위의 구심점으로 NGO포럼이라는 단일 정책옹호연합체를 구성하게 된다. 단일연합체로서 NGO포럼이 내부 구성원인 CSO 간에 합의된 애드보커시 활동을 추진하는 데 고려해야 될 가장 중요한 변수는 NGO포럼에 제약을 가하거나 정치기회공간을 제공하는 아시아개발은행의 통치성과 책무성 메커니즘 등과 같은 아시아개발은행이 생산하는 외생 변수들이다. 행정학에서는 이렇게 외적 변수에 의해 어떤 일정한 정책영역 또는 하위체제 내에서 신념을 공유하는 행위자들끼리 서로 뭉치는 이해당사자를 정책옹호연합으로 표현하고, 사회학에서는 이런 옹호연합을 합리적 분석과 정치적 산물로 상정하고 특히 연합전선에 참여하는 행위자들의 동형화 현상에 분석의 무게중심을 둔다(Sabatier and Jenkins-Smith, 1993; DiMaggio and Powell, 1991). 동조와 참여를 결정하는 주체인 CSO도 중요하지만, 이런 과정에서 경쟁하는 세력에 대항해서 자신들의 이익이나 선호를 옹호하기 위해 연합의 형성이나 조직화된 협력들이 일어나게 되는 현상으로서 동형화 과정도 중요하다.

따라서 아시아 시민사회의 옹호연합이자 동형화 현상의 결정체인 NGO포럼을 중심으로 아시아 시민사회의 단일화 과정을 분석한다. NGO포럼의 기원은 예상대로 즉흥적인 외생 변수의 영향으로 결성된 결과물이 아니라 순차적인 역사적 계기로 점차 옹호연합을 형성하고 그 영향권을 확대하면서 구성된 장기 프로젝트였다([표 6-1] 참조).[6] NGO포럼을 중심으로 아시아 시민사회의 연대가 단일화되는 과정은 다음과 같이 3단계로 역사적 발전과정을 구분하여 정리할 수 있다([그림 6-1] 참조).

NGO포럼의 역사적 태생은 1988년으로 거슬러 올라간다. 1988년에 필리핀 CSO인 '농업개혁·농촌개발을 위한 아시아NGO연합(Asian NGO Coalition for Agrarian Reform and Rural Development)'과 '환경정책연구소(Environmental Policy Institute)'가 아시아개발은행의 개발프로젝트에서 발생하는 피해에 관한 책무를 공개적으로 거론하고 아시아개발은행의 책무성 문제를 감시하기 위한 일종의 파트너십을 구축함으로써 NGO포럼의 태생에 발단이 되었다. 공식적으로는 1991년에 16개국에서 20개의 CSO가 NGO작업반을 결성하여 NGO포럼의 전신이 출범하였다. 이듬해인 1992년 홍콩회의에 참가한 CSO 대표들이 NGO작업반의 사무국을 마닐라에 설치할 것을 결정하고 1993년에 사무국을 대행

6 NGO포럼의 역사적 형성과정은 주로 NGO포럼이 출간한 연차보고서(Annual Report)와 www.forum-adb.org에 올라온 정보들을 바탕으로 요약·정리한 것이다.

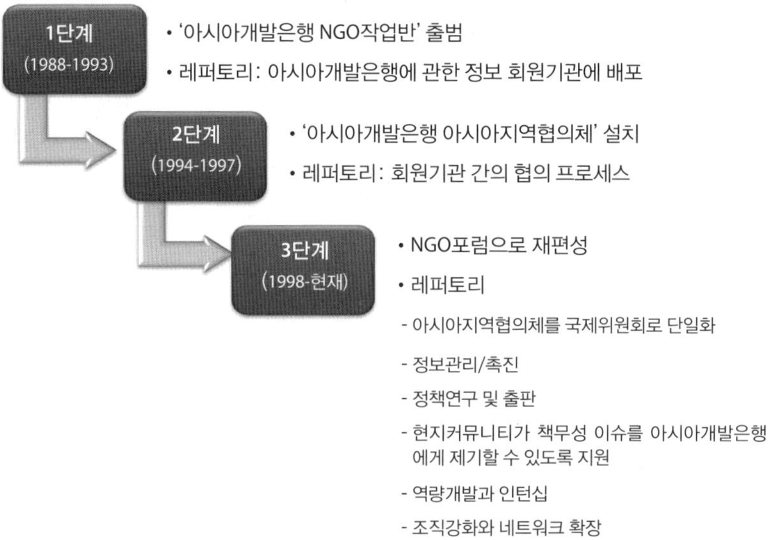

[그림 6-1] NGO포럼의 역사적 발전 단계

자료: 저자 정리.

할 네트워크를 4개의 필리핀 CSO로 구성하게 된다.[7] 필리핀 CSO가 중심이 되어 NGO작업반을 움직이기 시작했기 때문에 필리핀 CSO의 영향력이 대단히 컸음을 쉽게 예상할 수 있다. 동시에 필리핀 시민사회가 NGO포럼을 일방적으로 장악하는 것에 반발하는 내부 세력이 점차 형성되고, 이후 NGO포럼 안에서 불협화음이 발생하는 문제

7 1993년에 가동된 NWG 사무국을 대행하는 필리핀 CSO 네트워크는 '농업개혁·농촌개발을 위한 아시아NGO연합', '부채로부터 해방연합', '필리핀 농촌재건운동(Philippine Rural Reconstruction Movement)', 그리고 '법권리·자원센터/필리핀-지구의 벗(Legal Rights and Natural Resources Center-Kasama sa Kalikasan/Friends of the Earth-Philippines)' 등 4개 기관이 운영하였고, 실제로 사무국은 필리핀 마닐라에 있는 법권리·자원센터/필리핀-지구의 벗 사무실 일부를 사용하였다.

에 주목할 필요가 있다. 그럼에도 불구하고, 1991년 20개 CSO로 시작한 NGO작업반이 1996년에는 21개국의 112개 시민단체로 5배 이상 회원단체 수가 증가하게 되고, 2016년 기준으로 30개국 194개 시민단체로 더욱 확장된다. 초창기의 NGO작업반이 추진했던 연대정책의 레퍼토리는 주로 회원단체와 현지 파트너 단체들에게 아시아개발은행에 관한 정보를 적절하게 배포하는 수준에 머물고 있었다.

NGO작업반의 선도적인 아시아개발은행의 책무성 제도에 대한 감시활동은 1998년 NGO포럼으로 재편되기 전까지 아시아지역 시민사회 협의 프로세스인 아시아지역협의체를 통해 더욱 체계적으로 발전하였다. 1994년 4월에 NGO작업반은 제1차 아시아지역협의체를 31개 회원단체와 출범시켜 지역 차원에서 아시아개발은행의 책무성 문제를 공론화하는 작업을 시작하였고, 제2차 아시아지역협의체에는 42개 단체가, 그리고 제3차 아시아지역협의체에는 63개 단체가 참여하면서 그 규모를 지속적으로 확장하였다. 따라서 초기 단계의 정보배포 수준에서 벗어나 제2단계 NGO작업반의 레퍼토리는 CSO 간의 협의를 위한 지역 플랫폼으로서 아시아지역협의체를 중심으로 협의기능을 조직화하는 데 성공했다고 평가할 수 있다.

마지막으로 제3단계는 1998년 NGO작업반이 NGO포럼으로 공식적으로 재편되어 현재까지 지속되고 있는 NGO포럼 중심의 아시아 시민사회 단일화 과정으로 압축된다.[8] 제3단계가 아시아 시민사회의 결집력이 최상위 단계로 응집되는 역사적 전환점이라고 평가할 수 있는 근거는 무엇보다 NGO포럼에 참여하는 CSO 간의 결속력을 다

8 1998년 재편된 NGO포럼의 사무국은 계속해서 필리핀에 소재되었고 심지어는 2001년에 필리핀 국내법상의 NGO로 등록되어 법적으로는 필리핀 국내법의 영향하에 있다고 볼 수 있다.

지는 단일화 프로세스가 더욱 강화되었다는 점에 있다. 우선, 1998년 NGO포럼으로 NGO작업반이 재편되자마자 제2단계에서 각 지역별로 흩어져서 운영되었던 아시아지역협의체를 NGO포럼 내부에 신설된 '국제위원회' 안으로 단일화하여 국제위원회 산하에 세부 지역협의체로 통합·운영하기 시작하였다. 즉, 아시아개발은행이 사용하는 아시아의 5개 세부지역—중앙아시아·남아시아·동남아시아·메콩유역·태평양—에 맞추어 각각의 지역협의체를 설치하여 대응하는 동시에 이 지역협의체들을 국제위원회에서 통합적으로 관리하도록 제도를 재정비하였다.[9] 시민사회의 협의 기능을 국제위원회 중심으로 재편함으로써, 그 집중력과 중심성을 강화하고 아시아개발은행의 책무성 제도를 감시하는 기능을 더욱 공고히 하는 긍정적인 효과를 창출하였다. 또한 국제위원회의 주요 임무 중의 하나로서 NGO포럼과 그 네트워크의 중장기 비전에 대한 방향성의 조정업무가 강화되었다. 이와 함께 마닐라에 소재된 NGO포럼 사무국은 네트워크에 연결된 모든 CSO의 활동사항을 하루 단위로 확인하고 조율하는 역할을 수행한다. 이 모든 내부 조직과 관련된 사항을 결정하는 권한은 NGO포럼의 최고권위기구인 '포럼연차회의(Forum Annual Meeting)'가 보유하게 되고 포럼연차회의의 운영방식이 모든 회원기관의 대표자가 참여할 수 있는 직접민주주의형이라는 점에서도 내부적 책무성이 높은 NGO포럼의 특수성을 엿볼 수 있다. 이에 따라 제3단계에서는 NGO포럼이 중점적으로 다루는 애드보커시 역할의 영역을 아래와 같이 다섯 가지 주요 활동영역으로 확장하고 이에 맞게 내부 조직을 재정비하게 된다.

9 이전 단계와 달리 각각의 지역협의체에 아시아지역 CSO만이 참여하는 것이 아니라, 유럽·일본·호주·미국 등의 비아시아지역의 CSO도 참여하는 새로운 현상이 나타난다.

- 정보관리 및 교환촉진
- 정책연구 및 출판홍보: 『뱅크워치(*Bankwatch*)』 출간
- 지역커뮤니티가 책무성 이슈를 아시아개발은행에 직접 제기할 수 있도록 지원
- 역량강화 및 수련/인턴십 권장
- 조직강화 및 네트워크 확장

NGO포럼의 활동을 전개하는 데 활용할 수 있는 레퍼토리가 이전 단계들보다 대폭 확장되었음을 한눈에 확인할 수 있다. 대항영역의 전략 차원에서 평가하자면 내부전략과 외부전략이 이전 단계보다 세부적으로 명시화되었고 회원단체들 간의 협력을 위한 전략과 아시아개발은행과의 대응관계를 위한 전략이 생산되기 시작한 것이다. 제3단계가 시작되면서 NGO포럼은 제반 활동의 3대 원칙을 세우게 되는데, 이는 투명성·책무성·참여적 의사결정으로 구성된다. 3대 원칙을 중심으로 NGO포럼은 아시아지역의 현지커뮤니티들을 빈곤의 덫에 빠트린 아시아개발은행의 개발금융 프로젝트에 대항하는 커뮤니티 중심의 저항 연대체로 집단정체성을 자리매김한다. 구체적으로 NGO포럼은 아시아개발은행의 세이프가드 위반사항을 찾아내는 감시활동을 통하여 아시아지역 현지주민들의 권리를 옹호하기 위하여 아시아개발은행의 책무성 문제를 제기하고 아시아 시민사회를 대표하는 정상조직으로서 아시아개발은행의 신자유주의적 정책에 정면으로 도전하는 역할을 수행한다. 이러한 5대 활동영역과 3대 원칙을 토대로 NGO포럼의 당면과제이자 조직의 목표를 다음과 같이 다섯 가지로 명확하게 제시하고 있다(NGO Forum on ADB, 2006; 2008; 2009).

- 다차원의 접근법과 전문성을 모색하기 위하여 네트워크의 역량

강화

- 지속적이면서도 규칙적인 신규채용을 통해 현 NGO포럼 회원단체의 역량을 강화하고 아태지역 회원단체의 신입직원들에게 아시아개발은행 감시활동을 위한 역량개발 훈련과정 제공
- 아시아개발은행의 조사정책과 세이프가드정책·삼림관리정책·물정책 등에 대한 리뷰를 포함하여 아시아개발은행의 다양한 정책에 대한 적극적인 애드보커시 활동 지원
- NGO포럼이 더욱 강력한 조직이 되기 위한 내부 체계와 정책 강화
- 현지커뮤니티가 책무성 문제와 민원제소를 아시아개발은행에 접수할 수 있도록 지원함으로써 지역커뮤니티가 사회적·환경적 정의를 되찾을 수 있도록 지원

NGO포럼은 지금까지 설명한 원칙-목표-활동영역이 상호 높은 정합성을 유지하면서 유기적으로 연계되어 있다는 평가를 받고 있다(Kalm and Uhlin, 2015). 이러한 내부적 정합성으로 인하여 아시아지역의 CSO뿐만 아니라 유럽, 일본과 미주지역의 CSO까지 NGO포럼의 회원단체로 규합함으로써, 명실공히 아시아개발은행의 책무성 이슈를 전담하는 단일화된 구심체 역할의 적자로 인정받게 되었다. 따라서 NGO포럼은 시민사회 내부에서는 CSO의 의견을 솎아내는 문지기 역할을 수행하는 동시에, 외부적으로는 아시아개발은행과 직접 협상하고 책무성 이슈를 제기하는 등, 단일 채널의 역할을 수행하는 이중적 기능을 담당하고 있는 셈이다(NGO Forum on ADB, 2016). CSO의 단일채널로서 대표성을 지닌 NGO포럼은 매년 아시아개발은행의 연차총회에 대한 맞대응으로 총회가 개최되는 도시에서 아시아개발은행이 추진하는 신자유주의적 개발프로젝트와 정책방향을 비판하는 장

[표 6-1] NGO포럼 활동 약사

연도	활동
1988	농업개혁 · 농촌개발을 위한 아시아NGO연합과 환경정책연구소가 아시아개발은행을 중심으로 다자개발은행 이슈를 다루기 위한 시민사회 파트너십에 합류
1991	NGO포럼의 전신인 NGO작업반을 창립
1992	제25차 아시아개발은행 연차총회에서 NGO 대표들이 NGO작업반 설립을 동의하고 사무국을 필리핀 마닐라에 설치 결정
1994	제1회 '아시아개발은행 정책과 의제에 관한 NGO 지역 협의(NGO Regional Consultation on ADB Policies and Issues)' 개최
1995	아시아개발은행의 정보공개 · 재정주강요 · 에너지 · 농업 · 산림 · 수산업 · 여성 등의 정책 초안에 대한 비판 제기
1997	제30차 아시아개발은행 연차총회에서 '아시아개발은행 30년의 문제: 신화 대 현실(Questioning the ADB at 30: Myth vs. Reality)'이라는 NGO작업반의 입장을 밝히는 성명서 채택
1998	NGO작업반이 공식적으로 NGO포럼으로 재편성되고 국제위원회를 신설
2000	'아시아개발은행 인민포럼(Peoples' Forum on the ADB)'이라는 구호하에 태국의 시민사회단체에 의해 조직된 제33차 아시아개발은행 연차총회(태국 치앙마이 개최)에 대항하는 대규모 시위
2001	'아시아개발은행을 위한 알로하는 없다(No Aloha for the ADB)'라는 구호하에 제34차 아시아개발은행 연차총회(미국 호놀룰루 개최)에 대항하는 대규모 시위 조직
2002	제35차 아시아개발은행 연차총회(중국 상하이 개최) 대항 NGO 캠페인 조직
2004	제37차 아시아개발은행 연차총회(한국 제주 개최) 거부운동 조직 아시아개발은행의 2003년 책무성 메커니즘 도입에 NGO포럼의 중요한 역할 수행
2005	제38차 아시아개발은행 연차총회(터키 이스탄불 개최)에 중앙아시아 NGO들이 처음으로 참가 NGO포럼의 터키 이스탄불 총회에 아시아개발은행에 관한 CSO의 활동을 소개하는 자료집을 배포 및 선전
2006	제39차 아시아개발은행 연차총회(인도 하이데라바드 개최)와 평행하게 '아시아개발은행에 대항하는 인민포럼(Peoples' Forum against the ADB)'을 조직
2008	세이프가드 제도의 도입
2009	아시아개발은행과 NGO포럼 대표들 간에 아시아개발은행의 책무성 메커니즘에 관한 비공개회의 진행
2011	책무성 기제 개선을 위한 아시아개발은행 공공대화정책의 협의 프로세스에 NGO포럼 참여
2012	아시아개발은행의 '수자원통합관리(Integrated Water Resources Management)'에 관한 NGO포럼의 보고서 작성 및 제출
2016	제49차 아시아개발은행 연차총회(독일 프랑크푸르트 개최)에 3개 패널 참여와 독일 시민사회단체와 함께 장외시위 조직

자료: 〈www.forum-adb.org/timeline. 검색일: 2018년 5월 9일〉

외시위를 조직하여 왔다([표 6-1] 참조). 이러한 지속적인 장외투쟁으로 아시아개발은행은 결국 2005년 연차총회(이스탄불 개최)에 정식으로 NGO포럼 회원단체들의 참여를 허용하게 된다. 2006년에는 NGO포럼이 인도 하이데라바드에서 개최된 제39차 아시아개발은행 연례총회와 평행하게 '아시아개발은행에 대항하는 인민포럼(Peoples' Forum against the ADB)'을 조직하여 장외투쟁의 정점을 찍으면서 NGO포럼의 영향력을 과시하게 된다. NGO포럼의 대항영역이 확장됨에 따라 점차 아시아개발은행은 통치성의 문을 협치를 위한 협의의 방향으로 열게 되어 2009년에는 두 기관의 대표들이 아시아개발은행의 책무성 문제에 관하여 비공개회의를 진행하는 단계에까지 이른다. 통일된 목소리로 강력해진 NGO포럼의 영향력은 아시아개발은행이 비공개회의의 협의단계를 넘어서 2011년에는 책무성 제도 개선을 위한 공공대화 정책 협의 프로세스에 NGO포럼의 참여를 유인하기 위해서 공식적으로 NGO포럼에게 접촉을 시도하는 단계로 발전하게 된다. 결론적으로 단일화 전략을 통한 아시아 시민사회의 연대성은 결국 아시아개발은행으로 하여금 통치성의 기조에 협치를 강조하도록 영향을 미쳤으며, 오히려 NGO포럼의 단일화 특성을 아시아개발은행이 이용하여 NGO포럼과의 관계성을 아시아 시민사회 전체와의 관계성으로 홍보하는 등 아시아개발은행에 이롭게 시민사회의 단일된 정상조직을 유도하는 역설적인 현상까지 발생한다.

NGO포럼에 가입한 CSO의 수는 앞서 언급했듯이 현재 194개 단체로 확대되었는데, 이러한 규모의 대대적인 확장은 NGO포럼이 표방하는 목표와 원칙에 아시아 및 비아시아 지역의 CSO가 쉽게 동의할 수 있을 정도로 NGO포럼이 대항영역을 관리하는 역량이 뛰어났기 때문에 가능했다고 평가할 수 있다. 이에 따라 옹호연합의 동조그룹이 자신의 행동규칙과 목표를 NGO포럼이 추구하는 목표와 일치하

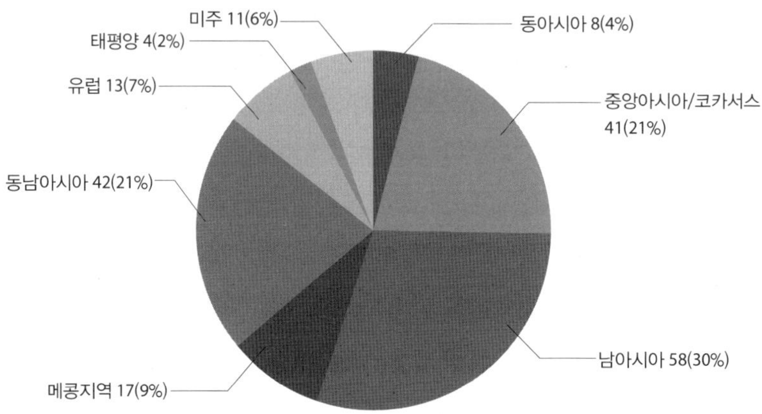

[그림 6-2] NGO포럼 회원단체 지역분포도

자료: 저자 정리.

도록 자발적으로 동형화 프로세스를 추진했을 가능성이 농후하다. 필리핀 CSO를 중심으로 시작한 NGO포럼은 현재까지도 필리핀 시민사회의 영향력을 무시할 수는 없으나, 1988년 이후 30여 년 가까이 회원단체가 필리핀을 넘어 아시아 전 지역으로 확대되었으며 비아시아 지역인 유럽·일본·미국·호주까지 확장되어 NGO포럼이 포괄하는 지정학적 규모는 거의 전 지구적 수준으로 성장하였다(Uhlin, 2011). 회원 CSO의 지역분포도를 보면, 아시아지역 CSO가 전체 회원기관의 87%를, 그리고 비아시아지역 회원단체는 13%를 차지하는 것으로 집계되어 예상대로 NGO포럼은 아시아에 연고를 두고 있는 시민사회에 의해 운영되고 대항영역과 전략이 추진된다고 가정할 수 있다([그림 6-2] 참조). 또한 세부 지역별 회원규모의 크기는 남아시아(58개), 동남아시아(42개), 중앙아시아/코카서스(41개), 메콩유역(17개), 유럽(13개), 미주(11개), 동아시아(8개), 태평양지역(4개) 순으로 나타난다.

NGO포럼에 참여하기 위한 동형화의 수준과 속도를 비교해 보면, 아시아 지역별로 차이가 나타난다. 아시아개발은행의 개발프로젝

[표 6-2] NGO포럼의 네트워크와 회원단체

지역	회원단체
동아시아 (8)	• 중국: Green Watershed, Moving Mountains • 홍콩: Globalization Monitor, Oxfam Hong Kong • 일본: Friends of the Earth Japan, Japan Center for a Sustainable Environmental and Society, Mekong Watch, Sasakawa Peace Foundation • 한국: ODA Watch (현 발전대안 피다)
중앙아시아/코카서스 (41)	• 아르메니아: Araza, Armenian Women for Health and Healthy Environment, Association for Sustainable Human Development, Center for Bird Lovers NGO, Ecological Academy, Environmental and Water Resources, Environmental Survival, FAVLERP, Rural Sustainable Development Agricultural Foundation, Shogher Union, Women for Health and Clean Environment, Zartonk-89 • 카자흐스탄: Ecological Society Green SalvationSange Research Center, Women Center "Tomiris", Taraz Initiative Centre, Taraz Press Club, Ecomuseum of Karaganda: NGO Center for Introduction of New Environmentally Friendly Technologies, "Globus", Kazakh Bureau on Human Rights and Rule of Law, Kazakhstan International Bureau for Human Rights, Public Fund "TAN" • 타지키스탄: Buzurgmehr, CSSC Conservation, Center for Development of Civil Society, Civil Society Support Center Kalam, Civil Society Support Centre "Shahrvand", Consumers Union of Tajikistan, Society and Law, Tajikistan Youth Ecocenter, Youth Ecological Centre of Tajikistan • 키르기스공화국: Bureau of HR & Rule of LawUSTIN, Ecological Movement "BIOM", Human Development Center Tree of Life, PUYM, Socialist Party Ata-Meken, Taza Tabigat • 몽골: Centre for Human Rights and Development, Democracy Education Center • 우즈베키스탄: Ecocenter Biostan (Eremurus Club), Environmental Law Center "ARMON", Representative Office of the Partnership for Development Organisation (UK) in Uzbekistan
남아시아 (58)	• 방글라데시: AOSED, Voice, Uttaran, Unnayan Onneshan (The Innovators), Society for People's Education, Empowerment, and Development (SPEEDTrust), Society for Environment and Human Development, Participatory Research and Action Network, Paani Committee, Jagrata Juba Shangha, Integrated Social Development Effort, Initiative for Right View, Humanitywatch, Coastal Development Partnership Khulna, Bangla Praxis, Association of Development Agencies in Bangladesh, Coastal Livelihood and Environmental Action Network • 인도: Agriwatch, Environics Trust, India Social Action Forum, Intercultural Resources, Kabani-The Other Direction, MAUJ, Manthan Adhyayan Kendra, National Hawkers Federation, Nadi Ghati Morcha, North East Peoples Alliance, People's Front Against IFIs, Peoples' Forum Against the ADB, Prayas, PAIRVI, River Basin Friends, Samata, South Asia Network on Dams, Rivers & People, Urban Research Center Bangalore, VIRODHI Foundation Hyderabad

남아시아 (58)	• 네팔: Forum for Protection of Public Interest (Pro-Public), Himalayan & Peninsular Hydro-Ecological Network, Nayo, Rural Reconstruction Nepal, Water and Energy Federation • 파키스탄: Citizens' Alliance in Reforms for Efficient and Equitable Development, Pakistan Action Aid, Pakistan Fisherfolk Forum, Participatory Development Initiatives, SUNGI Development Foundation, Thardeep Rural Development Programme, UMEED-E-NAO Citizen Community Board • 스리랑카: Centre for Economic Justice, Centre for Environmental Justice, Forum for Conflict Resolution, Future in Our Hands, Green Movement of Sri Lanka, Mihimaw Foundation, Movement for the Land and Agricultural Reforms, Sri Lankan Working Group on Trade and IFIs, Sri Lanka Nature Group, Future in Our Hand, National Fisheries Solidarity
메콩지역 (17)	• 캄보디아: Cambodia NGO Network, Conservation and Development Cambodia, Equitable Cambodia, Fisheries Action Coalition Team, NGO Forum on Cambodia • 태국: Assembly of the Poor, EarthRights International, Focus on the Global South (FOCUS), Mun River Wetland Recovery Project, Rivers Watch East & Southeast Asia, Southeast Asia Rivers Network, Towards Ecological Recovery and Regional Alliance • 베트남: Center for Rural Development in Central Vietnam, Center for Water Resources Conservation and Development (WARECOD), NGO Resource Centre, Rural Development Services Centre, Vietnam Rivers Network
동남아시아 (42)	• 인도네시아: Akatiga/Center for Social Analysis, Aksi! for Gender, Social and Ecological Justice, ALHI/Friends of the Earth-Indonesia, AMRTA Institute for Water Literacy, Bandung Institute of Governance Studies, debtWATCH, E-Law, Institute for Essential Services Reform, International NGO Forum on Indonesian Development, KRuHA, Perkumpulan Boemi, PELANGI Policy Research for Sustainable Development, NADI, Solidaritas Perempuan • 말레이시아: Monitoring Sustainability of Globalization • 필리핀: Action for Economic Reforms, Asia-Pacific Network on Food Sovereignty, Asian Labor Network on IFIs-Philippines, Asian NGO Coalition for Agrarian Reform and Rural Development, Center for Environmental Concerns, Centro Saka, Inc., Cordillera Peoples Alliance, Development Alternatives with Women for a New Era, EcoWaste Coalition, Empower Consumers Alliance, Freedom from Debt Coalition, Global Alliance for Incinerator Alternative, Greenpeace Southeast Asia, Ibon Foundation, Health Care Without Harm-Southeast Asia, International South Group Network-Asia, Integrated Rural Development Foundation, Legal Rights Center-Kasama sa Kalikasan-Friends of the Earth, ODA Watch-Philippines, Philippines Alliance of Progressive Labor, Philippine Movement for Climate Justice, Philippine Partnership for the Development of Human Resources in Rural Area (PhilDHRRA), Philippine Rural Reconstruction Movement, Southeast Asia Regional Initiatives for Community Empowerment, Tambuyog, WomanHealth

유럽 (13)	• 벨기에: Coalition of the Flemish North-South Movement (11.11.11) • 체코: CEE Bankwatch Network • 독일: Asien Haus, Urgewald • 노르웨이: FIVAS (Association for International Water Studies) • 네덜란드: BankTrack, Both ENDS, Friends of the Earth International, Greenpeace International • 영국: Brettonwoods Project, Forest Peoples Programme, IFI Watch Network, Oxfam Great Britain
태평양 (4)	호주: AIDWATCH, Australian Mekong Resource Center, OXFAM Australia 파푸아뉴기니: Center for Environmental Law and Community Rights Inc.
미주 (11)	• 미국: Accountability Counsel, Bank Information Center, Basel Action Network, CS Mott Foundation, Environmental Defence, Earth Economics, Environmental Law Alliance Worldwide, Ford Foundation, International Accountability Project, International Rivers, Ulu Foundation

자료: 〈https://www.forum-adb.org/network, 검색일: 2018년 5월 9일〉

트가 실제로 시행되는 아시아지역 국가들, 즉 남아시아·동남아시아·중앙아시아·메콩유역 국가들에 소재된 지역커뮤니티와 CSO는 아시아개발은행의 책무성 제도에 대한 감시활동이 이 지역 시민사회가 반드시 이행해야 할 역할 중 필수항목으로 공유되어 있다. 이 지역에서는 아시아개발은행의 프로젝트가 직접 지역커뮤니티에 영향을 미치기 때문에 시민사회의 애드보커시 기능이 다른 아시아 지역에 비해 프로젝트 시행지역에서 더 민감하게 부각되는 현상은 당연한 결과일 것이다. 한편, 아시아개발은행이 지원하는 프로젝트와 직접 관련성은 없지만 아시아개발은행에 재정적·기술적 지원을 공여하는 한국·일본·대만이 위치한 동아시아 지역의 CSO는 예상대로 NGO포럼에 가입하는 비율이 상대적으로 낮은 편이다.[10] 아시아개발은행 개발사업으로 인한

10 [표 6-2]에 따르면 한국의 경우 단 하나의 CSO인 오디에이워치(ODA Watch)가 NGO포럼의 회원단체로 소속된 것으로 확인된다. 그러나 인터뷰

직접적인 피해가 없는 환경에서 아시아개발은행의 책무성을 감시하는 활동이 동아시아 지역의 시민사회에게 주요 정책사항으로 채택되기 쉽지 않기 때문이다. 그러나 일반적인 예상과 다르게 동아시아 CSO의 NGO포럼 가입단체 수(8개)가 아시아개발은행의 활동지역과 상관없는 유럽(13개)과 미주지역(11개)에 위치한 CSO가 NGO포럼에 가입하는 수보다 적다는 사실을 확인할 수 있다([표 6-2] 참조). 오히려 유럽과 미주지역의 CSO가 동아시아의 시민사회보다 아시아개발은행의 책무성 문제에 더 큰 관심을 보이며 NGO포럼에 적극적인 가입을 위한 동형화 과정에 합류했다고 평가할 수 있다. 또한 이러한 비아시아지역 CSO는 아시아라는 지역적 연고와 관계없이 국제개발에서 책무성 개혁을 위한 애드보커시 기능을 지향하는 국제CSO의 위상을 보유하고 있다.

NGO포럼의 내부 구성적 특징과 함께 아시아 시민사회가 NGO포럼을 중심으로 연대의 단일화를 도모한 이유를 구체화하기 위해서는 NGO포럼이 아시아지역 CSO를 유인하고 동참시키기 위한 동형화 전략에 대한 분석이 필요하다. 결론부터 말하자면, 대부분의 NGO포럼 회원단체는 외부적 압력에 의해 강압적으로 동형화 과정에 합류한 것이 아니라, 이른바 '모방적 동형화(mimetic isomorphism)'와 '규범적 동형화(normative isomorphism)'로 표현되는 자발적 동형화를 도모했다고 이론적으로 분석할 수 있다(DiMaggio and Powell, 1983; Boli and Thomas, 1997).[11] 이는 NGO포럼의 발기단체들이 다른 CSO가 자발적으로 참

결과 오디에이워치는 본 조직이 NGO포럼에 가입되어 있다는 사실은 주지하고 있으나, 이와 관련된 활동을 NGO포럼과 같이 기획하거나 독자적으로 아시아개발은행 책무성 문제에 관하여 활동을 기획한 적이 없는 것으로 확인되었다.

11 신제도주의 사회학에서는 조직 간의 동형화가 발생하는 원인이자 유형을 크

여를 결정하도록 동기부여를 제공하고 그 이후에 지속해서 회원단체들이 비회원 CSO를 전략적으로 포섭하기 위하여 제도적 유인책을 제시해 온 것으로 해석할 수 있다. 다시 말해, 아시아개발은행의 책무성을 대항하는 영역으로 NGO포럼을 상정하고 이를 중심으로 아시아 시민사회를 단일화하며 본 대항영역을 계속해서 확장하기 위하여 고도의 집단정체성을 동형화 과정의 토대로 전략화하는 것이다(김태균, 2016a).

이러한 동형화 전략은 NGO포럼이 제공하는 정보공유·역량강화·정책조정(연계) 등 다양한 미시적 전술에서 출발한다. 다양한 전술은 곧 NGO포럼이 회원단체에게 제공하는 다양한 서비스를 의미하고, 아시아개발은행의 책무성 문제에 도전하는 목표를 공유하는 CSO에게는 이러한 서비스가 NGO포럼에 가입하는 대단히 중요한 동기부여로 작용한다. 유사한 목표와 원칙을 공유하는 조직 간에 단일화된 통합적 네트워크를 최적화할 수 있도록 유인하는 기능적 혜택이 충분히 인식되고 배분될 경우, 네트워크의 동종성(homophily)은 극대화되고 네트워크 밖에서 활동하는 조직들도 공동조직의 네트워크 안으로 포섭될 가능성이 높아진다(Ferguson, 2017; Wasserman and Faust, 1994).

기능적 혜택 중 가장 용이하게 조달할 수 있는 NGO포럼의 도구

게 모방적(mimetic)·규범적(normative)·강압적(coercive) 동형화로 구분하였다(DiMaggio and Powell, 1983). 모방적 동형화는 특정 조직의 제도적 장치가 자기 조직에게도 혜택을 가져올 수 있는 모델이 될 것이라는 판단하에 전자의 제도를 모방하기 위하여 후자의 제도를 개혁하는 동형화를 의미한다. 규범적 동형화는 특정 조직의 제도가 다른 조직에게 규범으로 인식될 정도로 모범적일 경우 다른 조직들이 전자의 제도를 규범으로 받아들여 동형화를 도모하는 현상을 의미한다. 강압적 동형화는 특정 조직의 제도가 물리적인 힘으로 다른 조직이 수용하도록 강압하는 동형화 현상을 의미한다. 따라서 앞 두 동형화 유형은 다른 조직이 자발적으로 동형화를 추진하는 반면, 강압적 동형화는 외부세력에 의해 동형화가 강요되는 유형이라 할 수 있다.

적 서비스는 정보공유와 정보확산을 위한 내부적 환류시스템 도입이다. NGO포럼을 구성하는 CSO는 지역별로 다양한 애드보커시 경험을 보유하고 있기 때문에, NGO포럼 사무국이 다양한 CSO가 지역별로 수집했던 정보와 자료, 그리고 아시아개발은행과의 경험을 종합하여 차후 회원단체가 아시아개발은행의 책무성 문제에 도전할 때 적절히 사용할 수 있도록 가공해서 주기적으로 회원기관에 회람시킨다. 이렇게 축적된 자료와 경험으로 NGO포럼은 아시아개발은행의 감시활동과 애드보커시에서 아시아 시민사회의 정상조직으로 공고한 위치권력을 갖게 된다. 정보공유를 위한 또 다른 수단으로 NGO포럼의 활동과 개별 회원단체의 애드보커시 활동사항을 온라인과 오프라인 소식지 등의 출판물을 통해 홍보 및 배급하는 방식을 활용해 왔다. 특히, NGO포럼은 아시아개발은행의 정책에 대한 비판적 검토와 개발프로젝트에 대한 정기적인 리뷰를 뉴스 브리핑 내지 안내서 형식으로 활자화할 뿐만 아니라 『뱅크워치(*Bankwatch*)』라는 계간 잡지를 출판함으로써 홍보 효과의 극대화를 위해 노력해 왔다(NGO Forum on ADB, 2011). 이러한 기능적 서비스는 외부에서 독자적으로 활동하는 CSO로 하여금 NGO포럼에 자발적으로 가입함으로써 책무성 감시활동을 NGO포럼과 통합적으로 조율하고 아시아개발은행에 대한 고급 정보와 경험을 공유할 수 있도록 종용하는 효과를 창출한다.

NGO포럼을 아시아 시민연대의 단일 채널로 인식하는 프레임의 동형화 현상이 보편화되는 데에는 NGO포럼이 제공하는 CSO 내부의 역량강화 기능이 큰 기여를 하였다. 앞서 기술한 정보공유도 아시아 시민사회 내부의 개별 CSO의 역량과 네트워크의 역량을 강화하는 데 일조하는 수단이라 할 수 있다. 아시아개발은행의 정책을 평가하고 책무성 문제를 제기하기 위해서는 아시아 시민사회 스스로가 전문성을 갖추고 시민사회 네트워크가 세계직으로 움직이기 위하어 개별 구성원인 회원단체들의 역량강화가 필수적이다. 따라서 역량강화가 NGO포럼의 5대 활동영역에 포함되는 것이며, 역량강화의 목표를 위하여 회원단체 활동가를 정기적으로 NGO포럼의 사무국 직원으로 채용하고 회원단체의 신입직원들에게 아시아개발은행 감시활동을 위한 기초교육과정을 제공하며 회원단체 직원의 실무경험을 지원하기 위한 NGO포럼의 수련과정을 제공하는 등 구체적으로 도움이 되는 프로그램을 운영하고 있다. 또한 NGO포럼 자체가 더욱 강력한 통합조직으로 거듭나기 위하여 NGO포럼 내부의 정책결정 구조와 정책내용 등에 관한 역량강화 프로세스를 도입하기도 한다(NGO Forum on ADB, 2011). 공고한 내부결속과 단일화된 행동의 전문성을 확보하기 위한 NGO포럼의 역량강화 노력은 아시아개발은행의 개발프로젝트로 피해를 입은 지역커뮤니티 및 국제CSO에게 대단히 매력적인 정상조직으로 NGO포럼을 인식하게 만드는 긍정적인 효과와 연결된다.

마지막으로, NGO포럼 회원단체가 아시아개발은행의 책무성 메커니즘에 스스로 제소할 수 있도록 NGO포럼이 지원하는 정책조정 및 연계 기능도 아시아 시민사회가 NGO포럼을 중심으로 통합되는 동형화 과정의 원인으로 꼽을 수 있다(NGO Forum on ADB, 2006). 사실상, 아시아개발은행의 책무성 이슈에서 CSO에게 가장 필요한 기능은 실제로 피해를 본 지역커뮤니티가 직접 내지 CSO를 통해 아시아개발은행의 책무성 메커니즘 제도에 법적 조사를 요청하고 피해보상을 받는 것이라 할 수 있다. 다자개발은행의 책무성 제도는 일정 수준의 법적 지식을 요구하는 반면 아시아 지역의 현지 CSO는 법적 프로세스에 대한 사전 지식이나 경험이 부족할 가능성이 높기 때문에, 현지 CSO가 NGO포럼에 참여하면 이러한 문제가 해결되고 NGO포럼으로부터 법적·인적 자원을 지원받을 수 있다는 점에서 NGO포럼으로의 동형화 과정은 개별 CSO에게 선택의 문제가 아니라 반드시 필요한 규범처럼 인식하게 된다. 책무성 제도와 더불어 아시아개발은행의 세이프가드에 관한 정보 및 교육서비스를 제공받고 세이프가드를 통한 사회정의 구현을 아시아 시민연대인 NGO포럼을 통해 지역 CSO가 기획할 수 있는 것이다. 더 나아가 아시아개발은행이 추진하는 다양한 정책분야에 관하여 그 분야의 전문성을 가지고 있는 NGO포럼의 회원단체들이 모여 정책평가와 함께 적극적인 애드보커시 활동을 전개하는 사례가 늘고 있다. 정책평가가 실제로 이루어진 분야로는 아시아개발은행의 조사/세이프가드정책·삼림관리정책·물정책 등이 있다. 당연한 결과이지만, 아시아개발은행의 책무성 메커니즘에 접수된 민원 중 많은 수가 NGO포럼 회원기관이 제소한 사건으로 보고되고 있다.

결론적으로 NGO포럼의 역사적 진화에서 발전된 동형화 프로세스와 이를 도구적으로 가능하게 만든 다양한 내부 서비스의 전술 기제들이 NGO포럼을 아시아개발은행의 책무성 문제에서 가히 독보적인 아시아 시민사회 대항영역의 근원지로 자리 잡게 하였다. 아시아 시민사회의 독특한 책무성 감시활동을 이해하기 위해서는 이를 토대로 NGO포럼이 대항영역으로서 갖추고 있는 구조적 특징과 대항전략의 분석이 더욱 심도 있게 수반되어야 한다. 그럼에도 NGO포럼의 유인책에 조응하지 않는 아시아 개발CSO의 탈동조화 현상과 이에 대한 원인을 조망하는 분석이 동시에 제시되어야 아시아 시민사회에 대한 완전한 퍼즐을 맞출 수 있는데, 이는 개발CSO의 책무성 딜레마 분석에서 다룰 예정이다.

2) 시민사회 대항영역의 구조와 전략

다음은 NGO포럼으로 구현되는 아시아 시민사회의 대항영역이 보유한 구조적 특성과 대항전략을 갈등정치의 관계성 프레임 안에서 크게 세 단계로 나누어서 구체적으로 분석한다. 먼저, 정상조직의 행위주체인 NGO포럼의 특성을 아시아 시민사회 대항기제의 본원으로 상정하고 NGO포럼의 목표와 조직의 정체성을 구조적인 특성으로 분석한다. 두 번째 단계로 아시아개발은행과의 관계성에서 형성되는 구조적 요인으로 정치적 기회구조와 NGO포럼의 아시아개발은행에 대한 접근성에 초점을 맞추어 NGO포럼과 아시아개발은행 간의 상호작용을 분석한다. 세 번째 단계는 대항전략에 대한 분석으로서 NGO포럼이 내부전략과 외부전략을 어떻게 선택하고 배합하는가에 대한 전략의 선택과 조합에 집중한다. 따라서 갈등정치 안에서 아시아개발은행의 통치성과 체제이성에 대응하는 시민사회의 대항영역을 일종의 블랙박스로 가정하고, [그림 3-2]와 같이 시민사회의 대항기제에서 출발하여 아시아개발은행의 구조적 요인까지 블랙박스의 인과관계를 설정하는 입력요인으로 간주하는 한편 NGO포럼이 선택하는 대항전략을 출력요인으로 간주한다.

(1) 대항영역의 구조적 특성

아시아개발은행이 적극적으로 시민사회를 개발프로젝트로 유인하는 전략은 시민사회의 대항영역을 관리하는 시민사회단체를 곤혹스럽게 한다(Uhlin, 2011). 다자개발은행의 책무성 이슈를 공론화하고 특정 문제를 제기하여 시민사회의 감시기능을 동원하는 프로세스는 NGO포럼처럼 특정 연대체를 구성하여 도전세력을 통합하기보다는 사안에 따라 개별적으로 결합하였다가 흩어지는 전술이 일반적이다(Fox and Brown, 1998). 아시아개발은행과 같은 다자개발은행이 적극적으로 지역커뮤니티와 소통하려고 노력하고 지역 CSO와 협력을 시도할 경우 책무성 이슈로 대항영역에 참여할 시민사회 세력을 규합하는 것은 더 더욱 어려울 가능성이 높다. 따라서 NGO포럼의 회원단체가 될 수 있는 조건 중 가장 중요한 원칙은 회원단체의 주요 활동영역이자 목표가 서비스제공이 아닌 정치적 애드보커시에 있어야 한다. 기본적으로 NGO포럼의 주된 대항전략이 애드보커시 기능에 준하는 레퍼토리로 구성되어 있기 때문에 회원단체의 성격이 정치적 옹호활동 중심으로 이루어지며 아시아개발은행에 대항하여 장외투쟁까지 참여할 수 있는 외부전략에 동의하는 단체에게 회원의 자격이 부여된다. 그러나 일부 CSO는 정치적 도전보다는 실용적인 전략으로 아시아개발은행과의 협치를 강조하고 있으며 이러한 성향의 CSO가 점차 늘어나고 있는 추세이다. 심지어 NGO포럼도 아시아개발은행과의 관계성 중 책무성 제도 개편과 공공대화정책, 또는 세이프가드와 관련된 협의과정에 참여하는 경우가 있어 NGO포럼 내부 회원단체와 외부 진보적 단체들에 의해 NGO포럼 본연의 임무에서 벗어난 아시아개발은행과의 협력을 꾀하고 있다는 비판을 받고 있다(Kalm and Uhlin, 2015).

아시아개발은행에 대한 시민사회의 대항영역은 NGO포럼을 중심으로 형성되었고 NGO포럼이 아시아개발은행의 책무성에 도전하는 다양한 CSO의 정책과 레퍼토리를 조율하는 컨트롤타워 역할을 수행하여 왔다. 정상조직으로서 NGO포럼이 아시아 지역에서 가지는 특수한 위치는 다른 지역과 달리 조직의 단일성과 통합성에서 나온다. 아시아에서 NGO포럼의 위치와 유사한 역할을 수행하고 있는 유럽지역 정상조직의 하나인 '구호·개발유럽NGO연합(European NGO Confederation for Relief and Development: CONCORD)'과 NGO포럼을 비교해 보면 그 차이점을 쉽게 이해할 수 있다. 유럽연합(EU)의 원조정책을 감시하고 도전하는 유럽지역의 시민사회 정상조직인 CONCORD가 유럽 시민사회의 단일화된 연대체라고 예상할 수 있으나, 사실상 유럽적인 맥락에서는 CONCORD와 유사한 규모의 정상조직이 상당수 존재하고 CONCORD는 그중 하나에 지나지 않는다. 아시아 맥락이 유럽 사례와 차별성을 갖는 가장 근본적인 이유는 아시아 시민사회가 NGO포럼을 유일무이한 정상조직으로 추대할 수 있도록 시민세력을 규합한 데 반해 유럽의 시민사회는 CONCORD 이외에 다른 메가급 정상조직을 복수로 운영하고 있다는 차이점이다(Kalm and Uhlin, 2015: 101).

이러한 특수성을 가진 NGO포럼은 아시아 지역 내에서는 독자적인 애드보커시 기능의 메카로서 그 대표성과 조직력이 뛰어난 시민사회의 정상조직이다. 특히, 아시아개발은행의 책무성·투명성 문제에 대항하는 모든 CSO를 NGO포럼 안으로 규합하는 단일화 과정뿐만 아니라 NGO포럼의 내부 통합을 위한 구조화 작업에도 그 단일성의 특징을 찾아볼 수 있다. '초국적 옹호네트워크'를 역설하는 학자들의 주장에 따르면, 국경을 초월하여 활동하는 국제CSO의 경우 공식적인 조직의 대표자를 선임하는 방식을 기피하는 경향이 강하다고 한다(Keck and Sikkink, 1998; Fuentes-George, 2016). 이와 반대로 NGO포럼은 공식적으로 아시아 각 지역별로 대표자를 선출하여 국제위원회로 통합함으로써, 아시아 지역의 부분집합인 동남아시아·남아시아·중앙아시아·메콩유역·태평양 등 세부지역을 대표하는 소통의 채널을 규합하였다.

NGO포럼은 아시아 세부지역의 대표성을 국제위원회로 단일화하는 특징을 보여주는 한편, 내부적으로 정책결정을 하는 과정에서 대단히 민주적이고 분권화된 절차를 강화하고 있다. NGO포럼의 내부 조직구조를 보면, 아시아 지역별 대표들로 구성된 국제위원회와 국제위원회의 상급기관인 포럼연차회의, 그리고 집행이사를 중심으로 사무국이 구성된다([그림 6-3] 참조). 포럼연차회의는 국제위원회의 상급기관으로 NGO포럼의 전반적인 정책결정을 담당하는데, 포럼연차회의를 통한 NGO포럼의 정책결정과정은 포럼 자체가 통합적이고 체계

[그림 6-3] NGO포럼 정책결정과 조정기제의 내부 구조

자료: 〈www.forum-adb.org. 검색일: 2018년 5월 9일〉

적으로 운영되는 것에 비해 상대적으로 분권화되어 있다는 것을 알 수 있다. 전반적인 정책방향과 거시적인 활동영역에 관한 결정은 포럼연차회의에서 주로 이루어지지만, 실제 NGO포럼이 상대해야 할 아시아개발은행의 개발프로젝트와 책무성 이슈에 관련된 사항은 회원단체들에게 결정과정에 참여할 권리와 기회가 동등하게 부여된다. 일반적으로 사무국에 아시아개발은행의 프로젝트에 관한 정책과 전략을 수립할 때 모든 회원에게 이메일로 공지하고, 10일 동안 피드백을 받았다가 이를 사무국이 정리하고 보완해서 회원단체에게 다시 전달한다. 이러한 거시적인 정책방향과 국제위원회의 지역별 논의를 바탕으로 NGO포럼 사무국은 일상적으로 미시적인 조정업무를 담당한다. 사무국은 다시 세부적으로 아시아개발은행정책조정부(Policy Coordinator for ADB), 아시아인프라투자은행정책조정부(Policy Coordinator for AIIB), 재정·행정조정부(Finance & Admin Coordinator), 그리고 커뮤니케이션조정부(Communication Coordinator)로 전문화되어 각 분야별로 특화되어 있

다.[12]

NGO포럼은 대항영역을 구축하는 데 있어 아시아개발은행의 책무성 개혁과 피해주민의 권리회복에 포럼의 목표와 활동을 집중하고 이를 기획하는 역량강화에 주력하고 있다. NGO포럼은 "2014-2020 로드맵 전략적 캠페인: 지속과 체계적인 변화를 향하여(Roadmap to Strategic Campaigning 2014-2020: Towards Lasting and Systemic Change)"라는 중장기 기획안을 만들고 이에 따라 전체 조직과 회원단체들의 활동영역을 조율하고 있다.[13] 본 로드맵은 6년 동안 아시아개발은행의 책무성 제도가 아시아 커뮤니티의 지역성을 반영하고 현지주민과 커뮤니티가 요구하는 방향을 충족할 수 있도록 NGO포럼이 아시아개발은행 책무성 메커니즘의 체계적인 개혁을 시도하도록 기획하고 있다.[14] 로드맵에 맞추어 내부 국제위원회와 사무국, 그리고 회원단체들의 주요 활동영역을 빈곤·젠더·인종·종교 등의 영역에서 배제되고 차별받는 사람들의 목소리와 역량을 강화할 수 있도록 통합 및 조율하고 있다. 이러한 로드맵과 같은 장기전략기획은 국제위원회와 집행이사의 주도하에 제안되고 포럼연차회의에서 최종적으로 승인하는 과정을 거친다. 책임위원 1인, 국제위원회 위원장, 그리고 사무국 임원 1인으로 구

12 최근에 아시아개발은행의 책무성을 감시하는 애드보커시 기능과 함께 근래 새로이 출범한 아시아인프라투자은행을 감시하는 활동영역을 기획하고 이를 전담하는 '아시아인프라투자은행정책조정부'를 신설하여 운영하고 있다.

13 〈https://www.forum-adb.org/strategic-plan-2014-2020. 검색일: 2016년 10월 22일〉

14 본 로드맵은 태국 방콕에서 개최될 포럼연차회의를 준비하는 과정에서 2012년 12월 NGO포럼이 포럼의 캠페인계획과 조직개혁의 일환으로 시작되었다. 회원단체들 간에 국가별·지역별 회의가 완료된 이후, 2013년 11월에 로드맵 기안에 관한 준비가 필리핀 실랑(Silang)과 까비떼(Cavite)에서 개최된 이행작업반 워크숍을 통해 최종적으로 마무리되었다.

성되는 전략팀이 2014-2020 로드맵과 같은 중장기전략을 주도적으로 기안하고 최종안 작성까지 책임을 지게 된다.

이러한 중장기 전략기획안에 NGO포럼이 통합적으로 운영하는 책무성 개혁 캠페인, 애드보커시 활동의 방향성, 그리고 실제 활동의 내용이 포함되어 있기 때문에, 아시아 시민사회를 대표하는 NGO포럼이 보유한 대항영역의 특징을 전략기획안 분석을 통해 파악할 수 있다. 중장기 로드맵이 더욱 중요한 이유는 본 로드맵이 회원단체가 소속된 국가별로 그리고 지역별로 협의과정을 거친 아래로부터 의견이 수렴된 통합적인 중장기 기획이라는 점이다. 2014-2020 로드맵의 경우, 국별 협의 프로세스는 아르메니아·방글라데시·인도·인도네시아·몽골·필리핀·스리랑카에서 7차례 전략회의를 통해 진행되었으며, 2013년 포럼연차회의에서 캄보디아·미얀마·네팔의 국가작업반(Country Working Group)이 국별회의에서 나온 논의를 보고하는 절차를 진행하였다. 국별로 구성된 국가작업반은 아시아개발은행과 관련된 캠페인을 기획하는 데 국별 회원단체의 관점과 시각을 반영하도록 노력하며, NGO포럼은 이를 통해 내부 네트워크를 확장·강화하고 아시아개발은행에 압력을 가하는 데 국별로 형성된 캠페인을 이용할 수 있다는 전략적 이점을 가지게 된다.

국별로 진행된 협의 프로세스는 지역별로 이동하면서 더욱 집단정체성과 집합행위의 강도가 배가된다. 2014-2020 로드맵을 작성하기 위하여 중앙아시아(키르기스스탄의 비슈케크)·동남아시아(태국의 방콕)·남아시아(방글라데시의 다카)에서 3차례 지역별 전략기획회의가 추진되었다. 또한 방콕에서 메콩유역지역 전략회의를 캄보디아와 베트남 CSO와 국제NGO가 참석한 가운데 부분적으로 개최하였다. 지역별 전략회의의 역할은 NGO포럼이 대항영역을 구성할 때 국별로 제안된 다양한 활동계획을 상호 유기적으로 통합되고 보완적 관계가 될 수 있도록 초국경적인 주제로 전략화한다. 이렇게 초국경이슈로 통합하는 과정은 아시아 지역의 이슈가 개별 단체의 문제가 아닌 아시아 시민사회의 공동 과제라는 집단정체성을 띠게 하고 NGO포럼을 중심으로 하나의 대항영역을 구축하는 데 촉매제 역할을 한다. 이를 바탕으로 NGO포럼은 아시아개발은행의 책무성 제도뿐만 아니라 주제별로 아시아개발은행을 감시하는 활동의 종합적인 플랫폼으로서 거듭나게 되고, 확장된 감시활동을 효과적으로 수행하기 위하여 학습과 정보 및 경험공유를 NGO포럼 내부에 제도화한다. 특히, NGO포럼은 물·에너지·기후변화·도시화·인권 등 5대 섹터에 관하여 중앙아시아·동남아시아·남아시아 지역에서 아시아개발은행을 상대로 감시활동을 추진하기 위한 추가 지원을 제공하고 세이프가드와 젠더 이슈를 범분야 의제로 상정하였다. 이러한 NGO포럼이 지닌 주요한 대항영역의 구조적 특징은 다음과 같이 네 가지 측면에서 총체적으로 분석할 수 있다.

첫째, NGO포럼은 아시아개발은행의 개발프로젝트를 모니터링하고 책무성 이슈를 제기하는 수준의 미시적인 대항영역뿐만 아니라, 아시아개발은행의 개발담론과 패러다임을 비판하는 거시적인 담론경합을 대항영역의 주요 활동목표로 포함하고 있다(NGO Forum on ADB, 2008). 시장주의에 기초한 경제성장에 치우친 개발해법을 하향식으로 주입하는 문제와 이러한 신자유주의적 낙수경제 접근법에서 기인하는 책무성 결핍문제를 아시아개발은행의 개발담론이 가진 가장 위험한 부분이라고 NGO포럼은 정확히 지적한다. 아시아개발은행이 통치성을 거대담론에서 시작하는 것과 유사하게 NGO포럼도 구체적인 감시활동을 통한 대항영역과 함께 거대담론에 대항영역을 기초함으로써 담론경쟁에서 아래로부터의 세계화를 담지하는 강력한 대항세력으로 자리매김하고 있다.

둘째, NGO포럼의 집단정체성은 포럼이 보유한 아시아개발은행의 책무성 감시활동에 관한 전문성에서 비롯되지만, 일부 회원단체들은 스스로를 전문가집단이 아니라 풀뿌리민주주의 민중조직(grassroots)으로 정의하고 있다(NGO Forum on ADB, 2010). NGO포럼의 주요 회원단체는 다자개발은행과 국제기구를 상대로 다양한 경험과 전문성을 쌓아 온 CSO뿐만 아니라, 농민조합과 같은 민중조직 내지 전문성이 상대적으로 떨어지는 지역커뮤니티도 주요 회원단체로 구성되어 있다. NGO포럼의 실질적인 리더십은 아시아개발은행의 개발프로젝트로 피해를 입은 회원단체 및 지역커뮤니티가 직접 의제를 만들고 책무성 문제로 이슈화하는 과정을 도와주는 조력자 역할에서 발현된다. 따라서 NGO포럼은 회원단체들에게 아시아개발은행에 관한 정보와 지식, 책무성 메커니즘의 활용법 등의 교육과 훈련지원을 제공하는 활동을 강조하고 있는 데 반해, 아시아개발은행의 책무성 개혁을 위한 구체적인 목표와 전략은 포럼의 회원단체와 피해를 입은 지역커뮤니티가 직접 결정에 참여하도록 제도화되어 있다. 이렇듯, NGO포럼은 전문성 중심의 CSO와 민중성 중심의 CSO가 동시에 공존하며, 포럼의 집단정체성은 전문성 요소가 민중성 요소와 결합할 경우에 더욱 강한 동형화와 결속력을 보인다(Kalm and Uhlin, 2015: 102). 요컨대, 전문성과 민중성의 복합적 공존은 NGO포럼이 대항전략을 외부전략과 내부전략의 다양한 조합으로 운영할 수 있다는 가능성을 의미하는 동시에, 이러한 공존이 잘못 운영되면 NGO포럼 내부의 갈등을 부추기는 원인이 될 가능성도 배제하지 못한다.

셋째, 우리가 주목해야 할 NGO포럼의 대항영역이 보유한 또 하나의 중요한 특징은 재정적 자립성이다. 유럽의 CONCORD와 달리 NGO포럼은 아시아개발은행으로부터 재정적 지원이나 보조금을 일체 받지 못하도록 규정하고 있다(NGO Forum on ADB, 2008). 따라서 아시아개발은행과 협력을 위한 재정적 파트너십을 가진 CSO는 NGO포럼의 회원자격이 박탈된다. 다시 말해, 서비스 제공을 주요 임무로 활동하거나 재정적으로 혜택을 입은 아시아 CSO는 원칙적으로 시민사회의 대항영역에 개입하거나 포함되지 못한다. 그럼에도 불구하고 앞서도 언급했듯이 서비스 제공과 애드보커시 기능을 명확하게 구분하여 활동영역을 규정하기 어렵다는 점에서 볼 때 NGO포럼이 구성하는 대항영역에도 서비스 제공을 일정 정도 가담하는 회원단체들이 있을 가능성을 완전히 배제할 수 없다. 여기서 서비스 제공이란 아시아개발은행이 다양한 방식으로 CSO에 접근할 경우 긍정적인 대응을 하는 행위를 의미하는데 예를 들어 현지주민들의 책무성 제도에 대한 의견을 취합하는 프로그램을 특정 CSO가 협력할 경우도 이에 해당된다. 실제로 NGO포럼 자체가 아시아개발은행의 책무성 제도 개혁, 공공대화정책 프로세스, 세이프가드 개선 과정에서 아시아개발은행과 협의를 통해 2002년에 시민사회의 입장과 시각을 제공하는 역할을 수행한 바 있다. 그럼에도 이러한 NGO포럼의 재정적 자립 원칙은 포럼의 활동이 독립적으로 이루어질 수 있는 최후의 보루가 되며, 비판적인 감시활동기관으로서 자율성과 정당성을 확보하는 수단이 된다. 현재 NGO포럼의 재정은 주로 모트재단(Mott Foundation)과 포드재단(Ford Foundation)과 같은 주요 국제재단과 옥스팜과 같은 국제NGO로부터 지원된다(NGO Forum on ADB, 2014).

넷째, NGO포럼은 자체적으로 활동하는 책무성 감시활동과 함께 NGO포럼의 외연을 확장하기 위하여 여타 시민사회단체와의 연대활동을 강조한다. NGO포럼이 적극적으로 연대하고 있는 세계시민사회의 메가급 정상조직은 '은행정보센터(Bank Information Center)'[15]와 '글로

15 은행정보센터와 NGO포럼이 가장 유사한 조직구조와 활동영역을 공유하고 있다고 평가할 수 있다. 은행정보센터는 국제수준에서 다자개발은행 전체를

벌투명성이니셔티브(Global Transparency Initiative)' 등으로 꼽을 수 있다. 은행정보센터와 글로벌투명성이니셔티브는 아시아개발은행의 개발담론을 비판하고 개발프로젝트를 감시하는 활동을 추진하는 한편, 아시아개발은행 존재의 필요성을 거부하는 진보적인 행보를 보이지 않는다는 점에서 NGO포럼과 유사한 조직운영의 철학과 정체성을 가지고 있다.

따라서 NGO포럼이 외부연대를 통해 협력관계를 도모하는 대상인 은행정보센터와 글로벌투명성이니셔티브는 모두 아시아개발은행의 개혁을 목표로 감시활동을 하고 있으며, 개혁이라는 목표하에 아시아개발은행의 민주적 거버넌스, 투명성·책무성 제고, 시민사회의 참여 강화를 위한 캠페인을 공동으로 조직하거나 연대기관에서 조직한 캠페인에 적극 참여하는 방식으로 협력하고 있다. 앞서 제3장에서 설명한 달(Dahl)의 대항전략 유형에 따르면 NGO포럼의 대항영역은 '제한된 구조적 대항'에 해당한다. 즉, 비판과 도전의 대상이 되는 표적이 해체되는 것을 목표로 하지 않지만 표적의 개혁을 위하여 CSO 활동의 대항영역을 구축하는 유형이 이에 해당한다. 이러한 정체성 때문에 NGO포럼이 보유한 전문성과 내부 회원단체의 민중성이 동시에 공존할 수 있으며 상호 결합이 가능한 것이다.

반면, 아시아개발은행의 책무성 이슈를 가지고 감시활동을 하고

상대로 활동한다면, NGO포럼은 아시아개발은행에만 초점을 맞추어 활동한다는 차이가 있다. 은행정보센터는 1987년에도 창립되었으며, 현재 사무국은 미국 수도인 워싱턴에 있고 뉴델리·방콕·자카르타에 지역사무소가 있다. 다자개발은행의 거버넌스를 개혁하는 정치적 애드보커시가 주요 활동목표이며, NGO포럼과 같이 현지커뮤니티와 CSO가 개발목표를 설정하고 이들이 다자개발은행을 상대로 권리를 되찾을 수 있도록 중개자 역할을 수행하고 있다.

있는 민중적인 아시아 CSO 또는 국제CSO에게는 NGO포럼의 이러한 애매한 입장이 불편하게 느껴지게 되고, 이러한 이유로 시민사회 내부에서 NGO포럼에 대한 비판의 목소리가 확대되고 있다(Kalm and Uhlin, 2015).

(2) 정치적 기회구조: 아시아개발은행의 통치성과 관계성

앞서 아시아개발은행이 아시아 시민사회를 다루는 전략에 관해 분석한 내용은 다시 여기에서 반대로 아시아개발은행이 제공하고 아시아 시민사회가 이용할 수 있는 정치적 기회구조로 환치해서 해석할 수 있다. 1980년대 후반부터 아시아개발은행 내부에서 시민사회의 중요성을 인정하기 시작하였으며, 역사적으로 굴곡이 있었지만 전반적으로 아시아 시민사회가 아시아개발은행에 접근할 수 있도록 정치적 기회구조가 확대되고, 시민사회의 접근성 보장이 아시아개발은행 내부의 규범처럼 인식될 정도로 지속적으로 개선되어 왔다(Curtis, 2004).

아시아개발은행 내부에서 CSO와의 파트너십 및 협력관계에 관하여 불만의 목소리가 표출되고 아시아개발은행에 비적대적이고 은행의 개발사업에 도움이 되는 CSO를 선별하여 협력관계를 구축하자는 의견이 있음에도 불구하고, 아시아개발은행은 프로젝트와 정책단계에서 적극적으로 아시아 시민사회를 포섭하는 통치성을 선호하고 있다(Asian Development Bank, 2009b). 전체적으로 아시아개발은행이 NGO포럼을 비롯한 아시아 지역 시민사회에게 제공하는 정치적 기회구조는 다른 다자개발은행에 비해 상대적으로 협치와 포용을 강조하고 개방적이라고 평가를 내릴 수 있다.

아시아개발은행에 아시아 시민사회가 접근할 수 있는 통로와 수위는 다층적으로 구성되어 있기 때문에 사실상 프로젝트 이행 과정과 정책구상, 모니터링 과정에서의 모든 단계에서 CSO의 접근이 허용되고 있다고 해도 무방하다.[16] 그러나, 여느 다자개발은행과 마찬가지로 아시아개발은행의 정책결정단계에는 CSO의 접근이 대단히 제한적으로 통제된다(Tallberg et al., 2013). 아시아개발은행 내부에서 시민사회를 담당하는 제도적 권한은 앞서 분석했듯이 NGO센터에 위임되어 있지만, 시민사회에게 정치적 기회구조를 개방적으로 이끌어가는 전반적인 책임 주체는 아시아개발은행의 '환경사회개발국(Office of Environment and Social Development)'이 담당하고 있으며 프로젝트 담당부처와 현지 지역사무소 등도 개별적으로 시민사회와의 소통을 제도화하고 있기 때문에 정책결정단계를 제외하고는 아시아개발은행의 개발프로젝트 전 단계가 시민사회에 열려 있다고 평가할 수 있다. 시민사회와 아시아개발은행 간에 접촉과 소통이 가능한 다양한 방식 중 아시아 시민사회가 가장 많이 사용하는 제도적 기제는 협의라 볼 수 있는데, 이러한 다양한 수준의 협의도 정책결정단계에서는 큰 영향을 주지 못하는 것으로 평가된다(Asian Development Bank, 2012b). 아직까지 NGO포럼이 협의를 요청하면 아시아개발은행이 거절한 경우는 없었으며 NGO포럼

16 아시아개발은행이 1980년대 후반부터 지역 시민사회의 중요성을 강조한 이후 시민사회와의 관계성을 정립하는 주요한 문서 작업이 지속적으로 진행되어 왔다. 주요 문서로 다음과 같이 세 가지 문제에 주목할 필요가 있다. 첫 번째로 1998년 3월에 채택된 NGO와 협력에 관한 새로운 정책문서이다. 이 문서 이후로 2001년 NGO센터가 설립되고 다양한 채널로 아시아 시민사회와 소통하는 장치가 제도화되었다. 두 번째 문서로는 2006년 채택된 "Staff Guide on Consultation and Participation" 문서로 아시아개발은행이 지원하는 개발프로젝트에 CSO를 적극적으로 유치하기 위한 협의 프로세스의 유용성을 강조하고 있다. 마지막으로는 2009년에 발간된 "Civil Society Organizations Sourcebook: A Staff Guide to Cooperation with Civil Society Organizations"으로, 현장에서 시민사회 파트너를 다루는 방식을 소개하고 있는데 비판적인 CSO의 경우 아시아개발은행에 해로울 수 있다는 내용을 담고 있기도 하다.

의 요청에 아시아개발은행이 항상 적극적으로 협의 프로세스에 임하여 왔다. 그럼에도 불구하고, 아시아개발은행은 본질적으로 정책결정의 파트너보다는 개발프로젝트의 조력자가 될 수 있는 CSO를 선호하기 때문에 협의 프로세스에 초청되는 대다수의 CSO는 애드보커시 기능보다는 서비스제공 기능을 특화하는 시민사회단체들이다(Kalm and Uhlin, 2015: 111-112). 따라서 협의 프로세스가 NGO포럼에게는 유용하거나 건설적인 결론을 유도할 수 있는 정치적 기회구조로 작동하기 어려운 측면이 강하다. 결론적으로 협의를 비롯하여 다양한 유형의 소통기제가 유용하게 작동하기 위해서는 대항영역을 주도하는 시민사회단체가 어떤 유형의 대항구조를 구축하고 정치적 기회구조를 활용하여 상대 표적기관과의 관계성을 장악하는가에 있다.

NGO포럼의 주요 활동영역과 조직목표는 앞서 정리했듯이 아시아개발은행이 지원하는 개발프로젝트로 피해를 입은 현지주민들의 권리회복과 적절한 보상을 위하여 책무성 이슈를 공동의 과제로 내걸고 이를 위한 정보교류·역량강화·정책조율 등을 주요 레퍼토리로 삼아 대항영역을 구성하는 것이다. 이를 위하여 NGO포럼은 사무국을 중심으로 아시아개발은행의 프로젝트 수행과 관련해서 NGO센터뿐만 아니라, 은행의 프로젝트 담당부처·집행관리부·집행이사회까지 직접 소통하는 중요한 역할을 수행해 왔다(Uhlin, 2011; Kalm and Uhlin, 2015). 무엇보다 NGO포럼 활동가들의 중요한 활동은 아시아개발은행의 개발프로젝트가 수행되는 전체 사이클을 감시하고 모니터링하는 것이다. NGO포럼이 아시아개발은행의 정치적 기회구조를 이용할 수 있는 대부분의 현실적 사례는 은행이 지원하는 개발프로젝트 수준에서 가능하기 때문이다.

실제로 프로젝트 수준에서 시민사회가 참여할 수 있는 정치적 기회구조는 프로젝트 전 단계에 고루 개방되어 있다(Asian Development

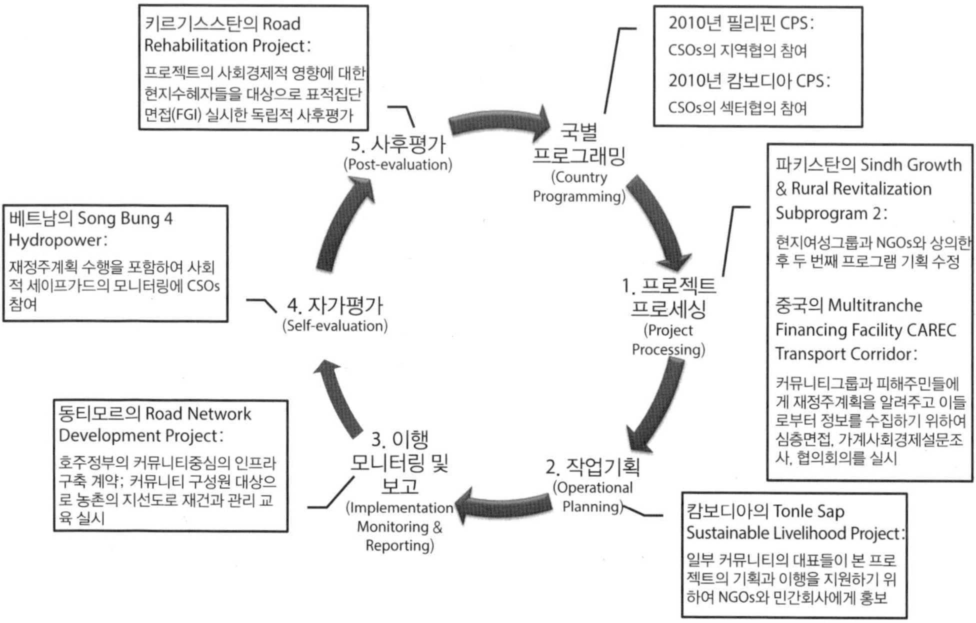

[그림 6-4] 아시아개발은행의 프로젝트 사이클과 CSO 참여 사례

자료: Asian Development Bank (2012b: 22).

Bank, 2012b).[17] [그림 6-4]에서와 같이 국별프로그래밍·프로젝트프로세싱·이행기획·이행모니터링/보고·자가평가·사후평가로 구성되는 프로젝트 사이클의 모든 단계마다 아시아 CSO가 참여하여 협력관계를 구축하여 온 사례를 확인할 수 있다. 프로젝트 수준에서 제공되는 정치적 기회구조와 연결되는 CSO는 아시아개발은행의 프로젝트가 정상적으로 투명하고 책임 있게 운영되고 현지커뮤니티에게 도움이 될

17 인터뷰에 따르면 NGO포럼의 아시아개발은행 감시활동에 대하여 은행의 집행관리부와 직원들 스스로가 존경을 표하는 경우가 있다고 한다(2016년 11월 9일 인터뷰 결과).

수 있도록 이행되는 데 일조하고 있다는 평가이다.

그러나 프로젝트와 관련된 기회구조에 참여하는 시민사회는 NGO포럼의 회원단체가 아닌 대부분 '비구조적 대항'에 해당하는 아시아 CSO에 국한되는 경향이 강하다. 따라서 NGO포럼이 주로 전략화하는 정치적 기회구조는 프로젝트 수준에서의 참여를 통한 서비스 제공이 아닌 아시아개발은행의 연차총회 및 이사회 및 관련 기관과의 협의 프로세스를 통한 로비활동과, 특별프로젝트추진부와 규정준수 검토패널로 구성되는 책무성 메커니즘을 통한 책무성 개혁으로 구성된다.

아시아개발은행 연차총회는 매년 NGO포럼이 적극적으로 활용하는 최대의 정치적 기회공간이다. 정상조직으로 활동하는 국제CSO가 활용하는 대항전략 중 공통된 외부전략인 '평행시위(protests in parallel)' 전략을 NGO포럼도 채택하여 아시아개발은행 연차총회가 개최되는 도시에 집결하여 시민사회의 대안적 목소리를 전달하거나 아시아개발은행의 인사들을 직접 만나 로비활동을 벌이기도 한다(Gautney, 2010).

이러한 연차총회는 단지 NGO포럼에게만 중요한 정치기회구조인 것이 아니라 서비스제공기능의 CSO에게도 중요한 기회가 된다. 연차총회에서 CSO는 책무성 문제부터 다양한 정책과 개발프로젝트에 대하여 집행이사회와 집행관리부에 개혁을 권고하는 애드보커시 기능을 수행할 수 있는 동시에, 아시아개발은행과 협력을 원하는 CSO의 경우 연차총회는 은행의 개발프로젝트에 참여해서 재정적 지원을 받을 수 있는 기회의 장소이기 때문이다(Asian Development Bank, 2016c). 그런데 연차총회에 참가하기 위해서는 아시아개발은행으로부터 참가자격(accreditation)을 받아야 하며, 참가자격을 제한할 수 있는 권한을 이용하여 아시아개발은행은 시민사회에 대한 정치기회구조를 통제할 수 있다.[18] 연차총회 참가자격을 얻기 위해서는 CSO가 아시아개발은행 회원국에서 합법적으로 운영되는 조직이어야 하고, 국가로부터 독립된 비영리단체여야 하며, 아시아개발은행의 개발프로젝트 및 개발정책과 관련된 영역에서 활동하여야 한다. 이를 위해서 CSO는 자국 정부가 비영리단체로 공인한 등록증과 최근 재정증명서, 그리고 활동영역에 관한 연차보고서를 아시아개발은행에 제출해야 한다. 특히, CSO가 속한 국가정부의 공인증명서 제출요건은 아시아개발은행 회원국이 은행의 자격심사 이전 단계에서 비판적인 CSO를 솎아낼 수 있는 제도적 기회를 간접적으로 허용하는 것이다. 따라서 감시 및 옹호활동 중심의 비판적 CSO가 아시아개발은행의 연차총회를 정치적 기회구조로 활용하고 CSO의 비판적 목소리가 연차총회 장내에서 반향되기에는 통과해야 할 제도적 걸림돌이 즐비하다.

한편, 연차총회를 비롯하여 시민사회와 관련된 아시아개발은행 기관과의 협의 프로세스 중 NGO포럼이 정치기회구조로 적극 활용하고 있는 방식은 은행 내부의 인사와 제휴, 즉 엘리트와의 연대 로비활동이다(Kalm and Uhlin, 2015). 집행이사회 내부에 NGO포럼 및 시민사회단체가 소통할 수 있는 파워엘리트가 있다면, 시민사회로서는 이들과 전략적인 제휴를 시도하는 것이 아시아개발은행의 정책결정에 직접적인 영향을 미칠 수 있는 가장 효과적인 선택이 될 것이다. 시민사회에 우호적인 내부 기관일수록 NGO포럼이 대항영역에서 접속할 수 있는 가능성이 높아지기 때문에, 아시아개발은행의 엘리트 중 예전에 시민사회에서 활동한 경력이 있는 인사를 중심으로 NGO포럼이 전략

18 2015년 기준으로 아시아개발은행의 연차총회에 참가할 수 있는 자격을 승인받은 CSO의 수는 850여 개에 달하고 있으며, 2012년 연차총회에 역대 최다수(395명)의 CSO 대표자가 참석한 것으로 기록되어 있다.

적으로 로비활동을 집중한다. 이러한 로비활동은 제한된 구조적 대항 유형이 보여주는 전형적인 내부전략의 활동방식 중 하나이다. 그러나 비판적인 민중중심의 '주류적 구조적 대항'에 속하는 CSO는 이러한 전략적 연대를 위한 로비활동을 아시아개발은행과 타협하는 반민중적인 행태로 간주하고 주류적 구조적 대항유형의 CSO가 취할 정치적 기회구조로 인정하지 않는다. 이로써, NGO포럼이 전문성과 민중성을 결합한 제한된 구조적 대항조직의 전형적인 사례라는 해석에 무게를 더할 수 있다.

NGO포럼의 정치기회구조는 단지 아시아개발은행과의 관계성에서만 결정되는 것이 아니라, 회원단체가 소속된 국가의 정치구조와 회원국에 파견된 아시아개발은행 현지지역사무소의 리더십과도 밀접하게 연결되어 있다. 특히, 아시아개발은행 회원국의 시민사회에 대한 인식과 시민사회와의 협의를 허용하는 태도가 대단히 중요한 변수가 된다. 대부분의 아시아 개도국들은 비민주적 레짐이 정부역할을 하고 있는 경우가 빈번하기 때문에 시민사회를 통제의 대상으로 인식하고 이에 따라 시민사회의 정치기회구조는 제한적으로 허용되며 시민사회의 운신의 폭은 더욱 좁아진다. 그럼에도 불구하고, 2010년 아시아개발은행 회원국 전체가 처음으로 은행의 개발프로젝트에 CSO를 참여시키는 데 동의했다는 고무적인 기록이 있다(Asian Development Bank, 2012c). 한편, 회원단체의 국가성과 관련된 문제로 아시아개발은행은 어느 회원국의 국내법에도 영향을 받지 않는다는 치외법권적 속성이 이슈가 되고 있다. 지금까지 다자개발은행의 행위는 국내법과 무관한 것으로 간주되었기 때문에 아시아개발은행이 국내법을 위반할 경우 그리고 국제법을 위반한 경우에도 회원국의 국내 법원에서 아시아개발은행을 처벌할 수 있는 법적 권한이 없다. 이러한 이유로 아시아 시민사회와 현지커뮤니티가 아시아개발은행의 책무성 문제로 발생하는 피해에 대한 합법적인 보상을 위해 선택할 수 있는 유일한 해결책이 국내 법률기관이 아닌, 책무성 메커니즘을 상대로 취하는 법적 제소와 CSO의 감시활동으로 집중되는 것이다.

NGO포럼이 주로 의존하는 아시아개발은행의 정치적 기회구조가 책무성 제도에서 주로 구현된다고 볼 때, 제한된 구조적 대항조직으로서 NGO포럼이 아시아개발은행이 제공하는 책무성 관련 정치적 기회구조에 접근하는 개입방식에 대한 분석이 필요하다. [표 6-3]에서 정리했듯이, CSO를 크게 비구조적 대항, 제한된 구조적 대항, 그리고 주류적 구조적 대항으로 대항수준을 세 그룹으로 분류하고, CSO의 개입수준을 프로젝트 단위, 국가 단위, 그리고 정책 단위로 다시 삼분하여 각각의 교차지점에서 조우하는 정치적 기회구조와 CSO의 대항방식을 차별적으로 범주화할 수 있다. 아시아개발은행에 도전하지 않고 협력을 지향하는 비구조적 대항의 CSO는 프로젝트·국가·정책 단위 모두 공히 아시아개발은행에게 정보를 제공하고 사업시행에 참여하며 파트너십 강화를 통해 아시아개발은행의 개발사업과 정책에 일종의 주주와 같은 이행당사자(stakeholder)로 활동한다. 따라서 비구조적 대항조직이 개입하는 정치적 기회구조는 대부분 미시적 프로세스를 담당하는 대표사무소, 현지지역사무소, 프로젝트 이행부서, 회원국 정부, 그리고 NGO센터에서 시작하는 경우가 대부분이다. 반면에 주류적 구조적 대항 조직에 속하는 CSO는 아시아개발은행과 개발파트너십 형성에 적대적인 접근을 취하기 때문에 모든 수준에서 아시아개발은행의 프로젝트와 정책을 비판하고 피해 진상조사 등 개혁을 넘어서 신자유주의적 첨병인 아시아개발은행 자체의 해체를 주장하는 급진적인 전략에 집중한다. 이에 준하여 아시아개발은행이 제공할 수 있는 정치적 기회공간이 협소하게 변형되고 개별 프로젝트 담당기관보다 아시아개발은행 집행이사회, 집행관리부, 그리고 연차총회와 같이

[표 6-3] 책무성 개혁을 위한 정치적 기회구조

개입 수준	개입방식			개입표적		
	비구조적 대항	제한된 구조적 대항	주류적 구조적 대항	비구조적 대항	제한된 구조적 대항	주류적 구조적 대항
프로젝트 단위	정보교환, 협의, 시행협력, 파트너십	피해진상 조사, 피해주민 민원지원 및 대리제소, 감시활동 등	피해진상 조사, 프로젝트 폐지	1) 프로젝트 이행부서 2) 현지지역 사무소, NGO센터	1) 특별프로젝트 추진부, 규정 준수검토패널 2) 현지지역사무소, 프로젝트이행 부서, NGO센터	1) 집행이사회, 집행관리부 2) 연차총회
국가 단위	국별 파트너십 전략 관련 정보교환 및 협의	국별 파트너십전략 개선요청, 협력대상국 관련기관 항의 등	국별 파트너십 전략 폐지, 협력대상국 관련기관 비판적 감시	1) 회원국 정부, 현지지역 사무소 2) NGO센터, 프로젝트 이행부서	1) 회원국 정부, 국별파트너십 전략팀 2) NGO센터, 현지 지역사무소, 프로젝트 이행부서	1) 회원국 정부, 국별파트너십 전략팀 2) 집행이사회, 집행관리부, 연차총회
정책 단위	기존 정책 동조 및 보완	책무성 제도 개혁요청, 시민운동조직, 감시활동 등	신자유주의적 정책 폐지, 아시아개발은행의 전면적인 개혁 및 폐지	1) 대표사무소 2) 연차총회	1) 집행이사회, 집행관리부 2) 연차총회 3) 대표사무소, NGO 센터	1) 집행이사회, 집행관리부 2) 연차총회

자료: 저자 정리.

은행 정책의 핵심 제도와 기관을 주로 공략한다.

NGO포럼이 속하는 제한된 구조적 대항 조직은 앞서 대조한 비구조적 대항과 주류적 구조적 대항 사이에 중간형태 수준의 정치적 기회구조 전략을 보여준다. 프로젝트 수준에서는 피해진상 조사와 피해주민이 책무성 메커니즘에 민원을 접수할 수 있도록 지원하는 개입방식을 NGO포럼 애드보커시 활동의 중심에 놓는 한편, 이와 관련한 기회공간으로 특별프로젝트추진부와 규정준수검토패널을 주요 표적으로 삼고 프로젝트 내용과 관련 있는 현지지역사무소, 프로젝트 이행부서, 그리고 NGO센터까지 포럼의 감시와 옹호 활동범주에 포함시킨

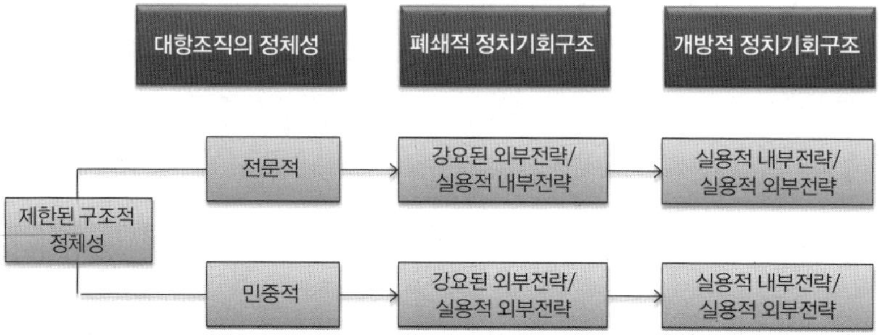

[그림 6-5] NGO포럼의 대항영역과 정치적 기회구조

자료: 저자 정리.

다. 국가 수준에서는 국별파트너십전략의 개선을 요구하고 협력대상국 정부와 아시아개발은행 담당기관에 항의하는 등 애드보커시 활동을 최적화하며 회원국 정부와 아시아개발은행의 국별파트너십전략팀을 NGO포럼의 주요 표적으로 삼는다. 마지막 정책 수준에서는 아시아개발은행 책무성 제도의 개혁을 요구하고 이를 위한 사회운동까지 동원하는 거시적인 접근을 전면화하며, 주요 표적으로 은행의 집행이사회, 집행관리부, 그리고 연차총회를 공략한다. 여기서도 여실히 드러나는 NGO포럼의 특징은 전문성과 민중성을 동시에 포괄하는 이중적인 양날의 검을 보유하고 있다는 점이다. 다시 말해, 아시아개발은행과 대항영역을 명확하게 설정하고 장외투쟁과 같은 민중성이 반영된 외부전략과 함께, 은행 내부의 파워엘리트와 협력할 수 있도록 로비활동을 벌이는 전문성의 내부전략이 동시에 NGO포럼의 주요 대항전략의 레퍼토리로 복합적으로 활용됨을 의미한다. 이는 다양한 스펙트럼을 가진 CSO를 한 조직의 구성원으로 통합할 수 있다는 장점이 있는 반면에 비구조적 대항과 주류적 구조적 대항의 양 극단에서 모두 NGO포럼의 대항영역에 대한 비판을 가할 수 있는 정체성의 중간지대라는 단점도 동시에 갖고 있다.

결론적으로 아시아 시민사회를 대표하는 단일 정상조직으로서 NGO포럼은 아시아개발은행이 제공하는 개방적 정치기회구조에서 전문성과 민중성을 동시에 결합하는 애드보커시 활동을 적극적으로 최적화한다고 해석할 수 있다. [그림 6-5]에서 보여주듯이, 전문성과 민중성이 복합된 NGO포럼의 정체성으로 인해, 폐쇄적 정치기회구조에서는 전문적 그리고 민중적 내부 CSO가 모두 정치기회구조의 폐쇄성에 의해 강요된 외부전략을 선택하는 반면, 내부전략의 경우 전문적 CSO는 실용적 내부전략을 선택하게 되지만 민중적 CSO는 내부전략을 포기하고 실용적인 외부전략을 선택하여 최대한 아시아개발은행을 압박하는 강요된 그리고 실용적 내부전략을 총동원한다. 한편, 정치기회구조가 폐쇄적에서 개방적으로 전환하게 되면 NGO포럼을 구성하는 전문적·민중적 CSO는 모두 내부전략과 외부전략을 실용적으로 변환시키는 전략을 취하게 된다. 이는 아시아개발은행의 전략적인 통치성이 의도한 결과라고 평가할 수도 있지만, 개방적으로 정치기회공간을 CSO에게 제공할 수밖에 없도록 아시아 시민사회가 압박을 가한 결과라고도 평가할 수 있다. 어느 측면에서는 아시아개발은행과 NGO포럼이 공생하는 관계적 책무성을 구성하고 있다고도 해석할 수 있으며, 이러한 관계를 개방적 기회공간에서 지속하기 위하여 NGO포럼은 내부전략과 외부전략을 아시아개발은행과의 관계성 구축을 위한 실용적인 목적으로 점철하는 경향을 보인다.

(3) 대항전략

아시아개발은행의 책무성 문제를 제기하고 대응하는 시민사회의 힘을 응결하기 위하여 통합된 단일채널과 권력을 NGO 포럼에게 집중한다는 특수한 아시아적 맥락에서는 내부전략과 외부전략으로 구성되는 포럼의 대항전략을 분석하는 것이 대단히 중요하다. 특히, NGO포럼은 제한된 구조적 대항조직의 특징을 보이기 때문에 대항전략이 복합적이면서도 양분화된 양상을 띨 가능성이 높고 이에 따라 대항전략의 구체적인 구조를 파악하는 것이 관건이다.

NGO포럼을 위시한 아시아 시민사회의 애드보커시 CSO가 취하는 대항전략은 크게 내부전략, 외부전략, 그리고 두 전략의 조합으로 구분하여 범주화할 수 있다. 앞서 제3장에서 분석하였듯이, 내부전략은 아시아개발은행의 통치성과 일정 정도 친화성을 가지고 책무성 제도에 관한 개혁의 요구와 강도가 상당히 절제되어 있어 대항영역의 급진성이 자체적으로 통제되어 있는 타협적 접근법이다(Betsill and Corell, 2008). 내부전략의 구체적인 결과물은 대체로 NGO포럼의 로비활동과 책무성 제고를 위한 개혁 프로세스에 직간접적인 참여 방식으로 나타나며, 아시아개발은행의 규정과 원칙을 준수하면서 NGO포럼의 목표를 달성하는 장내경합의 속성을 지닌다.

반면, 외부전략은 아시아개발은행과 갈등정치의 경계선을 확실하게 설정하고 NGO포럼 내부에는 회원단체 간의 네트워크와 협력체제를 강화하고 이를 기반으로 외부에 NGO포럼의 집단정체성을 표출하여 대항영역을 확장하려는 전략이다(Tarrow, 2005; McAdam et al., 2001). 따라서 외부전략은 다분히 표적인 아시아개발은행에 도전적이고 공격적인 레퍼토리를 수반하게 되는데, 주로 사회운동과 같은 대중을 동원하는 장외투쟁의 성격을 보인다.

마지막으로 제한된 구조적 대항유형인 NGO포럼은 내부전략과 외부전략을 적절하게 배합하는 방식의 대항전략을 구사할 수 있는데, 회원단체 중 아시아개발은행 및 비구조적 대항유형의 단체들과 협력을 선호하는 단체들에게 특화된 전략을 준비하는 동시에 주류적 구조적 대항유형의 단체들과 연대를 선호하는 회원단체들에게 또한 특화된 전략을 수행하는 이중전략이 대표적인 두 전략의 배합 사례라 할 수 있다. 아시아개발은행을 감시하는 활동영역에서는 아시아 시민사회를 대표한다는 측면에서 이러한 전략의 조합이 NGO포럼에게 득과 실로 동시에 다가온다. 득은 NGO포럼이 비구조적 대항과 주류적 구조적 대항의 단체들과 네트워크를 양 방향으로 구축하여 외연을 확장할 수 있다는 전략적인 성과일 것이고, 실은 이렇게 확장함으로써 NGO포럼의 고유한 특성인 제한된 구조적 대항의 성격이 점차 약해지고 양쪽의 요구와 특성을 반영하다 보니 동형화를 통한 단일한 대표성을 유지하기 어렵게 되는 단점이다. 그러나 NGO포럼의 외연확장 수단으로서 대항전략의 조합을 차치하더라도, 제한된 구조적 대항조직으로서 아시아개발은행의 책무성을 개혁한다는 고유의 목표를 달성하기 위하여 내부전략과 외부전략을 적절하게 혼용한다는 측면에서 볼 때 이러한 전략의 조합은 책무성 개혁을 위한 대단히 실용적인 도구로서 강조할 만한 가치가 충분히 있다(Kalm and Uhlin, 2015: 121-123).

먼저 NGO포럼의 내부전략은 현실 갈등정치에서 주로 책무성 제도 개혁, 세이프가드 개선, 공공대화정책 신설의 세 가지 영역을 중심으로 협의 및 로비활동의 방식으로 이루어진다. 제한된 대항영역이라 하더라도 NGO포럼이 속한 지형 자체가 애드보커시 기능으로 특화되었기 때문에 아시아개발은행과의 협의와 로비활동은 비구조적 대항과 같은 맹목적인 협력 차원이 아니라 아시아개발은행의 책무성 제도와 시민사회제도가 개혁되도록 노력하는 애드보커시 활동의 일환으로 해석해야 한다. 그럼에도 불구하고, NGO포럼 내부의 일부 단체와 주류적 구조적 대항조직들의 관점에서는 이러한 포럼의 내부전략을 본연의 애드보커시 기능을 저해하는 요인으로 비판할 가능성이 있다. 더 나아가, NGO포럼 및 아시아 시민사회가 내부전략을 활성화하도록 유인하기 위하여 아시아개발은행이 전략적으로 정치기회구조를 확장하고 있으며, 이에 따라 CSO가 외부전략을 포기 또는 축소하고 내부전략을 주류화하는 부정적 결과를 충분히 예상할 수 있다.

아시아개발은행 책무성 제도의 지난 과거는 두 차례 질적 전환의 역사적 계기를 통해 선진화되었다는 것이 중론이다. 앞서 이러한 역사적 진화 과정에 NGO포럼을 비롯한 아시아 시민사회의 개입을 분석하였기 때문에 시민사회가 아시아개발은행 책무성 메커니즘의 두 차례 전환을 성공적으로 추진하는 데 촉매역할을 한 사실을 다시 서술할 필요는 없지만, 이 개입과정에 아시아 시민사회가 동원한 내부전략에 관해서는 설명이 필요하다. 예상할 수 있듯이, 아시아개발은행 책무성 제도의 질적 전환에 동원된 내부전략은 주로 NGO포럼을 포함한 아시아 시민사회와 아시아개발은행과의 협의 프로세스이다. 제1차 책무성 제도의 전환 과정에서, 아시아개발은행은 책무성 제도의 리뷰 프로세스에 NGO포럼을 포함한 아시아 CSO의 참여를 2001년에 공식화하였고, NGO포럼은 이 새롭게 열린 정치기회구조에 적극적으로 대응하였다. NGO포럼은 긴밀한 협력관계를 유지하고 있는 은행정보센터, 옥스팜 등과 함께 아시아개발은행의 조사기능에 관한 정치한 분석과 개혁을 위한 제안을 보고서로 만들어 2002년 3월에 아시아개발은행에 제출하였다(Bank Information Center et al., 2002). 또한 은행정보센터와 함께 NGO포럼은 2002년 5월 중국 상하이에서 개최된 아시아개발은행 연차총회에서 본 보고서의 결과를 제안하는 외부행사를 개최하여 새로운 개혁안을 아시아개발은행이 채택하도록 로비활동을 벌이기도 한다.

세이프가드 정책의 개선은 책무성 제도 개혁과 직결되는 사항으로 NGO포럼을 위시한 아시아 CSO가 아시아개발은행을 상대로 로비활동과 협의 프로세스를 활용하여 시민사회의 우려사항과 개선사항을 제안하였다. 주지하듯이, 아시아개발은행의 세이프가드는 1995년에 재정주 강요, 1998년에 토착민 문제, 2002년에 환경정책을 포함하면서 다자개발은행이 갖출 수 있는 최고 수준으로까지 발전하였고, 2009년 5월에 이사회 승인으로 세이프가드의 혁신안이 통과되었다(Asian Development Bank, 2009a). 새로운 혁신안을 위하여 2005년 아시아개발은행은 온라인을 통해 다양한 의견을 수렴하고 아시아 시민사회와의 두 차례 협의과정을 통한 혁신안 보고서를 두 번 발행하는 등 정치적 기회구조를 세이프가드 정책쇄신을 위하여 적극적으로 개방하였다. NGO포럼은 2006년에 자체적으로 아시아개발은행의 개발프로젝트가 방글라데시·인도·라오스 등에서 이미 세이프가드를 위반하고 있다는 보고서를 채택하고 아시아개발은행이 기획하는 개혁안에 NGO포럼의 제안이 반영될 수 있도록 최대한으로 협의 프로세스와 로비활동의 내부전략에 집중하였다(NGO Forum on ADB, 2006; 2008).[19]

마지막 내부전략의 표적은 아시아개발은행이 자발적으로 투명성을 제고하기 위하여 2005년 신설한 정책개선인 공공대화정책이다. 아시아개발은행의 개발프로젝트로 인하여 피해를 입은 지역커뮤니티와 원활한 소통을 통하여 현장의 정보를 제공하고 아시아개발은행 사업의 투명성을 높이겠다는 취지의 공공대화정책은 2009년 이사회에 의해 재검토되어 개선안이 승인되었다. 2005년 공공대화정책의 설치와 2009년 재검토 과정을 통해 아시아개발은행은 아시아 시민사회의 참여를 권장하는 정치기회구조를 개방하여 협의 프로세스와 로비활동이 CSO 사이에서 이슈화되었다. 2004년에 정보공급을 약속한 아시아

19 2009년 세이프가드 혁신안이 최종적으로 통과되기까지 중도 협의 과정에서 시민사회와 ADB 간의 마찰이 반복적으로 발생하였다. 2008년 세이프가드 혁신안의 초안이 회람되었을 때 아시아 시민사회는 기존의 ADB 세이프가드가 심하게 훼손되었다고 강력하게 비판하고 베트남·캄보디아·태국·미얀마 등의 CSOs와 NGO포럼은 세이프가드 협의를 보이콧하는 결정을 내리기도 했다(NGO Forum on ADB, 2008).

개발은행이 정작 현지주민들, 특히 피해를 입은 커뮤니티를 협의 프로세스에 초대하지 않자 시민사회가 인도 뉴델리에서 개최된 아시아개발은행과의 공공대화정책 초안에 관한 협의에서 아시아개발은행을 비판하는 목소리를 높이고 현지주민참여를 강하게 요청하여 결국 아시아개발은행이 이를 받아들이게 된다(Asian Development Bank, 2004). 이후 2005년 공공대화정책을 위한 아시아개발은행의 초안에 대하여 은행정보센터와 같은 국제CSO가 의견서를 주도적으로 작성하고 이를 NGO포럼을 포함한 아시아 시민사회가 지지하는 형식으로 아시아개발은행과 협의를 추진하였다. 2009년 11월에 승인된 공공대화정책 2차 개선안의 경우 NGO포럼과 아시아 CSO의 내부전략은 한층 강화된 개입의 수위를 보이게 된다. 2009년 2월 글로벌투명성이니셔티브와 함께 NGO포럼은 마닐라에서 공공대화정책을 현지주민들과 협의하는 워크숍을 개최하였고, 동년 4월에는 아시아개발은행의 연차총회가 개최된 인도네시아 발리에서 공공대화정책에 특화된 워크숍을 조직하면서 아시아개발은행을 압박하는 동시에 협의를 위한 로비활동을 벌였다(Malaluan, 2009). 2011년에는 NGO포럼이 아시아개발은행 책무성 제도와 관련하여 공공대화정책의 협의 기관으로 공식적인 역할을 시작하게 된다([표 6-1] 참조).

이러한 내부전략은 NGO포럼의 기본적인 목표에 어긋나지 않는 수준에서 아시아개발은행의 책무성·투명성·세이프가드 제도개선을 위한 협의 및 로비활동으로 구성되어 있기 때문에, 아시아개발은행과 깊은 연대관계를 맺고 있는 비구조적 대항 단체들과 NGO포럼이 상호 네크워크를 확장할 수 있는 전략적 플랫폼이 되기도 한다. 반면, NGO포럼과 아시아 시민사회가 택할 수 있는 외부전략은 내부전략과 달리 아시아개발은행의 책무성 메커니즘을 상대로 피해주민들을 위한 법적 민원제소와 아시아개발은행의 장외에서 동원되는 사회운동으로 크게 양분된다. 실제 아시아개발은행의 개발프로젝트로 피해를 입은 현지주민들의 피해보상은 협의와 로비의 대상이 아니고 법적으로 아시아개발은행이 직접 책임을 질 문제이다. 또한 협의와 로비활동으로 관철되지 못할 이슈들은 아시아개발은행의 내부 프로세스에 개입하지 않고 직접 아시아개발은행 외부에서 시민사회의 정치세력화를 통해 압력을 행사하는 것이 더 효과적일 수 있기 때문에 외부전략이 중요하게 기획되고 추진되는 것이다. 책무성 제도에 민원제소와 장외투쟁으로 대표되는 외부전략은 내부전략과 반대로 주류적 구조적 대항의 범주에 속하는 CSO와의 연대고리로 활용될 수 있기 때문에 NGO포럼에게는 내부전략과 함께 외연확장에 유용한 도구적 자산이 된다.

외부전략 중 아시아개발은행의 책무성 메커니즘인 특별프로젝트추진부와 규정준수검토패널에 책무성 문제를 제소하고 법적 절차인 문제해결 협의 및 규정준수검토를 통해 피해주민과 커뮤니티가 보상을 받을 수 있게 실질적으로 도와주는 역할이 NGO포럼의 주력사업이라는 사실은 이미 앞서 몇 차례 강조하였다. 경험적으로 피해를 입은 현지주민은 책무성 메커니즘의 복잡한 법적 절차를 활용할 만한 법적 지식과 정보가 부족하기 때문에 NGO포럼과 같이 아시아지역을 잘 알면서도 아시아개발은행의 책무성 이슈를 감시해 온 CSO의 도움이 절대적으로 필요하다. 실제로 2004년부터 2011년 사이에 NGO포럼 회원단체가 규정준수검토패널을 상대로 제소한 사건이 총 4건이고 특별프로젝트추진부에는 총 17건으로 집계되고 있다(NGO Forum on ADB, 2014b).[20] 또한 앞서 검토했던 NGO포럼의 주요 활동 및 목표의

20 같은 기간 동안 규정준수검토패널에 접수된 제소민원이 총 5건이고, 특별프로젝트추진부에는 총 39건이기 때문에 NGO포럼 회원단체가 제소를 추진한 민원이 규정준수검토패널의 경우 거의 대부분이라는 것을 알 수 있으며

5대 영역을 보면, 책무성 메커니즘에 책무성 위반사항을 제소하기 위한 포럼의 회원단체들의 역량을 강화하는 지원이 주요 요소로 포함되어 있다. 특히, 이 중 지역커뮤니티가 책무성 이슈를 아시아개발은행에 직접 제소할 수 있도록 NGO포럼이 제도적 차원에서 지원하는 목표와 이를 위한 역량강화와 조직훈련의 목표는 아시아개발은행의 책무성 제도를 직접 활용하여 피해에 대한 적절한 보상을 받아내는 외부전략과 직결된다. 이는 아시아개발은행과 협의하여 책무성 문제를 내부적으로 개선하려는 차원의 전략이 아니라, 외부의 행위자가 아시아개발은행의 책무성 문제를 제기하고 이를 아시아개발은행이 스스로 인정하게 만드는 외부적 책무성의 대표적인 사례이다.

또 하나의 외부전략은 NGO포럼과 민중적 성향의 CSO가 일종의 장외투쟁으로 선택하는 집합행위의 주요 레퍼토리로 사회운동 방식을 취하는 경우이다. 이러한 장외시위 방식으로 대표적인 외부전략은 NGO포럼이 매년 아시아개발은행 연차총회에 참가하여 세계사회포럼이 다보스포럼에서 취하는 운동방식과 흡사하게 대규모 항의운동을 아시아개발은행과 평행하게 조직하는 것이다(NGO Forum on ADB, 2008). 1997년에 개최된 제30차 아시아개발은행 연차총회에서 "아시아개발은행 30년의 문제: 신화 대 현실(Questioning the ADB at 30: Myth vs. Reality)"이라는 슬로건으로 NGO포럼의 입장을 밝히는 성명서를 채택하였고, 2000년 태국 치앙마이에서 개최된 제33차 연차총회와 2006년 인도 하이데라바드에서 개최된 제39차 연차총회에서는 아시아개발은행 연차총회와 평행하게 "아시아개발은행 인민포럼(Peoples' Forum on the ADB)"이라는 대안적인 시민사회총회를 조직하여 대규모 시위

특별프로젝트추진부에도 전체의 40% 이상이 NGO포럼 단체가 제소한 경우이다.

를 선도하였으며, 2001년 미국 호놀롤루에서 개최된 제34차 연차총회와 2016년 독일 프랑크푸르트에서 개최된 49차 연차총회에서는 비아시아 지역(미국, 독일)의 현지 CSO가 선도하고 NGO포럼이 지원하는 대규모 시위가 조직되었다. 또한 2002년 중국 상하이에서 개최된 제35차 연차총회에서는 아시아개발은행에 대항하는 NGO 캠페인이 대규모로 조직되었고 2004년 한국 제주에서 개최된 제37차 연차총회에서는 아시아개발은행의 연차총회 자체를 거부하는 대규모 항의집회가 추진되었다.

일반적으로 CSO가 외부전략을 선택하는 이유는 다음과 같이 세 가지로 정리된다(Kalm and Uhlin, 2015: 120; Blondel, 1997). 첫째, CSO가 개입할 정치적 기회구조를 찾지 못할 경우 최후의 수단으로 외부전략을 선택한다. 정치적 기회구조가 매우 폐쇄적이기 때문에 CSO가 마지막 출구로 외부전략을 선택한다는 의미에서 '강요된 외부전략(forced outside strategy)'으로 해석한다. 따라서 아시아개발은행의 경우 정치적 기회구조가 상대적으로 개방적이라 볼 수 있기 때문에 NGO포럼을 포함하여 아시아 CSO가 강요된 외부전략을 선택할 가능성은 낮다고 판단할 수 있다. 또는 강요된 외부전략으로서 아시아 시민사회가 장외투쟁과 같은 강한 시민연대를 구축했기 때문에 아시아개발은행이 정치기회구조를 개방적으로 전환시키는 결과가 도출되었다고 해석할 수도 있다. 둘째, 시민사회 조직 자체의 운영원칙과 집단정체성이 민중성에 기반을 두고 있을 경우 내부전략의 활용가치는 배제되고 모든 운동방식을 외부전략에 의존하게 된다. 이러한 유형을 '원칙적 외부전략(principled outside strategy)'라고 칭할 수 있는데, 아시아의 경우는 주로 아시아개발은행의 책무성 개혁 가능성을 회의적으로 평가하는 주류적 구조적 대항유형의 CSO가 채택할 수 있는 외부전략이라 할 수 있다. 이는 아시아개발은행이 개방적인 정치기회공간을 계속해서 CSO에게 제공한다고 하더라도, 민중적인 CSO는 아시아개발은행의 친화적인 기회구조가 단기적인 회유책이고 언젠가는 신자유주의적 글로벌 통치성으로 회귀할 것이라는 원천적인 불신에 입각하여 외부전략을 설계한다. 셋째는 이른바 '실용적 외부전략(pragmatic outside strategy)'으로, 내부전략과 외부전략이 연계될 경우 그 시너지 효과가 극대화된다는 계산하에 외부전략을 선택하는 CSO의 의도된 행보를 의미한다. 이는 CSO의 상대 표적인 아시아개발은행이 일정 수준의 개방적인 정치기회구조를 제공한다는 조건과 외부전략을 선택하는 CSO가 제한된 구조적 대항영역을 보유하고 있을 경우가 서로 조우할 때 주로 나타나는 외부전략의 형태이다. 따라서 NGO포럼의 외부전략은 대부분 실용적 외부전략일 가능성이 높으며, 이는 [그림 6-5]가 보여주듯이 아시아개발은행의 정치적 기회구조가 개방적이라는 조건을 전제로 한다. NGO포럼이 선택한 외부전략이 실용적인 유형이라는 사실에서 아시아개발은행의 연차총회 때 NGO포럼이 조직한 장외시위가 과격한 선동이 아닌 대부분 평화적인 집회 양상을 보이는 이유를 찾을 수 있다. 지금까지 연차총회 현지 정부에게 집회시위에 관한 법적 승인을 받고 시행하는 전형적인 합법적 시위의 유형을 보이고 있으며 폭력 내지 파괴 양상을 보인 기록을 아직 찾아볼 수 없다는 사실이 NGO포럼이 실용적 외부전략을 채택하고 있다는 해석을 뒷받침해 준다(Kalm and Uhlin, 2015: 119; Tarrow, 1994).

실용적 외부전략 중심의 외부전략을 선택하는 NGO포럼은 자연스럽게 내부전략과 외부전략의 두 전략을 적절하게 배합하여 CSO의 내부와 외부를 성공적으로 정비하는 특징을 갖게 된다. NGO포럼의 구성 자체가 전문성과 민중성의 교집합이라는 점에서 포럼은 전문적 대항을 내부전략으로, 민중적 대항을 외부전략으로 특화시켜 각각의 독자적 영역이 전략적으로 구축될 수 있다. 동시에 이러한 정체성의 이중성은 내부전략과 외부전략을 결합하여 NGO포럼이 대항영역과 이를 위한 레퍼토리를 극대화할 수 있는 계기를 제공한다. 이는 경상현상(mirror image)으로 아시아개발은행의 통치성이 개방적인 정치기회구조를 제공할 때에만 외부전략이 내부전략으로 전환되거나 연계될 가능성이 높아지며, 반대로 폐쇄적인 정치기회구조가 제시될 경우는 외부전략이 독자적으로 추진될 가능성이 높아지는 것이다.

NGO포럼이 내부전략과 외부전략을 결합하는 실증적인 사례는 주로 아시아개발은행의 책무성 메커니즘 개혁을 통한 책무성 제고, 공공대화정책 개혁을 통한 투명성 제고, 그리고 세이프가드 정책 개혁에서 찾아볼 수 있다. NGO포럼의 주요 외부전략인 아시아개발은행 연차총회와 평행하게 조직되는 '아시아개발은행 인민포럼'의 대안적 시민사회 총회에서 주로 다루는 주제가 다름 아닌 아시아개발은행과의 긴밀한 소통이 요구되는 NGO포럼의 내부전략인 바로 위 세 가지 대항영역인 것이다. 특히, 내부전략으로 아시아개발은행의 책무성 제도, 공공대화정책, 세이프가드 개혁 과정에 참여한 NGO포럼의 회원단체와 다른 아시아 CSO가 매년 아시아개발은행 연차총회에 참가하여 대규모 평화시위를 비롯한 장외투쟁을 조직한다는 사실이 이러한 내부전략과 외부전략이 결합되어 있음을 반증한다. 이는 외부전략을 실용적으로 취사선택해서 기존의 내부전략의 효용성을 극대화한다는 시민사회의 오래된 경험과 아시아개발은행과의 관계성에서 축적된 결과로 인식할 수 있다. 또한 두 전략의 결합은 NGO포럼으로 대표되는 아시아 시민사회의 대항영역이 제한된 구조적 대항의 특징을 가지고 있기 때문에 가능하다는 논리와도 연결된다. 아시아개발은행의 해체 또는 중지를 목표로 삼지 않고 아시아개발은행의 개혁을 핵심 목표로 삼고 있다는 NGO포럼의 제한된 구조적 대항영역이 내부전략과 외부전략, 그리고 두 전략을 결합한 방식 모두를 쓸 수 있는 선택지로 유연하게 활용하는 것이다.

3. 개발CSO의 책무성 딜레마

지금까지 논의한 아시아 시민사회를 대표하는 NGO포럼의 단일화 및 동형화 과정, 그리고 특유의 대항영역은 NGO포럼과 아시아 시민사회가 보여주는 특수한 방식의 정치세력화에 대한 분석이며, 다분히 시민사회가 보유하고 있는 역량과 대항전략 등의 긍정적인 면에 초점을 맞춘 해석이라 볼 수 있다. 반면, 시민사회에 내재된 스스로의 책무성 문제와 시민사회가 다자개발은행과의 관계성을 맺을 때 발생하는 책무성의 딜레마에 대한 고찰이 필요하다. 이를 토대로 NGO포럼이 아시아개발은행과의 관계적 책무성을 형성할 때 책무성의 딜레마 현상이 어떻게 발현되는가에 대한 분석이 동반되어야 한다. 특히, NGO포럼의 정체성인 제한적 구조적 대항이 가지는 본질적인 딜레마를 그라노베터(Granovetter, 1973)의 '약한 연대(weak ties)' 이론을 통해 아시아 시민사회의 근본적인 문제점을 분석하고 그 해결책을 타진해 본다.

1) 개발CSO의 딜레마 유형

시민사회 내부의 책무성 딜레마에 대한 일반론적 분석은 살라몬(Salamon, 1995)이 주장한 '자원실패(voluntary failure)' 현상에서 가장 잘 표현된다(김태균, 2017). 자원실패는 앞서 설명한 정부실패·시장실패와 유사하게 시민사회 내부에도 치명적인 결함이 내재해 있다는 것을 의미한다. 자원실패의 근본적인 이유는 서비스 전달의 주체로서 CSO가 국가 또는 시장에 의해 동원될 경우 직간접적으로 CSO 활동의 재정적 지원을 정부와 민간부문으로부터 제공받게 되고 재정적 지원에서 발생하는 조건에 의하여 CSO의 자원주의가 치명적으로 간섭받거나 훼손된다는 사실에서 기인한다. 제3의 영역으로 독자성과 자율성을 인정받아야 하는 시민사회가 국가와 시장의 아바타로 전락하여 본연의 책무를 다하지 못할 가능성이 높아지며, 결국 CSO는 '그림자 국가(shadow state)'로서 정부/시장의 확장된 도구라는 비판적인 평가를 받게 된다(Wolch, 1990; Kuhnle and Selle, 1992). 따라서 국가와 시장이 시민사회에 정치적 기회구조를 개방하고 확장할수록 시민사회가 이에 종속되거나 본연의 정체성을 상실하게 될 확률이 높아지는 딜레마에 빠지게 된다.

자원실패의 개념이 국제개발의 맥락에 접속되면 개발CSO가 봉착하는 책무성 딜레마는 다음과 같이 크게 네 가지 문제로 발전한다. 첫째, 무엇보다도 일반적인 CSO와 마찬가지로 재정적 후견인에게 CSO가 통제를 받아 본연의 임무에서 벗어나 후견인이 기획한 프레임에 시민사회의 행보를 맞춰야 하는 딜레마이다(Clark, 2002; 1991; Peruzzotti, 2007; Boulding, 2012). 정부 및 국제기구의 전략적인 포섭전략과 통치성은 시민사회 본연의 정체성에 균열을 일으키게 되고, 비판적인 민중적 CSO도 개방적 정치기회구조를 제공하는 다자개발은행과 지속적으로 접촉하게 되면 국제기구정책에 어느 정도 동화되어 급진성이 퇴색되는 경향이 강하게 나타난다(Smith et al., 1997). 이러한 현상이 특히 주요 국제CSO에서 목도되고 있으며, 이를 신사회운동의 '길들여진' 형태라고 비판적으로 표현하기도 한다(Kaldor, 2003). 아시아 지역에서는 주로 비구조적 대항의 특성을 가진 CSO가 아시아개발은행의 재정지원 내지 제도적 혜택의 수혜자가 될 가능성이 높으며, NGO 포럼도 내부전략으로 아시아개발은행의 협의 프로세스에 참여할 경우 다분히 포럼 본연의 목표와 정체성과 어긋나는 문제에 봉착할 가능성을 배제할 수 없다. 아시아개발은행이 지원하는 개발프로젝트의 96%가 직간접적으로 CSO의 참여를 성공적으로 유인했다는 2016년의 통계보고는 아시아개발은행의 책무성 문제에 대항영역의 대척점을 구축하고 있는 시민사회에게는 대단히 충격적인 사실이 아닐 수 없다.

둘째, 재정적 후견인과의 관계에서 발생하는 책무성 딜레마가 아닌 시민사회 내부에서 발생하는 재정적 책무성의 딜레마가 있다 (Hielscher et al., 2017; Berghmans et al., 2017). 이는 특정 개발CSO에 후원금 내지 회비를 내는 개인회원들에게 CSO가 재정적 책무성을 져야 하는가에 대한 질문과 연결된다. 이 질문에 대한 논쟁은 상당히 오랫동안 지속되었는데, 논쟁의 핵심은 개인회원의 재정적 지원이 CSO의 책무를 요구하지 않는 자발적인 후원금이기 때문에 CSO가 책임의 의무를 질 필요가 없다는 문제의식에 있다. 익명의 다수가 후원한 재정지원에 일일이 CSO가 책임을 지는 것이 아니라 CSO가 이를 이용하여 본연의 목표를 달성하는 것이 더 중요하다는 논리이다. 특히, 개발CSO는 후원주체가 일반 CSO보다 다양하게 분포되어 있고 다양한 채널을 통한 모금활동이 이루어지기 때문에 더욱 후원자를 확인하기가 어려우며 이에 따라 책무의 문제를 적절하게 시행하기가 어렵다. 따라서 극단적으로 CSO의 경우 스스로에 대한 책무성 이슈를 생략해도 무방하다는 주장이 나오기까지 한다(Jordan, and van Tuijl, 2006). [그림 2-6]에서 설명하는 공여국과 협력대상국 간의 주인-대리인 관계와 달리 개발CSO는 하나의 대리인인 CSO가 엄청난 수의 공여주체인 주인들을 동시에 상대하기가 불가능하다는 이유와도 상통한다. 그럼에도 불구하고, 불특정 다수의 재정적 후견인들이 제공한 후원금 및 회비에 대한 책무를 다하지 못하고 불투명하게 재정을 관리할 경우 기존 회원들이 점차 다른 CSO로 회원 등록을 변경하여 책무성 결핍에 대한 책임을 물게 되는 결과가 발생한다. 특히, 아시아개발은행 또는 아시아

국가로부터 재정적 지원을 받지 않고 자체적으로 회원단체의 후원금과 옥스팜과 같은 대형 국제NGO로부터 재정지원을 받고 있는 NGO포럼의 경우 이러한 포럼 내부에서 발생하는 책무성 딜레마에 더 민감하게 대응해야 할 것이다. 시민사회 자체적으로 조달된 활동경비가 투명하게 사용되지 않을 경우 발생하는 내부 비판과 회원탈퇴까지 이어지는 균열 양상은 지금까지 NGO포럼이 아시아 시민사회의 대항영역을 주도하였던 단일 컨트롤타워로서의 리더십과 이를 위한 동형화 노력들에 큰 걸림돌이 될 것이다.

셋째, 개발CSO가 다자개발은행의 책무성 기제를 활용하여 민원을 제소하는 행위를 반복할수록 결국 책무성이 제고되는 것이 아니라 책무성의 남용과 오용 문제로 확대되는 부정적인 결과를 초래하게 된다(Dubnick, 2002; 김태균, 2013b). 책무성 제도의 특성상 책무성을 제고할수록 동시에 효율성이 저하되는 딜레마가 있다는 사실을 우리는 이미 제2장에서 확인하였다. 세계은행의 경우 조사패널에 동일한 세계은행의 프로젝트에 관한 민원이 두 차례 이상 제소되는 사례를 빈번하게 목격할 수 있다. CSO 입장에서는 개발프로젝트로 인한 피해보상이 제대로 이루어지지 않았기 때문에 다시 책무성 문제를 제기하는 것인 반면, 세계은행의 입장에서 한번 조사가 종료된 동일한 사건에 다시 조사패널을 투입하기 위해서는 패널에 대한 재정지출과 시간상의 중복 등 여러 문제가 발생한다(Clark, 2002; Wade, 2009). 결국 책무성 제고를 위하여 설치한 조사패널이 CSO의 잦은 민원제소로 인하여 본연의 목적을 달성하지 못하고 세계은행의 트레이드마크인 효율성마저 저하되는 딜레마에 빠지게 된다. 따라서 CSO가 특정 개발프로젝트의 책무성 문제가 해결될 때까지 반복해서 민원을 접수시키는 조직의 목표와 목표달성을 위하여 노력할수록 부작용이 발생하는 딜레마에서 CSO는 적절한 수위의 전략을 준비하는 것이 바람직하다. 아시아의 경우,

아시아개발은행은 세계은행과 달리 특별프로젝트추진부와 규정준수 검토패널의 두 단계로 구성된 책무성 메커니즘을 순차적으로 운영하는 차별성이 있고, 외부전략을 이행하는 아시아 CSO가 주로 NGO포럼이라는 단일 채널을 중심으로 책무성 문제를 이슈화하기 때문에 다른 다자개발은행과는 다른 수위의 딜레마에 봉착하게 된다. 아시아개발은행의 글로벌 통치성이 고도의 사회공학적 포섭전략을 구사함으로써 아시아 시민사회가 책무성 문제에 공격적으로 도전하는 데 방어막 쿠션 효과를 거쳐야 하는 차이점도 있다. 그럼에도 불구하고 특별프로젝트추진부에 동일한 프로젝트로 협의 프로세스를 요청한 경우가 두 건 발견되는 등 책무성 제도의 남용에 관한 우려의 목소리가 나올 수 있는 충분한 근거를 찾을 수 있다. 반대로 아시아개발은행의 통치성과 개방적 정치기회구조로 인하여 아시아개발은행의 책무성 문제에 대한 아시아 시민사회의 도전이 순화되고 협의 중심의 내부전략으로 전환되는 현상을 오히려 CSO가 처한 더 심각한 딜레마라고 평가할 수 있다.

마지막으로, 아시아 시민사회, 특히 NGO포럼에게 가장 중요한 딜레마 현상은 제한된 구조적 대항의 정체성에 기인하는 '약한 연대'의 딜레마이다. 제한된 구조적 대항의 특징은 대항영역이 구조적으로 제한된 범위에서 급진성을 갖게 되고 다른 범위에서는 대항이라고 보기 어려운 수준의 타협과 협의 중심의 자기제한성을 갖는 이중적인 정체성으로 요약될 수 있다. 이러한 이중성으로 제한된 구조적 대항의 CSO는 비구조적 대항 중심의 CSO와 주류적 구조적 대항 중심의 CSO와 연결고리를 개발하여 조직의 외연을 확장할 수 있다는 긍정적인 해석이 가능하다. 반면, 제한된 구조적 대항의 CSO가 관리해야 되는 전선이 CSO 내부조직의 네트워크 외에 비구조적 대항과 주류적 구조적 대항 유형의 시민사회조직까지 확대됨에 따라 NGO포럼에게 외연확장은 조직관리에서 큰 부담으로 느껴질 가능성이 크다. 이를 관리·운영할 충분한 조직과 인력, 그리고 재정적 뒷받침이 없는 CSO에게는 오히려 확장된 네트워크가 부담스럽고 조직 내 구성원의 결속을 위해 투입될 재원이 외부로 새는 누수현상이 발생할 수 있다. 따라서 조직 내의 네트워크를 '강한 연대(strong ties)'라 하고 CSO 조직 간의 네트워크 확장을 '약한 연대'로 정의한다면, 당연한 이치로 CSO는 약한 연대보다 강한 연대에 조직의 자산을 투입할 가능성이 농후하다. 이는 사회적 자본과 네트워크 분석에서 강조하는 이질성보다 유사성을 선호하는 동종성 원칙이 적용되는 전형적인 동형화 현상인 반면, 약한 연대에 상대적으로 관리자산 투입이 약화되면서 CSO의 전체 네트워크 확장에 문제가 발생하는 딜레마 현상이 나타나게 된다(Ferguson, 2017; Lin, 2001; Putnam, 1995; Wasserman and Faust, 1994; Coleman, 1990).[21]

여기서 주목해야 할 대목은 이른바 '약한 연대의 강점(strength of weak ties)'이란 프레임에서 개발CSO가 처한 딜레마를 더욱 정치하게 이해할 수 있다는 점이다. 약한 연대의 강점 프레임은 유사한 동종의

21 이러한 동형화 전략은 동종성의 원칙과 같이 한다. '동조'의 발생 이유는 환경의 불확실성, 위험의 회피, 동반자의 부재 등 다양한 원인에서 찾을 수 있겠지만 보다 근본적인 원인은 이질성보다는 유사성을 선호하는 사람들의 기본 속성과 연관된다. 사회적 지위나 직업, 성향이 비슷할수록 사람들은 서로 친근감을 느끼게 되고, 상대적으로 많이 상호작용하며 그래서 긴밀한 네트워크를 구성하는데, 시간이 지나면서 네트워크는 제도화되고 내부 커뮤니케이션을 강화하여 '동질성'을 더욱 증가시키게 되는 현상이 동종애 원칙이다. 유유상종이란 말이 있는 것처럼 '동종애의 원칙'에 따른 군집화는 사회적 동물인 인간들에게는 어쩌면 자연스러운 현상이라 할 수 있다. 문제는 이런 동종애적 경향이 강화되면 강화될수록, 사람들은 새로운 정보와 아이디어를 접할 수 있는 기회를 잃게 되고, 결국 사회는 연결되고 통합되기보다, 단절되고 파편화된다는 것이다. 우리끼리 더 친해지고, 더 소통할수록, 사회는 더 분열하고 더 불통하게 된다는 것이 호모필리 패러독스다.

CSO 간에 형성된 강한 연결망이 커뮤니티의 소통을 확장하고 긴밀하게 단결시키는 역할을 한다고 인식하기 쉽지만, 실상은 도리어 커뮤니티를 파편화시킬 수 있다는 역설적인 해석을 제공한다(Granovetter, 1973).[22] 집단 내부의 연결망은 강한 연대를 뜻하고 집단 외부의 연결망은 약한 연대를 의미하며, CSO가 내부 소통의 높은 밀도를 유지하면서 동시에 외부의 이질적인 집단과의 소통을 강화하는 것은 쉬운 일이 아니라는 점에 천착한다. 역설적으로 이러한 이종성(heterophily)의 외부 CSO와의 연결망 강화, 즉 낮은 밀도의 약한 연대를 적극적으로 활성화할 때 CSO 내부의 네트워크가 확장되고 통합적 단일성과 동형화 프로세스는 더욱 강화되는 결과를 만들어 낸다. 따라서 약한 연대에 대한 정책이 부재할수록 그 정상조직은 분열에 빠질 수 있다는 딜레마 현상을 NGO포럼과 같은 아시아 시민사회가 봉착해 있다고 해석할 수 있다. 특히, 제한된 구조적 대항유형의 범주에 속하는 CSO일수록 비구조적 대항과 주류적 구조적 대항의 양쪽 방향으로 약한 연대가 형성되기 때문에 더욱 약한 연대의 딜레마에 빠질 가능성이 높다. 반대로, 제한된 구조적 대항조직이기 때문에 약한 연대의 강점이라는 역설적 관계성을 비구조적 대항조직과 주류적 구조적 대항조직에 적용할 수 있는 제반 조건이 갖춰져 있다고 볼 수 있다. 이러한 약한 연대의 강점 프레임을 구체적으로 NGO포럼에 적용하여 포럼이 처한 약한 연대 딜레마의 구조를 아래에서 살펴보도록 한다.

22 미국 보스턴 지역의 이탈리아 출신 이민자 커뮤니티가 자신들의 이익을 침해하는 도시 행정당국에 대항해 하나의 목소리를 내지 못하는 이유를 연구한 마크 그라노베터(Mark Granovetter)라는 사회학자는 이탈리아 이민자들의 가족 중심적이고 친족 위주의 인적 연결망이 커뮤니티를 단결시키는 것이 아니라 도리어 파편화시키고 있음을 발견했다.

2) NGO포럼의 약한 연대 딜레마

전형적인 제한된 구조적 대항 유형의 아시아 시민사회 정상조직인 NGO포럼이 대항영역을 공고하게 단결시키고 포럼을 중심으로 더욱 단일화된 세력장을 확장하는 데 가장 큰 걸림돌이 되는 딜레마를 약한 연대의 강점현상과 약한 연대의 탈동조화 현상으로 설명할 수 있다. 우선, NGO포럼이 처한 약한 연대는 크게 세 국면에서 형성된다. [그림 6-6]이 보여주듯이, NGO포럼의 약한 연대 세 국면은 주류적 구조적 대항 유형으로 구분되는 CSO와의 연결고리, 비구조적 대항 유형으로 구분되는 CSO와의 연결고리, 그리고 NGO포럼의 기조에 반기를 들고 비판적 세력으로 구분되는 내부 회원단체로 수렴된다.

첫 번째 약한 연대의 전선은 NGO포럼보다 진보적이고 아시아개발은행과 타협이 아닌 해체를 주장하는 '주류적 구조적 대항'의 범주에 속하는 CSO와의 관계성에서 형성된다. NGO포럼 외에 아시아개발은행의 책무성 문제와 신자유주의적 처방에 대항하는 CSO로는 국제수준에서 활동하는 '글로벌남반구포커스(Focus on the Global South)'[23]와 필리핀 내부의 국가수준에서 결성된 '부채로부터 해방연합(Freedom from Debt Coalition)'[24]이 대표적이다. 글로벌남반구포커스의 경우, 아시

23 글로벌남반구포커스는 1995년에 창립하여 방콕에 십여 명으로 구성된 사무국을 두고 마닐라와 뉴델리에 현지사무소를 운영하고 있다. 유명한 활동가이자 학자인 왈든 벨로(Walden Bello)가 창립자이며 아시아개발은행뿐만 아니라 다자개발은행의 해체 이유와 새로운 대안주체로서 시민사회의 연합을 현실 세계에서 실현하는 것이 글로벌남반구포커스의 주요 과제이자 목표이다.

24 부채로부터 해방연합은 필리핀 국적의 CSO가 연합한 조직이지만, 아시아개발은행을 겨냥한 비판적인 활동에서는 국제NGO를 능가한다는 평가를 받고 있다. 1988년에 설립되었고 마르코스 정부를 지원한 해외대부업체들에

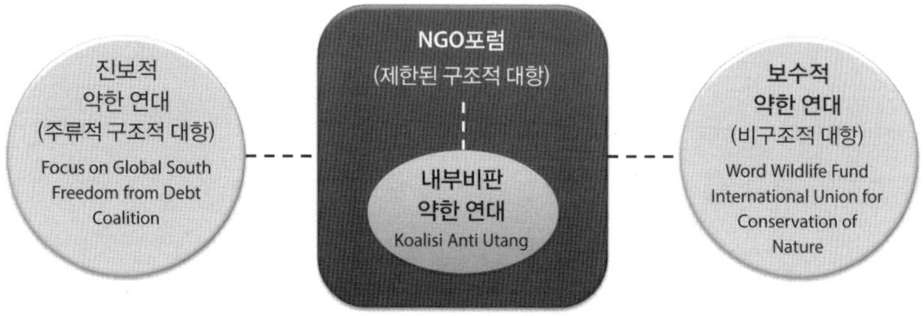

[그림 6-6] NGO포럼의 약한 연대 구조와 딜레마

자료: 저자 정리.

아개발은행의 책무성 결핍을 표적으로 삼아 애드보커시 활동에 주력한다는 점에서 NGO포럼과 유사한 성격의 정상조직으로 볼 수 있다. 그러나 세계무역기구(WTO), 세계은행 등과 함께 아시아개발은행의 해체를 요구하며 '탈세계화(de-globalization)'라는 거시적 담론의 일환으로 아시아개발은행의 개혁이 원천적으로 불가능하다고 주장하는 점에서 NGO포럼과는 다른 노선을 걷고 있다(Bello, 2000). 이와 유사하게, 250여 개의 필리핀 CSO가 결성한 필리핀 시민사회의 정상조직 연대체인 부채로부터 해방연합은 다자개발은행을 감시하는 활동의 일환으로 아시아개발은행을 감시하는 동시에 신자유주의적인 아시아개발은행의 해체와 시민사회의 권력화를 강조하고 있다. 지리적으로 필리핀 시민사회에 국한되어 대항영역이 구축되었다는 점에서 NGO포럼보다 상대적으로 파괴력과 영향력이 작다고 평가할 수 있으나 조직화에서는 NGO포럼보다 급진적이고 순발력이 뛰어나기 때문에 NGO포럼이 경쟁하거나 연대를 고려해야 할 강력한 주류적 구조적 대항 유형의

대한 비판으로 활동을 시작했으며, 불법으로 장악한 정권에게 지원된 불법자금은 불법으로 취급하여 종식되어야 한다는 목적을 갖고 있다.

CSO라 할 수 있다. NGO포럼 내부에 글로벌남반구포커스, 부채로부터 해방연합과 같이 주류적 구조적 대항조직으로 CSO와 연대하기를 선호하는 그룹이 존재하며, 이들은 장외투쟁 등의 외부전략을 통해 외부의 급진적인 CSO와 조우할 가능성이 높다. 따라서 NGO포럼 스스로가 이러한 약한 연대를 적절한 수위에서 관리하지 않으면 점차 내부의 회원단체 중 급진화 현상을 보이고 궁극적으로 NGO포럼에서 분리되어 탈동조화 수순을 밟는 단체가 생길 위험성도 배제할 수 없다.

둘째, 첫 번째 유형과는 완전히 반대 스펙트럼에 있는 경우로 아시아개발은행과 협력관계를 공식화하고 협의와 타협의 정점에 있는 비구조적 대항의 보수적인 CSO와 형성된 약한 연대이다. 이러한 성격의 약한 연대는 비정치적 국제NGO와 아시아개발은행 간에 프로젝트 이행을 위해 구축된 협력관계에서 흔히 찾아볼 수 있는데, 대표적인 사례로 2000년대 초반부터 시작된 아시아개발은행과 '세계자연기금(World Wildlife Fund)'과 '국제자연보전연맹(International Union for Conservation of Nature)' 간의 양해각서를 통한 자연자원의 지속가능한 관리 분야의 협업을 들 수 있다(Asian Development Bank, 2015). 자연자원 관리 이슈 자체가 몰정치적인 성격을 띠기 때문에 더욱 세계자연기금과 국제자연보전연맹과 같은 국제NGO가 급진성을 배제하고 전문성에 기초한 서비스제공의 기능적인 연대를 아시아개발은행과 손쉽게 추진할 수 있는 것이다. NGO포럼 내부에도 비구조적 대항CSO의 수준은 아닐지라도 아시아개발은행의 개발프로젝트와 협치하려는 의사를 표명하고 실제로 아시아개발은행과 협력관계를 유지하는 회원단체들이 있다. 이러한 회원단체들은 NGO포럼 차원에서 보수적 약한 연대에 대한 적절한 조치가 이루어지지 않으면 NGO포럼을 우회해서 외부 보수적인 CSO와의 연결망을 독자적으로 확장할 가능성이 높다. 따라서 NGO포럼이 비구조적 대항 CSO와의 약한 연대에 취할 수 있는 적절한 조치가 크게 두 가지로 압축되는데, 첫째로 포럼이 아시아개발은행을 향한 내부전략의 일환으로 비구조적 대항의 CSO와 연대할 수 있는 소통의 네트워크를 전략적으로 확대·재생산하거나, 둘째로 비구조적 대항조직과 연대를 완전히 차단시켜 내부 회원단체를 단속하고 포럼의 정체성을 주류적 구조적 대항 유형으로 유도할 수 있다.

셋째, NGO포럼의 진보성에 회의를 품고 포럼 자체의 타협적인 대항전략을 비판하는 내부세력의 출현으로 형성되는 내부조직의 약한 연대에 주목할 필요가 있다. 또한 내부조직의 약한 연대는 NGO포럼의 기조가 너무 급진적이어서 아시아개발은행과 협력관계를 유지하기가 어렵다고 판단하는 회원단체의 경우에도 해당한다. 그럼에도 불구하고 NGO포럼의 정체성이 아시아개발은행의 책무성 감시와 비판활동에 뿌리를 두고 있기 때문에 후자보다는 전자의 약한연결이 형성될 가능성이 크다. 이러한 내부의 비판세력은 NGO포럼의 대항영역에 공식적으로 속해 있지만 지속적으로 외부 급진세력과 연대하기 위해 노력함으로써 비판세력의 대항영역이 NGO포럼 전체의 대항영역보다 확장된 경계로 설계되고 급진화된다(Pallas and Uhlin, 2014). NGO포럼의 비판세력을 대표하는 회원단체의 예로서 인도네시아의 '코알리시 안티 우탕(Koalisi Anti Utang)'을 꼽을 수 있다. 반(反)채무연합체인 코알리시 안티 우탕은 아직까지 NGO포럼의 회원단체로 등록되어 있지만 '인도네시아농민연합(Indonesian Peasants' Union)'과 같이 NGO포럼 가입을 거부한 풀뿌리 민중조직과도 긴밀한 협력관계를 유지하고 있다.

외부전략의 사회운동과 내부전략의 레퍼토리를 공유함으로써 CSO 간에 아시아개발은행의 책무성 개혁에 관한 집단정체성이 형성되고 연대의식이 공고화될 수 있다. 하지만 저항과 대항전략을 공유하고 대항영역에 같이 속해 있다고 해서 반드시 개별 CSO의 정체성까지 일치되어 있다고 판단하기는 어렵다. 앞서 제3장에서도 언급했듯이, 본 연구에서는 글로벌 거버넌스에서 대항영역의 의미를 도전과 비판의 수위는 다르지만 특정 다자개발은행을 겨냥해서 저항하는 CSO의 총합으로 정의한다. 또한 대항영역에 CSO뿐만 아니라, 개도국 정부와 정당, 또는 민간기업 등이 특정 다자개발은행의 사업에 동의하지 못하고 불만과 피해를 제기할 경우 CSO와 일정 정도 연대할 수 있다는 전제하에 대항영역의 일원이 될 수 있다(Kalm and Uhlin, 2015: 8). 따라서 NGO포럼이 얼마나 적극적으로 내부의 회원단체들과 지속적인 소통과 긴밀한 협의를 통해 약한 연대를 강한 연대로 전환할 수 있는가가 앞으로 NGO포럼이 처한 딜레마를 스스로 극복할 수 있는 근본적인 조건이 될 것이다.

마지막으로, NGO포럼이 처한 세 가지 유형의 약한 연대를 시민사회가 처한 내부적 딜레마로 해석하지 않고, 오히려 NGO포럼이 제한된 구조적 대항이라는 중간자적 입장을 취하고 있기 때문에 약한 연대가 비구조적 대항과 주류적 구조적 대항을 동시에 연결할 수 있는 선순환적인 역할을 제공한다는 역발상이 가능하다(Kalm and Uhlin, 2015: 106; 김태균, 2013b). 앞서도 강조한 NGO포럼의 대항전략 중 내부전략과 외부전략을 결합한 제3의 길이 비구조적 대항과 주류적 구조적 대항을 동시에 연동시키는 메커니즘으로 최적화된다면, 이는 그라노베터가 피력했듯이 약한 연대의 강한 힘이 창출되어 NGO포럼의 조직력과 영향력은 한층 더 강화되고 조직관리는 더욱 안정적으로 체계를 갖추게 될 것이다. 진보적 약한 연대를 강한 연대로 전환하기 위하여 진보 성향을 가진 주류적 구조적 대항의 CSO가 주도하는 사회운동 중심의 대항전략에 NGO포럼이 외부전략을 적극적으로 연동시킬 수 있다. 동시에, 아시아개발은행의 개발사업에 파트너로 참여하는 CSO를 원칙적으로는 NGO포럼의 회원단체에서 배제하지만 아시아개발은행 내부의 정책개혁에 개입할 수 있는 정치적 기회구조를 공략하는 내부전략을 확장하여 비구조적 대항의 시민사회와도 협력관계를 유지하고 이를 통해 최종적으로 보수적 약한 연대를 강한 연대로 전환할 수 있다.

이러한 약한 연대의 딜레마가 새로운 강한 연대의 계기가 될 수 있는 궁극적인 이유는 아시아 시민사회의 대항영역이 NGO포럼을 중심으로 단일한 집합체를 구성하고 있기 때문이다. 단일한 정상조직으로서 NGO포럼의 내부전략과 외부전략을 결합하는 아시아 특유의 대항전략 생산양식이 약한 연대들을 NGO포럼의 네트워크로 유인하여 아시아개발은행의 통치성이 제공하는 개방적 정치기회구조를 통해 강한 연대로 재생산하게 된다. 이로써, NGO포럼으로 대표되는 아시아 시민사회와 아시아개발은행이 책무성이라는 이슈를 중심으로 상호 갈등관계를 형성하는 것이 아니라 공존을 위한 상생의 관계성을 구축하고 있다고 다소 긍정적인 해석을 시도해 볼 수 있다.

제7장

글로벌 책무성의 아시아적 재생산: 대항적 공존

지금까지 논의한 아시아개발은행의 글로벌 통치성과 아시아 시민사회의 대항영역을 토대로 아시아 맥락의 갈등정치라는 시공간에서 어떠한 개발책무성의 관계성이 형성되어 왔는가를 최종적으로 종합한다. 당초 본 연구의 시발점은 아시아개발은행의 책무성 제도가 다자개발은행 중 가장 선진화되어 있고 국제기구 전체 순위에서도 2위로 집계되는 이유에 대한 답을 찾기 위한 대단히 간단한 문제의식에서 출발하였다([표 1-1] 참조). 답을 찾는 여정은 아시아개발은행의 책무성을 '아시아적 맥락'이라는 특정 지역 공간에 위치시키고 사회적 구성주의의 궤적하에 아시아 시민사회와 아시아개발은행 간에 간주관적으로 형성되는 관계적 책무성을 거시인과분석으로 해부하는 작업으로 이어져 왔다. 아시아 중심의 거시적 맥락화는 아시아개발은행과 시민사회의 관계적 책무성이 기존의 세계은행 및 다른 지역 다자개발은행의 사례들과 어떤 차별성을 가지고 있는지를 추적하고 이를 토대로 개발책무성의 아시아적 재생산 양식을 (재)구성하는 작업이다. 긴 여정의 마지막 순서로 갈등정치 공간에서 아시아개발은행이 구사하는 체제이성과 통치성, 그리고 정치적 기회구조로 구성되는 책무성 제도의 축과 NGO포럼으로 대표되는 아시아 시민사회의 대항영역과 대항전략의 축을 서로 교차하면서 갈등관계의 두 단일주체들이 서로에게 필요한 공존의 존재로 전환되는 과정을 복기해 본다.

요컨대, 본 연구의 주장은 다자개발은행의 책무성 문제에 도전하는 시민사회가 동형화를 통해 단일한 정상조직을 성공적으로 구축할 경우, 정상조직의 내부전략과 외부전략이 필요시 분리 또는 결합되어 다자개발은행에 대한 도전과 타협이 공존하게 되고, 이는 곧 전 방향의 네트워크 확장으로 이어져 약한 연대가 강한 연대로 전환되는 선순환적인 효과가 창출될 수 있다는 것이다. 본 주장이 성립하기 위한 필요조건으로 아시아개발은행처럼 시민사회에 개방적 정치기회공간을 지속적으로 제공하는 고도의 통치성을 갖춘 다자개발은행이 시민사회의 상대 파트너로 상정되어야 한다. 이러한 특수한 관계적 책무성이 곧 아시아적 맥락에서 형성된 개발책무성의 재생산 양식이다. 다시 말해, 개발책무성의 아시아적 재생산 방식은 아시아개발은행과 아시아 시민사회가 갈등과 타협을 통해 서로에게 필요한 존재로 재구성되는 '대항적 공존(oppositional coexistence)'이라는 개념으로 아시아의 관계적 책무성을 특화시킬 수 있다.

1. 단일주체의 형성과 동형화 현상의 주류화

'대항적 공존'이 원활히 성립하기 위해서는 기본적으로 시민사회의 대항영역에 다자개발은행의 책무성 문제를 제기하는 시민사회의 집합행위가 단일한 정상조직으로 통합되는 동형화 현상이 기본 상수로 요구된다. 아시아의 경우, 시민사회단체 및 지역커뮤니티가 아시아개발은행의 책무성 문제를 거론할 경우 반드시 연대를 시도해야 하는 시민사회의 정상조직으로서 NGO포럼이라는 대표적인 결사체가 1980년대 후반부터 성장해 왔다. 아시아개발은행을 상대로 아시아 시민사회를 대표하는 단일 정상조직이 구축되었다는 사실은 대단히 중요한 의미를 가진다. 우선 아시아개발은행의 책무성 이슈에 도전하는 시민사회의 대항영역과 대항전략이 NGO포럼 중심으로 단일화되고 이에 따라 통일성과 정치적 영향력이 배가되어 갈등정치에서 NGO포럼의 대항권력은 가공할 만한 수준으로 증식된다. 또한 아시아개발은행의 입장에서 볼 때 산만하게 퍼져 있는 불특정 다수의 CSO를 상대하는 것보다 대표성이 있고 통합된 채널인 시민사회의 단일주체와 소통하는 것이 협의 과정에서 효과성과 정당성을 확보할 수 있을뿐더러, 아시아개발은행이 개방적인 통치성을 구사할 경우 더더욱 시민사회의 정상조직과 긴밀한 협의하에 시민사회와 유기적인 협력 네트워킹을 구축할 수 있다는 전략적 기대를 갖게 된다. 마지막으로, 단일주체의 형성은 곧 동형화 현상의 주류화로 직결되는 생산적인 기능이 있다. 즉, NGO포럼은 단일주체로서의 가치와 역할을 유지하기 위해서 포럼을 중심으로 아시아 시민사회를 통합하고 확장하는 동형화 과정을 지속하게 되고 더 나아가 동형화를 토대로 집단정체성 형성을 공고하게 주조하게 된다. 이러한 동형화 전략은 NGO포럼이 제공하는 정보공유·역량강화·정책조정(연계) 등 다양한 기능에서 출발하지만 본질적으로 아시아 개발CSO가 스스로 필요에 의해 자발적인 동형화를 선택하고 NGO포럼에 참여하는 경향이 강하다. 그러나 네트워크의 동종성이 극대화되면서 장외에 있는 이종적인 CSO가 NGO포럼 네트워크 안으로 포섭될 가능성이 높아지는 반면, 동종성에 완전히 동화되지 않은 조직들이 외부 시민단체와 약한 연대를 형성하면서 중장기적으로 NGO포럼의 단일성에 균열을 초래할 수 있다는 문제점을 동형화 과정에서 주의 깊게 살펴야 한다. 약한 연대로 인한 내부 분절화 문제에는 제6장에서 강조했듯이 제한된 구조적 대항조직인 NGO포럼이 내부전략과 외부전략을 각각 비구조적 대항의 CSO와 주류적 구조적 대항의 CSO에 적용하여 약한 연대를 강한 연대로 전환하는 '약한 연대의 강점' 해법이 바람직하지만, 현실 정치에서 약한 연대의 강점이 NGO포럼의 동형화 전략에서 당연한 성과로 귀결된다고 낙관할 수는 없다.

한편, 아시아 시민사회와 아시아개발은행 간에 관계적 책무성의 전선이 구성될 때 시민사회의 단일주체 현상과 유사하게 아시아개발은행의 내부에도 시민사회를 전담하는 NGO센터를 설치하여 내부 여러 부처와 CSO 간의 협의, 그리고 NGO포럼과의 협의 채널을 NGO센터 중심으로 통합하는 단일화 프로세스가 추진되었다. 물론 2001년부터 도입된 NGO센터가 완전한 독자성을 가지고 아시아개발은행의 시민사회와 관계를 독점한 것이 아니었으나, 아시아개발은행의 프로젝트 기획 및 이행 과정에서 시민사회와 연관되는 내부 부처를 총괄하여 조율하는 컨트롤타워의 역할을 수행해 왔다. 따라서 NGO포럼이 아시아개발은행의 내부엘리트를 대상으로 로비활동을 벌이거나 정책협의과정에 참여하는 등 포럼의 내부전략을 수행함에서 NGO센터와 같은 단일한 채널은 중요한 중개자 역할을 하게 된다.

NGO센터 외에 아시아개발은행이 시민사회를 상대로 운영하는 통합된 제도적 장치로는 은행의 책무성 메커니즘을 논하지 않을 수 없다. NGO포럼을 위시한 아시아 시민사회가 아시아개발은행의 책무성 결핍을 비롯한 비민주적 거버넌스를 개별 프로젝트에서부터 거시적 정책과 담론까지 아우르는 모든 단계에서 감시하고 도전한다면, 아시아개발은행으로서는 방어전선을 전방위로 구축해야 하는 엄청난 물적·인적 투자가 필요하다. 따라서 아시아개발은행의 책무성 문제를 전담하는 책무성 메커니즘을 설치함으로써, 책무성 전담제도 외의 아시아개발은행의 다른 조직은 NGO포럼과 아시아 시민사회가 휘두르는 공격의 예봉을 피할 수 있고 전체적으로 제도적 편의성과 안전성을 제고하게 된다. 앞서 분석하였듯이, 책무성 메커니즘은 현재 특별프로젝트추진부와 규정준수검토패널로 구성되어 있으며, 2012년 전까지는 예방적 차원에서 먼저 특별프로젝트추진부 단계를 거쳐야만 규정준수검토패널로 민원이 이관될 수 있도록 절차적 제한을 두어 아시아개발은행으로서는 최대한 사전적으로 불필요한 규정준수검토 요구를 걸러낼 수 있었다.

다자개발은행 측에서 시민사회의 책무성 도전을 효과적으로 대응하기 위하여 단일한 책무성 제도를 구축하고 통합하는 사례는 아시아개발은행뿐만 아니라 거의 대부분의 다자개발은행에서 공통적으로 찾아볼 수 있는 일종의 동형화 현상이다. 그러나 시민사회 진영에서 다자개발은행의 책무성 문제에 도전하고 감시활동을 조직적으로 운영하기 위하여 정상조직을 만들어 집합행위를 통일하고 집단정체성을 단일채널로 규합하는 예는 아시아 시민사회가 유일하다고 볼 수 있다. 이를 달리 표현하자면, 다자개발은행과 시민사회가 책무성 이슈에 대응하기 위해서 각 진영이 모두 제도의 단일화를 추진하고 이를 지속하기 위한 동형화 프로세스에 유일하게 성공한 사례가 아시아개발은행과 NGO포럼으로 대표되는 아시아적 맥락의 갈등정치 구조라 할 수 있다. 동시에, 아시아개발은행과 아시아 시민사회가 상호 단일화된 채널을 중심으로 관계적 책무성을 구성해 왔다는 역사적 사실이 아시아 개발책무성 재생산 양식의 핵심임을 반증하고 있다.

2. 갈등의 정치와 관계적 책무성: 도전과 타협의 이중주

단일화와 동형화 단계를 거친 아시아 개발책무성의 특수한 경험은 갈등정치의 공간에서 도전과 타협의 상반된 프로세스가 분리되어 경합하거나 결합하여 절충되는 과정이 반복되어 만들어진 관계성으로 대변된다. 실제로, 아시아개발은행으로 대표되는 다자개발은행과 NGO 포럼으로 대표되는 아시아 시민사회가 책무성 이슈에 대하여 기계적인 계약관계 중심의 일차원적인 절차적 책무성에만 의존한다고 결론짓기에는 절차적 책무성에서 벗어나는 다차원적인 상호작용이 너무 쉽게 목도된다. 책무성 이슈가 제기되는 정치사회적 맥락을 분석하고 사회구성적 복합성에 의해 형성되는 집단적 관계성의 상호작용에 초점을 맞추는 관계적 책무성이 아시아적 개발책무성 분석에 적합한 개념이자 분석프레임이라 할 수 있다. 따라서 관계적 책무성은 책무성 문제에 관여하는 아시아개발은행과 아시아 시민사회 간에 간주관적으로 형성된 사회적 관계의 산물이다(Berger and Luckmann, 1967). 즉, 다자개발은행인 아시아개발은행과 시민사회 정상조직인 NGO포럼이 아시아적 맥락에서 발생한 책무성 문제에 대하여 각각의 입장이 반영된 공통의 행위방식과 가치부여 방식을 내면화하면서 서로에게 자신의 입장을 전달하고 반대로 상대방의 입장을 이해하게 된다. 그 결과, 책무성 개혁에 대한 두 주체의 이해관계가 상호 도전과 타협을 통해 점차 공통적인 부분을 공유하게 되고 이 공통된 부분이 간주관적인 결과물인 사회적 사실로 귀결되는 것이다(Kim, 2008; Stammers, 1999). 이에 관해 지금까지 분석한 결과를 [표 7-1]과 같이 다시 정리해 볼 수 있다. 이 표에서는 아시아개발은행과 아시아 시민사회 간의 관계적 책무성을 대표하는 주요 요소가 설명되어 있다. 이 관계적 책무성의 구성요소를 크게 아시아개발은행과 NGO포럼으로 양분하여 각각의 주요 특징을 나열하면 다음과 같다.

첫째, 아시아개발은행이 보유한 관계적 책무성의 구성요소로는 글로벌 통치성과 정치적 기회구조로 압축된다. 아시아개발은행은 고도의 정치적 기술인 통치성을 거시적 담론하에서 배양하여 왔는데, 아시아개발은행이 소유한 글로벌 권력을 강화하거나 유지하기 위한 거

[표 7-1] 아시아개발은행-시민사회 간의 관계적 책무성 구성요소

	구성요소	특징
아시아개발은행	글로벌 통치성	사전예방적/포섭과 협치
	정치적 기회구조	개방적
NGO포럼	집단정체성	전문적/민중적
	대항영역	제한적 구조적 대항
	대항전략	내부전략/외부전략/내부-외부통합전략

자료: 저자 정리.

시적인 목적에서부터 NGO포럼과 대항하는 갈등의 정치를 압도하거나 적절히 관장하려는 미시적인 목적까지 통치성은 다층적으로 적용되고 있지만 상호 매우 높은 정합성과 포용성을 보인다. 환언하면, NGO포럼을 통제·관리하는 목적을 가지고 있지만, 실제로 아시아개발은행의 통치성은 상대 행위자가 자발적으로 아시아개발은행의 정책과 프로젝트에 동참할 수 있도록 조정하고 세뇌시키는 지식의 권력화 현상을 의미한다(Foucault, 1995). 아시아개발은행의 대표적인 통치성 특징으로는 사전예방적 조치와 NGO포럼을 비롯한 아시아 CSO의 포섭과 협치로 특화시킬 수 있다. 사전예방적 조치로서 통치성은 특별프로젝트추진부와 규정준수검토패널로 분리되어 있는 책무성 메커니즘의 구조적 측면에서 가장 잘 드러나는데, 이러한 예방적 조치는 아시아개발은행에게는 책무성 제도의 개혁이라는 긍정적인 이미지를 외부에 알리게 되는 동시에, NGO포럼으로 하여금 자발적으로 책무성 메커니즘을 활용하기 위하여 특별프로젝트추진부에 먼저 접근할 수 있게 유도하는 이중적인 실익을 만들어 낸다. NGO포럼 및 아시아 CSO의 아시아개발은행 책무성에 대한 강한 도전과 감시활동에 대응하는 수단으로 타협과 포섭의 공간을 제공하는 통치성이 책무성 제도의 주요 대응기제로 내재화됨에 따라 시민사회는 도전의 수위를 낮추게 되고 결

국 일부는 포섭의 망에 걸려 협치에 참여하게 된다.

아시아개발은행이 제공하는 정치적 기회구조의 관계적 책무성 특징도 같은 맥락에서 설명할 수 있다. 아시아개발은행의 정치기회구조는 개방적 내지 포용적이라고 평가할 수 있는데, 이는 아시아개발은행에 아시아 시민사회가 접근할 수 있는 통로와 수위가 다층적으로 열려 있도록 설계되어 있기 때문이다. 다시 말해, 실제로 시민사회의 접근이 허용되는 범위가 프로젝트 이행 과정과 정책구상에서부터 모니터링 과정까지 거의 전 단계를 포함한다고 해도 무리가 없다. 물론, 정책결정단계와 같이 아시아개발은행에게 핵심적인 내부 프로세스에 한해서는 시민사회의 접근이 제한되고 있다. 정치적 기회공간에서 주로 아시아개발은행이 아시아 시민사회에게 제공하는 소통방식은 협의 프로세스가 대부분이며, NGO포럼이 구사하는 내부전략과 아시아개발은행의 협의 프로세스가 서로 연결되어 협치될 가능성은 대단히 높다. [그림 6-5]에서 재확인할 수 있듯이, 아시아개발은행의 개방적 정치기회구조가 NGO포럼의 대항전략인 내부전략과 외부전략을 모두 실용적으로 전략화하는 효과를 창출하였다. 정치기회구조의 개방성으로 인하여 NGO포럼의 주요 내부전략인 협의와 로비활동이 실용적으로 전환되고, 또한 제한된 구조적 대항의 성격을 가진 NGO포럼이 외부전략과 내부전략을 연계하면서 외부전략도 장외투쟁으로 아시아개발은행의 해체를 주장하기보다 책무성 제도의 개혁 중심으로 전환하게 되어 결국 타협의 물타기가 가능해지는 것이다.

둘째, NGO포럼의 관계적 책무성 요소의 경우, 포럼의 집단정체성, 그리고 포럼이 구성하는 대항영역과 대항전략에서 구체적으로 그 특징을 확인할 수 있다. 세 요소를 비교·분석한 결과, 아시아 시민사회를 대표하는 NGO포럼의 관계적 책무성은 '제한된 구조적 대항'이라는 공통분모를 공유하고 있다. 집단정체성의 경우, 제한된 구조적 대항은 전문성과 민중성이라는 조직 정체성의 양면적인 특징을 모두 보유하고 있다는 점에 주목해야 한다. NGO포럼 자체가 아시아개발은행의 책무성 문제를 겨냥하여 감시활동을 하는 정상조직이기 때문에, 책무성에 관한 높은 수준의 지식과 경험을 갖춘 전문적 CSO가 주요 회원단체로 참여하고 있다. 반면에 풀뿌리 지역커뮤니티 활동을 근간으로 아래로부터의 세계화를 지향하고 아시아개발은행의 신자유주의적 성향을 비판하는 주류적 구조적 대항유형의 민중적 CSO도 회원단체로 활동하고 있다. 따라서 NGO포럼은 전문성과 민중성을 모두 포괄하는 집단정체성을 의도적으로 기획하고 재생산하는 네트워킹의 노력이 조직의 안정적인 운영을 위해서 절대적으로 필요하다. 이를 토대로 약한 연대인 비구조적 대항 및 주류적 구조적 대항그룹의 CSO와 연계를 전략적으로 강화함으로써 '약한 연대의 강점'의 성공적인 도입을 유도하여 NGO포럼의 외연을 확장하고 정치세력화의 스펙트럼을 확장시킬 수 있다.

한편, NGO포럼이 보유하는 대항영역과 대항전략의 핵심적 특징은 포럼의 집단정체성과 유사하게 제한된 구조적 대항의 이중적인 연대전략이 대항수위와 범위에 대한 중요한 판단 근거가 된다는 사실이다. 제한된 구조적 대항의 대항영역과 대항전략은 위에서 설명한 집단정체성과도 유기적으로 연동되므로 사실상 대항영역/대항전략과 집단정체성을 따로 분리해 분석할 이유가 없다. 그럼에도 이렇게 구분하여 설명하는 이유는 구성요소별로 해석의 편의를 도모하기 위해서이다.

먼저, 대항영역의 한 축은 아시아개발은행과 협의를 통해서 NGO포럼이 아시아개발은행의 책무성, 공공대화정책 및 세이프가드 등의 제도개선에 기여할 수 있는 내부전략을 강조하는 것으로, 전문성을 가지고 아시아개발은행과의 협의를 선호하는 NGO포럼의 회원단체가 생산하는 보수적인 대항영역이다. 이 보수적인 대항영역은 비구조적 대항유형의 CSO와 연계를 도모하는 약한 연대의 강한 힘이 실현될 수 있는 공간이다.

다른 한 축은 NGO포럼이 아시아개발은행의 책무성 제도 개혁을 장외시위 등 사회운동으로 공론화하고 타협과 협의보다는 정치적 애드보커시의 도전성을 갈등정치에서 포럼의 주요한 대항 레퍼토리로 전진 배치하는 외부전략 중심의 접근법이다. 이는 아시아개발은행의 책무성 제도 자체를 신뢰하지 않고 해체를 주장하는 주류적 구조적 대항유형의 CSO와 연결고리를 찾고 NGO포럼의 연결망을 확장하여 진보적 대항영역을 구축하고 민중적 시민사회와의 연대를 목적으로 한다.

이러한 대항영역/대항전략의 양대 축과 함께, NGO포럼은 대항전략을 내부전략과 외부전략이 결합한 방식으로 표출시키는 전략 간의 통합방식을 대항영역의 주요 레퍼토리로 강조하는 경우가 있다. 내부전략과 외부전략 간의 경합이 아니라 결합을 시도하는 연계방식이다. 이 방식은 외부전략인 장외시위 및 사회운동으로 아시아개발은행을 압박하는 과정에 주류적 구조적 대항조직이 주장하는 아시아개발은행의 급진적인 해체가 아닌 NGO포럼이 내부전략에서 강조해 온 책무성 개혁과 세이프가드 개혁 등 아시아개발은행과 협의가 가능한 주제들을 접목하는 것이다. 요컨대, 주류적 구조적 대항조직보다는 급진적이지 않고 비구조적 대항조직보다는 진보적인 중간형태의 대항전략의 레퍼토리를 생산해 내는 방식을 의미한다. 이는 NGO포럼이 사전적으로(ex ante) 제한된 구조적 대항이라는 정체성을 갖고 있기 때문에 가능하다는 해석과, 반대로 포럼이 의도적으로 내부전략과 외부전략의 통합을 대항영역의 레퍼토리로 주류화하기 위해서 제한된 구조적 대항을 포럼의 사후적인(ex post) 정체성으로 수용하고 발전시킨 결과라는 해석도 가능하다. 따라서 약한 연대의 강점이라는 화두를 NGO포럼이 봉착한 딜레마로 인식할 수도 있지만, 제한된 구조적 대항조직으로서 NGO포럼이 처한 약한 연대의 강점은 포럼의 연결망을 확장하고 내부결집력을 공고히 하는 중요한 도구이자 약한 연대의 딜레마를 전략적 기회로 전환시키는 아시아 시민사회만이 보여줄 수 있는 특수성이기도 하다.

아시아개발은행과 아시아 시민사회 간의 관계적 책무성이 형성되는 갈등정치 공간에서 시민사회의 대항영역을 제한된 구조적 대항 중심의 대항영역으로 규정할 경우, 제한된 구조적 대항의 개혁적 CSO가 목표로 삼는 책무성 제도의 변화 수위를 [표 7-2]와 같이 다각도로 접근할 수 있다. 이는 비구조적 대항의 정책중심 CSO 또는 주류적 구조적 대항의 급진적(전환적) CSO가 보여주는 책무성 제도의 다층적 변화와는 다른 대안적인 궤적을 보여준다. 책무성의 변화 수위를 종속변수로 두고 시민사회의 대항유형을 독립변수로 상정해서 대항유형에 따라 책무성 변화의 수위를 다자개발은행의 운영방식 변화, 특정 정책/프로젝트의 변화, 정치구조의 변화, 사회경제적 변화 등으로 차등시킬 수 있다. 정책중심의 비구조적 대항유형은 예상대로 아시아개발은행의 특정 정책과 프로젝트 수준에서 CSO의 책무성 활동이 집중되는 경향이 강하며, 아시아개발은행 운영방식의 변화에는 비구조적 대항유형의 CSO마다 그 개별적 특성과 목표에 따라 아시아개발은행의 거버넌스에 영향을 주는 정도가 상이하게 나타난다. 전문성 중심의 비구조적 대항 시민사회조직은 아시아개발은행과 협치를 통해 협력 관계를 유지할 가능성이 높기 때문에 사실상 아시아개발은행 내의 정치구조와 은행의 개발프로젝트로 인한 아시아 지역의 사회경제적 구조 변화와는 무관한 활동반경을 보여준다. 이와 반대로, 주류적 구조적 대항유형의 급진적 CSO는 아시아개발은행의 내부개혁보다는 기관 자체의 폐지를 주장하고 아시아개발은행으로 인하여 신자유주의적 발전모델을 수용해야 하는 지역커뮤니티의 해방과 이래로부터의 세계화를

[표 7-2] NGO포럼의 시민사회 대항의 유형과 구조

대항의 유형	다자개발은행의 운영방식 변화	특정 정책 및 프로젝트 변화	정치구조 변화	사회경제적 구조 변화
비구조적 대항: 정책중심 CSO	(+) 또는 (-)	(+)	(-)	(-)
제한된 구조적 대항: 개혁적 CSO	(+)	(+)	(+) 다자개발은행 개혁	(+) 글로벌 경제 개혁
주류적 구조적 대항: 급진적-전환적 CSO	(-)	(-)	(+) 다자개발은행 폐지/전환	(+) 글로벌 사회 경제 전환

자료: Dahl (1968: 342). 수정보완 포함.
(+): 변화를 목표로 삼는 경우; (-): 해당사항 없을 경우

모색하는 등 거시적인 정치경제체계의 변화를 목적으로 활동한다. 따라서 급진적 CSO는 아시아개발은행의 운영방식과 개발프로젝트 수준에서의 변화보다는 아시아개발은행의 해체라는 정치구조적 변화와 사회경제적 환경의 변화 등에 더 무게중심을 두게 된다.

제한된 구조적 대항유형의 NGO포럼은 '개혁적 CSO'라고 범주화할 수 있는데, 아시아개발은행 책무성 개혁의 다양한 수위에 모두 일정 정도 관계를 맺고 있으며 비구조적 대항과 주류적 구조적 대항유형이 강조하는 책무성 수위를 모두 포괄하는 경향을 보인다. 재차 강조하지만, 도전과 타협의 이중주로 아시아 지역의 개발책무성을 둘러싼 아시아개발은행과 시민사회 간의 관계적 책무성을 규정할 수 있으며, 이는 제한된 구조적 대항유형의 개혁적 CSO인 NGO포럼이 단일화된 채널로 아시아개발은행의 개방적 정치기회구조와 적극적으로 소통함으로써 포럼 외부에 산재한 비구조적 대항의 보수적 CSO와 주류적 구조적 대항의 급진적 CSO를 규합하는 통합권력을 확장하는 것으로 이어진다. 이로써 아시아개발은행과 대항적인 관계를 보이지만 동시에 서로 평화적 공존 또한 모색하고 있다고 평가할 수 있다.

3. 아시아 개발책무성의 특수성: 대항적 공존

제1장에서 강조하였듯이, 개발학은 단순히 개도국을 개발시키기 위한 도구적 기술의 학문이 아니라, 한 국가와 사회가 발전하는 데 형성되는 주체와 구조 간의 관계성을 해석하는 사회구성주의의 총체적 접근법이자 행위자 간의 현실 네트워크에서 형성되는 특수한 간주관적 관계성을 추적하는 발견적(heuristic) 접근법의 집합체이다. 국제개발 영역 가운데 이러한 구성주의에 입각한 발견적 시각이 가장 최적화된 이슈영역이 바로 다자개발은행의 책무성이라 할 수 있다. 책무성 제도는 다자개발은행이 신자유주의에 입각하여 개발프로젝트의 효율성을 지나치게 강조하고 책무성 문제를 소홀하게 다룬 나머지 외부로부터 책무성 결핍 문제에 대한 강한 비판이 제기되는 것에 대응하기 위하여 도입된 제도적 장치이다. 다자개발은행의 책무성 문제로 시민사회와 첨예하게 대립하는 갈등의 정치가 대부분 다자개발은행의 책무성 제도를 중심으로 형성되고, 시민사회가 구축하는 대항영역이 다자개발은행의 글로벌 통치성과 맞붙게 되는 대립전선도 바로 책무성 제도에서 나타난다. 이에 시민사회는 다자개발은행과의 계약에 따라 책무성 문제를 해결하려는 절차적 과정을 조직이 취할 수 있는 최소한의 집합행위로 인식하게 되고, 절차적 책무성을 넘어서 시민사회의 입장을 전달하기 위하여 다양한 방식을 통해 다자개발은행과 접촉하고 관계를 맺게 된다. 따라서 책무성을 둘러싼 갈등정치의 시공간에서 구성되는 관계적 책무성을 다자개발은행의 통치성과 시민사회의 대항영역을 중심으로 분석하는 시도는 개발학이 추구하는 발견적 그리고 구성주의적 접근법에 부합한다. 특히, 아시아개발은행이라는 지역중심의 다자개발은행이 책무성 분야에서 가장 선진화된 모델로 각광받고 있는 이유를 추적하고 아시아 개발책무성의 특수성과 함께 이 안에 배태된 아

시아개발은행과 개발CSO 간의 간주관적 관계성을 분석하는 작업은 이러한 다자개발은행의 책무성 연구에서 발견적·구성주의적 접근법을 가장 복합적으로 사용하고 있다.

결국 아시아개발은행의 책무성 선진화 비법은 궁극적으로 아시아만이 가질 수 있는 독특한 개발책무성의 특수성과 같은 맥락에서 접근해야 한다. '아시아의 아시아화(Asianization of Asia)'라는 새로운 패러다임에 부합할 정도로 아시아적 맥락에서 아시아개발은행과 아시아 시민사회에 의해 새롭게 재생산된 개발책무성은 기존의 다른 다자개발은행의 모델과 차별성을 보여준다(Chang, 2014; Funabashi, 1993). 가장 보편화된 사례인 세계은행의 책무성 제도는 다자개발은행인 세계은행이 책무성 문제를 제기하는 시민사회를 압도하고 한정된 수준에서 책무성 제도를 부분적으로 개방하는 방식으로 평가되고 있다. 유럽연합의 경우는 이와 반대로 시민사회의 지나친 책무성 비판과 도전으로 인하여 유럽부흥개발은행 등 유럽에서 활동하는 다자개발은행의 책무성 제도가 남용되고 은행의 개발프로젝트가 이에 부정적인 영향까지 받게 되는 사례로 해석되고 있다. 다시 말해, 세계은행과 유럽연합은 시민사회와 다자개발은행 사이에 진자의 추가 극단적으로 한쪽으로 치우친 경우를 대변한다면, 아시아개발은행은 일정 정도 중도의 포섭과 타협이라는 정치적 해법을 토대로 제3의 개발책무성 모델인 '대항적 공존'을 선보인다고 평가할 수 있다. 대항적 공존은 갈등정치에서 부딪히는 아시아개발은행과 시민사회가 대항적 관계를 유지하면서도 상호간의 공존을 위한 타협과 협의가 동시에 진행될 수 있도록 아시아만의 메커니즘과 관계성을 구성해 왔다는 것을 반증한다. 본 연구에서는 이러한 아시아 개발책무성의 내재된 메커니즘과 관계적 책무성을 분석하는 데 초점을 맞추었지만 차후 연구에서는 아시아개발은행이 혼종(hybrid)의 유형을 대표할 수 있도록 세계은행과 유럽부흥개발은행 등 복수의 다자개발은행을 심층적으로 비교·분석하는 연구 프로젝트를 기획할 필요가 있다.

아쉽게도 대항적 공존을 아시아개발은행이 의도적으로 기획한 체제이성과 통치성의 아시아 시민사회에 대한 승리로 해석하는 경향이 있다. 특히, 아시아개발은행의 NGO센터가 수행하는 역할을 아시아 시민사회를 솎아내는 문지기 역할로 인식하거나 책무성 기제를 시민사회를 통제하기 위한 제도로 인식하는 연구들이 있다(Kalm and Uhlin, 2015; Park, 2017). 그럼에도 불구하고, NGO포럼으로 통합된 아시아 시민사회의 지속적인 책무성 제도 개입이 아시아개발은행으로 하여금 책무성 메커니즘이 책임과 정의로서의 책무성으로 정상적인 궤도에 오르게 만드는 감시자 역할과 조력자 역할을 동시에 수행해 왔다는 역사적 사실을 간과해서는 안 된다. 대항적 공존이 가능한 이유를 아시아개발은행과 NGO포럼 중 어느 한쪽에서 일방적인 통제방식에 의해 결정하는 것이 아니라 양방 간에 구성되는 관계적 책무성이 아시아라는 지역적 맥락에 노출되어 상호 관계성을 새롭게 재구성한 아시아화 현상이라는 해석에서 찾아야 한다. 특히, 본 연구는 지금까지 상대적으로 중요한 변수로 인정받지 못했던 아시아 시민사회의 대항적 위치와 역할에 균형된 무게의 분석틀을 적용함으로써, 시민사회가 대항적 공존이 성립되고 지속될 수 있도록 아시아개발은행을 상대로 대항영역을 확장하는 관계적 책무성 분석에 집중하였다.

마지막으로, 아시아 개발책무성의 특수한 궤적을 대항적 공존으로 개념화하기 위해서 [그림 7-1]과 같이 지금까지 논의한 모든 내용을 간략하게 도식화할 수 있다. 여느 책무성 이슈와 마찬가지로 아시아개발은행의 통치성과 아시아 시민사회의 대항영역은 갈등정치에서 서로 경합하는 구도를 보이고 스스로의 영역을 확장하여 상대를 통제하고 제압하려는 대항적 관계가 형성된다. 그럼에도 아시아 개발책무

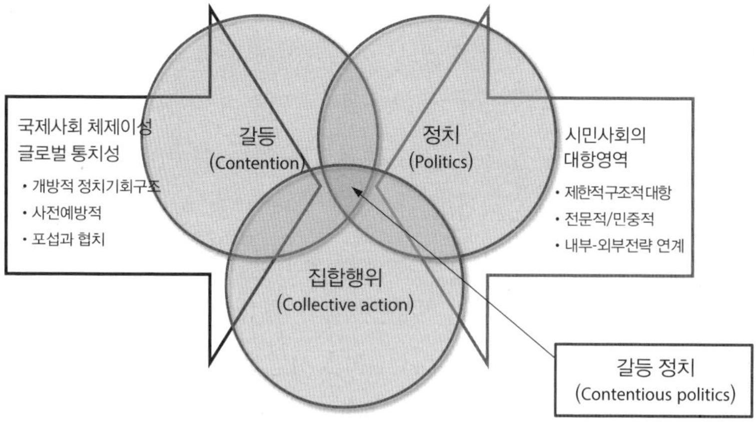

[그림 7-1] 아시아개발은행과 NGO포럼 간의 대항적 공존

자료: 저자 정리.

성의 경우는 대항의 관계가 일정 정도 협치의 관계로 전환될 수 있는 관계적 책무성을 재생산하고 있는데, 이는 에반스(Evans, 1996)의 국가-사회 시너지(state-society synergy) 프레임이 아시아 맥락의 국제기구-시민사회 수준으로 확장되어 적용되었다고 해석할 수 있다. 아시아개발은행은 개방적 정치기회구조를 아시아 시민사회에 제공하고 고도로 정치화된 통치성으로 CSO를 포섭하여 협치의 파트너로 시민사회를 전환시킨다. 한편, 아시아 시민사회를 대표하는 NGO포럼은 단일화된 시민사회의 네트워크를 토대로 보수적 CSO와 진보적 CSO를 통합적으로 연계함으로써 내부적으로 시민사회의 대표성을 공고히 하는 동시에, 제한된 구조적 대항영역에서 발생하는 내부전략과 외부전략을 연계하여 아시아개발은행의 내부와 외부에서 CSO가 활용할 수 있는 소통의 창구를 적극적으로 확장하는 데 기여한다. 궁극적으로 책무성 책임주체인 아시아개발은행과 책무성 권리주체인 아시아 시민사회가 단일화된 채널을 통해 서로에 대응하고 경합하기 때문에 이러한 대항

과 협의가 공존하는 독특한 관계적 책무성이 형성되는 것이다.

그러나 다름이 공존할 수 있는 아시아적 책무성 해법이 현재의 대항적 공존 상태로 부침 없이 지속될지는 미지수이다. 아시아 시민사회가 NGO포럼으로 통합되지 않고 분절되는 약한 연대의 딜레마가 악화된다면 아시아개발은행과의 균형점은 붕괴되고 아시아개발은행의 통치성이 시민사회를 통제하는 도구적 책무성이 주류적 관계로 변질될 가능성이 높다. 또한 아시아개발은행의 통치성이 현재보다 시민사회를 통제하려는 시도를 강화하는 순간 시민사회의 급진성이 배가되고 NGO포럼의 선택은 비구조적 대항이 아닌 주류적 구조적 대항과의 연대 네트워크를 강화하는 쪽으로 급선회하게 되어, 현재의 대항적 공존 시나리오는 그 노정을 변경할 수밖에 없는 상황이 도래할 것이다. 아시아개발은행이 적극적으로 개발파트너로서의 시민사회를 강조하면서 재정적 지원을 대폭 확장하게 되면 비구조적 대항 중심의 CSO가 아시아 시민사회의 대항영역에 침투할 수 있는 가능성이 높아지고 NGO포럼 내부의 전문성 중심 CSO 또한 포럼의 기조에서 이탈할 가능성을 배제할 수 없다. 따라서 관계적 책무성으로 표현되는 현 단계의 힘의 균형이 지속적으로 유지되기 위해서는 아시아개발은행과 아시아 개발CSO가 지금까지 추진해 온 원칙과 전략에 대한 일정 정도의 합의가 앞으로 제도적으로 안착되고 그 지속가능성이 보장되어야 할 것이다. 이러한 보이지 않는 대항적 공존 관계가 아시아개발은행과 아시아 시민사회 간에 형성된 힘의 균형점으로 인식되고 아시아만의 특수한 개발책무성 방식으로 승인되기 위해서는 상호간의 현실적인 필요성과 안정적인 개발책무성의 제고를 위한 윤리적인 당위성이 복합적으로 혼합된 관계성을 요구한다.

부록

다자개발은행 개관

1. 유럽투자은행(European Investment Bank)[1]

(1) 설립목적 및 기능

유럽투자은행은 유럽연합의 금융기관으로서 1957년 3월 로마에서 6개국(벨기에·프랑스·독일·이탈리아·룩셈부르크·네덜란드)이 유럽경제공동체(European Economic Community) 로마협정(Treaty of Rome)에 서명하면서 1958년 벨기에 브뤼셀에서 창설되었다. 1968년 룩셈부르크로 이전, 현재 본부가 위치하는 지역으로 1980년 한 차례 재이전하였다. 유럽투자은행의 활동은 90%가 유럽지역에 집중되어 있으나, 역외지역에 대한 유럽연합의 대외·개발정책을 지원하기도 한다. 유럽의 성장과 고용증대를 주요 목적으로 삼는 유럽투자은행은 혁신과 기술, 소규모 사업자금 확대, 기후행동, 전략적 사회기반시설에 투자 우선순위를 둔다. 유럽투자은행은 2013년 기준으로 납입자본금이 2,430억 유로에 달한다.

1 〈http://www.eib.org. 검색일: 2018년 5월 9일〉

(2) 회원국(주주) 현황 및 주요조직

유럽투자은행은 유럽연합의 회원국 28개국을 주주로 보유하며, 연합 회원국은 지리적 위치나 산업부문 쿼터를 불문하고 유럽투자은행의 금융운영에 참여할 수 있는 자격이 주어진다. 모든 회원국은 가입 당시 산정된 유럽연합 내 경제비중에 따라 납입자본이 결정된다. 이에 따라 2013년 기준 자본납입금이 가장 많은 독일·프랑스·이탈리아·영국이 동일하게 약 39억 유로를 납입하였고, 뒤이어 스페인·네덜란드·벨기에·스웨덴·덴마크·오스트리아·폴란드·핀란드·그리스·포르투갈·헝가리·체코·아일랜드·루마니아·크로아티아·슬로바키아·슬로베니아·불가리아·리투아니아·룩셈부르크·키프로스·라트비아·에스토니아·몰타 순으로 약 1억~11억 유로를 납입하였다.

유럽투자은행은 크게 총회(Board of Governors), 이사회(Board of Directors), 집행관리부(Management Committee)로 구성되는 의사결정기구와, 감사기구인 감사위원회(Audit Committee)로 이루어져 있다. 총회는 28개 회원국에서 각 1인씩 임명된 이사로 구성되며, 대개 각국 재무부 장관이 임명된다. 총회는 이사회·집행이사회·감사위원회를 이룰 구성원을 선임하며, 전체적인 은행의 고위급 정책결정과 연간예산 승인, 회원국 가입 승인 등의 역할을 수행한다. 이사회는 회원국당 1인씩 총 28명의 이사와 유럽연합 집행위원회(European Commission)에서 1인을 포함하여 총 29인으로 이루어지며, 19인의 대리이사를 둔다. 이사회는 금융운영 승인, 정책 및 운영전략 승인, 집행위원회 관리를 담당하며, 모든 의사결정은 최소 이사 3분의 1 이상 동의, 그리고 최소 50% 이상의 납입자본을 대표할 수 있는 투표수 획득을 통해 이루어진다. 집행위원회는 유럽투자은행의 관리·운용을 책임지고, 1인의 총재와 8인의 부총재 등 총 9인으로 구성된다.

(3) 시민사회와의 연계

유럽투자은행은 시민사회와의 연계를 매우 중시하며, CSO 대표단과 협력관계 구축에 많은 노력을 기울이고 있다. 특히 유럽투자은행에 대한 대중적 신망에 부응하기 위해 CSO와의 정보 교류와 건설적인 대화 필요성을 강조하며 공동의 이해를 달성하기 위해 CSO와 긴밀한 협력을 시도한다. 본부상설 담당부서로는 사무국 산하에 있는 기업의 사회적 책임 담당부서 내 시민사회(Civil Society)팀과 기업사회적책임(Corporate Social Responsibility)팀이 위치한다.[2]

(4) 책무성 제도: 규정준수본부/책무성(Compliance Directorate/Accountability)

유럽투자은행은 리스본전략(Lisbon strategy)을 기초로 굿거버넌스와 기업의 사회적 책임을 실천하는 것을 책무성의 원칙으로 상정하고 있다. 2004년 유럽투자은행은 굿거버넌스 정책 문서를 발간하여 유럽투자은행의 집행위원회·총회·이사회·주주와의 관계를 개선하였고, 책임경영의 핵심 내용인 투명성 정책, 집행기구의 권한 재정비, 집행 관리 및 준수 제도 설립, 사기와 부패 방지를 위한 모니터링 정책에 대한 내용을 수립하였다.

유럽투자은행의 규정준수 기능은 은행의 '청렴정책 및 규정준수 헌장(Integrity policy and Compliance Charter)'에 기초하여, 돈세탁·테러자금지원 등을 방지하고 기업의 도덕적 가치와 전문성을 장려한다. 바젤 은행감독위원회(Basel Committee on Banking Supervision)는 준법훼손위험에 대해 '법적 또는 규제적 제재의 위험 또는 금융손실 또는 명예훼손

2 〈http://www.eib.org/about/partners/cso/index.htm. 검색일: 2018년 5월 9일〉

의 위험성'이라 정의하고 유럽투자은행이 관련 법안, 규칙 또는 규제를 준수하도록 명시하고 있다. 이에 관해 유럽투자은행의 규정준수기능은 준법훼손위험성을 확인하고 모니터링 및 평가 후 보고하는 역할을 담당한다. 바젤은행감독위원회의 결정에 따라 규정준수기능을 담당하는 규정준수본부(Compliance Directorate)를 설립하고 유럽투자은행과는 독립적으로 업무를 진행하도록 했다. 규정준수본부는 수석규정준수담당자(Group Chief Compliance Office)가 총괄하고 유럽투자은행의 총재에게 직접 보고한다. 수석규정준수담당자는 규정준수업무기관과 유럽투자기금의 규정준수 및 운영리스크 담당자를 총괄하는 역할을 한다.

유럽투자은행의 책무성 제도는 첫째, 불만처리제도와 둘째, 사기 및 부패방지 기능으로 나뉜다. 먼저 불만처리제도는 기업의 사회적 책임 경영을 실천하기 위해 설립되었으며 유럽투자은행의 세 가지 정책 문서인 2008년의 유럽투자은행-유럽옴부즈맨 양해각서, 2010년의 위임사항, 2011년의 불만처리제도 운영방안을 바탕으로 운영된다. 본 제도는 유럽투자은행이 진행하는 사업으로 피해를 입은 개인, 단체 또는 기업이 불만을 제기하고 이를 개선하기 위한 목적이 있다. 불만처리제도는 내부단계와 외부단계로 나뉘어 진행된다. 내부단계에서는 민원기구가 문제 해결 방법을 제시하고, 외부단계에서는 민원기구가 제시한 해결 방법이 부족하다고 판단될 때 유럽연합에 소속된 유럽옴부즈맨에 전달한다. 유럽옴부즈맨은 유럽연합에 소속된 모든 기관 및 부서의 공공행정 분야의 부정한 방식으로 처리된 행정에 대한 시민들의 민원을 다루며 이를 조사하고 공표하는 권한을 가지고 있다. 민원기구에 문제가 접수되면 본 기구 대표의 관리 아래 10일 이내로 타당성 검토를 실시하고, 40일 이내로 민원제기자에게 문제가 접수되었음을 통보한다. 타당성 검토를 통과한 민원은 유형별로 분류하여 적절한 절차에 따라 처리하게 되는데, 본 절차는 크게 일반적인 절차와 추가절차로 나누어진다. 추가절차는 환경적·사회적 또는 유럽투자은행의 거버넌스 시스템에 관한 문제를 전담하고 이를 제외한 모든 민원을 일반절차에서 관리한다. 조사가 완료되면 문제해결을 위해 중재 및 협의과정을 진행하게 되고, 민원기구의 대표가 결과보고서를 작성하여 민원과 관련된 사업 담당자에게 보고서를 전달한다. 사업 담당자는 10일 이내로 회신할 의무가 있으며 결과보고서는 최종적으로 집행위원회에 전달된다.

사기 및 부패방지 기능은 유럽투자은행의 사기방지정책과 조사수행절차를 바탕으로 추진되었고, 은행은 별도로 2006년 9월 국제금융기관이 구축한 금융사기 및 부정부패 방지를 위한 정책프레임워크를 채택하였다. 유럽투자은행이 재정을 부담하거나 집행하는 모든 프로젝트와 대출·증여·기타수단을 통해 지원받은 모든 사업들에 대해 불법적인 행위가 의심되면 조사국(Inspectorate General)과 부정사기조사에 접수되어 조사가 진행된다. 또한 내부고발자정책을 통해 사기 및 부패에 관하여 고발을 장려하며 내부고발자를 철저히 보호하도록 조치하고 있다. 유럽투자은행은 접수된 문제에 관련된 사업과 진행사항을 누구나 모니터링할 수 있고 운영절차 및 기한이 구체적으로 명시된다는 측면에서 투명성이 상당히 높은 기관으로 평가되고 있다.

2. 북미개발은행(North American Development Bank)[3]

(1) 설립목적 및 기능

북미개발은행은 지역단위 개발은행으로서 자매기관인 국경환경협력위원회(Border Environment Cooperation Commission)와 함께 북미자유무역협정(North American Free Trade Agreement)의 산하기구이다. 미국-멕시코 국경지역의 환경문제 공동해결을 위해 1993년 설립, 이듬해에 공식 출범하였다. 북미개발은행은 멕시코만에서 태평양까지 약 3,380킬로미터에 해당하는 미국-멕시코 국경 지역[4]의 환경오염감소, 식수공급, 동식물 보호, 보건증진, 지속가능개발 촉진, 삶의 질 향상 등을 위한 프로젝트를 주로 지원하는 금융기구이다.

(2) 회원국(주주) 현황 및 주요조직

북미개발은행은 당초 설립목적을 미국과 멕시코 양국 간의 환경협력에 두고 있기 때문에 재원조달범위가 다소 제한적이고 사업의 수행도 배타성이 강하다. 이에 2000년부터 국경지역의 수요를 효과적으로 충족시키기 위해 은행의 재원조달 범위를 확장하고자 하는 논의가 이사회에서 진행되었고, 국경환경협력위원회-북미개발은행 헌장의 개혁방안이 폭넓게 논의되어 2004년 개정 정관이 채택되었다. 이에 따라 회원국은 여전히 미국과 멕시코 두 개의 국가임에도 불구하고 다양한 국경지역 및 국내지역의 프로젝트 지원을 지속하고 있다. 북미개발은

3 〈http://www.nadb.org. 검색일: 2018년 5월 9일〉

4 미국의 4개 주(애리조나, 캘리포니아, 뉴멕시코, 텍사스)와 멕시코의 6개 주(바하칼리포르니아, 치와와, 코아우일라, 누에보레온, 소노라, 타마울리파스)가 NADB의 국경지역에 포함된다.

행의 수권자본은 미화 약 30억 달러로 미국과 멕시코가 각각 주당 1만 달러인 청약주식 15만 주씩을 보유하며, 수권자본 총량 중 15%는 납입자본으로, 85%는 청구가능자본으로 구성된다. 정관에 명시된 바에 따라 수권자본의 90%는 국경지역 환경 기반시설 프로젝트를 위한 투자로, 나머지 10%는 북미자유무역협정의 사용목적에 따라 조정 가능한 금액으로 산정되어 있다.

북미개발은행은 이사회(Board of Directors)와 집행관리부(Management)로 크게 이루어져 있다. 이사회는 미국과 멕시코에서 각 5인씩 임명하여 총 10인으로 구성되어 있으며 의장직은 각국이 격년으로 수행한다. 이사회는 정관범위 내 모든 권한을 행사하며, 북미개발은행의 기금에 관한 프로젝트 수행승인 및 투자를 각국 이사 과반수의 동의를 얻어 결정한다. 이사회에서 임명되는 총재는 반드시 미국 혹은 멕시코 국적이어야 하며, 부총재는 총재와 동일 국적일 수 없고, 본부위치 또한 5년 단위로 양국을 교대로 이동하여야 한다. 총재와 부총재 이하로는 크게 행정·금융·프로젝트개발·기술지원·대외협력부로 나뉜다.

(3) 주요조직 및 시민사회와의 연계

프로젝트 수행 시 연방정부, 지방기관, 민간부문, 시민사회와 긴밀히 협력한다는 기사는 자체적으로 발행하나, 시민사회와의 연계활동을 위한 독립부서 혹은 상설부서는 찾아보기 어렵다.[5]

(4) 책무성 제도

북미개발은행에는 뚜렷한 책무성 제도가 설치되어 있지 않다.

5 〈http://www.nadb.org/newsandupdates/newsreleases.asp. 검색일: 2018년 5월 9일〉

3. 북유럽투자은행(Nordic Investment Bank)[6]

(1) 설립목적 및 기능

북유럽투자은행은 북유럽 및 발트해 지역 국가들의 번영과 지속가능한 지역발전을 목표로 1975년 설립된 국제금융기구이다. 초기 창설국은 덴마크·핀란드·아이슬란드·노르웨이·스웨덴이었으며, 이후 2000년대에 들어 발트해 국가들이 가입하였다. 설립목적은 지역 내 국가들의 환경과 경쟁력을 제고시키는 프로젝트에 자금조달을 하기 위함이며, 고부가가치와 사업대출을 보완하여 지속가능발전 사업을 지원 및 보장한다. 북유럽투자은행은 공공·민간 부문 고객을 대상으로 경쟁시장 차원의 장기대출과 지불보증을 제공하며, 모든 프로젝트를 지속가능성 유무를 기준으로 평가하기 때문에 품질관리 시스템이 잘 구축된 특징을 갖고 있다. 따라서 북유럽투자은행의 강령에 부합하는 투자 프로젝트만이 지원을 받으며, 해당 프로젝트는 기술진보와 혁신, 인적자본개발, 사회기반시설 발전, 시장효율성 등을 목표로 하고, 환경 측면에서는 자원효율성 개선, 저탄소경제 개발, 환경 및 생태계서비스 보호, 클린테크놀로지(clean technology) 등의 요건을 갖추어야만 한다.

(2) 회원국(주주) 현황 및 주요조직

북유럽투자은행은 북유럽 5개국(덴마크·핀란드·아이슬란드·노르웨이·스웨덴)과, 발트 3국(리투아니아·라트비아·에스토니아) 총 8개국을 회원국으로 하고 있다. 북유럽투자은행의 창설국이자 회원국들은 국민총소득과 신용등급평가에 비례하여 수권자본을 납입하였으며, 이에 따라 스

6 〈http://www.nib.int. 검색일: 2018년 5월 9일〉

웨덴이 약 35%, 노르웨이와 덴마크가 각각 약 21%, 뒤이은 핀란드가 약 18%로 수권자본 대부분을 북유럽 4개 국가가 차지한다. 북유럽투자은행의 활동범위는 주로 회원국을 중심으로 하나, 일부 발트해 지역과 신흥국 중 비회원국을 대상으로 운영되기도 한다. 북유럽투자은행은 높은 신용등급평가와 견고한 소유권 유지로 국제투자자들의 신뢰와 안정적인 투자를 확보하며, 이를 존속하기 위해 주주들의 자본이익률을 보장하는 동시에 경영활동을 통한 고수익 창출을 이루고자 한다. 지금까지 30년간 약 1,800건에 달하는 투자프로젝트에 지원하였으며, 2015년 기준 수권자본이 614억 유로에 달한다.

북유럽투자은행은 총회(Board of Governors), 관리위원회 및 감사(Control Committee & Auditors), 이사회(Board of Directors), 총재와 이하 다수의 부서를 둔다. 총회는 최고결정기관으로서 은행의 수권자본·법규·협정관련 사안을 담당한다. 각 회원국은 대표 1인을 임명하며, 의장직은 순차적으로 교대하여 맡는다. 관리위원회 및 감사는 은행운영이 법령에 적합한지 여부를 감사한다. 각국에서 1인씩 임명하여 총 8인으로 구성된 위원회는 위원장직과 부위원장직도 회원국별로 순환한다. 이사회는 대출, 차입, 여타 행정적 사안에 대한 실질적인 정책결정을 담당하고, 총재로부터 제안된 금융거래사안을 최종 검토하며, 재무제표에 대한 책임소재를 갖는다. 각 회원국별로 정·부대표를 선출하며 이사회는 연간 평균 8회의 회의를 개최한다. 총재는 5년 임기로 이사회에서 임명되며, 집행위원회, 자산부채관리위원회, 신용거래위원회, 재정위원회, 정보통신위원회를 중심으로 이사회로부터 일정부분 대출심사 권한을 위임받아 업무를 수행한다.

(3) 시민사회와의 연계

기업의 사회적 책임에 대한 강조와 지속가능성이 중요시된 장기대출

등 다양한 프로젝트와 사업에 대한 투자가 이루어짐에도 불구하고, CSO와의 연계활동을 위한 독립부서나 특별히 두드러지는 활동 내용은 찾아보기 어렵다.[7]

(4) 책무성 제도: 규정준수·청렴 및 반부패정책(Compliance, Integrity & Anti-Corruption Policy)

2016년 2월 이사회는 '규정준수·청렴 및 반부패정책(Compliance, Integrity and Anti-Corruption Policy)'을 승인하여 동년 22일부터 시행하도록 했다. 북유럽투자은행은 지속가능성을 증진하기 위해 책무성 제도, 거버넌스, 기업의 사회적 책임, 투명성 및 도덕성에 대한 부분을 개선하였다. 이러한 책무성제도의 주목적은 북유럽투자은행의 명예와 규정준수기능을 훼손하는 각종 위험성을 낮추는 데 있으며, 기존의 세이프가드 정책을 통합하여 종합적인 정책 프레임워크를 구축하였다. 북유럽투자은행은 규정준수기능을 관리하기 위해 수석규정준수담당관실(Office of Chief Compliance Officer)을 설립하여 수석규정준수관(Chief Compliance Officer)을 선임하였고 총재에게 직접 보고하도록 했다. 수석규정준수담당관실은 크게 청렴 및 규정준수와 반부패의 기능으로 나뉘는데, 북유럽투자은행과 관계자의 비도덕적·불법적 행위에 대해 민원이 제기될 경우 북유럽투자은행의 조사·시행정책(Investigation and Enforcement Policy)에 따라 수사에 착수하게 되고 진상조사는 행위규범에 의거하여 처리된다. 그 외에 수석규정준수담당관실은 공보정책·지속가능정책·조달규칙과 같은 북유럽투자은행의 정책 및 규칙이 내부규정에 부합하는지 확인한다. 북유럽투자은행의 부정부패에 관한 민

7 〈http://www.nib.int/search?search=civil+society. 검색일: 2018년 5월 9일〉

원은 마찬가지로 수석규정준수담당관실에 보고되고 수석규정준수관은 조사를 시행한다. 내부고발자는 내부고발자 보호정책에 따라 보호된다. 북유럽투자은행은 부정부패방지위원회를 설립하여 반부패에 관한 내부 교육을 실시하고 있다.

4. 아프리카경제개발아랍은행(Arab Bank for Economic Development in Africa)[8]

(1) 설립목적 및 기능

아프리카경제개발아랍은행은 아랍국가연맹(League of Arab States)의 아프리카 개발지원을 위한 남남협력 중심의 금융기관이다. 1973년 11월 제6차 알제리 아랍정상회담의 결의안으로 설립되었으며, 이후 1975년 기술 원조를 시작으로 운영을 개시하였다. 아프리카경제개발아랍은행은 독자적 국제기구로서 설립의 주목적은 원조를 통한 아랍과 아프리카 간 경제·금융 기술협력 강화, 평등과 친교를 기반으로 아랍-아프리카 연대를 구축하는 것이다. 이러한 목적을 달성하기 위한 주요 기능은 아프리카 국가 경제개발 투자참여, 아프리카 개발에 대한 아랍투자 촉진, 아프리카 개발을 위한 기술지원 제공 등이다. 아랍 석유산업 자금이 아프리카 개발에 유입되는 과정이 아프리카경제개발아랍은행 사업의 토대가 되며, 아랍-아프리카 협력을 증진하기 위해 반복적으로 5개년 개획을 수립하고 이를 시행한다. 수혜국가의 개발계획에 출자하는 규모는 연간 최대 미화 200만 달러이며, 아프리카 국가들의 기

8 〈http://www.badea.org. 검색일: 2018년 5월 9일〉

술지원 및 수출증대를 위한 지원을 주로 한다.

(2) 회원국(주주) 현황 및 주요조직

회원국은 총 17개국으로 요르단·아랍에미리트연합·바레인·튀니지·알제리·사우디아라비아·수단·시리아·이라크·오만·카타르·쿠웨이트·레바논·리비아·이집트·모로코·모리타니 등이다. 본부는 이 중 수단의 수도 하르툼(Khartoum)에 위치한다. 아프리카경제개발아랍은행은 역내 출자를 기반으로 하며, 당초 출자금은 미화 2억 3,100달러로, 각 주당 미화 10만 달러, 총 2,310 등록주가 최소 열 주 이상씩 각 회원국에 배당된다. 이사회의 상임이사국은 최대주주국인 9개 국가이며, 아랍에미리트연합·알제리·사우디아라비아·이라크·오만·카타르·쿠웨이트·리비아·모로코가 이에 속한다.

아프리카경제개발아랍은행의 조직은 총회(Board of Governors), 이사회(Board of Directors) 및 집행부의 총재 이하 다양한 부서로 구성되어 있다. 최고 의사결정기구는 총회로 주로 각국 재정부장관으로 구성된 운영위원과 부운영위원으로 이루어져 있다. 총회는 규약에 명시된 일부 권한, 은행의 자본 증대, 심의관 임명, 외부감사 임명, 금융관리, 사업할당, 설립규약의 해석과 개정 등을 제외한 권한 일부 혹은 전체를 이사회에 위임할 수 있다. 이사회는 총 11개국으로 구성되며, 총회에 부여된 권한 이외에 총회의 정책 이행 및 일반적 경상비 및 운영효율을 위한 관리, 무상보조와 차관승인, 채권발행 고려, 지사 설립 등의 은행운영에 필수적인 업무를 수행하기 위한 권한을 갖는다. 이사회의 상임이사국이자 최대주주국 외 투표권을 행사할 나머지 두 개의 비상임 역내 국가의 임기는 4년이며, 재임 가능하다. 현재는 튀니지와 이집트가 위원회의 비상임 역내 국가이다. 이사회의 의장은 2년 임기로 선출되며 재선이 가능하다. 이사회는 4개월마다 정기회의를 갖는다. 이사회의 결정은 11개 국가와 의장까지 1국 1표 총 12표의 투표를 통해 이루어지며, 가부동수의 경우 결정투표는 의장에게 있다. 아프리카경제개발아랍은행의 총재는 3년 임기로 재임이 가능하며 비(非)이사회 국가에서 임명된다. 총재는 은행의 최고경영자이자 총회와 이사회의 지시에 따라 사업집행을 담당한다. 총재 이하 국과 과가 다수 있으며, 부총재 2인 소관의 회계국과 집행국으로 각각 나뉘어져 구성된다.

(3) 시민사회와의 연계

아프리카경제개발아랍은행 내부 기관 중 시민사회와의 연계활동을 위한 별도부서 및 프로젝트 수행내역은 찾아보기 어렵다.[9]

(4) 책무성 제도

현 체제상 아프리카경제개발아랍은행에는 뚜렷하게 책무성을 담당하는 제도가 마련되어 있지 않다. 남남협력 중심의 다자개발은행에서 흔히 발견되는 책무성에 둔감한 특징을 아프리카경제개발아랍은행도 공유하고 있음을 확인할 수 있다.

5. 서아프리카개발은행(West African Development Bank)[10]

(1) 설립목적 및 기능

서아프리카개발은행은 1973년에 설립된 아프리카 지역 국가들이 스스로 상호 원조를 위하여 추진한 남남협력 기반의 지역금융기관이다.

9 〈http://www.badea.org/operation-search.htm. 검색일: 2018년 5월 9일〉
10 〈http://www.boad.org. 검색일: 2018년 5월 9일〉

서아프리카개발은행은 서아프리카경제통화동맹(West African Economic and Monetary Union)의 회원국가인 베냉·부르키나파소·코트디부아르·니제르·말리·세네갈·토고·기니비사우 간의 경제통합 및 균형개발을 고취시키기 위함이 주된 설립 목적이다. 기존 서아프리카경제통화동맹을 통한 이득이 개발에 대한 평가 없이 통화분야에 국한되었다는 평가와 공동개발활동을 위해 상당량의 중요자원이 할당되었다는 우려에서 서아프리카개발은행이 설립되었으며, 이는 신중하고 다각적인 경영을 통해 공공·민간부문의 투자실천을 가능케 하였다. 농촌개발 및 식량안전보장, 산업 및 농업, 사회기반시설(도로·통신·공항·항구·에너지), 교통과 관광 등을 아우르는 광범위한 프로젝트에 투자하고 있으며, 2013년 기준으로 서아프리카개발은행의 수권자본은 미화 231만 달러이다.[11]

(2) 회원국(주주) 현황 및 주요조직

서아프리카개발은행의 17개 주주는 A와 B의 두 범주로 분류되어 있다. A그룹에는 서아프리카경제통화동맹 8개 회원국(베냉·부르키나파소·코트디부아르·니제르·말리·세네갈·토고·기니비사우)과 서아프리카중앙은행(Central Bank of West African States)이 속해 총 9개 회원국으로 이루어져 있다. 역외 B그룹에는 프랑스·독일재건은행(KfW)·유럽투자은행·아프리카개발은행·벨기에와 최근 가입한 인도수출입은행·중국중화인민은행[12]·모로코 등 총 8개의 회원이 속한다. 두 그룹 간의 공모자본 비율

11 미화 1달러는 500 FCFA(Franc of the African Financial Community)에 상응한다.

12 중국의 중앙은행으로 1984년 상업기능의 업무를 분리하여 4대 상업은행이 설립됨에 따라 중앙은행의 기능만을 수행하고 있다.

은 93.39% 대 6.61%로 나뉜다. 본부는 토고의 수도 로메(Lomé)에 위치하며, 베냉·부르키나파소·코트디부아르·기니비사우·말리·니제르·세네갈 7개국에 지역본부가 있다.

서아프리카개발은행은 서아프리카경제통화동맹 각료이사회(Council of Ministers)와 주주회(Board of Shareholders)로부터 각각 임명된 총재와 부총재에 의해 운영된다. 총재 및 부총재 이하로 사무국·국·부·과·지사(지역본부)로 나뉜다. 서아프리카개발은행 직원은 모두 서아프리카경제통화동맹 회원국에서 고용하고 있다.

(3) 시민사회와의 연계

아직까지 서아프리카개발은행에서 CSO와의 연계활동을 위한 별도부서 및 프로젝트 수행내역은 찾아보기 어렵다.

(4) 책무성 제도: 사후프로젝트평가(Ex-post Project Evaluation)

서아프리카개발은행은 1991년 사후프로젝트평가단(Ex-post Project Evaluation Unit)을 최초 설립하여 감사국(Audit Department)에 소속시켰다. 이후 본 사업단위는 확대되었고 2012년 3월 독립적인 부서로 자리 잡게 된다. 사후프로젝트평가단은 총재에 직접 보고하고, 본래 공동통제단(Corporate Control Unit)에서 수행하던 사업을 사후 평가하는 업무와 더불어 추가적으로는 서아프리카개발은행이 지원하는 프로젝트의 모니터링과 평가를 담당하게 되었다. 2013년에 부서명이 최종적으로 변경되어 '사후프로젝트평가부(Ex-post Project Evaluation Directorate)'로 확정되었다. 사후프로젝트평가부는 현재 네 가지 프로젝트에 대해 사업 사후평가를 진행하는데 세네갈 사막화 방지를 위한 2단계 혼농임업 사업, 베냉 코토누시의 도로 시설 개선과 재활치료 사업, 베냉 파라쿠시의 도로 공사와 위생시설 증진을 위한 사업, 그리고 말리 바마코시의 재활치료와 위생시설 증진을 위한 사업이 그 주요 내용이다.

6. 흑해무역개발은행(Black Sea Trade and Development Bank)[13]

(1) 설립목적 및 기능

1999년 운영이 개시된 흑해무역개발은행은 1992년 설립된 흑해경제협력기구(Black Sea Economic Cooperation)의 금융부문 담당기구이다. 주로 중장기 차관과 주식투자, 중소기업 지원과 무역 자금조달 기능을 수행하며, 개발은행의 자원과 상업기구의 탄력성을 융화하고자 한 것이 주된 설립 목적이다. 주주 국가들의 개발과 협력을 촉진하고 역내무역과 투자, 금융거래를 위한 지원, 또한 회원국 간 긴밀한 연결고리를 만들기 위한 다양한 공공·민간 부문 사업투자 등을 주로 한다. 회원국 11개국에서 수행하는 총 300개가량의 사업을 통해 주요 기반시설부문·에너지·교통·제조·통신·금융 부문과 여타 중요분야에 약 3억 유로에 달하는 투자가 이루어졌다. 협정 당시 수권자본은 미화로 45억 달러이다.

(2) 회원국(주주) 현황 및 주요조직

흑해무역개발은행은 독자적인 남남협력 기반의 국제금융기구로서 회원국인 알바니아·아르메니아·아제르바이잔·불가리아·그루지야·그리스·몰도바·루마니아·러시아·터키·우크라이나를 창설국으로 둔다. 2013년 기준, 총 2,000개의 지분 중 그리스·러시아·터키가 각각

13 〈http://www.bstdb.org. 검색일: 2018년 5월 9일〉

16.5%를 보유하며, 루마니아·불가리아·우크라이나가 13.5~14%를 보유하고, 알바니아·아르메니아·아제르바이잔·그루지야·몰도바가 각각 0.5~2%씩을 보유하고 있다. 정회원 이외에 옵서버의 자격으로 흑해지역에서의 협력기회를 탄력적으로 검토할 수 있는 자격을 부여받은 기관으로는 독일재건은행·오스트리아개발은행(OeEB)·유럽개발금융기구(EDFI)·유럽투자은행·북유럽투자은행·국제투자은행·국제금융공사·프랑스개발금융공사(PROPARCO)·유럽부흥개발은행·러시아개발은행(VEB)·이슬람민간부문개발공사(ICD) 등이 포함된다.

흑해무역개발은행은 총회(Board of Governors), 이사회(Board of Directors), 총재와 한 명 이상의 부총재, 이하 부서로 조직되어 있다. 부총재는 금융국·운영국·재정국을 통솔하며, 각각의 국마다 세 개 이상의 하위 부서를 둔다. 제도적으로 흑해무역개발은행은 다자개발은행의 성격에 부합하는 기업지배구조를 보유하나, 운영 면에서는 대상국의 시장경제조건 변화에 신속하게 대응하기 위해 탄력적인 전략을 취하기도 한다.

(3) 시민사회와의 연계

흑해무역개발은행은 그 설립취지부터 민관협력과 경제적·사회적 사회기반시설 투자가 강조되어, 2006년에는 흑해경제협력기구의 의회총회에 회원국 정부에서 시민사회 지도층과 민간부문과의 협력을 도모할 것이 강조되었다. 공공·민간부문과 시민사회와의 총체적 협업을 통한 지역정체성 확립, 네트워크 구축, 대화창구 마련, 대중인식 제고 등 역량강화 및 효과 극대화가 그 주요 내용이다.[14] 그러나 이러한

14 Parliamentary Assembly of the Black Sea Economic Cooperation. "Role of the civil society in the Black Sea economic cooperation process (report,

CSO의 중요성이 강조됨에도 불구하고, CSO와의 연계활동을 위한 별도 부서 및 프로젝트 수행내역은 찾아보기 어렵다.[15]

(4) 책무성 제도: 내부감사국(Internal Audit Department)

흑해무역개발은행은 민원처리절차를 수립하여 내부적 또는 외부적으로 제기된 민원을 수용하기 위한 제도로 '내부감사국(Internal Audit Department)'을 설치하였다. 이는 2004년 OECD에서 발간한 기업지배구조원칙에 기초한 기업지배구조프레임워크(Corporate Governance Framework)를 바탕으로 한다. 해당 절차는 은행의 운영·회계·내부규제에 관한 내부적·외부적 문제 제기 절차와 내부고발자를 위한 익명성·안정성 보장 원칙을 기초로 한다. 개인이나 단체가 제기한 모든 문제는 내부감사국의 책임자에게 전달되어 흑해무역개발은행의 정책과 절차에 따라 검토한 뒤 담당부서 또는 담당자에게 위임하여 조사를 진행하는 한편, 내부감사가 연관된 문제는 총재실로 직접 보고하여 검토한다. 불만사항은 문서(팩스·편지·이메일 등) 또는 구두(직통전화·방문 등)를 통해 직간접적으로 은행에 전달하는데, 불만에 대한 정의는 흑해무역개발은행이 제시한 정책과 절차에 어긋나는 모든 행위를 포함한다. 그러나 흑해무역개발은행의 구체적인 운영 절차나 기관에 대한 설명은 찾아보기 어렵고 실제로 국 수준에서 감사임무를 어느 수준까지 독립적으로 수행할 수 있는가에는 대한 평가는 부정적이다.

rec.88/2006)." 〈http://www.pabsec.org/Documents.asp?id=3. 검색일: 2018년 5월 9일〉

15 〈http://www.bstdb.org/project-center. 검색일: 2018년 5월 9일〉

7. 중미경제통합은행(Central American Bank for Economic Integration)[16]

(1) 설립목적 및 기능

중미경제통합은행은 중앙아메리카 국가 간 통합과 개발을 위한 지역 최대의 남남협력 개발은행으로 1960년에 설립되었다. 주요 설립목적은 회원국의 경제통합과 균형개발, 사회개발을 촉진시키기 위함이며, 자원의 지속가능한 개발을 통해 중미국가 삶의 질을 고취시키는 데에 장기적 비전을 둔다. 중미경제통합은행은 주로 균형발전을 위한 기반시설 확충, 무역과 수출부문의 자유화를 위한 장기투자, 농촌개발, 사회적 개발, 자원과 환경 보존, 지역개발을 위한 지원 등을 주요 행동지침으로 삼는다. 협정 당시 수권자본은 미화 50억 달러이다.

(2) 회원국(주주) 현황 및 주요조직

중미경제통합은행 협정에 서명한 창설 5개국은 과테말라·엘살바도르·온두라스·니카라과·코스타리카 등이다. 이 외에 중미통합체제(Central American Integration System)에 가입하여 회원국이 된 비(非)창설 역내국인 파나마·도미니카공화국·벨리즈와 더불어, 역외국 멕시코·대만·아르헨티나·콜롬비아·스페인까지 총 12개의 회원국을 보유하고 있다. 당초 설립 취지가 회원국의 경제통합 수혜였으므로 회원국 모두 총회와 이사회에 대표권을 부여받는 반면, 창립회원국 5개국이 과반수의 지분율을 차지하고 있다. 파나마, 도미니카공화국, 아르헨티나, 콜롬비아는 주식자본에 참여함과 동시에 수원국이며, 벨리즈가 유일하

16 〈http://www.bcie.org. 검색일: 2018년 5월 9일〉

게 공여 없이 수원만 받는 국가이다. 본부는 온두라스의 테구시갈파(Tegucigalpa)에 위치하며 창립국에 각각 지역본부가 있다.

중미경제통합은행은 총회(Board of Governors)와 실질적 운영을 전담하는 이사회(Board of Directors), 고위집행부, 지역본부, 국과 부서로 구성된다. 총회는 최고의사결정기구로 국가별 1인의 위원과 1인의 교체위원으로 구성되며, 역외국가의 경우 투표권은 없는 명목상 위원과 대체위원을 선출한다. 개정, 증자 등 주요 정책결정과 운영, 결산 등의 업무 이외의 은행 제반 운영은 이사회에 위임한다. 이사회는 재선 가능한 3년 임기의 이사 9인으로 구성되며, 이 중 5인은 창설 국가별로 1인, 역외 회원국 중 4명이 선출된다. 수석총재와 수석부총재 이하 크게 6개 부서로 나뉜다.

(3) 시민사회와의 연계

중미경제통합은행은 '기관책무계획(Institutional Responsibility Plan)'을 통해 사회적·환경적 책무범위 내에서 가장 효과적인 개발 사업을 수행한다. 기관책무계획은 크게 환경정책을 담당하는 환경효율축(Eco-efficiency Axis)과 지역사회와의 긍정적 통합과 교류를 추진하는 사회적 책임축(Social Responsibility Axis)으로 나뉜다.[17] 시민사회와의 연계를 전담하는 기구의 중추부서는 없으나, 기관책무계획 중 사회적 책임축을 통해 일부 연계를 시도한다.[18]

17 〈http://www.bcie.org/?cat=1002&title=Institutional Responsibility Plan&lang=en. 검색일: 2018년 5월 9일〉

18 〈http://www.bcie.org/?cat=12&title=Approved%20Operations&lang=en. 검색일: 2018년 5월 9일〉

(4) 책무성 제도: 통합위험관리정책(Integral Risk Management Policy)

2012년 통합위험관리정책(Integral Risk Management Policy)을 바탕으로 다양한 위험 요소에 대비하기 위한 위험관리부서 및 세부기관을 설립하였다. 신용부서는 신용기준을 마련하여 중미경제통합은행의 업무가 적절한 신용도를 유지하도록 관리하고, 규정준수기관(Compliance Office)은 돈세탁 방지 및 각종 불법 신용거래를 예방하는 업무를 수행하며, 평가기관은 중미경제통합은행의 다양한 정책과 사업이 본래의 사업목적 및 원칙에 준수하도록 평가·검토한다. 이사회는 지난 2010-2014년 동안 수행해 온 중미경제통합은행의 근대화계획에 이어, 2015-2019년에는 제도전략을 수립하여 지속가능한 개발과 경쟁을 위한 체계적이고 투명한 금융관리 계획을 명시하고 있다. 그뿐만 아니라, 중미경제통합은행은 책임계획의 제도화와 환경 및 사회정책 등을 통해 시민사회와 환경에 대한 책무성 제도를 수행하고 있다. 또한 개발사업의 불법적인 행위를 보고할 수 있는 보고채널을 마련하여 내부적으로 불만을 처리하도록 조치하고 있다. 그러나 원칙적인 수준에서의 책무성 제도가 마련되어 있는 정도이고 구체적인 민원 처리 방법이나 문제 해결 절차는 아직 제도화되지 않았고, 구체적인 사건처리기록이 아직까지 자료로서 공개되지 않았다.

8. 중남미개발은행(Development Bank of Latin America)[19]

(1) 설립목적 및 기능

1970년 창설된 중남미개발은행은 라틴아메리카와 카리브해 국가들과 스페인, 포르투갈이 주도하는 역내 민간은행 소유의 금융기관이다. 중남미개발은행의 주요 설립목적은 회원국가의 공공·민간부문의 복합 금융지원을 통한 지속가능개발과 지역통합을 구축하는 것이고, 이를 위해 투자적합 사업 발굴, 사업수행을 위한 기술·재정적 지원, 출자 및 차입금 확보, 채권발행, 자본 및 기술개발에 대한 기여 등의 기능을 수행한다. 협정 당시 수권자본은 미화 100억 달러였다.

(2) 회원국(주주) 현황 및 주요조직

중남미개발은행은 안데스공동체(Andean Community)의 공동시장 형성을 목표로 하였던 당초 협정 5개국 볼리비아·콜롬비아·에콰도르·페루·베네수엘라와 더불어, 기타 회원 14개국인 아르헨티나·바베이도스·브라질·칠레·코스타리카·스페인·자메이카·멕시코·파나마·파라과이·포르투갈·도미니카공화국·트리니다드토바고·우루과이까지 총 19개의 회원국을 보유하고 있다. 수권자본의 65%를 차지하는 일반자본 지분의 종류는 총 A, B, C 세 그룹으로 구분된다. 각각 속한 그룹 등급에 따라 권한이 차등 부여되는데, A그룹의 경우 지분당 미화 1,200만 달러로 총 15지분을 10개국(아르헨티나·볼리비아·브라질·콜롬비아·에콰도르·파나마·파라과이·페루·우루과이·베네수엘라)이 나누어 보유한다. 다음으로, 지분당 미화 5,000달러로 총 100만 지분을 나누는 B그룹에는 5개국(볼

19 〈http://www.caf.com〉

리비아·콜롬비아·에콰도르·페루·베네수엘라)이 포함된다. 마지막으로 지분당 미화 5,000달러로 총 29만 6,400지분을 나누는 C그룹에는 4개국(스페인·멕시코·도미니카공화국·칠레)이 속한다. CAF의 본부는 베네수엘라의 카라카스(Caracas)에 위치하며 12개국에 지역본부가 자리한다.

중남미개발은행은 주주회(Shareholders' Assembly)와 이사회(Board of Directors), 집행위원회(Executive Committee) 그리고 감사위원회(Audit Committee)로 구성된다. 주주회는 이익금 분배와 이사회 각종 운영보고를 승인하며, 이사회는 연임 가능한 3년 임기의 이사를 회원국 중 12인으로 구성된다. 집행위원회는 A/B그룹 주주가 선출한 6인으로 구성되며 제한적 금융운영권을 갖는다. 총재 이하 사회개발, 기업·금융부문, 에너지, 개발전략, 금융, 기반시설, 국별 프로그램 등의 7개 부문을 각각 부총재가 담당하며, 이 외에 기업관리, 인적자본, 법률고문, 제도개발, 기업신용·위험관리, 물류·행정지원, 운영·기술, 사무국·대외협력부서가 있다.

(3) 주요조직 및 시민사회와의 연계

중남미개발은행의 경우, 환경보존 및 생태계 다양성 확보를 통한 지속적인 발전을 추구하여 각종 환경관련 프로그램을 시행하고 있으나, 이를 위한 시민사회와의 연계노력은 찾아보기 어렵다.[20]

(4) 책무성 제도: 규정준수프로그램(Compliance Program)

중남미개발은행은 자산세탁 및 테러 자금지원 방지에 대한 내부정책과 운영방안을 채택하였고, 총재와 최고경영자는 이를 위한 규정준

20 〈http://www.caf.com/es/proyectos. 검색일: 2018년 5월 9일〉

수요원을 임명하고 매년 직원 관리 교육을 실시해야 한다. 규정준수프로그램(Compliance Program)에는 고객 위험에 등급을 매기고, 고객정보의 확보 및 실사를 추진하며, 해외자산통제국(Office of Foreign Asset Control)·유엔·자금세탁방지기구(Financial Action Task Force)에서 제공하는 위험고객 및 부당거래 리스트를 적극 검토하고, 연례 회계 감사를 진행하는 업무로 구성되어 있다.[21] 그러나 중남미개발은행의 규정준수프로그램은 자체적으로 내부에서 고객을 관리하고 위험을 감독하는 기능을 수행하는 반면, 외부의 제3자 및 중남미개발은행의 사업으로 피해를 입은 고객에 대한 민원을 처리하고 문제를 해결하려는 외부적 책무성 제도는 전무한 상태라 할 수 있다.

9. 카리브개발은행(Caribbean Development Bank)[22]

(1) 설립목적 및 기능

1969년 창설된 카리브개발은행은 1969년 자메이카 킹스턴에서 체결된 협정에 따라 1970년 발효된 남남협력을 위한 지역개발금융기구이다. 카리브개발은행은 역내 국가 간 경제협력을 증진하고 저개발국가의 특별지원을 신속하게 제공하기 위해 설립되었기 때문에, 그 목적에

21 금융권에서 주기적으로 요주의 인물/법인 리스트가 업데이트 되고 있는 정보를 공유하기 위하여 이를 제공하는 기구들이 있는데, 대표적으로 국제기구인 유엔과 자금세탁방지기구, 그리고 미국 재무부 산하의 해외자산통제국이 있다. 이 기관에서 제공하는 위험인물과 법인 리스트를 받아 자기관의 책무성을 보호하는 결정은 정보를 받게 되는 일반금융기관 및 다자개발금융기구들이다.

22 〈http://www.caribank.org. 검색일: 2018년 5월 9일〉

따라 대출회원국의 자원 활용과 경제개발 지원, 생산과 무역을 통해 공공·민간 부문의 투자 활성화, 지역 내 금융 호전 사업 확장의 촉진, 지역 대출회원국에 기술지원 제공, 신탁·저축, 자본시장 활성화와 같은 임무를 수행하고 있다. 운영자금으로는 일반재원과 특별기금이 있으며, 특히 특별기금은 원칙적으로 카리브개발은행의 빈곤감소 노력을 위해 사용된다.

(2) 회원국(주주) 현황 및 주요조직

협정 당시 역내 국가 16개국, 역외국가 2개국으로 이루어진 카리브개발은행은 현재 27개국의 회원국을 보유하고 있다. 자금 대출이 가능한 22개 역내 국가는 19개의 대출회원국과 3개의 비대출회원국으로 나누어져 있고, 이 밖에 5개국은 역외 국가이다. 카리브개발은행의 주식자본 소유량에 따라 의사결정에서의 투표권 행사가 결정되며, 역내 국가는 전체 주식의 60% 이상으로, 역외 국가는 40% 이하의 지분만 보유할 수 있다. 카리브개발은행의 자금 대출권과 투표권이 모두 있는 역내 회원국은 그레나다·바하마·바베이도스·벨리즈·트리니다드토바고·앤티가 바부다·세인트 키츠 네비스섬·세인트루시아섬·세인트빈센트 그레나딘제도·도미니카공화국·가이아나·아이티·수리남·터크스카이코스제도·몬세라트·영국령 버진제도·앵귈라섬·케이맨제도로 총 19개국에 해당한다. 자금 대출권은 없으나 의사결정과정에는 투표권을 행사할 수 있는 역외 회원국으로는 캐나다·독일·이탈리아·영국·중국이 있다. 마지막으로, 은행 대출권한과 투표권한은 없으나 기타지역으로 분류되는 콜롬비아·베네수엘라·멕시코를 회원국으로 둔다. 카리브개발은행의 우선고려사항은 대출권한 유무와 관계없이 은행의 회원 기반을 넓히는 것이기 때문에 범카리브적 색채를 띠려는 노력의 일환으로 비영어권 카리브 국가들을 영입하기 위한 계획을 추진하고 있

다.[23]

카리브개발은행은 총회(Board of Governors)와 이사회(Board of Directors), 총재, 자문관리팀으로 이루어져 있다. 총회는 최고 정책결정 기구로서 연례 정기총회 및 임시총회를 개최하며, 신규가입 회원국, 주식자본의 변동, 이사 및 총재의 선출, 정관변경, 개발은행 해산의 특정 사안을 제외하고는 권한을 이사회에 위임한다. 각 회원국은 각각 회장 1인과 부회장 1인을 추천하며,[24] 각 회원국을 대표하여 투표권을 행사한다. 작은 국가에게 혜택이 돌아가도록 투표권이 골고루 분배되며, 원칙적으로는 보유 지분의 양에 따라 결정된다. 이사회는 개발은행의 일반정책과 운영방향을 책임지는데, 13개 역내국가와 5개 역외국가의 대표로 구성되며 재임 가능한 2년 임기로 대표 부재 시에는 직무대행 가능한 부대표를 선출한다. 총재 이하 운영국과 금융국을 각각 부총재가 담당하며 이하 다수의 자문관리팀, 평가 및 감사부서, 내부감사를 둔다.

(3) 시민사회와의 연계

카리브개발은행은 사적부문의 개발프로그램을 통해 일부 무상기술지원 및 투자기금을 마련하여 운영하고 있으나, 2008년 미주개발은행과 공동개최한 시민사회와 굿거버넌스를 위한 파트너십 구축 등의 비정기적 좌담개최 외의 특별한 CSO와의 연계노력이나 부서를 찾아보기는 어렵다.[25]

23 2008년을 브라질의 회원국가입 신청승인을 시작으로 확장추세를 이어가고 있다.

24 몬세라트·영국령 버진제도·앵귈라섬·케이맨제도·터크스카이코스제도는 단일 회원국으로 분류된다.

25 〈http://www.caribank.org/publications/conference-papers/cdbidb-civil-

(4) 책무성 제도: 청렴 · 준수 · 책무성부서(Office of Integrity, Compliance and Accountability)

카리브개발은행은 기업지배구조 개선을 위해 독립평가부서(Office of Independent Evaluation), 청렴·준수·책무성부서(Office of Integrity, Compliance and Accountability), 위험관리부서(Office of Risk Management), 내부감사기관(Internal Audit Division)을 보유하고 있다. 특히, 청렴·준수·책무성부서는 책무성 제도를 바탕으로 독립적인 역할을 수행하고, 행정적으로는 총재에게 직접 보고하거나 감독·보장위원회(Oversight and Assurance Committee)를 통해 이사회에 보고한다. 청렴·준수·책무성부서의 핵심기능은 기관의 청렴 및 도덕성 증진, 금융제재 및 준수, 책무성 제도 수행, 외부기관과의 협력으로 구성된다. 카리브개발은행은 우선적으로 내부고발자정책을 채택하여 내부관계자로부터 민원이 접수되었을 때 이를 보호하기 위한 도덕적 장치를 마련했다. 은행에 대한 민원은 직간접적인 방법으로 접수되며 청렴·준수·책무성부서의 담당자가 총괄하고, 다른 부서와 협력하여 불법적 금융 제도를 감시하고 방지하는 역할을 수행한다. 또한, 카리브개발은행이 진행하는 프로젝트 사업에 대해서는 민원처리제도를 개별적으로 두어 원칙적으로 환경 및 사회적 절차에 부합하는지 검토한다. 환경 및 사회적 절차는 카리브개발은행이 환경과 사회에 미치는 다양한 영향을 내부적으로 규제하기 위해 채택한 제도인데, 은행의 부정적인 영향에 대한 불만이 접수되었을 때 민원처리제도를 바탕으로 문제를 처리하게 되지만 민원처리제도는 어떠한 강제성이나 법적 제재에 대한 부분이 수반되지 않는다.

society-dialogue-2008. 검색일: 2018년 5월 9일〉

10. 동아프리카개발은행(East African Development Bank)[26]

(1) 설립목적 및 기능

1967년 창설된 동아프리카개발은행은 동아프리카 국가들에 장기금융을 제공하는 동아프리카공동체(East African Community)의 주요 금융기구이자 남남협력 중심의 개발은행이다. 역내의 장기금융에 대한 수요가 증가함에 따라 공공·민간 부문의 다양한 자본투자를 창립 이래 지속적으로 진행하였다. 은행의 거시적인 목표는 회원국의 경제발전을 위한 생산적 성격의 프로젝트 지원하며, 기술적으로 실현가능하며 재정적으로 조달 가능한 생산부문 공공·민간 프로젝트를 지원하는 데에 있다. 사업수행 시, 역내 국가에 근간을 두는지 여부와, 지역자원을 이용하여 국내소비 및 수출을 위한 재화생산을 위함인지 여부, 역내 국가 간 공통적으로 보유한 자원을 활용하는지 여부가 중요한 투자 확정 기준이다. 이에 따라 식량안보·사회기반시설·기술발전·기후변화·지역통합의 임무를 토대로 부동산 및 자산개발·대출보증·자문서비스·차관·자산·무역금융·사회기반시설개발·금융시장개발 등의 상품개발에 주력한다.

(2) 회원국(주주) 현황 및 주요조직

케냐·우간다·탄자니아 3개국이 창립을 주도하였으며, 경제발전과 사회적 진보를 위해 설립하였다. 2008년 가입한 르완다를 포함한 4개국은 A그룹에 해당하는 회원국 주주이다. 동아프리카개발은행의 주식보유량은 다자개발금융기구의 가입과 함께 크게 확장되었으며 B그

26 〈http://eadb.org. 검색일: 2018년 5월 9일〉

룹으로 분류되는 기관주주로는 아프리카개발은행·네덜란드개발금융기업(FMO)·독일투자공사(DEG)와 같은 개발금융기구와, SBIC 아프리카 홀딩스(SBIC Africa Holdings)·아프리카상업은행(Commercial Bank of Africa)·스탠다드차타드은행(Standard Chartered Bank)·바클레이스은행(Barclays Bank PLC)·스웨덴노르데아은행(Nordea Bank Sweden)·유고슬라비아기관컨소시엄(Consortium of Yugoslav Institutions)과 같은 민간 상업은행을 포함한 총 9개 기관이 속한다. 현재는 지역 간 개발을 목표로 하여 활발한 파트너십 구축을 모색하고 있으나, 근본적으로 동아프리카 역내 개발을 위한 기구이므로 회원국의 기능을 수행할 국가신규가입에 대해서는 완전하게 개방적이지 않다.

동아프리카개발은행은 총회(Governing Council), 자문패널(Advisory Panel), 이사회(The Board of Directors), 집행관리부(Management)로 구성되어 있다. 총회는 동아프리카개발은행의 최고의사결정기구로서 재정부와 회원국으로 이루어져 있으며, 우간다, 르완다, 케냐, 탄자니아 사업대표 각 1인으로 운영된다. 동아프리카개발은행의 모든 권한은 헌장에 따라 이사회에 부여되어 있으며, 이사회는 각 회원국의 상임처장과 아프리카개발은행 대표, 그리고 각 회원국의 민간부문 대표로 이루어진다.

(3) 시민사회와의 연계

동아프리카개발은행의 경우, 기업의 사회적 책임을 적극적으로 지원하며, 민간부문—특히, 공익부문—과의 파트너십을 구축하려는 다양한 시도를 하고 있으나, 해당 민간영역 범주에 CSO와의 연계노력은 찾아볼 수 없다.[27]

27 〈http://eadb.org/partnerships. 검색일: 2018년 5월 9일〉

(4) 책무성 제도: 재정자문패널(Financial Advisory Panel)

동아프리카개발은행은 기업의 사회적 책임경영을 장려하고 있으나 구체적인 정책이나 담당부서는 찾아보기 어렵다. 그 외에는 재무 관리를 위해 총 네 명의 금융전문가로 구성된 자문패널을 두고 위험관리에 힘쓰고 있다.

11. 유라시아개발은행(Eurasian Development Bank)[28]

(1) 설립목적 및 기능

유라시아개발은행은 역내 국가들의 경제발전과 무역 확장, 경제적 유대를 통한 유라시아 통합을 위해 설립된 국제금융기구이다. 구소련 체제 이후 금융·경제 영역에서 해당지역의 주요한 통합 프로젝트라는 면에서 각광받고 있다. 현재 동력발전, 교통, 회원국의 도시 사회기반시설 확충 등에 특히 목표를 두며, 에너지 효율성 제고를 위한 투자, 역내국가 상호출자를 위한 경제적 유대관계 구축을 장기 전략적으로 수행하고자 한다. 총 미화 70억 달러의 수권자금은 15억 달러의 불입자본금과 55억 달러의 요구불자본금으로 나뉜다. 현재 진행 중인 투자 포트폴리오의 프로젝트 중 창설국인 러시아와 카자흐스탄에 각각 약 35%와 40%가 투자되며, 부문별로는 에너지와 교통이 각각 30%씩 차지한다.

(2) 회원국(주주) 현황 및 주요조직

러시아연방국과 카자흐스탄 대통령의 구상으로 2006년 창설된 유라

28 〈http://eabr.org/e. 검색일: 2018년 5월 9일〉

시아개발은행은 창설협정에 따라 일정 지분을 보유하고 은행 설립목적 추구의 조건을 갖춘 국가 혹은 국제기구에 가입이 모두 열려 있다. 2009년 아르메니아, 2010년 타지키스탄, 2011년 벨라루스와 키르기스스탄이 정식 회원국으로 가입하여 총 6개 회원국을 보유한다. 무역과 경제협력을 세계화된 현재 노동 분업 경제체제에서의 경쟁력 제고의 수단으로 믿고 독립국가연합(CIS)과 유라시아경제연합(Eurasian Economic Union)과 함께 좀 더 확대된 통합을 위한 지속적 시도를 하고 있다. 또한 6개 회원국 모두가 세계금융위기 극복을 위해 2009년 유라시아경제공동체(Eurasian Economic Community)를 설립하여 금융신용과 재정투융자를 위한 기금을 운영한다. 해당 기금은 2015년 '안정 및 개발을 위한 유라시아기금(Eurasian Fund for Stabilization and Development)'으로 명칭이 변경되었다.

유라시아개발은행은 총회 이하 이사회로 구성되어 있는데, 총회는 아르메니아, 벨라루스, 카자흐스탄, 키르기스스탄, 러시아, 타지키스탄 회원국에서 각각 정·부 대표이사를 선출하며, 이 총회에서 이사회 구성원을 임명한다. 이사회는 의장 이하 부의장 4인과 각각 연구·전략, 금융, 경영계획, 재무를 담당하는 상무이사를 둔다.

(3) 주요조직 및 시민사회와의 연계

현재 유라시아개발은행 내부에서 진행하는 CSO와의 연계노력은 전무하다고 평가할 수 있다.[29]

29 〈http://eabr.org/e/about/help-activities. 검색일: 2018년 5월 9일〉

(4) 책무성 제도

유라시아개발은행에는 뚜렷한 책무성 기제가 아직까지 설치되어 있지 않다.

12. 이슬람개발은행(Islamic Development Bank)[30]

(1) 설립목적 및 기능

이슬람개발은행은 1973년 12월 무슬림국가 금융장관회의에서 발행된 의향서 수행을 위해 설립된 이슬람지역의 국제금융개발기구로 1975년 10월 공식 출범하였다. 이슬람개발은행은 회교율법의 원칙에 따라 회교도 지역사회 내 회원국들의 경제발전과 사회적 진보를 이룩하는 데에 설립목적을 둔다. 이에 따라 크게 빈곤퇴치·인적자원개발·기술발전·회원국 간 협력강화를 목표로 하며, 자기자본 참여, 회원국의 경제·사회적 개발을 위한 금융지원 외에도 생산적인 프로젝트 혹은 기업대출 기능을 주로 수행한다. 이슬람개발은행은 일반 예금도 수탁할 수 있으며, 회교율법에 따라 재무자원을 이동시킬 권한을 보유한다. 특히, 역내국가 간 자본재의 무역 증대, 회원국에 기술지원 제공, 회교율법에 따라 회교도 국가의 개발인력 교육시설 확충 등의 의무를 갖는다.

(2) 회원국(주주) 현황 및 주요조직

이슬람개발은행은 아프리카와 중동에 걸쳐 총 56개의 회원국을 보유한다. 납입자본금 및 보유주식의 총량순으로 사우디아라비아· 리비아·

30 〈http://www.isdb.org/irj/portal/anonymous?guest_user=idb_en. 검색일: 2018년 5월 9일〉

이란·이집트·터키·아랍에미리트·쿠웨이트·파키스탄·알제리·인도네시아·말레이시아·방글라데시·카타르·예멘·모로코·요르단·수단·가봉·오만·이라크·세네갈·기니·브루나이·카메룬·바레인·우간다·니제르·부르키나파소·팔레스타인·튀니지·카자흐스탄·시리아·말리·아제르바이잔·베냉·아프가니스탄·레바논·모리타니·차드·수리남·잠비아·몰디브·모잠비크·알바니아·기니비사우·토고·타지키스탄·키르기스스탄·시에라리온·지부티·투르크메니스탄·소말리아·나이지리아·코트디부아르·우즈베키스탄·코모도스가 포함된다. 회원국 자격의 기본조건을 갖추기 위해서는 이슬람협력기구(Organization of Islamic Cooperation)의 가입국이어야 하며, 이슬람개발은행에 자본기여 및 총회에서 결정된 모든 조항에 대한 수용이 전제되어야 한다. 이슬람개발은행은 회원국뿐만 아니라 회교도 지역사회 중 비회원국에 대한 지원을 위해 특별기금 및 신탁자금을 운영하도록 되어 있다.

이슬람개발은행의 조직은 크게 총회(Board of Governors)와 중역이사회(Board of Executive Directors)로 구성된다. 총회는 각 회원국을 대표하는 정·부이사로 이루어져 있으며, 각 회원국은 총회에서 쓸 수 있는 500개의 기본 투표수와 청약 주식당 1표씩을 추가적으로 부여받는다. 총회에서는 모든 사안이 최다득표결과에 따라 결정되며, 연례회의를 통해 전년도 활동에 대한 평가와 이듬해의 정책을 결정한다. 총회는 은행의 전반적인 운영권을 중역이사회에 위임하며, 주로 수권자본과 여타 국제·지역 기구와의 협력관계 및 협정체결, 총재선출 등의 주요사안만 다룬다. 중역이사회는 은행의 제반업무와 정책수행을 책임지며, 총 18인으로 구성되고 연임 가능한 3년 임기의 중역이사회는 9개 대주주 국가에서 각국 1인씩 임명되고 나머지 9인은 기타 국가에서 선출된다.

(3) 시민사회와의 연계

회교도의 지역사회발전을 위해 많은 협력활동이 수행되나, CSO와의 지역개발을 위한 연계활동은 아직까지 뚜렷하게 명시되어 있지 않다.[31]

(4) 책무성 제도: 청렴 및 반부패(Integrity and Anti-Corruption) 제도

이슬람개발은행은 2006년 9월 17일 국제금융기관이 구축한 금융사기 및 부정부패를 방지를 위한 정책 프레임워크를 채택하고 있다. 2010년에는 국제금융기관이 제시한 정책 프레임워크에 기반을 두어 청렴정책을 수립하였고, 이에 따라 청렴부서(Group Integrity Office)를 설치하고, 청렴부서 운영을 위한 원칙 및 절차를 수립하며, 내부고발자 및 목격자 보호 정책을 채택하고 있다. 이슬람개발은행은 청렴성을 장려하고 부정부패를 방지하기 위해 위기관리부(Risk Management Department) 산하에 청렴부서를 두고 있다. 청렴부서는 이슬람개발은행의 비도덕적·불합리한 행위에 대해 민원을 접수하고 조사를 개시하는 역할을 수행한다. 민원이 접수되면 먼저 이슬람개발은행의 명예훼손위험을 검토하고, 관련 사업에 대한 투자 금액을 조사한 뒤 제공된 정보의 사실관계를 파악한다. 청렴부서 관할에 해당되지 않는 민원은 관련 부서로 재배정되며 모든 조사가 완료될 경우 청렴감독위원회(Integrity Oversight Committee)에 전달되어 적절한 제재 및 조치를 취하도록 한다. 청렴감독위원회의 권한과 내부 정책에 따라 징계, 조건부 제재, 배상 또는 구제 등 마땅한 조치를 취할 수 있다. 청렴감독위원회는 의장인 법률집행대표와 3명의 정규 투표권자로 구성되는데, 3명의 비정규 투표권자

31 〈http://www.isdb.org/irj/portal/anonymous?NavigationTarget=navurl://4af56c7f8e33ae3bdeb62cc164638e52. 검색일: 2018년 5월 9일〉

를 선임하여 필요시 정규 투표권자를 대체하도록 한다. 또한 이슬람개발은행은 청렴검토부(Integrity Review Office)를 두고 청렴감독위원회의 조치에 대해 항소할 수 있도록 한다. 청렴검토부의 결정은 이슬람개발은행의 청렴원칙 및 가이드라인 제99항에 부합해야 하며 이럴 경우에 최종적 권한을 갖게 된다. 청렴검토부는 총재 또는 부총재와 2명의 정규 투표권자로 구성되고, 정규 투표권자는 이슬람개발은행과 연계된 최고경영자와 법률자문가에 한하여 총재가 직접 선임하고 2년의 임기를 갖는다.

13. 국제투자은행(International Investment Bank)[32]

(1) 설립목적 및 기능

국제투자은행은 1970년에 회원국의 경제개발을 도모하고 역내 회원국 간의 협력을 제고하기 위해 설립된 남남협력 중심의 다자개발은행이다. 1970년 창립 당시의 회원국은 불가리아·헝가리·동독·몽골·폴란드·루마니아·소련·체코슬로바키아 등 8개의 사회주의 국가들로 구성되었는데 소련 중심의 경제협력을 목표로 냉전 시기 동안 70억 유로 이상 소진하였다. 탈냉전 이후, 국제투자은행은 거의 20년 동안 정체성에 대한 방향을 잡지 못하고 혼돈기에 빠져 있다가 2000년 폴란드와 헝가리가 탈퇴를 선언하는 등 지속적으로 해체의 위기에 직면하였다. 그러나 2012년 국제투자은행의 주주들이 은행의 개혁을 강조하면서 재정비를 시작하였고 2014년에는 국제투자은행 역사상 최초로

32 〈http://www.iib.int, 검색일: 2018년 5월 9일〉

채무자본시장(debt capital market)에 참여하여 러시아, 슬로바키아와 루마니아에서 채권을 발행하기 시작하였다. 2015년에는 헝가리가 재가입을 하였고 슬로바키아의 브라티슬라바(Bratislava)에 첫 지역사무소를 설립하였다.

국제투자은행은 정부간 협정과 헌장에 기초하여 주요 임무를 수행하고 있으며, 유엔사무국에 등록되어 있고 본부는 러시아의 수도 모스크바에 있다. 특히, 회원국의 중소기업지원을 중심으로 사회경제발전, 인구성장과 번영, 경제협력을 촉진하는 정책을 강조하고 있으며, 국제투자은행의 유상원조가 협력대상국의 국내재무기관, 개발은행, 그리고 수출입은행을 통해 지원되거나 타 국제금융기구와 공동으로 출자하여 재원을 마련하기도 한다. 국제투자은행이 지원하는 원조방식은 선택된 금융기구를 통한 구제금융·프로젝트금융·무역금융·다큐멘터리제작·지분투자·투자기금 등으로 구성된다.

(2) 회원국(주주) 현황 및 주요조직

국제투자은행의 회원국은 불가리아·쿠바·체코·헝가리·몽골·루마니아·러시아·슬로바키아·베트남 등 총 9개국으로 구성되어 있다. 회원국 수는 9개국에 그치지만 회원국의 지역별 분포가 동유럽·중앙아시아·러시아·동남아시아·카리브해 지역에 이르는 광범위한 남남협력을 포괄하고 있다는 특징이 있다. 국제투자은행의 수권자본금은 1조 3,000억 유로이며, 납입자본금은 3억 1,300만 유로에 달한다.

총회(Council of the Bank)는 국제투자은행 회원국의 대표들로 구성되는 최고의결기구이며, 총회에서 선임한 이사들로 구성되는 집행이사회(Executive Board)와 은행의 활동사항을 감사하는 감사위원회(Audit Commission)가 주요 조직으로 국제투자은행 내에 설치되어 있다. 국제투자은행의 회원국은 상호 세금면제와 규제면제의 혜택을 공유하고 있다. 또한 국제투자은행은 유엔글로벌컴팩트에 가입을 하고 기업의 사회적 책임(CSR) 원칙을 준수하도록 회원국에서 권장함으로써 국제개발기구로서 주요 목표를 달성함에서 사회적 책임을 중요한 원칙 중의 하나로 표방하고 있다. 회원국 시민들의 삶과 웰빙의 질을 개선하기 위하여 지속가능한 발전목표를 상정하고 글로벌 기후변화 문제에 대처하고 더 좋은 환경조건을 조성하기 위한 지원사업을 기획하고 있다.

(3) 시민사회와의 관계

기업의 사회책임 활동은 국제투자은행 이사회가 승인한 '기업의 사회적 책임 정책(Corporate Social Responsibility Policy)'에 준하여 목표와 우선순위를 선정하고 있는 데 반해, 시민사회와의 관계를 담당하는 국제투자은행 내의 조직은 아직 설치되지 않은 상태이며 파트너십 구성의 대상에도 CSO는 포함되어 있지 않다.

(4) 책무성 제도: 규정준수정책(Compliance Policy)[33]

국제투자은행은 다자개발은행에서 통용되는 규정준수 규범과 기준을 준용하고 있으며, '규정준수정책(Compliance Policy)'하에 불만과 고충을 찾아내고 관리하는 책무를 독립된 기관인 '규정준수국(Compliance Department)'이 담당하고 직접 이사회의 대표에게 보고한다. 규정준수국은 국제투자은행 내부 직원과 파트너 국가가 자금세탁, 테러집단자금, 부패 및 사기와 연루될 경우 철저하게 진상을 조사하고 국제기준에 맞게 규정준수사항을 적용하여 처리한다. 특히, 은행 내부의 정보

33 〈https://www.iib.int/en/about/compliance. 검색일: 2018년 5월 9일〉

를 남용하거나 오용하는 사례를 방지하고 통제하기 위하여 내부통제 기제를 도입하고 경쟁적인 자금시장을 효율적이고 투명하게 조성하기 위하여 노력하고 있다. 국제투자은행의 집행이사회는 민원 신청과 등록을 위한 절차를 제도화하는 것을 승인하고 점진적으로 독립책무성 기제(Independent Accountability Mechanism)를 시행하고 있다.

14. 태평양도서국가개발은행(Pacific Islands Development Bank)[34]

(1) 설립목적 및 기능

태평양도서국가개발은행은 1987년 사이판에서 열린 태평양도서국입법협의회(Association of Pacific Islands Legislature)에서 만장일치로 지역개발은행 설립안이 통과된 후, 1989년 야프(Yap)·폰페이(Pohnpei)·팔라우(Palau) 3개의 도서국이 처음 설립협정에 서명하였다. 태평양도서국가개발은행은 지역개발금융기관으로 역내 회원 도서국들의 경제·사회 발전을 지원하기 위한 목적을 수행하기 위해 창설되었다. 특히, 역내 국가에서 개발을 위한 공공·민간자본 투자촉진, 미크로네시아 지역에서의 프로그램 수행을 위한 역내외의 금융자본 이동, 회원국의 개발 프로젝트와 프로그램 지원, 민간투자의 장려, 여타 국제·지역기구와의 협력모색 등을 기구의 주요 목표로 삼는다.

34 〈http://www.pacificidb.com. 검색일: 2018년 5월 9일〉

(2) 회원국(주주) 현황 및 주요조직

태평양도서국가개발은행의 회원자격은 태평양도서국입법협의회의 회원국에게 잠정적으로 열려 있으나, 현재 회원국은 총 8개국으로, 창설 회원국인 야프·폰페이·팔라우를 뒤이어 코스레(Kosrae)·추크(Chuuk)·괌(Guam)·북마리아나(Northern Mariana) 제도가 초기회원납입 자본금을 납부하고 가입하였다. 2011년 마셜군도가 초기지불 투입자본으로 미화 25만 달러를 지불하고, 은행설립협정문을 비준하여 마지막으로 가입하였다.

태평양도서국가개발은행의 조직은 주주(8개국 정부), 총회(Board of Governors), 이사회(Board of Directors), 총재와 집행이사로 나뉜다. 은행의 거버넌스는 총회에 의해 이루어지며, 각 회원국 당 2인의 운영위원을 임명하며, 각각 집행위와 입법위를 대표한다. 총회는 매년 은행의 운영과 주요한 정책결정을 위해 개최되며, 그중 많은 책임과 권한을 이사회에 위임한다. 총재는 은행의 최고경영자로서 전반적인 운영에 책임을 맡는다. 또한 총재는 전체 운영위원 3분의 2 이상의 득표를 통해 선출되며 임기는 5년이다. 총재 아래에서 대출담당 관리인과 행정담당 관리인이 업무를 보조한다.

(3) 주요조직 및 시민사회와의 연계

태평양도서국가개발은행이 수행한 시민사회와의 연계활동이나 이를 위해 설치한 독립부서에 관한 내용은 찾아보기 어렵다.[35]

35 〈http://www.pacificidb.com/reports. 검색일: 2018년 5월 9일〉

(4) 책무성 제도

태평양도서국가개발은행에는 뚜렷한 책무성 기제가 마련되어 있지 않다. 사실상 은행 본연의 임무도 수행하기 어려운 상황이라 책무성까지 기대하기는 어려운 지역다자개발은행 사례라고 평가할 수 있고, 오히려 연성적 책무성을 제도화하기 용이한 제반조건을 가지고 있다.

15. 동남아프리카무역개발은행(Eastern and Southern African Trade and Development Bank)[36]

(1) 설립목적 및 기능

동남아프리카무역개발은행은 1985년 설립된 동남아프리카 지역 중심의 남남협력 국제금융기구이다. 1981년 협정에 의해 설립된 동남아프리카무역특혜지역(Preferential Trade Area for the Eastern and Southern African States)을 확대시켜 경제를 통합하고자 하는 취지에서 이후 변모한 동남아프리카공동시장(Common Market for Eastern and Southern Africa)의 자기관이기도 하다. 은행본부는 부룬디에 위치하며, 케냐·짐바브웨·모리셔스에 지역본부가 자리한다. 동남아프리카무역개발은행은 고객중심의 혁신적인 금융수단을 통해 개발기금과 서비스 제공 및 지역개발통합을 목적으로 하는 기구이다. 외화와 국내통화의 장·단기 운용, 신뢰성 있는 지역중개은행으로서의 역할, 경화의 자본화, 그리고 정부기관, 중앙·상업은행, 지역개발금융기구, 민간부문 간 연계 노하우 등의 이점을 갖고 남부·중앙·동부·북부 아프리카 중심지역의 무역개발은행

36 〈http://www.ptabank.org. 검색일: 2018년 5월 9일〉

으로 자리잡았다. 주요기능은 역내 경제통합과 무역·투자를 통한 성장, 기반시설발전, 수출 및 회원국 내 기업성장 촉진, 회원국에 부채·준자산·주식금융·비금융상품·서비스 제공·특별기금을 통한 회원국에 기술 및 운영서비스 제공, 회원국의 금융 및 자본시장 활성화 등이다.

(2) 회원국(주주) 현황 및 주요조직

동남아프리카무역개발은행은 현재 23개의 회원으로 이루어져 있으며, 이 중 동부 및 남부 아프리카 지역에서 부룬디·코모로연합국·콩고민주공화국·지부티·이집트·에리트레아·에티오피아·케냐·말라위·모리셔스·르완다·세이셸·소말리아·수단·탄자니아·우간다·잠비아·짐바브웨 등 총 역내 국가 18개국, 역외 국가로서 벨라루스와 2000년 최초 가입한 중국 2개국, 그리고 아프리카개발은행을 포함한 3개의 기관회원을 보유한다. 조약을 바탕으로 설립된 지역기구로서 회원국과 지정기관에 회원자격이 열려 있으며 아프리카기관 및 역외 국가들의 가입요건 심사는 총회에서 결정된다. 역내 국가 주주가 전체의 약 81%를 차지하며, 역외 국가의 점유율이 약 7%이며, 기관회원은 약 12%를 차지한다.

동남아프리카무역개발은행의 조직은 총회(Board of Governors), 이사회(Board of Directors), 총재와 집행이사로 나뉜다. 총회는 주주회원국의 대표로 구성되며, 은행의 모든 권한행사에 대한 책임이 있다. 총회는 이사회에 일부 권한을 위임하나, 최고권위를 보유한다. 3년 임기로 7명이 선출되는 이사회는 은행의 일반적인 운영을 담당하며, 총재 이하 관리자는 각각 금융, 인적자본·행정, 법률, 프로젝트·기반시설 투자, 무역금융, 포트폴리오관리, 위기관리 총 7개의 부서를 담당한다.

(3) 시민사회와의 연계

동남아프리카무역개발은행에서 시민사회와의 연계활동을 위한 독립 부서나 활동내용은 찾아보기 어렵다.[37]

(4) 책무성 제도: 규정준수위험관리국(Compliance Risk Management Department)

동남아프리카무역개발은행은 규정준수위험관리국(Compliance Risk Management Department)을 두고 은행이 처한 각종 위험 요소를 관리하고, 은행의 프로젝트가 내부 규정에 준수하도록 검토하는 역할을 수행한다. 하지만 구체적인 절차 및 운영방안에 대해서는 찾아보기 어렵다.

37 〈http://www.ptabank.org/index.php/projects-and-transactions. 검색일: 2018년 5월 9일〉

참고문헌

[국문문헌]

권태환 · 임현진 · 송호근 공편. 2001. 『신사회운동의 사회학: 세계적 추세와 한국』. 서울: 서울대학교출판부.

김성한 · 문경연. 2014. "한반도 통일기반 조성을 위한 비정부기구(NGO)의 역할: 대북 지원 NGO와 북한 인권 NGO를 중심으로." 『국제관계연구』 제19권 1호. 고려대학교 일민국제관계연구원.

김의영. 2013. "글로벌 거버넌스와 지구시민사회: 글로벌 회의를 중심으로." 『평화연구』 제22권 1호. 고려대학교 평화와민주주의연구소.

김의영 · 홍지영. 2014. "국제개발협력 규범 형성에 있어 지구시민사회의 역할: OECD 개발원조위원회 원조효과성을 위한 고위급회담(DAC High Level Forum on Aid Effectiveness)을 중심으로." 『국제관계연구』 제19권 1호. 고려대학교 일민국제관계연구원.

김태균. 2017. "조력자에서 주창자로: 한국 국제개발 시민사회단체의 정체성 전환에 관한 연구." 『담론201』 제20권 4호. 한국사회역사학회.

김태균. 2016a. "개발원조의 인식론적 전환을 위한 국제사회론: 국익과 인도주의의 이분법을 넘어서." 『한국정치학회보』 제50집 1호. 한국정치학회.

김태균. 2016b. "국제개발에서 사회발전으로: 한국 사회의 국제개발 정책에 대한 비판적 고찰과 사회발전론의 재조명." 『경제와 사회』 제109권. 비판사회학회.

김태균. 2015. "포스트-2015 개발시대의 분절적 글로벌 개발협력 거버넌스: 유엔개발협력포럼(UNDCF)과 부산글로벌파트너십(GPEDC)을 중심으로." 『국제 · 지역연구』 제24권 3호. 서울대학교 국제학연구소.

김태균. 2013a. "개발원조의 변용성과 원조조건의 정치경제학." 『경제와 사회』 제99권. 비판사회학회.

김태균. 2013b. "글로벌 거버넌스와 개발협력의 책무성: 수용과 남용의 딜레마." 『국제정치논총』 제53권 4호. 한국국제정치학회.

김태균. 2012a. "개발협력 의제의 사회적 구성: 글로벌 거버넌스에서 복합네트워킹의 정치학." 『국제개발협력연구』 제4권 1호. 국제개발협력학회.

김태균. 2012b. "세계은행 책무성 제도에 관한 소고." 『한국의 개발협력』 제3호. 수출입은행 경제개발협력기금.

김태균. 2011. "부산총회 이후: 국제개발원조레짐의 변화와 한국." 『동아시아연구원 논평』 제23호. 동아시아연구원.

김태균 · 김보경. 2015. "Post-2015 개발협력 시대의 책무성(accountability): 쟁점과 전망." 『한국의 개발협력』 제1호. 수출입은행 경제개발협력기금.

김태균 · 김보경 · 심예리. 2016. "국제개발 규범의 국내화 과정에 관한 연구: 지속가능발전목표(SDGs)와 한국의 국내이행 정책수립에 관하여." 『국제 · 지역연구』 제25권 1호. 서울대학교 국제학연구소.

김태균 · 박명준. 2010. "국제개발협력 사업에의 시민사회 결합방식: 일본과 독일의 거버넌스 유형과 한국적 함의." 『시민사회와 NGO』 제8집 2호. 한양대학교 제3섹터연구소.

마상윤. 2008. "영국학파의 국제사회론." 『세계정치』 제10권. 서울대학교 국제문제연구소.

박상필. 2011. 『NGO학: 자율 · 참여 · 연대의 동학』. 서울: 아르케.

박은하. 2011. "부산 세계개발원조총회 주요 성과 및 향후 과제." 『국제개발협력』 제4호. 한국국제협력단.

박태호 · 박태균. 2007. "1960년대 아시아개발은행의 창립과정에 대한 연구." 박태호 · 박철희 편. 『동아시아의 로칼리즘, 내셔널리즘, 리저널리즘: 일본 국가의 성장과 동아시아 국제질서의 진화를 중심으로』. 고양: 인간사랑.

손혁상. 2015. 『시민사회와 국제개발협력: 한국 개발NGO의 현황과 과제』. 서울: 집문당.

신욱희. 2008. "동아시아 국제이론의 모색: 국제사회론과 변형된 주권 논의를 중심으로." 『세계정치』 제10권. 서울대학교 국제문제연구소.

이명석, Elinor Ostrom, James Walker. 2004. "제도, 이질성, 신뢰 그리고 사회적 딜레마 상황에서의 협동가능성." 『한국행정학보』 제38권 1호. 한국행정학회.

이상국. 2015. "메콩과 국제개발: 대메콩지역 연계성의 이상과 현실: 도로 교통을 중심으로." 『공간과 사회』 제54권. 한국공간환경학회.

이승은. 2015. "중국의 메콩강 유역 개발 참여: 초국경 경제협력에서의 다양한 이해관계자의 협력과 경쟁을 중심으로." 『아태연구』 제22권 1호. 경희대학교 국제지역연구원.

이준표. 2015. "메콩과 국제개발: 메콩 유역의 지속가능한 개발을 위한 법적 과제." 『공간과 사회』 제54권. 한국공간환경학회.

이현태 · 김준영. 2016. "AIIB 발전 전망과 정책적 시사점." 『KIEP 오늘의 세계경제』 제16권 25호. 대외경제정책연구원.

임현진. 2011. 『세계화와 반(反)세계화: 21세기 한국의 미래를 묻는다』. 서울: 세창출판사.

임현진 · 공석기. 2014. 『뒤틀린 세계화: 한국의 대안찾기』. 서울: 나남.

장인성. 2009. "영국학파 국제사회론과 근대 동아시아의 국제사회화에 관한 고찰: 동아시아 국제사회론의 구축을 위한 시론." 『세계지역연구논총』 제27집 1호. 한국세계지역학회.

정영신. 2016. "엘리너 오스트롬의 자원관리론을 넘어서: 커먼즈에 대한 정치생태학적 접근을 위하여." 『환경사회학연구』 제20권 1호. 한국환경사회학회.

정철희. 2003. 『한국 시민사회의 궤적: 1970년대 이후 시민사회의 동학』. 서울: 아르케.

조양현. 2008. "아시아 지역주의와 미국 외교: 아시아개발은행(ADB) 설립의 역사적 분석." 『국제정치논총』 제48집 2호. 한국국제정치학회.

한국비교사회연구회 편저. 1990. 『비교사회학: 방법과 실제 I』. 서울: 열음사.

한인섭 · 김정렬. 2014. "공적개발원조에 투영된 발전행정의 패러다임 변화." 『한국비교정부학보』 제18권 1호. 한국비교정부학회.

[영문문헌]

Abrahamsen, Rita. 2000. *Disciplining Democracy: Development Discourse and Good Governance in Africa*. London: Zed Books.

Accountability Counsel. 2012. Accountability Resource Guide Version 7.1. San Francisco: Accountability Counsel.

Ackermann, John M. 2005. "Social Accountability in the Public Sector: A Conceptual Discussion," *Social Development Working Papers* No. 82. Washington, D. C.: World Bank.

African Development Bank. 2015. *The Independent Review Mechanism: Annual Report 2014*. Abidjan: African Development Bank.

African Development Bank. 2010. *African Development Report 2010: Ports, Logistics, and Trade in Africa*. New York: Oxford University Press.

Agné, Hans. 2016. "Accountability's Effects: Reaction Speed and Legitimacy in Global Governance." *Global Governance: A Review of Multilateralism and International Organizations* 22(4): 575-594.

Ahmad, Ehtisham and Nicholas Stern. 1991. *The Theory and Practice of Tax Reform in Developing Countries*. Cambridge: Cambridge University Press.

Alexander, Jeffrey C. and Paul Colomy (eds.). 1990. *Differentiation Theory and Social*

Change: Comparative and Historical Perspectives. New York: Columbia University Press.

Altholz, Roxanna and Chris Sullivan. 2017. *Accountability & International Financial Institutions: Community Perspectives on the World Bank's Office of the Compliance Advisor Ombudsman*. Berkeley: International Human Rights Law Clinic.

Anheier, Helmut K., and Jeremy Kendall. 2001. *Third Sector at the Crossroads: An International Non-profit Analysis*. London: Routledge.

Asian Development Bank. 2017. *2016 Development Effectiveness Review*. Manila: Asian Development Bank.

Asian Development Bank. 2016a. *Concessional Assistance Policy*. Manila: Asian Development Bank.

Asian Development Bank. 2016b. *Fiftieth Annual Meeting of the Board of Governors of the Asian Development Bank: Attendance of Nongovernmental Organizations and other Civil Society Organizations*. Manila: Asian Development Bank.

Asian Development Bank. 2016c. *Civil Society Participation at the Annual Meeting of the Board of Governors of the Asian Development Bank*. Manila: Asian Development Bank.

Asian Development Bank. 2015. *How Does ADB Engage Civil Society Organizations in Its Operations? Findings of an Exploratory Inquiry in South Asia*. Manila: Asian Development Bank.

Asian Development Bank. 2013. *ADB Accountability Mechanism: Annual Report 2012*. Manila: Asian Development Bank.

Asian Development Bank. 2012a. *Accountability Mechanism Policy*. Manila: Asian Development Bank.

Asian Development Bank. 2012b. *Strengthening Participation for Development Results: An Asian Development Bank Guide to Participation*. Manila: Asian Development Bank.

Asian Development Bank. 2012c. *ADB Cooperation with Civil Society: Annual Report 2010*. Manila: Asian Development Bank.

Asian Development Bank. 2011a. *ADB Cooperation with Civil Society: Annual Report 2009*. Manila: Asian Development Bank.

Asian Development Bank. 2011b. *Monitoring Report of the Special Project Facilitator on the Complaint on CAREC Tranport Corridor I (Zhambyl Oblast Section)*. Manila: Asian Development Bank.

Asian Development Bank. 2009a. *Safeguard Policy Statement*. Manila: Asian Development Bank.

Asian Development Bank. 2009b. *Civil Society Organization Sourcebook: A Staff Guide to*

Cooperation with Civil Society Organizations. Manila: Asian Development Bank.

Asian Development Bank. 2009c. *Consultation Phase of the ADB Accountability Mechanism [Office of Special Facilitators Annual Report]*. Manila: Asian Development Bank.

Asian Development Bank. 2008. *Consultation Phase of the ADB Accountability Mechanism [Office of Special Facilitators Annual Report]*. Manila: Asian Development Bank.

Asian Development Bank. 2005. *Annual Monitoring Report 2004-2005 to the Board of Directors on Implementation of Remedial Actions on the Inspection Request on the Chashma Right Bank Irrigation Project (Stage III) in Pakistan*. Manila: Asian Development Bank.

Asian Development Bank. 14-15 July 2004. *Consultation on ADB's Draft Public Communication Policy, New Delhi, India*. Manila: Asian Development Bank.

Asian Development Bank. 2001. *Report of the Task Force on Institutional Arrangements for Cooperation with Nongovernmental Organizations*. Manila: Asian Development Bank.

Asian Development Bank. 1995. *Establishment of an Inspection Function*. Manila: Asian Development Bank.

Asian Development Bank NGO Center. 2004. *ADB-NGO Cooperation Annual Report of Activities for 2002-2003*. Manila: Asian Development Bank.

Avant, Deborah D., Martha Finnemore, and Susan K. Sell. 2010. "Who Governs the Globe?" In Deborah D. Avant, Martha Finnemore, and Susan K. Sell (eds.), *Who Governs the Globe?* New York: Cambridge University Press.

Badie, Bertrand and Pierre Birnbaum. 1983. *The Sociology of the State*. Chicago: University of Chicago Press.

Bank Information Center (BIC, USA), Coalition in Reforms for Efficient and Equitable Development (CREED, Pakistan), Environmental Foundation (Sri Lanka), Gama Surakeema Savidhana (Sri Lanka), International Rivers Network (IRN, USA), Mekong Watch (Japan), and NGO Forum on the ADB (Philippines) (eds.). 2012. *Strengthening Public Accountability: Recommendations to the Asian Development Bank (ADB) for Revising its Inspection Panel*.

Barakso, Maryann. 2010. "Brand Identity and the Tactical Repertoires of Advocacy." In Aseem Prakash and Mary Kay Gugerty (eds.), *Advocacy Organizations and Collective Action*. Cambridge: Cambridge University Press.

Barker, Rodney (ed.). 1971. *Studies in Opposition*. London: Macmillan.

Barnett, Michael. 2015. "Accountability and Global Governance: The View from Paternalism." *Regulation & Governance* 10: 134-148.

Barnett, Michael and Martha Finnemore. 2004. *Rules for the World: International*

Organizations in Global Politics. Ithaca: Cornell University Press.

Basaran, Tugba, Didier Bigo, Emmanuel-Pierre Guittet and R. B. J. Walker. 2017. "Transversal Lines: An Introduction." In Tugba Basaran, Didier Bigo, Emmanuel-Pierre Guittet, and R. B. J. Walker (eds.), *International Political Sociology: Transversal Lines*. Abingdon: Routledge.

Bates, Robert H. 2010. *Prosperity & Violence: The Political Economy of Development*. New York: W. W. Norton.

Bauer, Rudolph. 1990. "Voluntary Welfare Association in Germany and the United States: Theses on the Historical Development of Intermediary Systems." *Voluntas: International Journal of Voluntary and Nonprofit Organizations* 1(1): 97-111.

Behn, Robert D. 2001. *Rethinking Democratic Accountability*. Washington, D. C.: Brookings Institution.

Bello, Walden. 23-24 June 2000. "Why Reform of the ADB is the Wrong Agenda," at the Conference on Accounting for Development, University of Sydney.

Berger, Peter and Thomas Luckmann. 1967. *The Social Construction of Reality: A Treatise in the Sociology of Knowledge*. New York: The Penguin Press.

Berghmans, Mieke, Maarten Simons, and Joke Vandenabeele. 2017. "What is Negotiated in Negotiated Accountability? The Case of INGOs." *Voluntas: International Journal of Voluntary and Nonprofit Organizations* 28(4): 1529-1561.

Best, Jacqueline. 2005. *The Limits of Transparency: Ambiguity and the History of International Finance*. Ithaca: Cornell University Press.

Betsill, Michele M. and Elisabeth Corell. 2008. *NGO Diplomacy: The Influence of Nongovernmental Organizations in International Environmental Negotiations*. Cambridge: MIT Press.

Beyers, Jan. 2008. "Policy Issues, Organisational Format and the Political Strategies of Interest Organisations." *West European Politics* 31(6): 1188-1211.

Bigo, Didier and R. B. J. Walker. 2007. "International, Political, Sociology." *International Political Sociology* 1(1): 1-5.

Bird, Richard and Francois Vaillancourt. 1998. "Fiscal Decentralization in Developing Countries: An Overview." In Richard Bird and Francois Vaillancourt (eds.), *Fiscal Decentralization in Developing Countries*. Cambridge: Cambridge University Press.

Birdsall, Nancy (ed.). 2006. *Rescuing the World Bank: A Center for Global Development Working Report and Selected Essays*. Washington, D. C.: Center for Global Development.

Bissell, Richard E. 1997. "Recent Practice of the Inspection Panel of the World Bank."

American Journal of International Law 91(4): 741-744.

Bissell, Richard E. and Suresh Nanwani. 2009. "Multilateral Development Bank Accountability Mechanisms: Developments and Challenges." *Manchester Journal of International Economic Law* 6(1): 2-55.

Blagescu, Monica and Robert Lloyd. 2006. "Assessing Accountability of Global and Regional Organisations." In Philippe de Lombaerde (ed.), *Assessment and Measurement of Regional Integration*. Abingdon: Routledge.

Blondel, Jean. 1997. "Political Opposition in the Contemporary World." *Government and Opposition* 32(4): 462-486.

Blyth, Mark. 2002. *Great Transformations: Economic ideas and Institutional Change in the Twentieth Century*. Cambridge: Cambridge University Press.

Bob, Clifford. 2012. *The Global Right Wing and the Clash of World Politics*. New York: Cambridge University Press.

Boli, John and George M. Thomas. 1997. "World Culture in the World Polity: A Century of International Non-Governmental Organization." *American Sociological Review* 62(2): 171-190.

Bolton, Patrick and Mathias Dewatripont. 2004. *Contract Theory*. Cambridge, MIT Press.

Booth, David. 2012. "Development as a Collective Action Problem: Addressing the Real Challenges of African Governance." Synthesis Report of the Africa Power and Politics Programme. London: ODI.

Boulding, Carew. 2012. "Dilemmas of Information and Accountability: Foreign Aid Donors and Local Development NGOs." In Peter A. Gourevitch, David A. Lake and Janice Gross Stein (eds.), *The Credibility of Transnational NGOs: When Virtue is Not Enough*. Cambridge: Cambridge University Press.

Bourdieu, Pierre. 1977. *Outline of a Theory of Practice*. Cambridge: Cambridge University Press.

Bourdieu, Pierre. 2005. *The Social Structures of the Economy*. Cambridge: Polity Press.

Bowden, Brett. 2009. *The Empire of Civilization: The Evolution of an Imperial Idea*. Chicago: University of Chicago Press.

Brack, Nathalie and Sharon Weinblum. 2011. ""Political Opposition": Towards a Renewed Research Agenda." *Interdisciplinary Political Studies* 1(1): 69-79.

Bräutigam, Deborah. 2008. "Introduction: Taxation and State-Building in Developing Countries." In Deborah Bräutigam, Odd-Helge Fjeldstad, and Mick Moore (eds.), *Taxation and State-Building in Developing Countries: Capacity and Consent*. Cambridge: Cambridge University Press.

Brinkerhoff, Jennifer. 2002. *Partnership for International Development: Rhetoric or Results?* Boulder: Lynne Rienner.

Buchanan, James. 1977. "The Samaritan's Dilemma." In James Buchanan (ed.), *Freedom in Constitutional Contract*. College Station: Texas A&M University Press.

Buckley, Karen M. 2013. *Global Civil Society and Transversal Hegemony: The Globalization-Contestation Nexus*. Abingdon: Routledge.

Bull, Hedley. 1977. *The Anarchical Society: A Study of Order in World Politics*. London: Macmillan.

Bull, Hedley. 1966. "The Grotian Conception of International Society." In Herbert Butterfield and Martin Wight (eds.), *Diplomatic Investigations*. London: Allen & Unwin.

Buntaine, Mark T. 2014. "Accountability in Global Governance: Civil Society Claims for Environmental Performance at the World Bank." *International Studies Quarterly* 59(1): 99-111.

Buzan, Barry. 2014. *An Introduction to the English School of International Relations*. Cambridge: Polity Press.

Buzan, Barry. 2001. "The English School: An Underexploited Resource in IR." *Review of International Studies* 17(3): 471-488.

Buzan, Barry and Mathias Albert. 2010. "Differentiation: A Sociological Approach to International Relations Theory." *European Journal of International Relations* 16(3): 315-337.

Buzan, Barry and Yongjin Zhang (eds.). 2014. *Contesting International Society in East Asia*. Cambridge: Cambridge University Press.

Cahn, Jonathan. 1993. "Challenging the New Imperial Authority: The World Bank and the Democratization of Development." *Harvard Human Rights Journal* 6: 159-196.

Campbell, John. 1998. "Institutional Analysis and the Role of Ideas in Political Economy." *Theory and Society* 27(3): 377-409.

Caporaso, James A. 2003. "Democracy, Accountability, and Rights in Supranational Governance." In Miles Kahler and David Lake (eds.), *Governance in a Global Economy: Political Authority in Transition*. Princeton: Princeton University Press.

Cardoso, Fernando Henrique and Faletto Enzo. 1979. *Dependency and Development in Latin America*. Berkeley: University of California Press.

Carlsson, Jerker, Gunnar Koehlin, and Anders Ekbom. 1994. *The Political Economy of Evaluation: International Aid Agencies and the Effectiveness of Aid*. Basingstoke: Macmillan Press.

Carrubba, Clifford J. and Tom S. Clark. 2012. "Rule Creation in a Political Hierarchy." *American Political Science Review* 106(3): 622-643.

Centre for Poverty Analysis. 2009. *A Review of the Southern Transport Development Project (STDP) Grievance Redress Mechanisms*. Colombo: Centre for Poverty Analysis.

Chakrabarty, Dipesh. 2005. "The Legacies of Bandung: Decolonization and the Politics of Culture." *Economic and Political Weekly* 40(46): 4,812-4,818.

Chalmers, Adam William. 2011. "Interests, Information and Influence: A Comparative Analysis of Interest Group Influence in the European Union." *Journal of European Integration* 33(4): 471-486.

Chang, Kyung-Sup. 2014. "Asianization of Asia: Asia's Integrative Ascendance through a European Aperture." *European Societies* 16(3): 337-342.

Charnovitz, Steve. 2003. "The Emergence of Democratic Participation in Global Governance." *Indiana Journal of Global Legal Studies* 10(1): 45-77.

Chazan, Naomi. 1988. "Patterns of State-Society Incorporation and Disengagement." In Donald Rothchild and Naomi Chazan (eds.), *The Precarious Balance: State-Society in Africa*. Boulder: Westview Press.

Chhotray, Vasudha, and Gerry Stoker. 2009. *Governance Theory and Practice: A Cross-disciplinary Approach*. Basingstoke: Palgrave Macmillan.

Clark, Dana. 2003. "Understanding the World Bank Inspection Panel." In Dana Clark, Jonathan Fox and Kay Treakle (eds.), *Demanding Accountability: Civil Society Claims and the World Bank Inspection Panel*. Lanham: Rowman & Littlefield.

Clark, John D. 2002. "The World Bank and Civil Society: An Evolving Experience." In Jan Aart Scholte and Albrecht Schnabel (eds.), *Civil Society and Global Finance*. London: Routledge.

Clark, John D. 1991. *Democratizing Development: The Role of Voluntary Organizations*. London: Kumaritan Press.

Coleman, James. 1990. *Foundations of Social Theory*. Cambridge: Harvard University Press.

Collier, Paul. 2010. *Conflict, Political Accountability and Aid*. London: Routledge.

Collier, Paul. 2009. *Wars, Guns, and Votes: Democracy in Dangerous Places*. New York: HarperCollins.

Compliance Review Panel. 2014. *Final Report on Compliance Review Panel Request No. 2012/2 on the Greater Mekong Subregion: Rehabilitation of the Railway Project in Cambodia (Asian Development Bank Loan 2288 and Asian Development Bank Loan 2602/Grant 0187 [Supplementary])*. Manila: Asian Development Bank.

Cooley, Alexander. 2016. "The Emerging Political Economy of OBOR: The Challenges of Promoting Connectivity in Central Asia and Beyond." *A Report of the CSIS Simon Chair in Political Economy*. Washington, D. C.: Center for Strategic and International Studies.

Cooley, Alexaner and James Ron. 2002. "The NGO Scramble: Organizational Insecurity and the Political Economy of Transnational Action." *International Security* 27(1): 5-39.

Cornwall, Andrea. 2007. "Buzzwords and Fuzzwords: Deconstructing Development Discourse." *Development in Practice* 17: 471-484.

Cornwall, Andrea and Vera Schattan Coelho. 2006. *Spaces for Change? The Politics of Citizen Participation in New Democratic Arenas*. London: Zed Books.

Cronin, Donal and John O' Regan. 2002. *Accountability in Development: Measuring Responsibilities, Measuring Performances*. Dublin: The Comhlamh Aid Issues Group.

Curtis, Grant. 2004. *The Asian Development Bank's Cooperation with NGOs and Civil Society*. Manila: Asian Development Bank.

Dahl, Robert A. 1968. "Political Opposition." In Robert A. Dahl (ed.), *Political Opposition in Western Democracies*. New Haven: Yale University Press.

Dalton, Russell J. and Manfred Kuechler (eds.). 1990. *Challenging the Political Order: New Social and Political Movements in Western Democracies*. Oxford: Oxford University Press).

de Renzio, Paolo and Jurek Seifert. 2014. "South-South Cooperation and the Future of Development Assistance: Mapping Actors and Options." *Third World Quarterly* 35(10): 1,860-1,875.

Deacon, Bob. 2007. *Global Social Policy & Governance*. London: Sage.

Deakin, Nicholas. 2001. *In Search of Civil Society*. Basingstoke: Palgrave.

Dean, Mitchell. 1999. *Governmentality: Power and Rule in Modern Society*. London: Sage.

della Porta, Donatella and Mario Diani. 1999. *Social Movements: An Introduction*. Oxford: Blackwell.

della Porta, Donatella and Sidney Tarrow. 2005. *Transnational Protest and Global Activism*. Lanham: Rowman and Littlefield.

Dellmuth, L. M. 2012. "Interest Group Influence in European and Global Governance: Recent Insights from Comparative Politics and International Relations," Paper presented at the 44th Annual Meeting of the Danish Political Science Association, Vejle.

Dewan, Torun and David P. Myatt. 2010. "The Declining Talent Pool of Government,"

American Journal of Political Science 54(2): 267-286.

DiMaggio, Paul J. and Walter W. Powell. 1991. "Introduction." In Walter W. Powell and Paul J. DiMaggio (eds.), *The New Institutionalism in Organizational Analysis*. Chicago: University of Chicago Press.

DiMaggio, Paul J. and Walter W. Powell. 1983. "The Iron Cage Revisited: Institutional Isomorphism and Collective Rationality." *American Sociological Review* 48(2): 147-160.

Drezner, Daniel W. 2007. *All Politics is Global: Explaining International Regulatory Regimes*. Princeton: Princeton University Press.

Dubnick, Melvin J. 2002. "Seeking Salvation for Accountability." Paper presented at the Annual Meeting for the American Political Science Association, Boston.

Easterly, William. 2006. *The White Man's Burden: Why the West's Efforts to Aid the Rest Have Done So Much Ill and So Little Good*. New York: Penguin.

Ebrahim, Alnoor. 2005. "Accountability Myopia: Losing Sight of Organizational Learning." *Nonprofit and Voluntary Sector Quarterly* 34(1): 56-87.

Egan, Andrew. 2008. "Mutual Accountability: 'Orphan' Principle of the Paris Declaration." ODE Issues Note. Canberra: AusAid.

Eisinger, Peter K. 1973. "The Conditions of Protest Behavior in American Cities." *American Political Science Review* 67: 11-28.

Elias, Norbert. 1994. *The Civilizing Process: Sociogenetic and Phychogenetic Investigations*. Oxford: Blackwell.

Espeland, Wendy Nelson, and Mitchell L. Stevens. 1998. "Commensuration as a Social Process." *Annual Review of Sociology* 24: 313-343.

Esser, Hartmut. 2010. "How Far Reaches the "Middle Range" of a Theory? A Reply to the Comments." *Sociologica* N. 1: 1-13.

Etzioni, Amitai. 2016. "The Asian Infrastructure Investment Bank: A Case Study of Multifaceted Containment." *Asian Perspective* 40(2): 173-196.

Etzioni, Amitai. 1975. *A Comparative Analysis of Complex Organizations*. New York: Free Press.

Etzioni, Amitai and Eva Etzioni (eds.). 1964. *Social Change: Sources, Patterns, and Consequences*. New York: Basic Books.

Evans, Peter B. 1996. "Government Action, Social Capital and Development: Reviewing the Evidence on Synergy." *World Development* 24(6): 1119-1132.

Evans, Peter, Harold Jacobson, and Robert Putnam (eds.). 1993. *Double-Edged Diplomacy: International Bargaining and Domestic Politics*. Berkeley: University of California

Press.

Evers, Adalbert. 1995. "Part of the Welfare Mix: The Third Sector as an Intermediate Area." *Voluntas: International Journal of Voluntary and Nonprofit Organizations* 6(2): 159-182.

Evers, Adalbert and Ivan Svetlik (eds.). 1993. *Balancing Pluralism: New Welfare Mixes in Care for the Elderly*. Aldershot: Avebury.

Eyben, Rosalind. 2008. "Power, Mutual Accountability and Responsibility in the Practice of International Aid: A Relational Approach." *IDS Working Paper* 305. Brighton: Institute of Development Studies.

Falk, Richard. 1997. "Resisting 'Globalization-from-Above' through 'Globalization-from-Below'." *New Political Economy* 2(1): 46-56.

Fearon, James D. 1999. "Electoral Accountability and the Control of Politicians: Selecting Good Types versus Sanctioning Poorer Performance." In Adam Przeworski, Susan C. Stokes and Bernard Manin (eds.), *Democracy, Accountability and Representation*. Cambridge: Cambridge University Press.

Ferejohn, J. 1999. "Accountability and Authority: Toward a Theory of Political Accountability." In Adam Przeworski, Susan C. Stokes and Bernard Manin (eds.), *Democracy, Accountability and Representation*. Cambridge: Cambridge University Press.

Ferguson, Niall. 2017. "The False Prophecy of Hyperconnection: How to Survive the Networked Age." *Foreign Affairs* 96(5): 68-79.

Fidler, David. 2000. "A Kinder, Gentler System of Capitulations? International Law, Structural Adjustment Policies and the Standard of Liberal, Globalized Civilization." *Texas International Law Journal* 35(3): 388-413.

Finnemore, Martha. 2001. "Exporting the English School." *Review of International Studies* 27(3): 509-513.

Fligstein, Neil and Doug McAdam. 2011. "Toward a General Theory of Social Action Fields." *Sociological Theory* 29(1): 1-26.

Fogarty, Edward A. 2011. "Nothing Succeeds like Access? NGO Strategies towards Multilateral Institutions." *Journal of Civil Society* 7(2): 207-227.

Foucault, Michel. 1995. *Discipline & Punish: The Birth of the Prison*. New York: Vintage Books.

Foucault, Michel. 1991. "Governmentality." In Graham Burchell, Colin Gordon, and Peter Miller (eds.). *The Foucault Effect: Studies in Governmentality*. Chicago: University of Chicago Press.

Fox, Jonathan A. 2007a. *Accountability Politics: Power and Voice in Rural Mexico*. Oxford: Oxford University Press.

Fox, Jonathan A. 2007b. "The Uncertain Relationship between Transparency and Accountability." *Development in Practice* 17(4-5): 663-671.

Fox, Jonathan A. 2000. "The World Bank Inspection Panel: Lessons from the First Five Years." *Global Governance* 6(3): 279-318.

Fox, Jonathan A. and L. David Brown (eds.). 1998. *The Struggle for Accountability: The World Bank, NGOs, and Grass-Roots Movements*. Cambridge: MIT Press.

Freeman, R. E. 2001. "Stakeholder Theory of the Modern Corporation." In T. Donaldson, P. H. Werhane and M. Cording (eds.), *Ethical Issues in Business: A Philosophical Approach*. Upper Saddle River: Prentice-Hall.

Fuentes-George, Kemi. 2016. *Between Preservation and Exploitation: Transnational Advocacy Networks and Conservation in Developing Countries*. Cambridge: MIT Press.

Fujita, Sanae. 2013. *The World Bank, Asian Development Bank and Human Rights: Developing Standards of Transparency, Participation and Accountability*. Cheltenham: Edward Elgar Publishing.

Fukuyama, Francis. 2014. *Political Order and Political Decay: From the Industrial Revolution to the Globalization of Democracy*. New York: Farrar, Straus and Giroux.

Fukuyama, Francis. 2011. *The Origins of Political Order: From Prehuman Times to the French Revolution*. New York: Farrar, Straus and Giroux.

Fukuyama, Francis. 2004. *State-Building: Governance and World Order in the 21st Century*. Ithaca: Cornell University Press.

Fukuyama, Francis. 1995. *Trust: The Social Virtues and the Creation of Prosperity*. New York: Free Press.

Funabashi, Yoichi. 1993. "The Asianization of Asia." *Foreign Affairs* 72(5): 75-85.

Gailmard, Sean. 2014. "Accountability and Principal-Agent Theory." In Mark Bovens, Robert E. Goodin, and Thomas Schillemans (eds.), *The Oxford Handbook of Public Accountability*. Oxford: Oxford University Press.

Garon, Sheldon. 1997. *Molding Japanese Minds: The State in Everyday Life*. Princeton: Princeton University Press.

Gautney, Heather. 2010. *Protest and Organization in the Alternative Globalization Era: NGOs, Social Movements, and Political Parties*. New York: Palgrave Macmillan.

Gehlbach, Scott. 2008. *Representation through Taxation: Revenue, Politics, and Development in Postcommunist States*. Cambridge: Cambridge University Press.

George, Vic and Paul Wilding. 2002. *Globalisation and Human Welfare*. Basingstoke:

Palgrave.

Gerlach, Luther P. 2001. "The Structure of Social Movements: Environmental Activism and its Opponents." In John Arquilla and David Ronfeldt (eds.), *Networks and Netwars: The Future of Terror, Crime, and Militancy*. Santa Monica: RAND.

Gibson, Clark C., Krister Andersson, Elinor Ostrom, and Sujai Shivakumar. 2005. *The Samaritan's Dilemma: The Political Economy of Development Aid*. New York: Oxford University Press.

Giddens, Anthony. 1984. *The Constitution of Society: Outline of the Theory of Structuration*. Cambridge: Polity Press.

Giugni, Marco G. and Florence Passy. 1998. "Contentious Politics in Complex Societies: New Social Movements between Conflict and Cooperation." In Marco G. Giugni, Doug McAdam, and Charles Tilly (eds.), *From Contention to Democracy*. Lanham: Rowman & Littlefield.

Goetz, Anne Marie and Rob Jenkins. 2005. *Reinventing Accountability: Making Democracy Work for Human Development*. Basingstoke: Palgrave.

Goetz, Anne Marie and Rob Jenkins. 2001. "Hybrid Forms of Accountability: Citizen Engagement in Institutions of Public-Sector Oversight in India." *Public Management Review* 3(3): 363-383.

Goldman, Michael. 2005. *Imperial Nature: The World Bank and Struggles for Social Justice in the Age of Globalization*. New Haven: Yale University Press.

Gong, Geritt W. 1984. *The Standard of "Civilization" in International Society*. Oxford: Clarendon.

Goodin, Robert E. (ed.). 1996. *The Theory of Institutional Design*. Cambridge: Cambridge University Press.

Gordon, Colin. 1991. "Governmental Rationality: An Introduction." In Graham Burchell, Colin Gordon, and Peter Miller (eds.), *The Foucault Effect: Studies in Governmentality*. Chicago: University of Chicago Press.

Grant, Ruth and Robert Keohane. 2005. "Accountability and Abuses of Power in World Politics." *American Political Science Review* 99(1): 29-43.

Granovetter, Mark S. 1973. "The Strength of Weak Ties." *American Journal of Sociology* 78(6): 1360-1380.

Green, Duncan. 2008. *From Poverty to Power: How Active Citizens and Effective State can Change the World*. Oxford: Oxford International.

Griffith-Jones, Stephany, Li Xiaoyun and Stephen Spratt. 2016. "The Asian Infrastructure Investment Bank: What Can It Learn From, and Perhaps Teach To, the Multilateral

Development Banks?" *Rising Powers in International Development Evidence Report* No. 179. Brighton: Institute of Development Studies.

Grindle, Merilee S. 2007. "Good Enough Governance Revisited." *Development Policy Review* 25(5): 533-574.

Grindle, Merilee S. 2004. "Good Enough Governance: Poverty Reduction and Reform in Developing Countries." *Governance* 17(2): 525-548.

Gruber, Lloyd. 2000. *Rulling the World: Power Politics and the Rise of Supranational Institutions*. Princeton: Princeton University Press.

Grugel, Jean and Anders Uhlin. 2012. "Renewing Global Governance: Demanding Rights and Justice in the Global South." *Third World Quarterly* 33(9): 1,703-1,718.

Guy Peters, B. and Jon Pierre. 2010. "Public-Private Partnerships and the Democratic Deficit: Is Performance-Based Legitimacy the Answer?" In Magdalena Bexell and Ulrika Mörth (eds.), *Democracy and Public-Private Partnerships in Global Governance*. Basingstoke: Palgrave.

Habermas, Jürgen. 1989. *The Structural Transformation of the Public Sphere: An Inquiry into a Category of Bourgeois Society*. Cambridge: MIT Press.

Han, Heejin. 2017. "China, An Upstream Hegemon: A Destabilizer for the Governance of the Mekong River?" *Pacific Focus* 32(1): 30-55.

Hansen, Henrik and Finn Tarp. 2000. "Aid Effectiveness Disputed." In Finn Tarp (ed.), *Foreign Aid and Development: Lessons Learnt and Directions for the Future*. Abingdon: Routledge.

Hardin, Garrett. 1968. "The Tragedy of the Commons." *Science* 162(3589): 1,243-1,248.

Hardt, Michael and Antonio Negri. 2000. *Empire*. Cambridge: Harvard University Press.

Harriss, John. 2003. "Do Political Regimes Matter? Poverty Reduction and Regime Differences Across India." In Peter R. Houtzager and Mick Moore (eds.), *Changing Paths: International Development and the New Politics of Inclusion*. Ann Arbor: University of Michigan Press.

Hasenclever, Andreas, Peter Mayer, and Volker Rittberger. 1997. *Theories of International Regimes*. Cambridge: Cambridge University Press.

Hayne, Christie and Steven E. Salterio. 2014. "Accounting and Auditing." In Mark Bovens, Robert E. Goodin, and Thomas Schillemans (eds.), *The Oxford Handbook of Public Accountability*. Oxford: Oxford University Press.

Held, David and Mathias Koenig-Archibugi. 2005. "Introduction." In David Held and Mathias Koenig-Archibugi (eds.), *Global Governance and Public Accountability*. Oxford: Blackwell.

Helgesson, Karin Svedberg. 2010. "Partnerships, Boundary Blurring and Accountable Actorhood." In Magdalena Bexell and Ulrika Mörth (eds.), *Democracy and Public-Private Partnerships in Global Governance*. Basingstoke: Palgrave.

Helms, Ludger. 2004. "Five Ways of Institutionalizing Political Opposition: Lessons from the Advanced Democracies." *Government and Opposition* 39(1): 22-54.

Herbert, Ross. 2012. "Sixty Years of Development Aid: Shifting Goals and Perverse Incentives." In Sachin Chaturvedi, Thomas Fues and Elizabeth Sidiropoulos (eds.), *Development Cooperation and Emerging Powers: New Partners or Old Patterns?* London: Zed Books.

Hielscher, Stefan, Jan Winkin, Angela Crack and Ingo Pies. 2017. "Saving the Moral Capital of NGOs: Identifying One-Sided and Many-Sided Social Dilemmas in NGO Accountability." *Voluntas: International Journal of Voluntary and Nonprofit Organizations* 28(4): 1562-1594.

Hirsch, Philip. 2001. "Globalisation, Regionalisation and Local Voices: The Asian Development Bank and Re-scaled Politics of Environment in the Mekong Region." *Singapore Journal of Tropical Geography* 22(3): 237-251.

Hirschman, Albert O. 1970. *Exit, Voice and Loyalty: Responses to Decline in Firms, Organizations, and States*. Cambridge: Harvard University Press.

Hirschman, Albert O. 1967. *Development Projects Observed*. Washington, D. C.: Brookings Institute.

Hjertholm, Peter and Howard White. 2000. "Foreign Aid in Historical Perspective: Background and Trends." In Finn Tarp (ed.), *Foreign Aid and Development: Lessons Learnt and Directions for the Future*. Abingdon: Routledge.

Hobden, Stephen. 2002. "Historical Sociology: Back to the Future of International Relations?" In Stephen Hobden and John M. Hobson (eds.), *Historical Sociology of International Relations*. Cambridge: Cambridge University Press.

Hobson, John M. and Leonard Seebrooke (eds.). 2007. *Everyday Politics of the World Economy*. Cambridge: Cambridge University Press.

Holland, Jeremy, Allyson Thirkell, Emmanuel Trepanier and Lucy Earle. 2009. "Measuring Change and Results in Voice and Accountability Work." *Social Development Diret Working Paper 34*. London: Department for International Development.

Honneth, Axel. 1996. *The Struggle for Recognition: The Moral Grammar of Social Conflicts*. Cambridge: MIT Press.

Hood, Christopher. 2014. "Accountability and Blame-Avoidance." In Mark Bovens, Robert E. Goodin, and Thomas Schillemans (eds.), *The Oxford Handbook of Public*

Accountability. Oxford: Oxford University Press.

Horn, Denise M. 2013. *Democratic Governance and Social Entrepreneurship: Civic Participation and the Future of Democracy*. Abingdon: Routledge.

Huber, John D. and Charles R. Shipan. 2002. *Deliberate Discretion? The Institutional Foundations of Bureaucratic Autonomy*. Cambridge: Cambridge University Press.

Hurrell, Andrew. 2007. *On Global Order: Power, Values, and the Constitution of International Society*. Oxford: Oxford University Press.

Hurrell, Andrew. 2003. "Order and Justice in International Relations: What is at Stake?" In Rosemary Foot, John Lewis Gaddis, and Andrew Hurrell (eds.), *Order and Justice in International Relations*. Oxford: Oxford University Press.

Imas, Linda G. Morra, and Ray C. Rist. 2009. *The Road to Results: Designing and Conducting Effective Development Evaluations*. Washington, D. C.: International Bank for Reconstruction and Development/The World Bank.

James, Estelle. 1989. "The Nonprofit Sector in Developing Countries: The Case of Sri Lanka." In Estelle James (ed.), *The Nonprofit Sector in International Perspectives: Studies in Comparative Culture & Policy*. New York: Oxford University Press.

Jensen, Michael C. and William H. Meckling. 1976. "Theory of the Firm: Managerial Behavior, Agency Costs and Ownership Structure." *Journal of Financial Economics* 3(4): 305-360.

Jha, Abhas K., Jennifer Duyne Barenstein, Priscilla M. Phelps, Daniel Pittet, and Stephen Sena. 2010. *Safer Homes, Stronger Communities: A Handbook for Reconstructing after Natural Disasters*. Washington, D. C.: International Bank for Reconstruction and Development/World Bank.

Joachim, Jutta and Birgit Locher (eds.). 2009. *Transnational Activism in the UN and the EU*. London: Routledge.

Johnson, Norman. 1999. *Mixed Economies of Welfare: A Comparative Perspective*. Hemel Hempstead: Prentice Hall Europe.

Jordan, Lisa and Peter van Tuijl (eds.). 2006. *NGO Accountability: Politics, Principles and Innovations*. London: Earthscan.

Juul, Kristine. 2006. "Decentralization, Local Taxation and Citizenship in Senegal." *Development and Change* 37(4): 821-846.

Kaldor, Mary. 2003. *Global Civil Society: An Answer to War*. Cambridge: Polity.

Kalm, Sara and Anders Uhlin. 2015. *Civil Society and the Governance of Development: Opposing Global Institutions*. London: Palgrave Macmillan.

Keal, Paul. 2003. *European Conquest and the Rights of Indigenous Peoples: The Moral*

Backwardness of International Society. Cambridge: Cambridge University Press.

Keane, John. 2003. *Global Civil Society?* Cambridge: Cambridge University Press.

Keck, Margaret E. and Kathryn Sikkink. 1998. *Activists Beyond Border: Advocacy Networks in International Politics*. Ithaca: Cornell University Press.

Keene, Edward. 2002. *Beyond the Anarchical Society: Grotius, Colonialism and Order in World Politics*. Cambridge: Cambridge University Press.

Kelly, P. 1997. "Globalization, Power and the Politics of Scale in the Philippines." *Geoforum* 28(2): 151-171.

Kendall, Jeremy. 2003. *The Voluntary Sector: Comparative Perspectives in the UK*. London: Routledge.

Keohane, Robert. 2003. "Global Governance and Democratic Accountability." In David Held and Mathias Koenig-Archibugi (eds.), *Taming Globalization: Frontiers of Governance*. Cambridge: Polity Press.

Keohane, Robert and Helen Milner (eds.). 1996. *Internationalization and Domestic Politics*. Cambridge: Cambridge University Press.

Khan, Mushtaq Husain. 2004. *State Formation in Palestine: Viability and Governance during a Social Transformation*. Abingdon: Routledge.

Killick, Tony. 1998. *Aid and the Political Economy of Policy Change*. London: Routledge.

Kim, Taekyoon. 2013. "Social Rights as a Global Public Good: Development, Human Rights and Accountability." *Journal of International and Area Studies* 20(2): 21-37.

Kim, Taekyoon. 2011. "Contradictions of Global Accountability: The World Bank, Development NGOs and Global Social Governance." *Journal of International and Area Studies* 18(2): 23-47.

Kim, Taekyoon. 2008. "The Social Construction of Welfare Control: A Sociological Review on State-Voluntary Sector Links in Korea." *International Sociology* 23(6): 819-844.

Kim, Taekyoon. 2007. *Controlling the Welfare Mix: A Historical Review on the Changing Contours of State-Voluntary Relationships in Korea*. D. Phil. Thesis, University of Oxford.

Kim, Taekyoon, Huck-Ju Kwon, Jooha Lee and Ilcheong Yi. 2011. "Poverty, Inequality and Democracy: "Mixed Governance" and Welfare in South Korea." *Journal of Democracy* 22(3): 120-134.

Kim, Taekyoon and Sojin Lim. 2017. "Forging 'Soft' Accountability in Unlikely Settings: A Conceptual Analysis of Mutual Accountability in the Context of South-South Cooperation." *Global Governance* 23(2): 183-203.

Kim, Taekyoon and Sojin Lim. 2014. "Forging 'Soft' Accountability in Unlikely Settings: The Prospects of Mutual Accountability in South-South Cooperation." *KOICA Working Paper* No. 1. Seongnam: Korea International Cooperation Agency.

Kingsbury, Benedict. 1999. "Sovereignty and Inequality." In Andrew Hurrell and Ngaire Woods (eds.), *Inequality, Globalization, and World Politics*. Oxford: Oxford University Press.

Kitschelt, Herbert. 1990. "New Social Movements and the Decline of Party Organization." In Russell J. Dalton and Manfred Kuechler (eds.), *Challenging the Political Order: New Social and Political Movements in Western Democracies*. Oxford: Oxford University Press.

Kitschelt, Herbert. 1986. "Political Opportunity Structures and Political Protest: Anti-Nuclear Movements in Four Democracies." *British Journal of Political Science* 16(1): 57-87.

Kitschelt, Herbert and Steven I. Wilkinson. 2007. "Citizen-Politician Linkages: An Introduction." In Herbert Kitschelt and Steven I. Wilkinson (eds.), *Patrons, Clients and Policies: Patterns of Democratic Accountability and Political Competition*. New York: Cambridge University Press..

Knapp, Michael S. and Susan B. Feldman. 2012. "Managing the Intersection of Internal and External Accountability: Challenge for Urban School Leadership in the United States." *Journal of Educational Administration* 50(5): 666-694.

Koeberle, Stefan, Harold Bedoya, Peter Silarsky and Gero Verheyen (eds.). 2005. *Conditionality Revisited: Concepts, Experiences, and Lessons*. Washington, D. C.: World Bank.

Koo, Hagen (ed.). 1993. *State and Society in Contemporary Korea*. Ithaca: Cornell University Press.

Korpi, Walter. 1978. *The Working Class in Welfare Capitalism: Work, Unions and Politics in Sweden*. London: Routledge & Kegan Paul.

Krasner, Stephen D. 1983. "Structural Causes and Regime Consequences: Regimes as Intervening Variables." In Stephen D. Krasner (ed.), *International Regimes*. Ithaca: Cornell University Press.

Kuehl, Warren F. 1969. *Seeking World Order: United States and International Organization to 1920*. Champaign: University of Illinois Press.

Kuhnle, Stein and Per Selle (eds.). 1992. *Government and Voluntary Organisations: A Relational Perspective*. Aldershot: Avebury.

Kusek, Jody Zall and Ray C. Rist. 2004. *Ten Steps to a Results-Based Monitoring and*

Evaluation System: A Handbook for Development Practitioners. Washington, D. C.: International Bank for Reconstruction and Development/The World Bank.

Kwon, Huck-ju. 2007. "Advocacy Coalitions and Health Politics in Korea." *Social Policy and Administration* 41(2): 148-161.

Lamonte, Michèle. 2012. "Toward a Comparative Sociology of Valuation and Evaluation." *Annual Review of Sociology* 38: 201-221.

Larner, Wendy and William Walters. 2004. "Introduction: Global Governmentality." In Wendy Larner and William Walters (eds.), *Global Governmentality: Governing International Spaces*. Abingdon: Routledge.

Lauren, Paul Gordon. 2011. *The Evolution of Human Rights: Visions Seen*. Philadelphia: University of Pennsylvania Press.

Layder, Derek. 1998. *Sociological Practice: Linking Theory and Social Research*. London: Sage.

Lee, Jooha and Taekyoon Kim. 2018. "Social Politics of Welfare Reform in Korea and Japan: A New Way of Mobilising Power Resources." *Voluntas: International Journal of Voluntary and Nonprofit Organizations* 29: 1-26.

Leftwich, Adrian: 1993. "Governance, Democracy and Development in the Third World." *Third World Quarterly* 14(3): 605-624.

Levi, Margaret. 1988. *Of Rule and Revenue*. Berkeley: University of California Press.

Lewis, David. 2001. *The Management of Non-Governmental Development Organizations*. London: Routledge.

Lewis, David and Nazneen Kanji. 2009. *Non-Governmental Organisations and Development*. Abingdon: Routledge.

Li, Tania Murray. 2007. *The Will to Improve: Governmentality, Development and the Practice of Politics*. Durham: Duke University Press.

Lin, Nan. 2001. *Social Capital: A Theory of Social Structure and Action*. Cambridge: Cambridge University Press.

Linklater, Andrew. 2016. *Violence and Civilization in the Western States-Systems*. Cambridge: Cambridge University Press.

Lipschutz, Ronnie. 1992. "Reconstructing World Politics: The Emergence of Global Civil Society." *Millennium: Journal of International Studies* 21(3): 389-420.

Little, Richard. 2000. "The English School's Contribution to the Study of International Relations." *European Journal of International Relations* 6(3): 395-422.

Lloyd, Robert, Jeffrey Oatham, and Michael Hammer. 2007. *Global Accountability Report*. London: One World Trust.

Long, Carolyn. 2001. *Participation of the Poor in Development Initiatives: Taking their Rightful Place*. London: Earthscan Publications.

Mahoney, James and Dietrich Rueschemyer (eds.). 2002. *Comparative Historical Analysis in the Social Sciences*. New York: Cambridge University Press.

Malaluan, N. A. 2009. *Gearing Up for Review of the ADB Public Communication Policy*. Quezon City: NGO Forum on ADB.

Malena, C., R. Forster and J. Singh. 2004. *Social Accountability: An Introduction to the Concept and Emerging Practice* (World Bank Social Development Papers: Participation and Civic Engagement No. 76). Washington, D. C.: World Bank.

Manor, James (ed.). 2007. *Aid that Works: Successful Development in Fragile States*. Washington, D. C.: World Bank.

Mansbridge, Jane. 2014. "A Contingent Theory of Accountability." In Mark Bovens, Robert E. Goodin, and Thomas Schillemans (eds.), *The Oxford Handbook of Public Accountability*. Oxford: Oxford University Press.

Marshall, T. H. 1964. *Class, Citizenship and Social Development*. Chicago: University of Chicago Press.

Mavrotas, George and Espen Villanger. 2006. "Multilateral Aid Agencies and Strategic Donor Behaviour," *UNU-WIDER Discussion Paper* No. 2006/02. Helsinki: UNU-WIDER.

Mawdsley, Emma. 2012. *From Recipients to Donors: Emerging Powers and the Changing Development Landscape*. London: Zed Books.

McAdam, Doug, Sidney Tarrow and Charles Tilly. 2001. *Dynamics of Contention*. Cambridge: Cambridge University Press.

McKinlay, Alan and Philip Taylor. 2014. *Foucault, Governmentality, and Organization: Inside the Factory of the Future*. New York: Routledge.

McMichael, Philip. 1996. "Globalization: Myths and Realities." *Rural Sociology* 61(1): 25-55.

McLennan, Barbara N. (ed.). 1973. *Political Opposition and Dissent*. New York: Dunellen Publishing.

Meyer, John W. and Brian Rowan. 1977. "Institutionalized Organizations: Formal Structure as Myth and Ceremony." *American Journal of Sociology* 83(2): 340-363.

Meyer, John W., John Boli, George M. Thomas and Francisco O. Ramirez. 1997. "World Society and the Nation-State." *American Journal of Sociology* 103(1): 144-181.

Meyer, John W., Gili S. Drori, and Hokyu Hwang. 2006. "World Society and the Proliferation of Formal Organization." In Gili S. Drori, John W. Meyer, and Hokyu

Hwang (eds.), *Globalization and Organization: World Society and Organizational Change*. Oxford: Oxford University Press.

Migdal, Joel S. 1988. *Strong Societies and Weak States: State-Society Relations and State Capabilities in the Third World*. Princeton: Princeton University Press.

Miller, Gary J. 2005. "The Political Evolution of Principal-Agent Models." *Annual Review of Political Science* 8: 203-225.

Mills, C. Wright. 1959. *The Sociological Imagination*. New York: Oxford University Press.

Mittelman, James H. 2011. *Contesting Global Order: Development, Global Governance and Globalization*. Abingdon: Routledge.

Moehler, Devra. 2008. *Distrusting Democrats: Outcomes of Participatory Constitution Making*. Ann Arbor: University of Michigan Press.

Moncrieffe, Joy. 2011. *Relational Accountability: Complexities of Structural Injustice*. London: Zed Books.

Moore, Mick. 2008. "Between Coercion and Contract: Competing Narratives on Taxation and Governance." In Deborah Bräutigam, Odd-Helge Fjeldstad, and Mick Moore (eds.), *Taxation and State-Building in Developing Countries: Capacity and Consent*. Cambridge: Cambridge University Press.

Moore, Mick. 2007. "How Does Taxation Affect the Quality of Governance?" *IDS Working Paper* No. 280. Brighton: Institute of Development Studies.

Moore, Mick. 2004. "Taxation and the Political Agenda, North and South." *Forum for Development Studies* 31(1): 7-32.

Moore, Mick. 1998 "Death Without Taxes: Democracy, State Capacity and Aid Dependence in the Fourth World." In Mark Robinson and Gordon White (eds.), *The Democratic Developmental State: Politics and Institutional Reform*. Oxford: Oxford University Press.

Moore, Mick, Jennifer Leavy and Howard White. 2003. "Polity Qualities: How Governance Affects Poverty." In Peter R. Houtzager and Mick Moore (eds.), *Changing Paths: International Development and the New Politics of Inclusion*. Ann Arbor: University of Michigan Press.

Morgenthau, Hans. 1948. *Politics among Nations: The Struggle for Power and Peace*. New York: McGraw-Hill.

Morrow, James D. 1994. *Game Theory for Political Scientists*. Princeton: Princeton University Press.

Mörth, Ulrika. 2008. *European Public-Private Collaboration: A Choice between Efficiency and Democratic Accountability?* Cheltenham: Edward Elgar Publishing.

Mulgan, Richard. 2003. *Holding Power to Account: Accountability in Modern Democracies*. Basingstoke: Palgrave.

Myrdal, Gunnar. 1974. "What is Development?" *Journal of Economic Issues* 8(4): 729-736.

Nederveen Pieterse, Jan. 2001. *Development Theory: Deconstructions/Reconstructions*. London: Sage.

Nelson, Rebecca M. 2014. "Multilateral Development Banks: Overview and Issues for Congress." *Congressional Research Service* 7-5700. Washington, D. C.: Congressional Research Service.

New Development Bank. 2016. *New Development Bank Environment and Social Framework*. Shanghai: New Development Bank.

New Development Bank. 2014. *Agreement on the New Development Bank – Fortaleza, July 15*. Shanghai: New Development Bank.

Newell, Peter and Shaula Bellour. 2002. "Mapping Accountaility: Origins, Contexts and Implications for Development." *IDS Working Papers* No. 168. Brighton: Institute of Development Studies.

Newell, Peter and Joanna Wheeler. 2006. "Rights, Resources and the Politics of Accountability: An Introduction." In Peter Newell and Joanna Wheeler (eds.), *Rights, Resources and the Politics of Accountability*. London: Zed Books.

NGO Forum on ADB. 2016. *Annual Report 2015*. Quezon City: NGO Forum on ADB.

NGO Forum on ADB. 2014a. *Annual Report 2013*. Quezon City: NGO Forum on ADB.

NGO Forum on ADB. 2014b. *Annual Report 2011*. Quezon City: NGO Forum on ADB.

NGO Forum on ADB. 2011. *Annual Report 2010*. Quezon City: NGO Forum on ADB.

NGO Forum on ADB. 2010. *Annual Report 2009*. Quezon City: NGO Forum on ADB.

NGO Forum on ADB. 2009. *Annual Report 2008*. Quezon City: NGO Forum on ADB.

NGO Forum on ADB. 2008. *Annual Report 2007*. Quezon City: NGO Forum on ADB.

NGO Forum on ADB. 2006. *Annual Report 2005*. Quezon City: NGO Forum on ADB.

Nye, Joseph. 2001. "Globalization's Democratic Deficit: How to Make International Institutions More Accountable," *Foreign Affairs* 80(4): 2-6.

O'Brien, Robert, Ann Marie Goetz, Jan Aart Scholte, and Marc Williams. 2000. *Contesting Global Governance: Multilateral Economic Institutions and Global Social Movements*. Cambridge: Cambridge University Press.

O'Connor, Julia S. and Gregg M. Olsen (eds.). 1998. *Power Resources Theory and the Welfare State: A Critical Approach*. Toronto: University of Toronto Press.

O'Donnell, Guillermo. 1999. "Horizontal Accountability in New Democracies." In

Andreas Schedler, Larry Diamond, and Marc Plattner (eds.), *The Self-Restraining State: Power and Accountability in New Democracies*. Boulder: Lynne Rienner.

Offe, Claus. 1984. *Contradictions of the Welfare State*. Cambridge: MIT Press.

Office of the Special Project Facilitator. 2014. *Final Report of the Special Project Facilitator Loans 2288-CAM and 2602-CAM: Greater Mekong Subregion: Rehabilitation of the Railway in Cambodia Project*. Manila: Asian Development Bank.

Office of the Special Project Facilitator. 2005. *Final Report of the Special Project Facilitator on Community Empowerment for Rural Development in Indonesia ADB Loan 1765(SF)/1766-INO*. Manila: Asian Development Bank.

Olsen, Johan P. 2014. "Accountability and Ambiguity." In Mark Bovens, Robert E. Goodin, and Thomas Schillemans (eds.), *The Oxford Handbook of Public Accountability*. Oxford: Oxford University Press.

Operation Evaluation Department. 2006. *Special Evaluation Study on the Involvement of Civil Society Organizations in ADB Operations*. Manila: ADB Operation Evaluation Department.

Organization for Economic Co-operation and Development. 2013. *Tax and Development: Aid Modalities for Strengthening Tax Systems*. Organization for Economic Co-operation and Development.

Ostrom, Elinor. 1990. *Governing the Commons: The Evolution of Institutions for Collective Action*. Cambridge: Cambridge University Press.

Pallas, Christopher L. 2013. *Transnational Civil Society and the World Bank: Investigating Civil Society's Potential to Democratize Global Governance*. London: Palgrave Macmillan.

Pallas, Christopher L. and Amanda Guidero. 2016. "Reforming NGO Accountability: Supply vs. Demand-Driven Models," *International Studies Review* 18(4): 614-634.

Pallas, Christopher L. and Anders Uhlin. 2014. "Civil Society Influence on International Organizations: Theorizing the State Channel." *Journal of Civil Society* 10(2): 184-203.

Park, Susan. 2017. "Accountability as Justice for the Multilateral Development Banks? Borrower Opposition and Bank Avoidance to US Power and Influence." *Review of International Political Economy* 24(5): 776-801.

Park, Susan. 2014. "Institutional Isomorphism and the Asian Development Bank's Accountability Mechanism: Something Old, Something New; Something Borrowed, Something Blue?" *Pacific Review* 27(2): 217-239.

Park, Susan. 2010. "Designing Accountability, International Economic Organisations and the World Bank's Inspection Panel." *Australian Journal of International Affairs* 64(1): 13-36.

Parsons, Talcott. 1951. *The Social System*. Glencoe: Free Press.

Pateman, Carole. 1970. *Participation and Democratic Theory*. Cambridge: Cambridge University Press.

Peruzzotti, Enrique. 2007. "Civil Society, Representation, and Accountability: Restating Current Debates on the Representativeness and Accountability of Civic Associations." In Lisa Jordan and Peter Van Tuijl (eds.), *NGO Accountability: Politics, Principles and Innovations*. London: Earthscan.

Poggi, Gianfranco. 1978. *The Development of the Modern State: A Sociological Introduction*. Stanford: Stanford University Press.

Poluha, Eva, and Mona Rosendahl. 2002. "Introduction: People, Power and Public Spaces." In Eva Poluha and Mona Rosendahl (eds.), *Contesting 'Good' Governance: Crosscultural Perspectives on Representation, Accountability and Public Space*. Abingdon: Routledge.

Prakash, Aseem and Mary Kay Gugerty (eds.). 2010. *Advocacy Organizations and Collective Action*. Cambridge: Cambridge University Press.

Prashad, Vijay. 2012. *The Poorer Nations: A Possible History of the Global South*. London: Verso.

Preston, P. W. 1996. *Development Theory: An Introduction*. Oxford: Blackwell.

Prichard, Wilson. 2015. *Taxation, Responsiveness and Accountability in Sub-Saharan Africa: The Dynamics of Tax Bargaining*. Cambridge: Cambridge University Press.

Putnam, Robert D. 1995. "Bowling Alone: America's Declining Social Capital." *Journal of Democracy* 6(1): 65-78.

Radavoi, Ciprian N. and Yongmin Bian. 2014. "Why China Should Regulate its Overseas Investors' Environmental Behavior." *Beijing Law Review* 5: 22-33.

Rapley, John. 2007. *Understanding Development: Theory and Practice in the Third World*. Boulder: Lynne Rienner.

Reimann, Kim D. 2006. "A View from the Top: International Politics, Norms and the Worldwide Growth of NGOs." *International Studies Quarterly* 50(1): 45-68.

Reinisch, August. 2001. "Securing the Accountability of International Organizations." *Global Governance* 7(2): 131-149.

Riddell, Roger. 2007. *Does Foreign Aid Really Work?* Oxford: Oxford University Press.

Ringen, Stein. 2013. *Nation of Devils: Democratic Leadership and the Problem of Obedience*. New Haven: Yale University Press.

Ringen, Stein. 1987. *The Possibility of Politics: A Study in the Political Economy of the Welfare State*. Oxford: Oxford University Press.

Ringen, Stein, Huck-Ju Kwon, Ilcheong Yi, Taekyoon Kim, and Jooha Lee. 2011. *The Korean State and Social Policy: How South Korea Lifted itself from Poverty and Dictatorship to Affluence and Democracy*. New York: Oxford University Press.

Risse, Thomas. 2006. "Transnational Governance and Legitimacy." In Arthur Benz and Yannis Papadopoulos (eds.), *Governance and Democracy: Comparing National, European and International Experiences*. London: Routledge.

Risse, Thomas, Stephen C. Ropp and Kathryn Sikkink (eds.). 1999. *The Power of Human Rights: International Norms and Domestic Change*. Cambridge: Cambridge University Press.

Rose, Nikolas, Pat O'Malley and Mariana Valverde. 2006. "Governmentality." *Annual Review of Law and Social Science* 2(1): 83-104.

Rosenau, James N. 1992. "Governance, Order and Change in World Politics." In James N. Rosenau and Ernst-Otto Czempiel (eds.), *Governance Without Government: Order and Change in World Politics*. Cambridge: Cambridge University Press.

Rosenberg, Justin. 1994. *The Empire of Civil Society: A Critique of the Realist Theory of International Relations*. London: Verson.

Rothstein, Bo. 1998. *Just Institutions Matter: The Moral and Political Logic of the Universal Welfare State*. Cambridge: Cambridge University Press.

Sabatier, Paul A. 1988. "An Advocacy Coalition Framework of Policy Change and the Role of Policy-Oriented Learning Therein." *Policy Sciences* 21(2/3): 129-168.

Sabatier, Paul A. and Hank C. Jenkins-Smith (eds.). 1993. *Policy Change and Learning: An Advocacy Coalition Approach*. Boulder: Westview Press.

Salamon, Lester M. 1995. *Partners in Public Services: Government-Nonprofit Relations in the Modern Welfare State*. Baltimore: Johns Hopkins University Press.

Salamon, Lester M., S. Wojciech Sokolowski, and Associates. 2004. *Global Civil Society: Dimensions of the Nonprofit Sector*. Bloomfield: Kumarian Press.

Sartori, Giovanni. 1966. "Opposition and Control: Problems and Prospects." *Government and Opposition* 1(2): 149-154.

Sassen, Saskia. 2007. *A Sociology of Globalization*. New YorK: W. W. Norton.

Sauder, Michael and Wendy Nelson Espeland. 2009. "The Discipline of Rankings: Tight Coupling and Organizational Change." *American Sociological Review* 74(1): 63-82.

Scharpf, Fritz W. 2003. "Problem-Solving Effectiveness and Democratic Accountability in the EU." *MPIfG Discussion and Working Papers 1*. Cologne: Max Planck Institute for the Study of Societies.

Scharpf, Fritz W. 1999. *Governing in Europe: Effective and Democratic?* Oxford: Oxford University Press.

Schedler, Andreas. 1999. "Conceptualizing Accountability." In Andreas Schedler, Larry Diamond, and Marc Plattner (eds.), *The Self-Restraining State: Power and Accountability in New Democracies*. Boulder: Lynne Rienner.

Scholte, Jan Aart. 2011. "Global Governance, Accountability and Civil Society." In Jan Aart Scholte (ed.), *Building Global Democracy? Civil Society and Accountable Global Governance*. Cambridge: Cambridge University Press.

Sechooler, Adam. 2009. "Democratizing Global Governance? Non-State Participation in World Bank Inspection Panel and NAFTA." *New Global Studies* 3(2): 1-37.

Seibel, Wolfgang. 1990. "Government/Third-Sector Relationship in a Comparative Perspective: The Case of France and West Germany." *Voluntas: International Journal of Voluntary and Nonprofit Organizations* 1(1): 42-60.

Sen, Amartya. 1999. *Development as Freedom*. Oxford: Oxford University Press.

Sen, Amartya. 1981. *Poverty and Famine: An Essay on Entitlement and Deprivation*. New York: Oxford University Press.

Sharman, Jason C. 2006. *Havens in a Storm: The Struggle for Global Tax Regulation*. Ithaca: Cornell University Press.

Shihata, Ibrahim F. I. 2000. *The World Bank Inspection Panel: In Practice*. Oxford: Oxford University Press.

Skocpol, Theda (ed.). 1984. *Vision and Method in Historical Sociology*. New York: Cambridge University Press.

Skocpol, Theda and Margaret Somers. 1980. "The Uses of Comparative History in Macrosocial Inquiry." *Comparative Studies in Society and History* 22(2): 174-197.

Smith, Jackie. 2008. *Social Movements for Global Democracy*. Baltimore: Johns Hopkins University Press.

Smith, Jackie, Marina Karides, Marc Becker, Dorval Brunelle, Christopher Chase-Dunn, Donatella della Porta, Rosalba Icaza Garza, Jeffrey S. Juris, Lorenzo Mosca, Ellen Reese, Peter Smith, and Rolando Vázquez. 2016. *Global Democracy and the World Social Forums*. Abingdon: Routledge.

Smith, Jackie, Ron Pagnucco and Charled Chatfield. 1997. *Transnational Social Movements and Global Politics: Solidarity Beyond the State*. New York: Syracuse University Press.

Stammers, Neil. 1999. "Social Movements and the Social Construction of Human Rights." *Human Rights Quarterly* 21(4): 980-1,008.

Steets, Julia. 2010. *Accountability in Public Policy Partnerships*. Basingstoke: Palgrave.
Steets, Julia and Laura Blattner. 2010. "Partnership Accountability Need Not Be Democratic Accountability." In Magdalena Bexell and Ulrika Mörth (eds.), *Democracy and Public-Private Partnerships in Global Governance*. Basingstoke: Palgrave.
Steffek, Jens and Patrizia Nanz. 2008. "Emergent Patterns of Civil Society Participation in Global and European Governance." In Jens Steffek, Claudia Kissling and Patrizia Nanz (eds.), *Civil Society Participation in European and Global Governance: A Cure for the Democratic Deficit?* Basingstoke: Palgrave Macmillan.
Steinmo, Sven. 1993. *Taxation & Democracy: Swedish, British, and American Approaches to Financing the Modern State*. New Haven: Yale University Press.
Stokes, Susan C. 2005. "Perverse Accountability: A Formal Model of Machine Politics with Evidence from Argentina." *American Political Science Review* 99(3): 315-325.
Stuenkel, Oliver. 2015. *The BRICS and the Future of Global Order*. New York: Lexington Books.
Suzuki, Shogo. 2005. "Japan's Socialization in Janus-faced European International Society." *European Journal of International Relations* 11(1): 137-164.
Sztompka, Piotr. 1993. *The Sociology of Social Change*. Oxford: Blackwell.
Tallberg, Jonas, Thomas Sommerer, Theresa Squatrito, and Christer Jönsson. 2013. *The Opening Up of International Organizations: Transnational Access in Global Governance*. Cambridge: Cambridge University Press.
Tarrow, Sidney. 2005. *The New Transnational Activism*. Cambridge: Cambridge University Press.
Tarrow, Sidney. 2001. "Transnational Politics: Contention and Institutions in International Politics." *Annual Review of Political Science* 4: 1-20.
Tarrow, Sidney. 1994. *Power in Movement: Social Movements and Contentious Politics*. Cambridge: Cambridge University Press.
Tetlock, Philip E. 1992. "The Impact of Accountability on Judgement and Choice: Toward a Social Contingency Model." In M. P. Zanna (ed.), *Advances in Experimental Social Psychology: Vol. 25*. San Diego: Academic Press.
Thelen, Kathleen. 1999. "Historical Institutionalism in Comparative Politics." *Annual Review of Political Science* 2: 369-404.
Thompson, Dennis F. 1980. "Moral Responsibility of Public Officials: The Problem of Many Hands." *American Political Science Review* 74(4): 905-916.
Thomson, Janice E. 1992. "Explaining the Regulation of Transnational Practices: A State-Building Approach." In James N. Rosenau and Ernst-Otto Czempiel (eds.),

Governance Without Government: Order and Change in World Politics. Cambridge: Cambridge University Press.

Tilley, Helen. 2014. *The Political Economy of Aid and Accountability: The Rise and Fall of Budget Support in Tanzania*. Abingdon: Routledge.

Tilly, Charles. 2004. *Social Movements, 1768-2004*. Boulder: Paradigm Publishers.

Tilly, Charles. 1990. *Coercion, Capital, and European States, AD 990-1992*. Oxford: Blackwell.

Tilly, Charles. 1984. *Big Structures, Large Processes, Huge Comparisons*. New York: Russell Sage Foundation.

Tilly, Charles and Sidney Tarrow. 2007. *Contentious Politics*. Oxford: Oxford University Press.

Trent, Deborah L. 2016. "NGO Accountability from an NGO Perspective: Perceptions, Strategies and Practices." *Public Administration and Development* 36(4): 283-296.

Uhlin, Anders. 2011. "National Democratization Theory and Global Governance: Civil Society and the Liberalization in the Asian Development Bank." *Democratization* 18(3): 847-871.

United Nations. 2015. *Transforming Our World: The 2030 Agenda for Sustainable Development* (A/RES/70/1). New York: United Nations.

United Nations. 2013a. *A New Global Partnership: Eradicate Poverty and Transform Economies* (Report of the High-Level Panel of Eminent Persons on the Post-2015 Development Agenda). New York: United Nations.

United Nations. 2013b. *Who Will Be Accountable? Human Rights and the Post-2015 Development Agenda*. New York: United Nations.

Wade, Robert. 2011. "Boulevard of Broken Dreams: The Inside Story of the World Bank's Polonoroeste Road Project in Brazil's Amazon." *Grantham Research Institute on Climate Change and the Environment Working Paper* No. 55. London: London School of Economics.

Wade, Robert. 2009. "Accountability Gone Wrong: The World Bank, Non-governmental Organisations, and the US Government in a Fight over China." *New Political Economy* 14(1): 25-48.

Wallerstein, Immanuel. 2004. *World-Systems Analysis: An Introduction*. Durham: Duke University Press.

Wallerstein, Immanuel. 1974. "The Rise and Future Demise of the World Capitalist System: Concepts for Comparative Analysis." *Comparative Studies in Society and History* 16(4): 387-415.

Wallis, Joe and Brian Dollery. 1999. *Market Failure, Government Failure, Leadership and Public Policy*. New York: St. Martin's Press.

Waltz, Kenneth N. 1979. *Theory of International Politics*. Long Grove: Waveland Press.

Ware, Alan. 1989. *Between Profit and State: Intermediate Organizations in Britain and the United States*. Cambridge: Polity Press.

Wasserman, Stanley and Katherine Faust. 1994. *Social Network Analysis: Methods and Applications*. Cambridge: Cambridge University Press.

Watson, Adam. 1992. *The Evolution of International Society: A Comparative Historical Analysis*. London: Routledge.

Watson, Adam. 1984. "European International Society and its Expansion." In Hedley Bull and Adam Watson (eds.), *The Expansion of International Society*. Oxford: Oxford University Press.

Weaver, Catherine. 2008. *Hypocrisy Trap: The World Bank and the Poverty of Reform*. Princeton: Princeton University Press.

Weber, Max. 1978. *Economy and Society*. Edited by Guenther Roth and Claus Wittich. Berkeley: University of California Press.

Weisband, Edward and Alnoor Ebrahim. 2007. "Introduction: Forging Global Accountabilities." In Alnoor Ebrahim and Edward Weisband (eds.), *Global Accountabilities: Participation, Pluralism, and Public Ethics*. Cambridge: Cambridge University Press.

Weiss, Thomas G. 2011. *Thinking about Global Governance: Why People and Ideas Matter*. Abingdon: Routledge.

Weiss, Thomas G. 2000. "Governance, Good Governance and Global Governance: Conceptual and Actual Challenges." *Third World Quarterly* 21(5): 795-814.

Wendt, Alexander. 1999. *Social Theory of International Politics*. Cambridge: Cambridge University Press.

Whitehead, Laurence and George Gray-Molina. 2003. "Political Capabilities over the Long Run." In Peter R. Houtzager and Mick Moore (eds.), *Changing Paths: International Development and the New Politics of Inclusion*. Ann Arbor: University of Michigan Press.

Wight, Martin. 1991. *International Theory: The Three Traditions*. Edited by Gabriele Wight and Brian Porter. Leicester: Leicester University Press for the Royal Institute of International Affairs.

Wolch, Jennifer. 1990. *The Shadow State: Government and Voluntary Sector in Transition*. New York: Foundation Center.

Woods, Ngaire. 2007. "Multilateralism and Building Stronger International Institutions." In Alnoor Ebrahim and Edward Weisband (eds.), *Global Accountabilities: Participation, Pluralism, and Public Ethics*. Cambridge: Cambridge University Press.

Woods, Ngaire. 2001. "Making the IMF and the World Bank More Accountable." *International Affairs* 77(1): 83-100.

Woods, Ngaire and Amrita Narlikar. 2001. "Governance and the Limits of Accountability: The WTO, the IMF, and the World Bank." *International Social Science Journal* 53(170): 569-583.

World Bank. 2016. *Global Poverty Monitoring: Development Goals in an Era of Demographic Change*. Washington, D. C.: World Bank.

World Bank. 2013. *World Bank-Civil Society Engagement: Review of Fiscal Year 2010-2012*. Washington, D. C.: World Bank.

World Bank. 1990. *Adjustment Lending Policies for Sustainable Growth*. Washington, D. C.: World Bank.

World Bank. 1989. *Sub-Saharan Africa: From Crisis to Sustainable Growth – A Long-term Perspective Study*. Washington, D. C.: World Bank.

World Bank Institute. 2005. *Social Accountability in the Public Sector*, WBI Working Paper No. 33641. Washington, D. C.: World Bank Institute.

Yeates, Nicola. 2001. *Globalization and Social Policy*. London: Sage.

Young, Oran R. 1989. *International Cooperation: Building Regimes for Natural Resources and the Environment*. Ithaca: Cornell University Press.

Zhang, Yongjin. 1991. "China's Entry into International Society: Beyond the Standard of 'Civilization'." *Review of International Studies* 17(1): 3-16.

찾아보기

ㄴ

ㅅ

ㅇ

ㅋ

ㅌ

ㅍ

ㅎ

발간사

다가오는 미래가 아시아의 시대가 될 것이라는 인식은 이제 우리에게 그리 새롭지는 않습니다. 그렇다면 우리에게 주어진 과제는 한국인과 한국사회는 어떤 존재로서 아시아의 시대를 살아가고자 하는가 하는 질문을 통해 우리와 남의 모습을 상상하고, 우리와 남의 관계에 대한 그림을 그리고, 그것들을 실천하는 일일 것입니다.

그러나 아시아의 시대가 온다고 해서 아시아 사람들이 저절로 잘 살게 되는 것도, 아시아가 저절로 평화롭고 정이 넘치는 공동체가 되는 것도 아닐 것입니다. 그러므로 우리는 아시아 지역을 살아가는 사람들이 어떤 공동체를 만들어가고 싶은가, 아시아 공동체가 잘 되면 인류에게 무슨 도움이 되는 것인가 하는 질문을 해야 하지 않을까 싶습니다. 오히려 아시아의 시대가 왔다고 생각하기 시작한 지난 20여 년 간 아시아 내부의 갈등과 적대, 민족주의와 인종차별 등은 더 심해지고 있다는 착각이 듭니다. 그것을 착각이라고 생각하는 까닭은 외양으로 보면 그렇게 보이지만, 실제 내부에서 일어나는 현상을 찬찬히 살펴보면, 아시아 내부의 상호이해와 교류가 느리지만 거대한 규모로 일어나고 있다고 믿기 때문입니다. 지표면에서 보면 날씨 변화도 심하고 지진도 자주 일어나지만, 땅속 깊은 곳에서 아시아의 시대를 만들어가는 지하수의 물줄기가 형성되고 있는 것 아닌가 싶습니다.

20세기 유럽과 미국이 축적한 자연과학과 인문·사회과학 등 근대의 학문적 지식은 인류 문명의 새로운 길을 열었고, 인류의 행복과 안정에 커다란 기여를 했습니다. 물론 제국주의 지배와 전쟁, 차별과 빈곤을 동시에 가져다주기도 했습니다. 아시아의 세기는 서양의 근대를 넘어서서 새로운 '근대 이후'를 만들어나가는 일이어야 합니다.

지식의 생산과 공유, 인재 양성을 책임지고 있는 대학이라는 공간에서 아시아에 대한 어떤 지식을 생산하고, 아시아에 대해 무엇을 어떻게 가르칠 것인가 하는 문제의식이야말로 서울대학교 아시아연구소에 주어진 책무일 것입니다. 서울대학교 아시아연구소는 2009년 9월 출범한 이래 지역과 주제의 결합에 기초한 아시아 연구의 세계적 허브 구축을 목표로 아시아 연구 기반 구축과 우수 연구활동 지원 등의 다양한 학술 활동을 진행해왔습니다. 특별히 아시아에 대한 지식 생산의 기반을 다지는 작업으로서, 우수한 기초 연구 활성화를 위해 노력해왔습니다.

서울대학교 아시아연구소총서는 바로 이러한 학문적 노력의 결실입니다. 앞으로도 서울대학교 아시아연구소는 국내외 연구자들의 우수한 연구를 지원하여 그 결과물을 지속적으로 발간해나갈 것입니다. 이러한 아시아연구소총서가 아시아의 시대를 열어가는 데 필요한 기반을 만드는 중요한 지적 자산이 되기를 기대합니다. 이를 바탕으로 아시아 시대를 만들어가는 지하수를 실증적으로 드러내고, 아시아 내부의 상호 이해와 교류를 넓혀갈 수 있길 바랍니다.

서울대학교 아시아연구소

김태균

서울대학교 사회학과와 같은 대학교 국제대학원을 졸업하고, 영국 옥스퍼드대학교와 미국 존스홉킨스대학 고등국제관계대학원(SAIS)에서 각각 사회정책학, 국제관계학 박사학위를 받았다. 프랑스 파리4대학(소르본) 방문교수(2009), 일본 와세다대학교 고등연구소 조교수(2008~2011), 이화여자대학교 행정학과 조교수(2011~2012)를 거쳐 현재 서울대학교 국제대학원 부교수로 재직 중이다.

공저로 *The Korean State and Social Policy: How South Korea Lifted Itself from Poverty and Dictatorship to Affluence and Democracy* (Oxford University Press, 2011), 『북한의 역량발전을 위한 국제협력 방안』(통일연구원, 2012), 『어서와요 노동존중 CSR: 세계의 공장화 시대, 위태로운 노동시민권을 지켜주는 기업』(해피스토리, 2017) 등 다수가 있고, "Forging Soft Accountability in Unlikely Settings: A Conceptual Analysis of Mutual Accountability in the Context of South-South Cooperation" [*Global Governance* 23(2), 2017], "Poverty, Inequality, and Democracy: "Mixed Governance" and Welfare in South Korea" [*Journal of Democracy* 22(3), 2011], "개발원조의 인식론적 전환을 위한 국제사회론: 국익과 인도주의의 이분법을 넘어서"[『한국정치학회보』 50(1), 2016], "반둥이후: 제3세계론의 쇠퇴와 남남협력의 정치세력화"[『국제정치논총』 58(3), 2018] 등 다수의 논문이 있다.